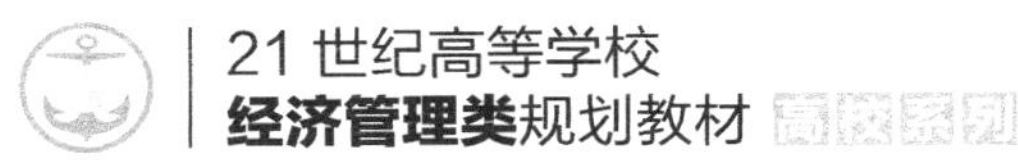

21世纪高等学校
经济管理类规划教材 高校系列

SPSS数据处理与分析

◎ 王旭 编著

DATA PROCESSING AND ANALYSIS BASED ON SPSS

人民邮电出版社
北京

图书在版编目（C I P）数据

SPSS数据处理与分析 / 王旭编著. -- 北京 : 人民邮电出版社, 2016.8（2021.1重印）
21世纪高等学校经济管理类规划教材. 高校系列
ISBN 978-7-115-43188-2

Ⅰ. ①S… Ⅱ. ①王… Ⅲ. ①统计分析－软件包－高等学校－教材 Ⅳ. ①C819

中国版本图书馆CIP数据核字(2016)第190078号

内 容 提 要

本书从数据获取途径阐述数据的测量、收集、转化、整理、处理与分析，目的是为经管类、社会学类、教育类等学科的高年级本科生提供基本技能训练，为硕士研究生提供研究学习方法，使之掌握必需的研究工具，让学生敢于并善于运用定量研究方法分析论证现实问题，从而提升分析和解决实际问题的研究能力。全书共十五章，包括数据处理与分析概述、数据测量、SPSS 简介、数据准备、数据的描述性统计分析、数据的假设检验分析、实验设计与数据分析、数据的非参数统计分析、数据的相关与回归分析、数据的因子分析、数据的聚类分析、数据的判别分析、数据的多维尺度分析、数据的联合分析和问卷的信度效度分析。书中所列举的操作性案例、例题的 SPSS 数据文件，读者可登录人民邮电出版社网站自行下载，使用这些数据文件可重现操作分析过程，起到反复练习、加深认识和巩固原理的作用。

本书既可作为高等院校本科生数据处理与分析技能训练的理论与实验教材，也可作为经管类硕士研究生研究方法类课程的教材。另外，本书内容对从事调查分析的实际从业人员，也有很好的理论提升和实践指导作用。

◆ 编　　著　王　旭
责任编辑　孙燕燕
责任印制　沈　蓉　彭志环

◆ 人民邮电出版社出版发行　　北京市丰台区成寿寺路 11 号
邮编　100164　　电子邮件　315@ptpress.com.cn
网址　http://www.ptpress.com.cn
涿州市京南印刷厂印刷

◆ 开本：787×1092　1/16
印张：17.5　　　　2016 年 8 月第 1 版
字数：471 千字　　　　2021 年 1 月河北第 3 次印刷

定价：45.00 元

读者服务热线：(010) 81055256　印装质量热线：(010) 81055316
反盗版热线：(010) 81055315

前言 Preface

时光如梭，转眼已从教 27 年。

数据处理与分析不仅是本科生的基本技能，更是硕士研究生完成科研训练、撰写毕业论文必不可少的研究工具。每当看到不少学生滥用定量模型时，编者就有撰写一本数据处理与分析方法的书的冲动，以帮助不同层次、不同专业的学生用好模型。但编者一直没有时间和决心来做这项工作。2015 年 7 月，编者在哈尔滨参加中国高等院校市场研究会期间，与人民邮电出版社编辑的交流中得知出版社也有意出版这类选题的著作，于是双方共同的愿望促成了本书的创作。

本书在编写时，力争突出实践性，强调操作性，重视理论与实际的完美结合，尽量发掘所有 SPSS 操作背后的原理与模型，让读者不仅明白怎样做，而且可通过模型知道为什么要这样做。

本书特色如下：

（1）在体系设计上，从数据资料的取得途径出发，重点研究调查资料向 SPSS 数据文件的转化过程、数据整理、数据准备、描述性分析、假设检验、方差分析、非参数检验、相关分析、回归分析、因子分析、聚类分析、判别分析、多维尺度分析、联合分析、信度与效度分析。

（2）在写作体例上，每章均以导入问题开篇，操作部分以导入问题为例加以阐述，与传统先理论后案例的思路不同，很多章都先通过操作建立感性认识，然后与理论呼应阐释数学模型与统计检验，对操作的输出结果做出诠释，并在章末对导入问题做出回应。

（3）在表述风格上，概念、方法阐述力求做到言简意赅，重点说清楚“是什么”及“怎么用”，大量运用图表来阐述基本观点和操作过程，以增强本书的可读性和趣味性。

（4）在程序操作上，所有导入问题、例子都提供了 SPSS 的数据文件和操作过程，为边学边做、由浅入深地掌握数据处理与分析的读者提供了再操作的可能性。

本书能够出版，首先，要感谢吴健安教授向出版社所做的推荐，感谢恩师长期的训导、教诲与栽培；其次，还要感谢在统稿阶段为本书文字校对付出辛勤劳动的周玉兰女士。

本书在编写过程中，参阅了国内外大量的文献，由于篇幅所限，未能一一列举，在此向所有文献资料的提供者表示最衷心的感谢。

需要本书数据文件的读者请到网站下载（www.ryjiaoyu.com）或与作者联系，邮箱：okwangxu@126.com。

王　旭

2016 年 5 月 1 日于云南财经大学 秋园

目 录 Contents

第一章　数据处理与分析概述

第二章　数据测量

第三章　SPSS简介

第四章　数据准备

第五章　数据的描述性统计分析

第六章　数据的假设检验分析

第七章　实验设计与数据分析

第八章　数据的非参数统计分析

第九章　数据的相关与回归分析

第十章　数据的因子分析

第十一章　数据的聚类分析

第十二章　数据的判别分析

第十三章　数据的多维尺度分析

第十四章　数据的联合分析

第十五章　问卷的信度效度分析

参考文献

数据处理与分析概述

导入问题 谷歌知识

最近谷歌报道：该公司新近开发的企业搜索工具（Enerprise Search Appliance）销售额增加了两倍。谷歌正致力于将该工具应用于信息门户，以便研究公司数据、回答客户问题、填补销售订单、分析客户评论以及探索产品失败原因等。谷歌拥有成千上万客户，其中不乏施乐（Xerox）、日立（Hitachi）、纳克斯泰尔（Nextel）、宝洁（Procter and Gamble）、波音（Boeing）等公司。

为什么有这么多知名的公司都采用谷歌的企业搜索工具呢?

数据处理与分析以拥有数据为前提，没有数据也就没有了加工处理的对象。数据的获取途径主要有三种：案头调查、实地调查和实验法。本章主要简述前两种途径，通过实验法获取数据在第七章介绍。调研者可以把案头调查和实地调查视为独立的数据来源渠道，也可把案头调查看成是实地调查的铺垫。多数经济社会问题的研究常常需要开展实地调查，本书后续章节重点探索实地调查数据的处理与分析。

第一节 案头调查与二手数据

一、案头调查

通过收集、整理和分析现存文献资料即能解决所关注问题的方法，称为案头调查（Desk Research)。这里的案头，原意是桌面。案头调查即对堆积在桌面上的纸质资料加工处理就能完成某些问题的研究方式，但当今的案头调查可以通过桌面上的计算机或移动终端将资料收集范围无限延伸，案头调查已经不只是桌面上对文件、资料、杂志等的研究了。

现存文献资料可能来源于互联网、新媒体、数据库、年鉴、图书馆、刊物、报纸、影音制品等，它们是为以前某个特定问题而收集或整理的，并不一定适合正在研究问题的目标。但通过案头调查对数据的处理，可能对解决当下的问题或多或少有一定的帮助，或提供方法指导，或提供数据支持，或提供当今项目的探索性研究。

二、二手数据

他人在以前为其他某个目的所收集整理的资料，称为二手数据（Secondary Data)。这里的数据不仅是数值呈现的资料，还包括文字陈述的资料。如果通过二手数据的收集、整理和分析，就能满足研究问题对信息的需要，当然就没有必要花费时间、精力、费用去开展实地调查收集一手数据了。以前类似的二手资料，可以为当前的研究方案提供借鉴，指导收集一手数据的调研设计，帮助确定抽样方案。

三、二手数据的收集

尽管计算机和移动终端为收集、加工和使用二手数据带来了极大的方便，但面对浩海如烟的资料，我们依然无从下手，难以快速准确地识别真正需要的信息，必须按照一定的程序方能最大限度地提高效率。笔者认为，依据以下步骤可加快二手数据搜集的进程。

第一，明确研究目的。分析希望得到什么信息，已经掌握哪些信息，还有哪些信息需要进一步搜寻。要明确地定义研究的主题，确定哪些是相关材料，哪些是与主题有关的机构及作者的名称、主要的论文。

第二，列出搜索关键词。依据研究目的，列举密切相关的中英文关键词，并在搜索过程中不断补充和完善。一般可从自己熟悉的资料篇名、作者名及其他掌握的线索入手开始搜索之旅，这样才能获得准确的资料。一些目录索引方面的杂志可能会有助于缩小相关主题的搜索范围，目标精准但资料数量有限；反之，搜索范围较为宽泛，则资料较多，获得资料的目的性较差。

第三，设定搜索条件。除了用关键词外，最好设定其他的搜索条件，如时间、刊物级别、作者等，从而使搜索到的资料比较适合所研究的目的，节省时间精力。为了提高搜索效率，起初可按“标题=关键词+相关限定条件”来搜索，要是搜索结果不够理想，再逐渐扩大搜索条件，如按“关键词=关键词+相关限定条件”搜索。总之，遵循由窄到宽、由精确到模糊、由专业到一般、由学术数据库到普通网站、由近期到远期的顺序逐渐扩大搜索范围，资料就会越来越多。

第四，评估和使用资料。将收集到的资料归类整理，并做出分析评价，明确收集的资料是否对解决问题有所帮助，然后考虑如何使用资料去论证要解决的问题。

通过二手资料的搜索，也许找到了研究项目所需要的文献资料，这无疑会大快人心；也许一无所获，这需要重新思考搜索的条件，找更专业的书籍或网站，或请教他人，或自身或雇用专业机构来开展实地调查获取一手数据。

四、二手数据的评价

对于获取的二手数据，也许初衷是为了一般性问题而收集的，也许是从某个特定问题而得到的结论，这都具有自身的目的性和适应性。因而，调研者使用前应对得到的二手数据进行审核，鉴别其准确性及可用性。通常从以下五个方面来评价二手数据。

1. 权威性

显然，不同的资料来源，其可信度是不同的。调研者应该多使用国际组织、政府部门所发布的官方信息；对于其他资料来源，应明确是谁收集的，仔细鉴别其准确性和倾向性。使用资料时，要考虑机构的一贯信誉，因为各种组织、调研机构可能都有自身的观点和倾向，难免失之公正。

2. 目的性

在使用以往的调查资料之前，调研者应当明确现在的调查目的与以往是否有类似性，当时为什么要收集这些数据。如果相差甚远，采用这些现成资料则需小心谨慎。一般政府公布的统计资料是针对全社会共用的，很难适合调研者某个特定问题的需要，通常需要对资料再分组。另外，各种二手数据中的统计指标口径也可能不适应现在的需要，应弄清楚原指标的定义、范围、计算方法等，掌握新变量计算的技巧与办法。

3. 科学性

如果收集到的二手数据在样本选择、资料整理与数据分析中使用的方法不恰当，即使没有偏见，也不能保证资料的准确性。因此，应对现成资料的调查方法优劣做出判断，以便发现可能存在的偏差。评价的内容包括样本的大小和性质、应答率和质量、问卷设计和填写、现场工作程序、数据分析和报告。

4. 时效性

过去的信息资料只能反映一定时期内的情况，不可能永远都适用。失去效用后的信息资料就成为“垃圾”，毫无价值可言。可能有些问题表面上没有发生什么变化，但事实上已有了质的不同，仍然套用这样的资料去判断就可能犯致命的错误。

5. 一致性

从不同途径取得的同一主题的二手数据可能相差较大，使用前应探查造成差异的可能原因，分析各种途径获得的资料的准确性，从而决定选用哪一个途径的资料来分析论证。

第二节 实地调查与一手数据

一、实地调查

实地调查（Field Research）是针对特定研究项目所需要的信息进行方案设计、数据收集和整理分析，并把调查结果用于描述、阐释和预测研究事物的活动。实地调查来源于人类学中的田野调查，指深入研究现场实地进行调查的方法，在 20 世纪初发展为经济社会研究的主要方法之一。

实地调查主要通过访谈法、问卷法、观察法与实验法取得数据资料。本书主要介绍定量收集数据的问卷法与实验法。

二、一手数据

某些问题的研究，仅仅靠二手数据是不够的，还必须深入实际开展实地调查，分析研究对象，随机选择样本，获取一手数据。实地调查取得的是一手数据，反映当前正在研究问题的数据资料，具有实时性、针对性的特点。所谓一手数据（Primary Data），指研究者就当前某个特定问题的需要而收集整理的数据资料，也称为原始资料。因而，从这种意义上讲，案头调查是实地调查的前奏，实地调查是案头调查的延续。本书所阐述数据处理与分析方法，主要指对一手数据的处理与分析。当然，这些方法也能对二手数据做出分析。

尽管二手数据来源于过去的各种文献，但并不是说这样的资料不重要或不准确，不能说一手数据比二手数据准确可靠得多。二手数据与一手数据的区别如表 1-1 所示。

表 1-1　　二手数据与一手数据的区别

比较视角	二手数据	一手数据
收集目的	解决以前的问题	解决当前的问题
收集难度	快且容易	慢且困难
收集成本	低	高
收集时间	短	长

三、实地调查过程

实地调研是一个系统过程，包含相互联系、相互制约的各个环节。其一般进程是提出研究问题→设计数据收集方案→组织和实施数据收集→整理与分析数据资料→报告和解释研究结果，如图 1-1 所示。

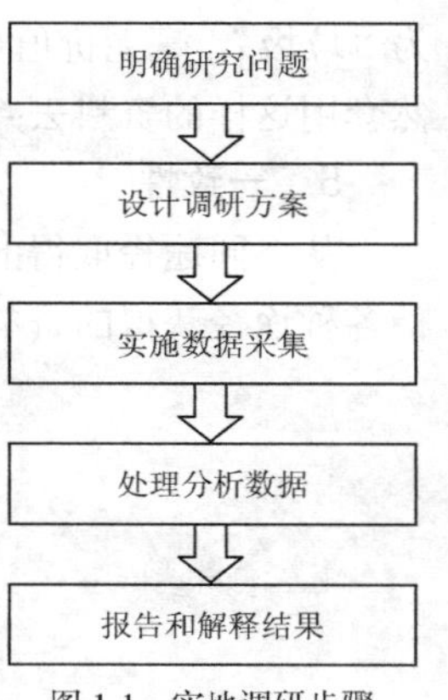

图 1-1　实地调研步骤

（一）明确研究问题

调查研究始于问题的定义，界定清楚问题是成功解决问题的一半。定义调研问题建立在二手数据收集的基础上，调研者应根据相关学科的理论、前人的研究成果及研究项目需要解决的问题（目标）来界定，综合考虑研究目的、调查背景、所需信息及其使用用途；调研者要在项目组成员间进行反复沟通、交流意见，甚至需要请教某些同行或专家，以帮助确定调研的问题，即希望通过调查获取哪些方面的信息来解决目标问题。

（二）设计调研方案

调研方案（Research Design）是指导调研项目开展的行动蓝图，它详细地描述了获取解决调研问题所需信息的实施步骤与方法。调研方案应详细描述取得信息的过程，包括项目背景、调研问题、二手数据收集与分析、定义变量、测量方法、调查对象、调查方法、抽样方式与样本数量、问卷设计、数据采集组织与实施、研究假设、数据分析方法、研究结果报告方式等。

（三）实施数据采集

调研方案设计好后，就应根据调研方案去组织实施调查，按照调研方案所规定的人员、时间、计划及方法收集数据。调研的组织实施，包括调查队伍的组建、培训、实施及管理等调研现场方面的工作。

（四）处理分析数据

调查实施完成后，需要把采集到的原始资料转化为计算机可以识别的数据，以便研究人员分析数据，加工提炼所需要的信息。这是调研工作最重要的环节，也是最具技术性及挑战性的工作，同时构成了本书研究的主体内容。数据处理分析包括以下主要内容。

（1）原始资料的转化、编码与录入，见第四章。

（2）数据描述性统计分析，见第五章。

（3）数据假设检验、方差分析和非参数检验分析，见第六章至第八章。

（4）数据多元统计分析，包括相关分析、回归分析、因子分析、聚类分析、判别分析、多维尺度分析、联合分析和信度与效度分析，见第九章至第十五章。

（五）报告和解释结果

调研报告是调研结果的重要载体，包括前言、正文、结果及附件四大部分。调研报告应回答调研方案所陈述的全部内容，详尽阐述调查方法、调查结果的导出和最终的结论，对调研结果和结论做出解释与分析，必要时应提出对策和建议。撰写调研报告，要站在第三者的角度，客观地陈述调研的发现，分析有理有据，尽可能地用图形、表格直观地展示调研结果，增强报告的可视性和易读性。

调研技能 1-1

正确地提问和报告信息[1]27

所有研究都必须注意下面的基本问题（Anderson，Berdie & Liestman，1984）。

（1）问正确的问题。这是项目设计的本质和项目规划的核心。研究设计者必须记住每一个项目都是不同的，必须切合用户的需求。

（2）问正确的人。样本应该是对用户关注的研究有兴趣的那些人，才能够很好地代表整个群体的意见。

（3）以正确的方式提问。仅仅问正确的问题是远远不够的，还必须掌握正确的提问方式，这是问卷设计的本质。研究者可以从新技术中获得各种帮助，但是如果问题的措辞让受访者不清楚，调研结果将毫无用处。经常被忽视的一个基本问题就是问卷的预访问，这对于准确地表达问题、获得响应至关重要。

（4）获得问题的正确答案。数据采集过程对整个市场调研至关重要，选用的技术方法应该对每个响应者和非响应者是相似的。

（5）根据客户的需要叙述答案。数据很少时，不言自明。要使一项研究对客户有任何价值的话，适当的数据分析是必要的。让高级分析技术成为调研者的主人是有风险的，要明白调研者才是分析技术的主人。当调研者对调研项目考虑采用何种分析方法时，常识是很有价值的工具。

（6）以客户可以理解的方式进行有效沟通。许多好的项目都毁于这一阶段。应该以客户能理解的形式向客户报告信息，以便客户能全盘说出考虑中的相关问题。

第三节 数据处理软件

一、数据采集软件

（一）Data Entry

Data Entry 是 SPSS 公司最新开发的辅助问卷设计的程序软件，它由两部分构成：Data Entry Builder 和 Data Entry Station。其中，Data Entry Builder 是整个系统的基础，它可以轻松地设计制作专业型的书面问卷或有快捷导航选择的网上激活问卷，并使用键盘收集数据和清理数据。因为拥有综合的查错和有效性检验方法，从而可以保证提供高质量的数据，确保高质量的分析结果。Data Entry Station 则是专业数据录入和访谈录入人员的理想选择，但不能用于问卷设计。

SPSS Data Entry 可以快捷灵活地设计问卷和收集数据。数据录入除有单机版外，还有多种服务器版供选用。

SPSS Data Entry 能节省为分析而准备数据的时间，其数据文件可以包括由问卷和应答文本自动生成的变量和指标。清理后的数据文件可以直接用 SPSS 格式保存，该文件带有已定义的数据字典。因此，当想开始分析时，只要从 SPSS 中打开文件就可以开始，这样就可在 SPSS Base 和 SPSS Data Entry 之间顺利转换。不论是评价消费者满意度、进行民意调查，还是做新产品的市场营销研究，Data Entry 都可以使研究过程集成一体。

（二）腾迅问卷

腾讯问卷是腾讯公司推出的免费专业在线问卷调查系统，支持 PC 和移动终端发布问卷，提供多种方式创建问卷。其简单高效的编辑方式、强大的逻辑设置功能、专业的数据统计和样本甄别，让用户轻松开启移动互联时代的调研工作。它具有以下特点：（1）界面简洁，免费使用。用 QQ 号就可以登录，无需注册，直接免费使用。（2）模板样式多元，满足不同需求。用户除可根据意愿创建空白问卷外，系统还提供了 20 个不同种类的模板，以满足用户不同调查目的。（3）问卷编写过程简单清晰。（4）多终端适应，问卷投放灵活。问卷编辑完成后，单击预览，可以分别看到 PC 和手机端的效果，便于手机上网用户填写问卷。发布问卷时自动生成问卷链接和二维码，方便投放。（5）系统自带数据分析功能。问卷发放者可随时登录系统，查看图表综合展示的统计结果。同时，系统带有交叉分析和筛选分析等专业分析功能。

腾迅问卷网址：http://wj.qq.com/index.html

（三）问卷星

问卷星是一个专业的国产在线问卷调查、测评、投票平台，具有强大的自助式在线设计问卷、回收答卷、数据统计分析等系列功能，并提供样本服务和设计问卷等增值服务。它支持单选题、多选题、主观题、矩阵题、排序题、量表题、比重题、表格题、滑动条、文件题等 31 种题型，还支持跳答逻辑、引用逻辑、关联逻辑等。用户可以通过创建数据源对问卷进行单个题频数分析、自动计算平均分、分类统计、交叉分析、答卷来源分析，基本实现数据描述统计分析的需求，但假设检验、多元统计分析等高级功能不能在该软件上实现。可以说，问卷星主要实现的是数据采集功能。

问卷星有个人免费版和企业收费版，二者的差别在于个人版部分功能使用受到限制，用于满意度调查、市场调查、人才测评、民意调查、科研课题等领域。与传统方式或其他类似软件相比，使用问卷星可以大幅提高工作效率，同时节省大量成本。

问卷星网址：http://www.sojump.com/

（四）人人调查网免费在线调查平台

人人调查网是由 QQSurvey 推出的自助式在线问卷调研平台。人人调查网的问卷系统采用傻瓜化的图形操作界面，使用简单，上手就会，支持各类主流题型和逻辑设置功能，并提供问卷发布、数据回收、统计分析、报表导出等一系列的配套服务；人人调查网在努力保证用户良好操作体验的同时，问卷系统的功能方面相比传统调研软件也毫不缩水，甚至更为强大；人人调查网还提供大量的调查问卷模板，用户可以参考问卷调查模板，设计自己的调查问卷，如市场调查、满意度调查等，也可以公开问卷与他人分享。

人人调查网免费在线调查平台网址：http://www.rrdiaocha.com/

二、数据分析软件

常用来做调查数据处理分析的软件有 Excel、SPSS、SAS、STATISTICA 等。本书阐述的是用 SPSS 软件进行数据处理与分析。下面对除 SPSS 外的软件做简单介绍，有关 SPSS 软件的介绍见本书第三章。

（一）Excel

Excel 是 Microsoft Office 办公系统的组成套件之一，可能是使用人数仅次于 Word 的软件。很多人简单地认为，Excel 只是一个电子表格软件。其实，这只是强大的 Excel 的功能之一，它还能完成几乎所有的数据处理与统计分析，甚至还能进行数据挖掘。绝大多数的用户仅使用了 Excel 不足 5%的功能。

（二）SAS

SAS（Statistical Analysis System）最初由美国北卡罗来纳州立大学两名研究生开始研制，1976 年创立 SAS 公司，目前全球员工总数 14 000 余人，统计软件采用按年租用制，2015 年销售收入近 31.6 亿美元。SAS 系统具有十分完备的数据访问、数据管理、数据分析和数据展现功能。在国际上，SAS 被誉为数据统计分析的标准软件。

SAS 系统是一个模块组合式结构的软件系统，共有 30 多个功能模块。SAS 系统灵活的功能扩展接口和强大的功能模块，能在 BASE SAS 的基础上，增加如下不同的模块而增加不同的功能：SAS/STAT（统计分析模块）、SAS/GRAPH（绘图模块）、SAS/QC（质量控制模块）、SAS/ETS（经济计量学和时间序列分析模块）、SAS/OR（运筹学模块）等。SAS 提供多个统计过程，每个过程均有极丰富的任选项。用户可以通过对数据集的一连串加工，实现更为复杂的统计分析。此外，SAS 还提供了各类概率分析函数、分位数函数、样本统计函数和随机数生成函数，使用户能方便地实现特殊统计要求。

SAS 是一款专业的大型统计分析软件，相对于 SPSS，其功能更强大。但 SAS 是用汇编语言编写而成的，通常使用 SAS 需要编写程序，比较适合统计专业人员使用，而非统计专业人员学习 SAS 的难度较大。

（三）R

R 是由新西兰奥克兰大学的 Ross Ihaka 和 Robert Gentleman 开发，因此称为 R。R 属于 GNU 系统的一个自由、免费、源代码开放的软件，它是用于统计计算和统计制图的优秀工具。

R 有多种统计学及数字分析功能，比其他统计学或数学专用的编程语言有更强的面向对象程序设计功能。R 的另一强项是绘图功能，所制图形比较适合印刷，也可加入数学符号。R 的功能能够通过由用户撰写的套件得到增强。

（四）Stata

Stata 统计软件由美国计算机资源中心（Computer Resource Center）于 1985 年研制。Stata 采用命令操作，程序容量较小，统计分析方法较齐全，计算结果的输出形式简洁，绘出的图形精美。不足之处是数据的兼容性差，占内存空间较大，数据管理功能需要加强。

（五）Minitab

Minitab 由美国宾州大学研制。该软件简单易懂，方便进行试验设计及质量控制。

（六）Statistica

Statistica 是集统计资料分析、图表、资料管理、应用程式发展为一体的系统，由美国 StatSoft 公司开发。

（七）S-PLUS

S-PLUS 是一个工业数据分析工具与数据分析应用开发平台。它提供了方便、灵活、交互、可视化的操作环境，能使用户找出数据之间的关系和趋势，帮助使用者做出科学合理的决策，在科学研究、市场营销、产品研发、质量保证、财务分析、金融证券、资料统计等方面都有广泛的应用。

导入问题回应

这些知名公司都意识到成功的关键在于调研、分析以及理解客户数据的能力。谷歌新搜索引擎工具销售额出现难以置信的两倍增速，这是一个强有力的市场信号，预示为数众多的公司将采用新技术提高调研的工作效率。谷歌向这些公司提供的是帮助解决问题的方法，满足客户对信息的需求，而这些公司采用谷歌搜索工具开展实地调研来获取一手数据。当然，公司也可开展案头调查，特别是通过网络或其他载体收集二手数据来解决经营管理中面临的问题。

本章思考题

1．什么叫案头调查与二手数据？

2．什么叫实地调查与一手数据？

3．结合实际谈谈二手数据的收集思路。

4．简述实地调查的一般进程。

5．分别在腾迅问卷、人人调查网及问卷星上注册个人免费版，熟悉三个软件的界面与操作，选择其中一种系统自定调查项目设计一份问卷在 PC 和手机上发布。

数据测量

导入问题 网络购物中的变量测量尺度

《第37次中国互联网络发展状况统计报告》[①]指出，截至2015年12月，我国网络购物用户规模达到4.13亿，较2014年底增加5 183万，增长率为14.3%，我国网络购物市场依然保持着稳健的增长速度。与此同时，我国手机网络购物用户规模增长迅速，达到3.40亿，增长率为43.9%，手机网络购物的使用比例由42.4%提升至54.8%。为了更好地服务顾客，做好网络营销，某网购平台在系统研发上，专门针对顾客设计了购买行为记录模块，能够自动地记录顾客每次网络购物的时间、品名、类别、销售或人气排名及金额等指标，并定期向顾客传送这些指标的统计信息。

请问这些指标分别属于什么变量？分别可以用什么变量尺度来计量？

第一节 测量过程

一、测量

测量（Measurement）是按照某种规则用数字来描述观察到的现象的过程，即对事物做出量化描述。像人的年龄、身高、体重、收入等反映事物数量特征的定量变量，本身可用某种计量工具、量纲加以准确地测度，测量结果表现为数值，因而具有可度量性；也有一些像人的性别、民族、职业、文化程度等描述事物性质的定性变量，尽管可以用某种测量尺度加以识别和区分，但测量结果并不直接表现为数值，此时就需要按一定的规则指定某些数字来代表特定的结果，如采用“1 映射男性，2 映射女性”的规则，则所有被调查者的性别就有了特定的数字，也就对非定量的对象实现了量化设置。

数据处理与分析是以建立假设、收集数据、测量数据为基础，对数据进行加工整理与分析的过程。没有数据测量的基础工作，也就没有数据分析、解读与预测。但并不是所有测量规则都容易建立，如顾客满意度等反映自身感受、体验、态度等心理方面的变量，测量对象与主观感受有关，因人而异，很难找到一种能反映所有可能被调查者真实意图的外显规则。即使这些规则可以建立，但限于数据收集的操作性、成本，测量也可能难以实现。

二、测量过程

研究项目所需要的信息不同，测量过程也不尽相同。但不论何种类型的测量，都应遵循一定的

① 中国互联网络信息中心. 第 37 次中国互联网络发展状况统计报告(R/OL),(2016-01-22)[2016-05-29]. http://cnnic.cn/gywm/xwzx/rdxw/2015/201601/W020160122639198410766.pdf。

程序，以提高研究效率。

（一）明确测量目标

经济社会问题的研究，始于清晰、准确的概念描述，即明白自己要测量什么。测量目标就是从研究问题和假设中提炼出来的抽象概念。这个概念就是一种思想或一种感觉，它是对某个事物的概括性想法。经济社会研究中的某些概念是具体的，如年龄、性别、教育程度等，含义清楚、边界清晰，测量不是什么问题；但也有一些概念是抽象的，如忠诚度、满意度、个性、价值观等，测量这些抽象的概念难度很大，甚至无法直接对这种思想或感觉加以测量，它可能需要通过一些间接的手段加以发现或推断，如问卷就可能是发现或提炼某个概念的可识性工具，通过对问卷的分析可能识别出某种特定的隐性架构，通常架构都是无法直观观察的，对概念的测量可能转变成对问卷及其问题的测定。

（二）概念可操作化

描述了测量概念后，需进一步明确概念的边界，详细列出研究者必须测量什么来反映设定的测量概念，确定需要信息的内容和获取信息的方式，即将概念转化成可以具体观测的问题或量表，形成测量的操作手册，以帮助研究者设计问卷，分析、描述和解决现实问题。

目标信息应通过一个清单表来完成，描述测量这些信息所需的量化指标，准确地阐明指标的获取路径及测量方式。为了保证数据资料的完整性，初期应尽可能多地在清单表中列出收集信息的指标，阐明各个指标的含义、计算方法、资料的获取方式等，最后要逐一审核筛查和补缺，剔除那些与测量目标无关或无法搜集到的指标，补充反映研究项目所必需的指标。总之，信息清单表中设计的每一个问题和指标都是测量目标所必需的，都有助于研究问题的解决。如果说经济社会问题研究是结果导向，测量过程则是信息导向。

一个概念不一定只有一种操作定义，可能会有若干种操作定义。表 2-1 是经济管理中经常使用的一些概念与操作定义。

表 2-1　　市场调研中经常采用的构想与操作定义[2]82

概念	操作定义
品牌意识	听过该品牌的人数百分比
宣传力度	记得或看过该品牌的广告人数
对该品牌的了解程度	能说出多少有关该品牌的特征
品牌熟悉程度	有多少人看到或使用过该产品
对于产品利益的理解	人们能说出该产品的多少好处
对该品牌的态度、感觉	对产品感兴趣的、不感兴趣的或无所谓的人各有多少
购买额	有多少人打算购买该产品
过去已购买或使用	有多少人已购买或使用该产品
满意度	对该产品的评价
重要因素	什么因素促使他们购买该产品
统计学中的问题	年龄、性别等
产品与包装的处理	如何处理包装、包装纸和产品
品牌忠诚度	在最近 6 个月中有多少次购买了该产品

（三）设计调查问卷

问卷由各种类型的问题构成，问卷设计需要决定问题的类型、数量、措辞、顺序、布局。

1. 问题的类型

问卷的问题主要有三大类型：开放式问题、封闭式问题及量表应答式问题。开放式问题（Open-ended Question）也称为无结构式问题或自由回答式问题，指问卷上提出的问题没有事先拟定答案，让被调查者自由回答的提问方式。封闭式问题（Closed-ended Question）也称为结构式问题，指问题的答案事先由调查者拟定，被调查者只能在限定答案中选择作答的提问形式。这里的封闭性意味着被调查者的回答被限定在调查者所撰写的问题答案范围之内，没有自由扩展的余地。封闭式问题又包括二项式问题、多项式问题。量表应答式问题（Scaled-response Question）指用于测定被调查者的态度、意见、感觉等心理层面的问题。量表就是一套事先拟定的用语、符号和数字，是用来测定人们心理活动的度量工具，从而使抽象概念、思维具体化和数量化。

一份问卷中可能包含上述三种类型的问题，也可能只有其中的一种或两种。具体某项研究要采用哪些类型的问题，应视信息需求目标而定。

2. 问题的数量

除明确问题的类型外，还要确定每类问题的数量，确保信息收集任务的完成。如果问题设置太多、费时太久，被调查者可能会厌倦而不愿意继续回答，即使勉强回答也是敷衍了事，响应没有什么价值；如果问题太少，又怕不能完整地搜集到所需要的资料，难以保证研究目标的实现。如果某个问题获得的数据对解决研究目标没有帮助，应从问卷中剔除。当然，也可能某方面的信息需要若干个问题才能收集到。原则上，问卷中的每个问题，都要对所需要的信息有所贡献。

3. 问题的措辞

问题的措辞指把需要的问题内容和结构转化成调查对象可以清楚而轻松地理解的用语。如果问卷中问题的措辞很拙劣，调查对象可能会拒绝回答或不负责任地乱答，从而导致较大的调查误差。问题的撰写要做到：含义明确、提问具体；通俗易懂，忌用术语；不假设、不诱导和不断定；一题一问；回避隐私。

4. 问题的顺序

问卷中问题不能随意罗列，应具有一定的逻辑性。表 2-2 列举了问题排序的一般思路。

表 2-2　　问题排序的一般思路[3]221

位置	类型	例子	理念基础
过滤性问题	限制性问题	“过去的 12 个月中您曾滑过雪吗？”“您拥有一副雪撬吗？”	为了辨别目标回答者；对去年滑过雪的雪撬拥有者的调查
最初的问题	适应性问题	“您拥有何种品牌的雪撬？”“您已使用几年了？”	易于回答，向回答者表明调查很简单
前 1/3 的问题	过渡性问题	“您最喜欢雪撬的哪些特征？”	与调研目的有关，需稍微费些时间
中间 1/3 的问题	难于回答及复杂的问题	以下是雪撬的 10 个特征，请用以下量表分别评价您的雪撬的特征	应答者已保证完成问卷并发现只剩下几个问题
最后部分	分类和个人情况	“您的最高教育程度是什么？”	有些问题可能被认为是个人问题，应答者可能留下空白，但它们是在调查的末尾

问题顺序的安排，通常应遵循以下原则。

（1）先易后难。在被调查者的合格身份得到确认（通过过滤性问题）后，一般先提出一些简单的问题，使被调查者容易回答，也愿意继续合作下去。对于难以回答的问题或需要较长时间思考的问题，宜放在问卷的尾部，如涉及个人隐私的问题、敏感性问题。

（2）先“闭”后“开”。封闭式问题已经设置了答案，被调查者只能在限定的答案中选择回答，无须长时间思考，相对较为容易，宜放在问卷的前部。对于开放式问题，往往需要相对较长时间的思考来组织答案，因而宜放在问卷的后面。

（3）符合逻辑。问题的安排也应根据问题的性质类别、时间关系、跳答关系来合理排定顺序，符合问题之间的逻辑结构；当转移话题时，应该用简短的过渡语（或者访问员口头陈述）来帮助被调查者转移思路；设计跳答问题时，跳答的问题应该尽量靠近引出分叉的原始问题处。

5. 合理布局版面

设计好的问题应按照提问的时间顺序、逻辑顺序、跳答顺序合理地对问卷进行版面设计。录入、排版时，对封闭式问题的题干及答案要进行预编码（Pre-coding），并确定答案的作答方式及位置，如直接在答案上打钩或画圈、涂黑等，一个问题的题干及答案应排列在同一页面上；对开放式问题需要预留足够的空间；要合理地设计页面，如标题、色彩、字号及对比度等；问题之间要有合理的间隔，避免引起误会；另外，还要对问卷本身进行编号，以便数据采集的组织实施。

完成初步设计的问卷在小范围内进行试答。通过试答，一是发现问卷设计时应收集信息但尚未进入问卷的问题或设计不合理的地方，为问卷的修改与调整提供依据；二是测试完成一份问卷调查所需要的时间，以便确定调查人员的数量。无论实际调查采用哪种方法，试答最好采用人员访谈的形式，因为通过人员访谈可以观察到调查对象的态度和反应；试答的样本很小，一般考虑在15～30人。试答结束后，要对发现的问题及时进行修改、补充和完善；要对调查数据进行简要分析，检查所收集到的数据是否都有价值，问卷是否测量了所必需的信息。问卷印制要注意纸张的大小、硬度等，选择外观质量较好的纸张，或许还要考虑特殊的折叠和装订。总之，应该让被调查者通过问卷感受到调研的正规性和严肃性。

（四）评估测量效果

反映测量效果的主要指标是信度和效度。信度就是测量的可靠性，反复多次测量的结果相差无几，测量效果好；反之，测量效果差。效度指实际测得结果与设定信息目标之间的吻合度，二者越一致，测量效度越好。信度和效度都有多种测量和计算方法，具体内容见本书第十五章。

第二节 测量尺度

测量尺度是指对测量对象量化时采用的具体标准。斯蒂文斯（S·S·Stevens）根据测定变量的性质、信息含量的多少，将数据划分为四种尺度的测量。

一、名义尺度

名义尺度（Nominal Scales）也称为名义测量或类别测量，即用数字来识别不同对象或对这些对象按性质进行分类。当名义尺度用作识别目的时，数字与研究对象之间构成一一对应关系，每个数字序号被唯一地分配给一个对象，如个人身份证号、学生的学号、被调查者的编号、门牌号；当类别尺度用作分类时，数字用来作为分类的标签，如用 1 指代“男性”、2 指代“女性”，不同的数字用来代表被调查者的性别。

名义尺度测量的变量，各个对象、类别间（变量值）是平等的，没有高低、大小、优劣之分。在用 1 指代“男性”、2 指代“女性”时，不能因为 1 小于 2 得出“男不如女”的认识或判断。名义测量唯一能进行的统计分析是变量的次数，因而可以计算频数、众数及百分数，不能计算平均数，或者说名义尺度变量的平均数是无任何实际意义的。例如，1=男性，2=女性，样本的平均性别指标就没有任意价值。

二、顺序尺度

顺序尺度（Ordinal Scales）是一种排序测量，用数字表示对象具有某种特征的相对程度。顺序测量表明对象之间在某个研究特性上的相对位置，但是没有说明多多少或少多少。例如，A 品牌知名度排名第 1，B 品牌排名第 2，C 品牌排名第 3，但却不能说明排名第 1 的 A 品牌与排名第 2 的 B 品牌相差多少，也不清楚排名第 2 的 B 品牌与排名第 3 的 C 品牌相差多少。

顺序尺度测量的变量，其变量值不仅有类别间的差异，还反映了高低、优劣、大小的程度，不能随意排列，位次之间的差异无法准确计量且不相等。顺序尺度测量的对象除可计算类别量表的统计指标外，还可计算四分位数、中位数、列联表、卡方检验、秩相关系数。

三、等距尺度

等距尺度（Interval Scales）也称为区间测量，即在测量中用各点之间相同的距离以显示相对数，可以包含一个设定的任意零点。等距测量除表示顺序之外，还能体现对象之间的差异。例如，营销研究中要求消费者对不同品牌的汽车按喜爱程度打分，某个消费者的评分是：宝来是 40 分，桑塔纳是 35 分，夏利是 20 分，奥拓是 5 分，表示这个消费者喜欢的车依次是宝来、桑塔纳、夏利、奥拓，还表明桑塔纳和夏利之间偏爱的差值与夏利和奥拓之间偏爱的差值是相等的，但不能说明宝来的喜爱程度是夏利的两倍。

等距尺度测量的变量值以数字表述。变量值不仅反映了不同的类别和顺序，而且有大小、优劣的程度区分。但这种大小、优劣是以某个值为基数的相对值，并没有绝对的零点，可以进行加减运算，但不能进行乘除运算。等距尺度变量除可进行名义测量与顺序测量的所有计算外，还能计算平均数、标准差、相关系数指标，也能进行 t 检验、F 检验、方差分析、回归分析、因子分析和聚类分析。

四、比例尺度

比例尺度（Ratio Scales）也叫等比测量，是拥有绝对零点且可以对变量的实际数值进行比较的量表。比例尺度测量的变量有特定的计量单位，有绝对意义上的零点，既可以进行加减运算，也可以进行乘除运算。比例尺度变量具有上述三种测量的全部性质，不仅可以识别、（分类）、排序、比较间距，而且变量值的比例也是有意义的。

经济社会研究中，像人口数、销售额、成本、市场占有率和客源数量均可用比例尺度来测量。在统计分析手段上，除以上三种尺度的计算指标和分析方法外，还可计算几何平均数与调和平均数。

表 2-3 描述了 4 种测量尺度的含义、性质、运用领域及统计方法。

在 SPSS 分析软件中，把等距测量与等比测量合二为一，视为对定量变量的测度，统称为定量（Scale）测量。

表 2-3 测量尺度及其应用

尺度	描述	基本判断	一般运用	统计方法
名义	用数字识别对象、个体	判断相同或不同	分类（男/女、购买者/非购买者）	频数、众数、百分数
顺序	除识别外，数字提供了对象拥有的特点或相对数量信息	判断大小或优劣	排序/打分（对旅馆、银行等的偏爱；对食品口味的评分；社会阶层的评定）	除以上方法外，还有中位数、百分位数、列联表、卡方检验、秩相关分析
等距	除拥有类别与顺序量表的所有性质外，相邻点间的距离是相等的，但原点不固定	判断间距是否相等	复杂概念/架构偏好（温度、品牌的认知水平）	除以上方法外，还有平均数、标准差、相关系数、t 检验、F 检验、方差分析、回归分析、因子分析、聚类分析
比例	具有上述三种性质，且有绝对零点	判断比值的相等性	精确测量（销售量、年龄、收入）	除以上方法外，还有几何平均数、调和平均数

第三节 测量工具设计

测量工具指度量研究对象信息的计量手段。经济社会调查研究中，常常用问卷作为测量工具，并用来收集所需要的信息。测量工具设计就是对问卷的设计，即对问卷中各类问题的设计。问卷（Questionnaire）是用于从调查对象处获取信息的一系列格式化问题的集合，由若干类型的问题构成，包括二分式问题、单项选择题、多项选择题、顺位式问题、开放式问题和量表式问题。本节具体介绍各类问题的设计思路。

一、二分式问题的设计

二分式问题（Dichotomous Question）指调查问题只有两种可供选择的答案，非此即彼。例 2-1、例 2-2 就属于此类问题。

【例 2-1】 您有私家车吗？

（1）有　　　　（2）无

【例 2-2】 您进行过网购吗？

（1）网购过　　　　（2）未曾网购过

二分式问题由于选择答案处于两个极端，忽略了两极之间大量可能的答案，容易产生较大的测量误差。在设计二分式问题时，应注意提问是采用肯定形式还是否定形式，对调查对象有利的词是放在前还是置于后，这些都极大地影响了回答的效果。

二、单项选择题的设计

单项选择题（Single-choice Question）指问卷中列出三个及以上的可能答案，由被调查者选择一个备选答案进行作答的方式，如例 2-3。

【例 2-3】 截至目前，您使用过的手机有多少部？

（1）无　　（2）1 部　　（3）2 部　　（4）3 部　　（5）4 部及以上

三、多项选择题的设计

多项选择题（Multiple-choice Question）指问卷中列出三个及以上的可能答案，由被调查者选择两个及以上备选答案进行作答的方式，如例 2-4。

【例 2-4】 您购买洗衣粉主要注重哪两个因素？

（1）去污力强 （2）泡沫少 （3）价格便宜 （4）不伤皮肤

（5）方便性 （6）品牌知名度 （7）其他 具体因素是：________

设计多项选择题时，首先，应注意避免答案间的相互包容；其次，应考虑到所有可能出现的备选答案，不要出现某些选项遗漏的情况；再次，根据需要设置一个“其他”项，并要求应答者做出详细说明，但过多的“其他”项给统计带来较大的工作量；最后，应注意不要让被调查者产生答案的顺序偏差，如某些被调查者往往在第一个或最后一个答案处打钩。

四、顺位式问题的设计

对所提问题的备选项根据拟定的某个排序标准排列顺序（位次）的问题，称为顺位式问题。整个问卷都由顺位式问题构成，则这样的问卷叫作顺序量表（Rank-order Scale）。通常排序的做法是把最喜欢或偏爱的产品（品牌）排在第 1，次喜欢或偏爱的产品（品牌）排在第 2，直到把所有对象排好位次为止。具体设计模式参见下例。

【例 2-5】 测定牙膏偏好的顺序量表。

对下列牙膏的不同品牌，按照偏好的顺序填入后面的括号内。最喜欢的品牌排第 1，第二喜欢的品牌排第 2，依次下去，直到所有品牌的牙膏都安排好顺序为止。请注意，任何两个品牌不应该得到相同的序号。偏好的标准由你决定，没有正确的或错误的答案。

（1）冷酸灵 （ ） （2）云南白药 （ ） （3）中华 （ ）

（4）白玉 （ ） （5）高露洁 （ ） （6）佳洁士 （ ）

（7）两面针 （ ） （8）黑妹 （ ） （9）黑人 （ ）

排序测量本质上是一种比较量表，常用来测量对品牌的偏好及态度。其优点是操作简单，容易排序，只需应答者较少的时间，但只能获取排序的信息，无法了解这种排序的原因。

五、量表式问题的设计

（一）李克特量表的设计

李克特量表由 Rensis Likert 根据正规量表方法发展而来，在具体使用中又被许多调研者改进。在经济社会调研中，通常采用的是改进的李克特量表（Modified Likert Scale），要求被调查者对研究设计者所做的若干表述，用同意或不同意的程度等级做出回答的问题设计模式，如例 2-6。

【例 2-6】 李克特量表评价牛仔裤[2]251。

调查者：我读几个句子给您听。在我读时，请想想这些句子您是否同意？（出示卡片）

	完全同意	基本同意	无所谓	基本不同意	完全不同意
李维 501 牛仔裤款式很好	□ 5	□ 4	□ 3	□ 2	□ 1

续表

	完全同意	基本同意	无所谓	基本不同意	完全不同意
李维 501 牛仔裤价格合理	□ 5	□ 4	□ 3	□ 2	□ 1
下一条牛仔裤将选购李维 501	□ 5	□ 4	□ 3	□ 2	□ 1
李维 501 牛仔裤是身份的象征	□ 5	□ 4	□ 3	□ 2	□ 1
李维 501 牛仔裤系列使您感觉很好	□ 5	□ 4	□ 3	□ 2	□ 1

李克特量表由若干对研究对象持肯定或否定的态度的语句构成，要求应答者对每一种陈述表明同意或不同意的程度，通常设为 1～5 级，并以分数的形式作答，然后将每一种表述的分数加总求和，以此来测定单个应答者的态度，如例 2-7。

【例 2-7】 李克特量表评价 Sears 百货商店[4]193。

下面所列的是对 Sears 百货商店的不同观点。请通过使用下面的量表指出您对每种观点的同意或反对的程度。其中，1=强烈反对，2=反对，3=既不同意也不反对，4=同意，5=强烈赞成。

序号	语句	强烈反对	反对	既不同意也不反对	同意	强烈赞成
①	Sears 销售高品质的商品	□ 1	☑2	□ 3	□ 4	□ 5
②	Sears 店内服务很差	□ 1	☑2	□ 3	□ 4	□ 5
③	我喜欢在 Sears 购物	□ 1	□ 2	☑3	□ 4	□ 5
④	Sears 在一类产品内没有提供很好的不同品牌的组合	□ 1	□ 2	□ 3	☑4	□ 5
⑤	Sears 的信用政策很糟糕	□ 1	□ 2	□ 3	☑4	□ 5
⑥	Sears 是美国人购物的地方	☑1	□ 2	□ 3	□ 4	□ 5
⑦	我不喜欢 Sears 做的广告	□ 1	□ 2	□ 3	☑4	□ 5
⑧	Sears 销售的商品花样繁多	□ 1	□ 2	□ 3	☑4	□ 5
⑨	Sears 价格公道	□ 1	☑2	□ 3	□ 4	□ 5

需要注意的是，李克特量表每个陈述问题的方向均是正向的。如果描述语句是混杂的，既有积极的表述，也有消极的表述，则一定要将负向的分值进行倒置调整，以便高分表示赞同程度。在例 2-7 中，②、④、⑤、⑦的表述是负向性的，打钩的数字表示某个消费者的选择，需要分别将负向描述的选择实施倒置调整，转化的评分分别为 4、2、2、2。该消费者的评分总和为 2+4+3+2+2+1+2+4+2=22，而本题的最高分值应为 45 分，表明该消费者对 Sears 百货商店的看法处于中间状态，没有明显的倾向。如果要了解所有被调查者对每一个陈述语句的总体评价态度，则可求每个语句的平均数，越趋近于 5，认同度越高；反之，越接近于 1，越不认同。

在经济社会研究领域，李克特量表非常受到研究者的青睐，因为它制作简便快捷，易于操作。更重要的是，通过李克特量表不但可以了解应答者对评价对象的态度，而且能通过目标群体人口统计特征与应答答案的分析，了解他们所持态度的原因。

（二）评比量表的设计

评比量表（Continuous Rating Scale）是由研究者事先将各种可能的选择标示在一个评价的数轴上，然后要求被调查者在数轴上标明其态度或意见的设计模式，如图 2-1 所示。

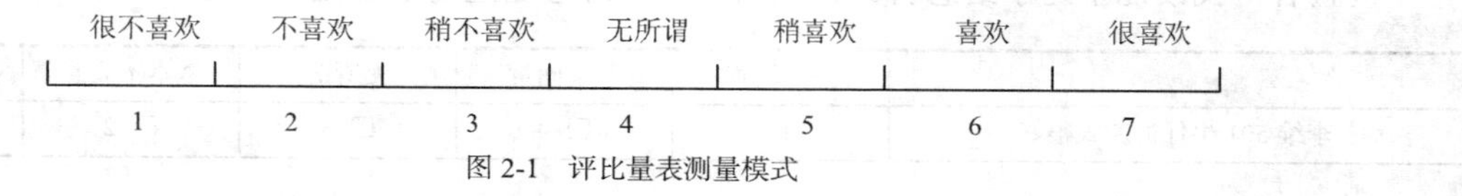

图 2-1 评比量表测量模式

连续评比量表也可称为图示评比量表（Graphic Rating Scale），它是用连续的一系列数值与图形来描述研究对象的某个特性，被调查者直观地根据图形来回答，不仅表明了态度，而且测定出态度的等级。评比量表的两端设计为极端性答案，通常设置为奇数个等级，如 5、7、9 等。

（三）评分量表的设计

评分量表也称固定总数量表（Constant Sum Scales），要求应答者根据各个特性的重要程度将一个给定的分数（通常是 10 分或 100 分）在两个或多个特性间进行分配的测量形式。其设计模式参见研究实例 2-8。

【例 2-8】 网球运动装的固定总数量表[3]192。

以下是女性网球运动装的 7 个特性。请将 100 分分配给这些特性，以便用每个特性所得的分数代表您认为它们相对的重要程度。分配给某一特点的分数越多，这个特性就越重要。如果这个特性根本不重要，就应该不分给它任何分数。填完后，请检查两遍，以保证您的总数加起来为 100。

网球运动装的特性	分　　数
穿着舒适	________
耐用	________
由知名厂商或品牌制作	________
美国制作	________
款式新潮	________
适于运动	________
物有所值	________
	100 分

计算所有应答者分配给每个属性的平均分，就取得了每个属性的重要性程度，从而能够轻松地明确营销对象的主要因素。评分量表分配分数的原则是能够反映每个属性的相对重要性，能够收集到一些顺序量表所不能获取的信息，但应答者的评分有可能比固定的总数大或小。

六、开放式问题的设计

开放式问题是指研究者只提出问题但并未设置答案选项，任由被调查者自由作答的问题。例如：

您如何看待“脑白金”广告？

在移动互联时代，您怎样看待传统的百货商店？

开放式问题在得到回答之后，经常需要追问，以掌握更为详细的信息，如“您还有其他要说的吗？”“请进一步陈述您选择的理由！”

开放式问题的优点在于，可以使应答者给出对问题的一般性反应；让被调查者自由回答，很可能收集到一些意想不到而又很重要的信息资料，有助于帮助设计广告主题和促销活动，使广告文案更接近于消费者的语言；对开放式问题回答的分析结果可作为解释封闭式问题的工具；由被调查者自由发表意见，可以形成有利于调查的气氛。

开放式问题由于可能的答案很多，往往需要归类。如果分类较多，则各种类别的频数可能很少，从而使解释变得很困难；如果分类较少，信息又变得太一般，重要的信息就会丢失。因而，统计分析困难是开放式问题最大的缺点，其次是响应率低，再次是可能存在访问员记录和理解误差，最后是它不适合自填式问卷（如邮寄调查、网上调查）。

开放式问题常常置于问卷的末尾，以期对特定问题广度和深度的了解，但大型调研中使用较少。设定“其他”项并要求被调查者说明具体内容的封闭式问题，实际上也属于半开放问题。正规大型调查尽可能不要采取这种设计形式。

导入问题回应

网络购物方兴未艾，各家网购平台均研发设计了顾客数据记录与分析功能模块，消费购物数据被完整地记录、保存和分析，做到了精准地锁定目标顾客，使网络营销的目标性和针对性更强。顾客每次网络购物的时间、品名、类别属于名义变量，指定数字代表具体对象或类别，用名义尺度来计量，能统计分析频数、众数及百分数；销售或人气排名属于顺序变量，指定数字代表具体对象或类别的排名情况，用顺序尺度来计量商品的销售排名或人气排名，除可计算类别测量的统计指标外，还可计算四分位数、中位数、卡方检验、秩相关系数；购买金额属于比例变量，实际记录每笔购物的金额，能够进行所有的描述性统计指标分析，如平均数、中位数、众数、标准差、极差等，还可进行复杂的多元统计分析。

本章思考题

1. 什么叫测量？为什么不是所有对象都能测量？
2. 简述测量过程。
3. 通常问卷有哪些类型的问题？
4. 简述测量的四种尺度。
5. 简述测量工具设计的内容。

SPSS 简介

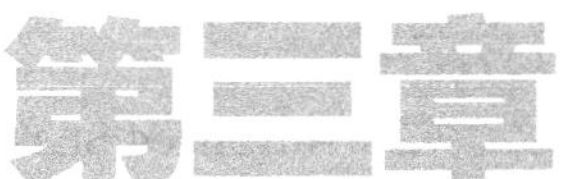

SPSS 窗口及功能

SPSS Statistics是集数据整理、分析及输出于一体的大型视窗统计系统，是世界上最流行的统计软件之一，几乎覆盖了经济、社会及自然科学的所有领域。本章首先介绍SPSS的发展与模块功能，接着阐述SPSS Statistics的视图及选项设置，然后说明SPSS数据文件类型，最后阐述变量的设置与定义。

请问SPSS系统主要有哪些窗口？分别实现什么主要功能？

第一节 SPSS 的发展与模块功能

一、SPSS的发展简介

SPSS 是世界上著名的三大统计分析软件（SAS、SPSS 和 SYSTAT）之一，原名为 Statistical Package for the Social Science（社会科学统计程序软件包），1968 年由斯坦福大学的三名研究生创建，1984 年率先推出统计分析软件的微机版本 SPSS/PC+。随着产品服务领域的扩大和服务内涵的深化，2000 年，SPSS 公司决定将英文名称更新为 Statistical Product and Service Solutions（统计产品与服务解决方案）。2009 年，IBM 收购了 SPSS，并更名为 IBM SPSS Statistics。目前它已成为国内外经济、社会、医学、教育领域使用率高、使用面广、用户最多的大型统计分析软件。目前最新版本为 SPSS 23.0 版，继承了从 SPSS 6.0 开始使用 Windows 窗口方式展示各种管理和分析数据方法的功能，使用对话框展示各种功能选项，界面清晰直观，易学易用。用户只要掌握一定的 Windows 操作技能，粗通统计分析原理，就可以使用该软件为特定的研究工作服务。由于它具有强大的图形功能，使用该软件不但可以得到分析后的数字结果，满足特定研究工作的要求，而且可以得到直观、清晰、漂亮的统计图。

二、SPSS的模块功能

为了占领不同的细分市场、满足不同用户功能的要求，IBM 收购 SPSS 后对原有 SPSS 进行了业务区分和重组，把整个大家族细分为 SPSS Statistics（统计分析）、SPSS Data Collection（数据采集）和 SPSS Modeler（数据挖掘）三大谱系。

SPSS Statistics 是一个组合软件包，能够帮助用户解决从计划和数据收集到分析、报告和部署的整个分析过程中的问题。它由多个模块集成，各个模块分别用于完成某一方面的统计分析功能，但均需要挂接在 Base 模块上运行，用户可以根据需求从中选择一个或多个模块来实现所希望达到的功能。

（1）Statistics Base 是 SPSS 的基本模块：它是许多不同种类统计分析的基础，能够快速地查看数据，并为轻松分析做好准备。其功能包括报表制作、假设检验、变量相关、创建集群和识别趋势与预测。

（2）Advanced Statistics 模块：通过数据中的复杂关系，使分析和计算更准确，提供了强大且复杂的单变量和多变量分析技术。

（3）Regression 模块：除用于线性领域的连续变量外，还能够预测分类型变量，并应用于各种非线性回归。

（4）Data Preparation 模块：为分析人员提供数据准备的高级技术。如果说 SPSS Statistics Base 提供的是基本数据准备工具，则 SPSS Data Preparation 提供了数据准备的专业技术，能够使研究者获取更准确的分析结果。

（5）Missing Values 模块：用于探查数据中的缺失值及与其他变量之间的关系。

（6）Categories 模块：提供了解复杂分类数据、数值数据和高维数据的工具，可用于分析消费者特征与品牌选择的关系，或者用于确定客户对产品的认知情况（与竞争品相比）。

（7）Conjoint 模块：用来度量个别属性对个人偏好的影响，可帮助市场研究人员识别产品的重要维度，做好产品设计与开发。

（8）Bootstrapping 模块：用于测试模型的稳定性及可靠性。

（9）Complex Samples 模块：将复杂的样本设计整合到数据分析中，利用特殊的规划工具和统计来降低由分层、分群或多阶段抽样所产生的误差或错误推论的风险。

（10）Custom Tables 模块：结合综合分析和交叉表的功能，帮助研究者面对不同受众采取适当方式来了解数据和快速获得结果，用于展示调查、客户满意度、投票及合规性结果的报告。

（11）Decision Trees 模块：用于创建可视化的分类树和决策树，直观地展示结果。

（12）Direct Marketing 模块：用于帮助市场营销人员轻松执行各种类型的分析，而无须详细了解统计知识。

（13）Exact Tests 模块：用于支持小型样本的调查。

（14）Forecasting 模块：提供时间序列数据的预测功能，用于快速便捷地建立趋势和得出预测值。

（15）Neural Networks 模块：提供非线性数据建模，以揭示数据所反映的复杂关系。

三、SPSS软件的应用

SPSS 软件具有统计量描述、均值比较、方差分析、相关分析、回归分析、因子分析、聚类分析、判别分析、多维尺度分析、联合分析、信度分析、效度分析及非参数检验等功能，广泛应用于经济学、生物学、教育学、心理学、医疗卫生、体育、农业、林业、商业、金融等各个领域，也可用于企事业单位。

本书所阐述数据处理分析方法，以 SPSS 19.0 版的操作为主体进行介绍。

第二节 SPSS 界面与选项设置

一、SPSS程序的界面

（一）数据编辑窗口

启动 SPSS 程序，默认进入的界面就是数据编辑窗口，如图 3-1 所示。数据编辑窗口由菜单栏、工具栏、数据编辑区、数据显示区及状态栏五部分构成，其中状态栏包含数据视图、变量视图及 SPSS 程序状况三部分。数据编辑窗口的最左边自动显示行序号，最右边是滚动条。当数据超过一屏时，可通过滚动条显示录入的所有数据。数据显示区的一行就是一份问卷全部问题的填答结果，SPSS 中称为个案（Case）；一列就是一个变量，可能是问卷中一个问题的填答编码（单选题），也可能若干个变量才是某一问题的编码（二分式设计的多选题）。数据文件的建立、读取、编辑和分析均在此窗口下完成，因此该窗口是 SPSS 最重要的界面。该窗口所建数据在保存时，自动为文件添加扩展名“sav”。

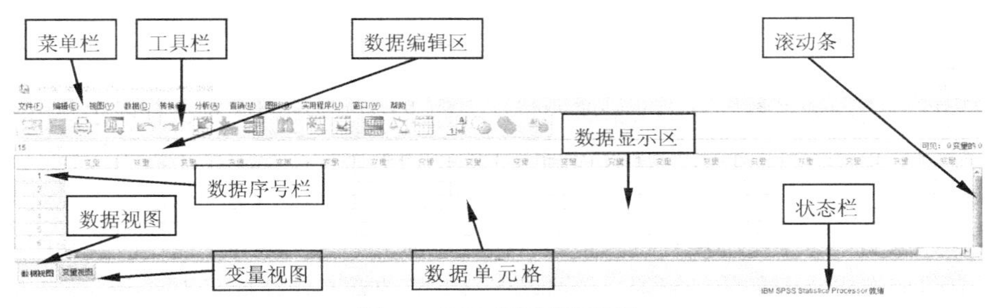

图 3-1 SPSS 的数据编辑窗口

SPSS 的所有操作均可通过 SPSS 的菜单获得，简捷便利，无须记住大量的操作命令，方便初学者较快地掌握 SPSS 的应用。SPSS 数据视图的菜单栏共有 11 个下拉菜单，包括文件、编辑、视图、数据、转换、分析、直销、图形、实用程序、窗口和帮助，如图 3-2 所示。

文件(F) 编辑(E) 视图(V) 数据(D) 转换(T) 分析(A) 直销(M) 图形(G) 实用程序(U) 窗口(W) 帮助

图 3-2 SPSS 的数据视图的 11 个菜单

（二）结果输出窗口

结果输出窗口是 SPSS 的另一个重要窗口，随分析命令的执行自动打开，所有的程序分析结果均呈现在此。图 3-3 是一个描述性统计分析的结果输出图，与 Windows 操作系统的资源管理器类似，左边是大纲视图，右边显示详细的统计结果：统计表、统计图、文本结果等。单击大纲视图窗口的某个标题，与此标题对应的输出内容呈现在右边的一个方框内；单击右边的具体内容，就能在左边找到对应所属的标题。两边的元素是完全一一对应的，即选中一边的某元素，另一边的该元素也会被选中。

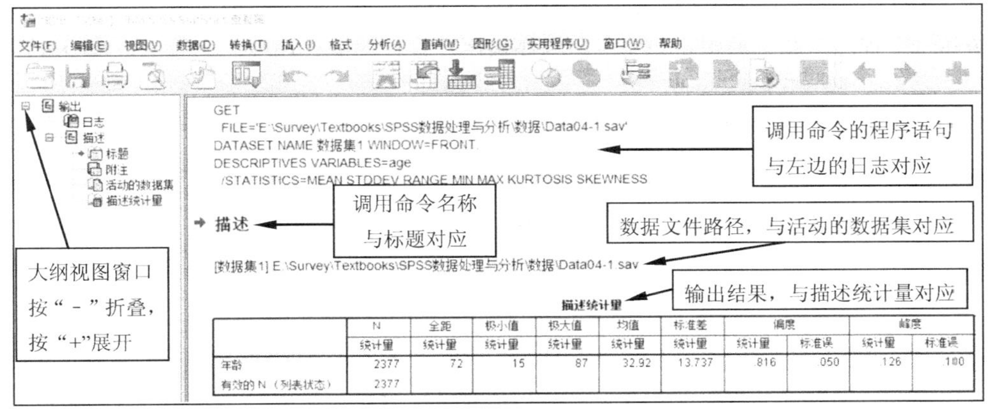

	N	全距	极小值	极大值	均值	标准差	偏度		峰度	
	统计量	统计量	统计量	统计量	统计量	统计量	统计量	标准误	统计量	标准误
年龄	2377	72	15	87	32.92	13.737	.816	.050	.126	.100
有效的 N（列表状态）	2377									

图 3-3 SPSS 的结果输出窗口

大纲视图窗口用于概略显示输出结果的结构，可对输出结果进行管理，如移动、删除等。单击左边的“－”（减号）可以将下级元素折叠，折叠后减号变为“+”（加号），相应内容则在右边视图中被隐藏起来；同样，单击“+”，也可以把输出结果展开，浏览详细内容。当多个程序命令的内容都显示在输出视图中时，用大纲视图可快捷地实现定位，找到某个命令的详细输出结果。双击输出结果窗口的内容，可以对输出结果进行美化编辑，还能以独立文件形式保存输出结果，文件扩展名类型为“spv”。重新打开时，可以通过“文件→打开→输出”打开已经保存过的输出结果文件。

结果输出窗口除了数据编辑窗口的 11 个下拉菜单外，还增加了插入和格式两个下拉菜单。

（三）命令语句窗口

SPSS 的绝大多数程序都在后台完成，但也可通过“编辑→选项→查看器→在日志中显示命令”实现在结果窗口中呈现执行的命令语句，还可用“粘贴”按钮把正在运行的程序传送到命令语句窗口，这对编程感兴趣的读者特别有学习借鉴的意义。如果要自身编程或对已有程序做出局部调整，则通过“文件→新建→语法”打开命令语句窗口，如图 3-4 所示。左边显示调用的程序名称，右边则显示具体的命令语句。当然，也可在右边窗口中按 SPSS 语法规则进行简单编程或对现有语句做出修改。编程完成后，可单击“运行”菜单选择“逐步前进”或“全部”执行所编程序。如程序出错，则提示会停留在出错语句处。编程文件可以保存并修改，文件扩展名为“sps”。

初学者基本不使用这个窗口，有经验的用户可能会用到。命令语句窗口除了数据编辑窗口的 11 个下拉菜单外，还增加了运行和工具两个下拉菜单，如图 3-4 所示。

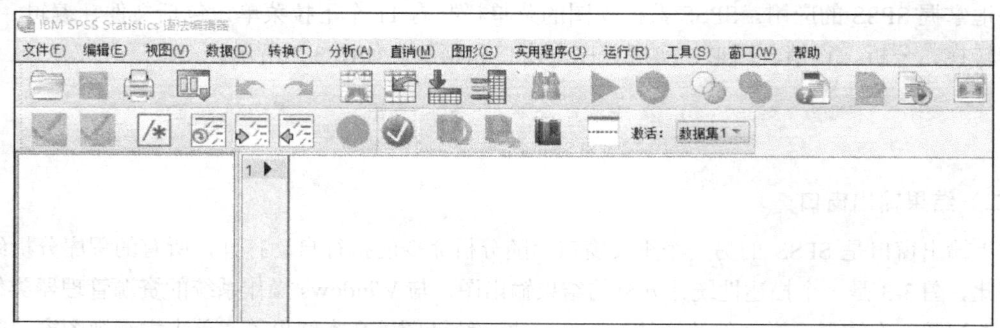

图 3-4 SPSS 的命令语句窗口

（四）脚本编辑窗口

通过“文件→新建→脚本”打开脚本编辑窗口，用户可以用 Sax Basic 语言（与 VB 兼容的编程语言）新建一个程序。脚本编辑窗口是专门为高级用户设计的编程环境，一般用户很少使用。

二、SPSS的“选项”设置

单击“编辑→选项”菜单，打开“选项”对话框，如图 3-5 所示。用户可在此对话框对 SPSS 的常用选项依次做出设置，完成后单击“确定”按钮，新设置的选项即生效。SPSS 各选项建议设置如下。

（一）常规选项卡

常规选项卡用于设置经常使用的选项，如显示变量标签还是变量名、输出数值的显示格式、指派变量角色、启动 SPSS 是否打开语法窗口和开启数据文件的个数、出错报警设置、使用的语言等，如图 3-5 所示。

图 3-5　SPSS 常规选项设置窗口

（二）查看器选项卡

单击图 3-5 中的“查看器”，可转换到查看器选项卡。该选项卡用于设置结果输出窗口的外观，可逐一对左边“项”下拉菜单的输出元素是否显示及对齐方式进行设置，右边设置标题和正文的字体、字号等格式。

建议对默认选项调整如下：

（1）“标题”字体用黑体，字号 13.5，不加粗，蓝色；

（2）“页面标题”宋体加粗，字号 10.5，黑色；

（3）“文本输出”宋体，字号 10.5，黑色。

（三）数据选项卡

数据选项卡用于设置数据格式。由于经济社会调查大多是名义、顺序和区间变量，一般没有小数，将默认两位小数改为 0。注意右侧的时间设置是指数据文件中变量为年度时的时间范围，并非 SPSS 程序的可用时间。如果时间变量跨度大，可自行将范围设得大一些。

（四）货币选项卡

货币选项卡用于设置货币的选项，通常使用默认设置。

（五）输出标签选项卡

输出标签选项卡用于设置在各处是否显示标签，通常不用修改。

（六）图表选项卡

图表选项卡用于设置统计图形的常规选项，一般把框架栏的外部、内部框线均去掉。

（七）枢轴表选项卡

枢轴表选项卡用于设置统计表的格式。建议表格外观栏选择 Acamedic 格式。

（八）文件位置选项卡

文件位置选项卡用于设置打开文件的路径、数量和日志记录等。在未修改的情况下为默认路径，当然也可把文件保存到指定的位置。

图 3-5 中，脚本、多重归因、语法编辑器选项卡通常都不用修改。

第三节 SPSS 变量视图与元素

一、SPSS变量视图

启动 SPSS 程序，出现数据编辑窗口，单击窗口左下方的“变量视图”按钮，可进入变量视图的操作界面，如图 3-6 所示。变量视图用于对变量的名称、性质、特征等进行定义，包括变量名称、类型、宽度、小数、标签、值、缺失值、列宽、对齐方式、度量标准和角色，是数据录入的先导。用户必须先行定义好问卷中的每个问题（变量），才能输入调查采集的数据。

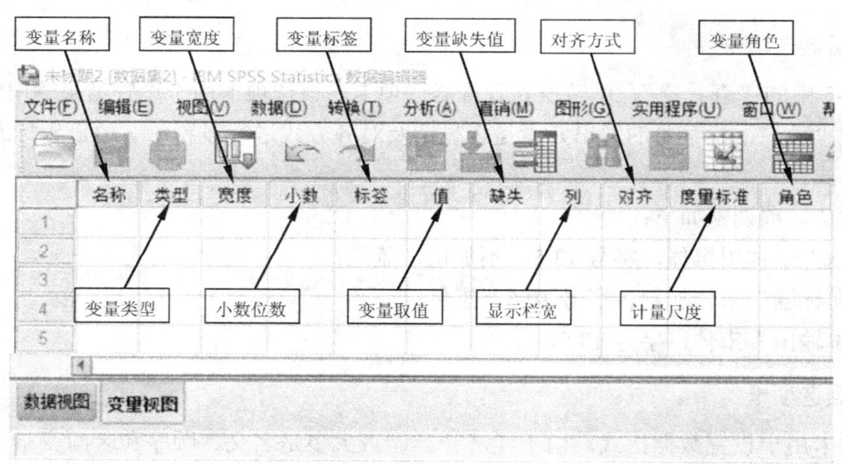

图 3-6　变量视图的构成

二、SPSS变量的元素

在变量视图中，用户可输入变量的相关信息，即完成定义变量元素的工作。SPSS 19.0 版的变量元素包括以下内容。

（一）名称

变量的名称（Name）不能超过 64 个字节（中文 32 个字），第一个字符必须是字母或中文，其后可以是字母或数字，但不能用下画线“_”或圆点“.”作为变量名的最后一个字符。

（二）类型

类型（Type）用于指定变量的种类。单击类型下的单元格，可打开图 3-7 所示的定义变量类型对话框。常用的变量类型有三种。

（1）数值型（Numeric）变量，默认类型，整数部分的长度为 8，小数位数为 2，也可根据需要调整。

（2）字符串型（String）变量，其值是一串字符，譬如被调查者的姓名。通常由 8 个字符组成，也可超过 8 个字符，但使用范围受限制。

（3）日期变量，可通过“数据”菜单中的“定义日期”自动生成各种格式的时间变量。

（三）宽度

宽度（Width）指变量在数据窗口中所占的列数。变量宽度取决于变量值的范围，一般以该变量的最大值来确定，宽度=整数位数+小数点（占 1 列）+小数位数。例如，某项调查中，月收入变量的最大值是 9 999.9 元，则宽度=4+1+1=6。

（四）小数

小数（Decimals）是指定需要保留的小数位数。指定为 0 时，表示无小数，变量是一整数。

变量宽度和小数可在图 3-7 中定义变量类型时一起指定，也可在宽度和小数下的单元格中按上下箭头来设定，但宽度的设定值都必须大于小数的设定值。

（五）标签

标签（Label）是对变量名附加的进一步说明，可输入中文，最多 120 个汉字。如果变量名的含义已经很清楚，即看到变量名的字符就能明白其内涵，也可以省略标签。

（六）取值

取值（Values）是对变量取值的进一步界定，通常名义变量、顺序变量需要加以定义。单击值下面的单元格，打开值标签对话框，如图 3-8 所示。例如，被调查者的性别变量用 1 代表“男”，用 2 代表“女”。

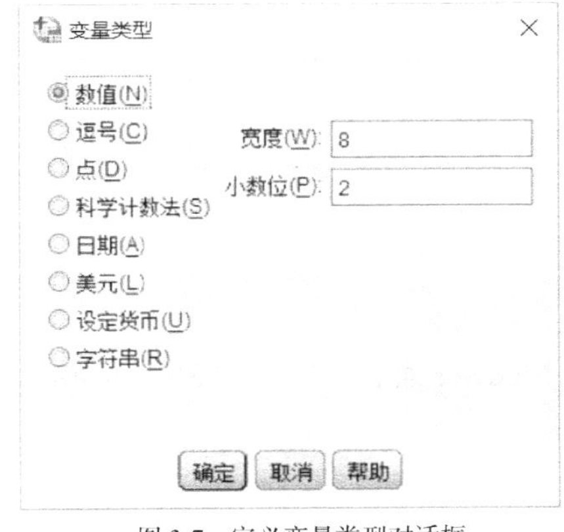

图 3-7　定义变量类型对话框

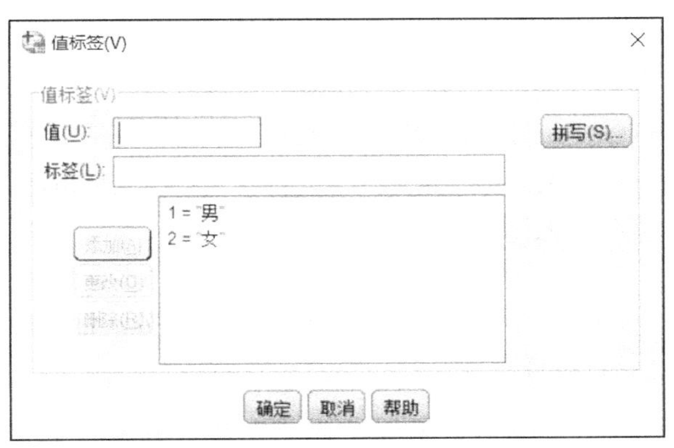

图 3-8　值标签对话框

（七）缺失值

缺失值（Missing）指用户可以设定变量的缺失值。单击缺失值下面的单元格右侧方块，打开缺失值设置对话框，如图 3-9 所示。

如果调查数据齐全，则选择没有缺失值；如果离散型变量（名义、顺序）存在缺失值，最多可设置三个缺失值，如性别缺失值可用9表示，同时去“值”标签中把此缺失值加上；如果连续型变量（区间、比例）存在缺失值，可设置缺失值为一个区间范围外加一个具体的值，如年龄缺失值可用999表示。

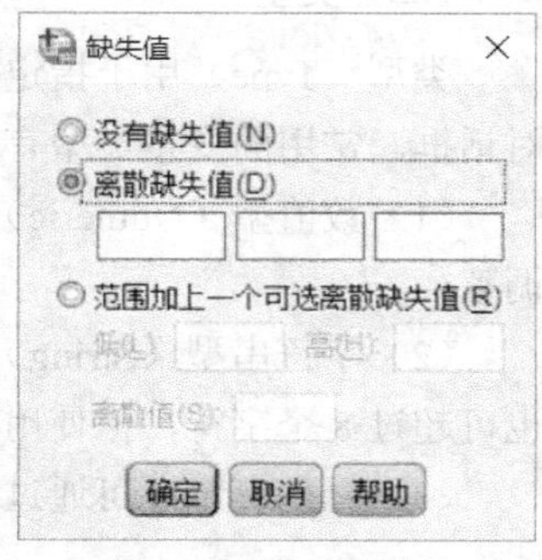

图 3-9　缺失值对话框

除了用户缺失值外，还存在系统缺失值。SPSS 数据视图中，字串型变量的系统缺失值显示为空格，数值型变量的系统缺失值显示为一个圆点（不是零）。为了与系统缺失值区分开来，用户缺失值不要用 0 表示。

（八）列宽

列宽（Columns）用来界定变量在屏幕上的显示宽度，范围为 1～255，它可根据变量值的位数来确定，通常大于或等于变量宽度，在不超过 8 位时均可采用系统默认值，按上下箭头可调整显示列宽。

（九）对齐方式

SPSS 提供了左对齐、右对齐及居中对齐三种对齐方式（Align）。

（十）度量标准

度量标准（Measure）指定义变量的测量尺度，有三种选择：

（1）比例量度，如学生分数、被调查者的年龄、收入等；

（2）顺序量度，如产品销路名次、偏爱等级等；

（3）名义量度，如学生姓名、学号、被调查者编号等。

单击度量标准下的单元格，可在“度量”（比例或区间）、“序号”（顺序）和“名义”之间选择。值得注意的是，SPSS 把区间尺度与比例尺度均视为比例度量，同属于定量性质的变量。

（十一）角色

角色（Role）指界定变量的角色，这是 SPSS 18.0 版新增的功能。角色分配只影响支持角色分配的对话框，对命令语法没有影响。单击角色下的单元格，可对角色进行设定。

（1）“输入”指定变量为输入变量。

（2）“目标”指定变量为目标（输出）变量。

（3）“两者都”指定变量为输入和目标双重角色变量。

（4）“无”表示不指定变量的角色。

（5）“分区”指定把样本划分为训练样本、检验样本和验证样本的变量。

（6）“拆分”用于 SPSS Modeler 的拆分，目的是与 SPSS Modeler 兼容，但在 SPSS Statistics 中不会用作拆分变量。

导入问题回应

SPSS程序包括四大窗口，分别是数据编辑窗口、结果输出窗口、命令语句窗口和脚本编辑窗口，

其中前两个窗口使用频率最高。数据编辑窗口的主要功能是建立、读取、编辑和分析数据文件，结果输出窗口的主要功能是呈现统计分析的结果，命令语句窗口的主要功能是展示或自编SPSS程序命令语句，脚本编辑窗口的主要功能是为高级用户设计编程环境。

本章思考题

1. 什么是 SPSS Statistics？
2. SPSS 有几个窗口？
3. SPSS 数据编辑窗口与问卷的对应关系是怎样的？
4. SPSS 从哪些方面来定义变量？
5. SPSS 中如何定义缺失值？

第四章 数据准备

导入问题 某贫困地区计划生育调查问卷[5]271

1. 您的家庭经济状况是______。

   （1）贫困 （2）脱贫 （3）富裕

2. 您的性别是______。

   （1）男 （2）女

3. 您的年龄是（被访者不足15周岁时，结束访问）______。

4. 您的文化程度是______。

   （1）大专及以上 （2）中专 （3）高中

   （4）初中 （5）小学 （6）识字很少或不识字

5. 您是否在业？______

   （1）不在业 （2）在业

6. 您的婚姻状况是______。

   （1）未婚 （2）有配偶 （3）离婚 （4）丧偶

7. 您第一次结婚的年龄是______周岁。

8. 您知道的避孕方法有______种。

9. 您最喜欢用的避孕方法是______。

   （1）不知道 （2）未用 （3）安全期 （4）体外排精

   （5）避孕膜 （6）口服避孕药 （7）避孕针 （8）避孕套

   （9）上环 （10）女扎 （11）男扎 （12）栓堵

   （13）皮下埋置 （14）其他

10. 曾生子女数是______个。

11. 您内心想要几个孩子？______个。

12. 理想的子女文化程度是______。

   （1）大专及以上 （2）中专 （3）高中

   （4）初中 （5）小学 （6）识字很少或不识字

编码（Coding）就是给每个问题的每个答案选项分配一个代号，通常是一个数字。在设计问卷时就进行的编码，叫事前编码（Pre-coding）；在数据实地采集结束后进行的编码，叫事后编码（Post-coding）。无论是问卷中哪种类型的问题，都需要依据编码本在变量视图中定义变量、设置编码，整个问卷变量定义完成后，转到数据视图中录入数据，从而实现由问卷到代码的转化，这是数据准备的主要工作。其次，要对数据文件做分析前的技术处理。本章介绍各种问题的转化思路、操作过程及数据分析前的预处理工作。

第一节 单选题的转化

一、单选题的转化思路

单选题指问卷中的问题只能选择唯一一个答案选项作答的问题，包括二分式问题、单项选择问题、只排序第一的问题。如计生问卷中的第 2 题就是二分式问题，第 1 题属于单项选择问题（三个答案只能选一作答）。像在五种品牌的手机中把您认为最喜欢的一个品牌选择出来，本质上也是挑一个选项作答，也属于单选题的范畴。

单选题的编码设计遵循“一题一变量”的原则，即每一个问题一个变量，使用多个代码代表各个选项，但被试只可能选择一个代码作答。在 SPSS 中，一个单选题用一个变量表示，问题选项用代码表示，代码采用自然数顺序，有多少个选项就设置多少个代码编号，相当于变量的取值范围。

二、单选题的转化操作

以计生问卷第 1 题为例，介绍单选题的编码与录入。

（1）在图 4-1 所示的变量视图中定义变量名为 lx，在“标签”栏中输入“家庭经济状况”，变量的三个取值分别是 1、2 和 3，1 代表贫困，2 代表脱贫，3 代表富裕，“类型”选择数值型变量，“度量标准”选择“序号”（顺序变量）；变量的三个取值都只占一列的位置，没有小数，“宽度”栏设定为 1，“小数”栏为 0；“缺失”栏为无，“列”显示宽度设定为 6 列，采用默认的“右”对齐，lx 起到输入“角色”的作用。

	名称	类型	宽度	小数	标签	值	缺失	列	对齐	度量标准	角色
1	lx	数值(N)	1	0	家庭经济状况	{1, 贫困}...	无	6	右	序号(O)	输入

图 4-1　变量定义

（2）单击“值”下面的空白框，打开变量值定义对话框，如图 4-2 所示。在“值”中输入 1，在“标签”中录入贫困，然后单击“添加”按钮，此时“1=贫困”就显示在值标签框中。类似地依次操作，可定义“2=脱贫”和“3=富裕”。变量值设定完成后，单击“确定”按钮，返回变量视图。

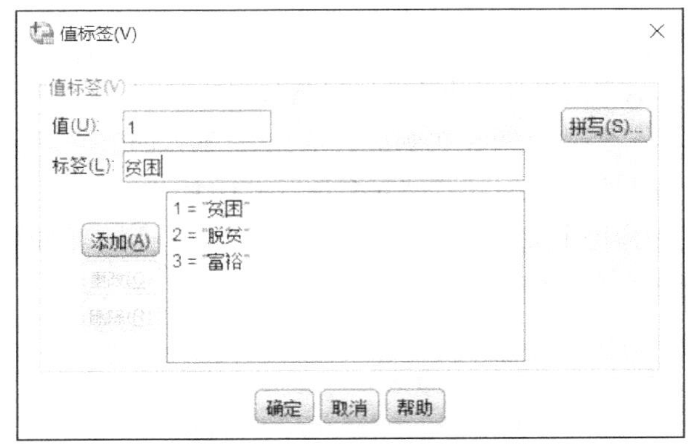

图 4-2　变量值定义

（3）假如某个被调查者在此题选择的是“贫困”，则在数据视图的变量 lx 名下输入 1。

第二节 多选题的转化

一、多选题的转化思路

多选题指问卷中的问题设置有多个选项，被调查者可按指定数量或不设定数量作答的问题。当然，问卷设计者指定的选项数应在2个及以上，但小于本题的全部选项。如果只指定1项，其实就是单选题。如果研究目的只是考察少数几个重点关注的问题、品牌、特性等，则不宜指定太多选项，因为过多不便于统计，也无法找出问题的关键。多选题的编码设计有二分法和指定数量法。下面通过例4-1介绍这两种编码方法。

【例4-1】 您购买洗衣粉主要注重哪两个因素？

①去污力强　②泡沫少　③价格便宜　④不伤皮肤

⑤方便性　⑥品牌知名度　⑦其他

（一）二分法

遵循“变量与选项一致”的原则，即有多少个选项就设置多少个变量，每个变量的取值都为0或1，被调查者作答的全部变量值的集合构成该题的选择。多选题的二分法与单选题在编码设计上完全不同，单选题是一题一变量，多选题是多少选项就设计多少个变量，变量数与选项数相等，每个变量就是一个二分式问题，选择了该选项，变量值为1，未选择，则变量值为0。在SPSS中，二分法设置的变量用多重响应进行数据分析。

例4-1有7个选项，应设计7个变量，变量名为*X*1～*X*7，分别表示选项①～⑦。每个变量的取值都为0或1，0代表未选择该选项，1代表选择了该选项。假如某个被调查者选择了①和⑥，则*X*1=*X*6=1，*X*2= *X*3= *X*4= *X*5= *X*7=0，SPSS中该个案的输入值为1、0、0、0、0、1、0。

（二）指定数量法

指定数量法是指被调查者在研究者设计的众多选项中指定少数几个作答的方式。对此类问题的编码遵循“变量数与指定选项数相等”的原则，即指定选项有多少个就设置多少个变量。如果在7个选项中指定3个作答，则设计3个变量，第一个变量代表选择的第一个选项编号，第二个变量代表选择的第二个选项编号，第三个变量代表选择的第三个选项编号。用描述性统计进行数据处理，分析每个变量值出现的频数和比例。

例4-1指定两个选项作答，应设计两个变量*X*1、*X*2，变量取值为选项的编码1～7。如果被调查者选择了①和⑥，则*X*1=1，*X*2=6，SPSS在变量*X*1、*X*2上输入的值就是1和6。

值得注意的是，二分法与指定数量法都能对多选题进行编码，但当多选题未指定选答数量时，只能用二分法编码。这是因为每个应答者选择的选项数量并不一致，不知道应设计多少个变量。因而，二分法在多选题编码中具有通用性。

二、多选题的转化操作

（一）二分法操作

（1）在变量视图中定义例4-1的7个备选项为变量*X*1～*X*7。

（2）单击 $X1$ 所在行的“值”空白框，打开值标签对话框，如图 4-3 所示。在“值”框中输入 0，在“标签”框中输入“未选择”，单击“添加”按钮；再在“值”框中输入 1，在“标签”框中输入“选择”，单击“添加”按钮，然后单击“确定”按钮，返回变量视图。单击 $X2$ 所在行的“值”，同样可定义 $X2$ 的值。重复上述操作，定义 $X3$～$X7$ 变量值。

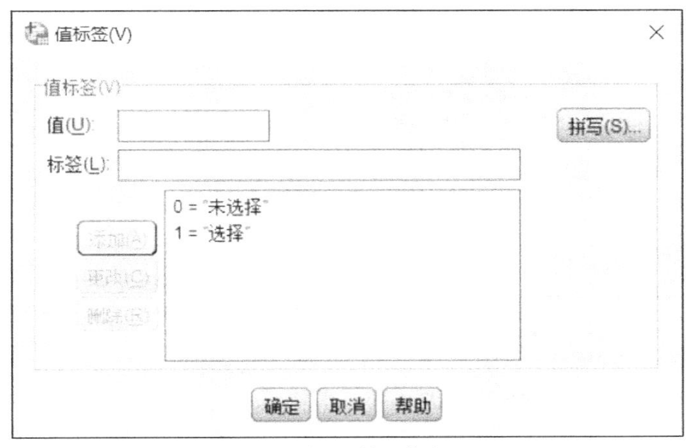

图 4-3　多选题变量值定义

（3）变量定义的其余元素与单选题的操作类似，这里不再重述。

（4）全部完成后，定义好的变量如图 4-4 所示。

	名称	类型	宽度	小数	标签	值	缺失	列	对齐	度量标准	角色
1	X1	数值(N)	8	0	去污力强	{0, 未选择}...	无	8	居中	名义(N)	输入
2	X2	数值(N)	8	0	泡沫少	{0, 未选择}...	无	8	居中	名义(N)	输入
3	X3	数值(N)	8	0	价格便宜	{0, 未选择}...	无	8	居中	名义(N)	输入
4	X4	数值(N)	8	0	不伤皮肤	{0, 未选择}...	无	8	居中	名义(N)	输入
5	X5	数值(N)	8	0	方便性	{0, 未选择}...	无	8	居中	名义(N)	输入
6	X6	数值(N)	8	0	品牌知名度	{0, 未选择}...	无	8	居中	名义(N)	输入
7	X7	数值(N)	8	0	其他	{0, 未选择}...	无	8	居中	名义(N)	输入

图 4-4　多选题的二分法变量定义

（5）某个被调查者选择了①和⑥时，在变量 $X1$～$X7$ 名下输入的值如图 4-5 所示。

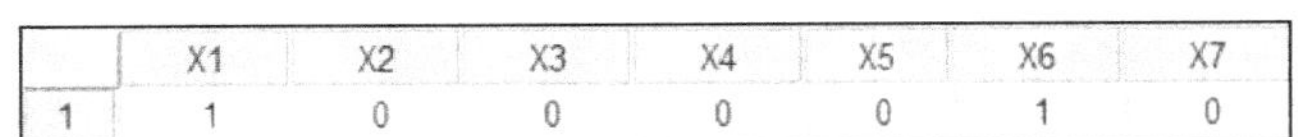

	X1	X2	X3	X4	X5	X6	X7
1	1	0	0	0	0	1	0

图 4-5　二分法对多选题编码的数据录入示例

（二）指定数量法

（1）在 SPSS 变量视图中定义变量 $X1$、$X2$。

（2）单击 $X1$ 所在行的“值”空白框，打开值标签对话框，如图 4-6 所示。在“值”框中输入 1，在“标签”框中输入“去污力强”，单击“添加”按钮，同样定义备选项 2～7。重复上述操作，可定义变量 $X2$ 的值。

（3）变量定义的其余元素与单选题的操作法类似，这里不再重述。

（4）定义好的变量 $X1$、$X2$，如图 4-7 所示。

（5）在被调查者选择①和⑥时，在变量 $X1$、$X2$ 名下输入的值如图 4-8 所示。

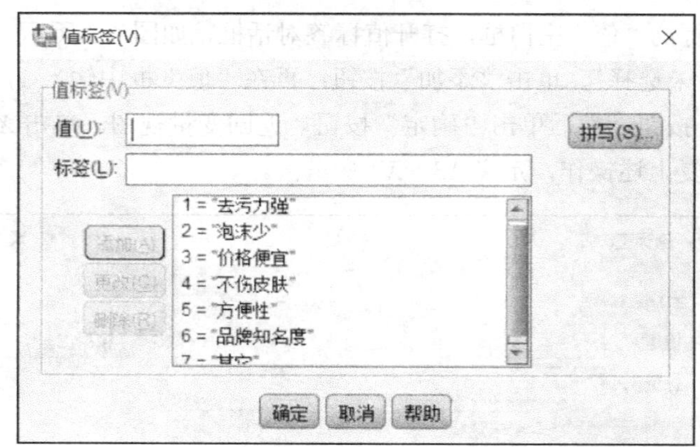

图 4-6　指定数量法设定变量值

	名称	类型	宽度	小数	标签	值	缺失	列	对齐	度量标准	角色
1	X1	数值(N)	8	0	第一选择编号	{1, 去污力强}...	无	6	居中	名义(N)	输入
2	X2	数值(N)	8	0	第二选择编号	{1, 去污力强}...	无	6	居中	名义(N)	输入

图 4-7　指定项数排序的变量定义

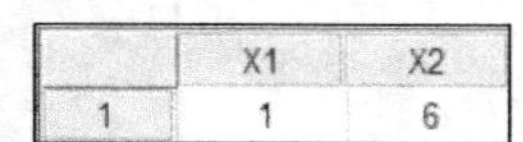

	X1	X2
1	1	6

图 4-8　指定数量法对多选题编码的数据录入示例

第三节　顺位题的转化

一、顺位题的转化思路

顺位题指问卷中的问题设置有多个选项，被调查者按指定项数排序或不设定项数排序作答的问题。当然，问卷设计者指定的排序数应在 2 个及以上，但小于该题的全部选项。因而，广义上讲，顺位题也属于多选题的范畴。如果研究目的只是考察少数几个重点关注的问题、品牌、特性等，则不宜指定太多选项排序，因为过多不便于统计分析，更重要的是被调查者可能也分不清喜爱或讨厌的顺序。依据顺位题的作答方式，编码有指定排序法和全部排序法。

（一）指定排序法

指定排序法是指被调查者在研究者设计的众多选项中指定少数几个排序作答的方式。对此类问题的编码遵循“变量数与选项数相等”的原则，即有多少个备选项就设置多少个变量，而变量值与排序个数有关，为“排序选项数+1”。这种排序法用描述性统计进行数据处理，分析每个变量值出现的频数和比例。

在例 4-1 中，如果指定排列关注的前三个因素，某个被调查者排出的顺序是⑥、①、④。如何编码和输入数据呢？

在这种排序作答中，共有 7 个备选项，应设计 7 个变量，*X*1～*X*7 分别代表 7 个选项；要求对 3 个选项排序，因而排序选项数=3，每个变量值的个数都为 4（3+1），0 代表未选择，1 代表排列第一，2 代表排列第二，3 代表排列第三。如果被调查者选择了⑥、①、④，则 *X*6=1（排列第一），*X*1=2（排列第二），*X*4=3（排列第三），*X*2= *X*3= *X*5= *X*7=0（未选择）。SPSS 在变量 *X*1～*X*7 上输入的值就是 2、0、0、3、0、1、0。

（二）全部排序法

顺位题与多选题具有相似的特性，都必须选择多个选项，但两者也有所不同。顺位题不仅要考虑是否选中，还要考察选中项的顺序，任何一个选项都可能被调查者排在第 1 至最后的位置上。全部排序法是对顺位题作答时，要求按照指定的某种顺序对所有选项进行排序的方法。编码时，按选项设定变量，变量数与选项数相同，有多少个选项设置多少个变量，用 0 表示未选中，用具体数字代表选项排列的位次，编码可能是 1（排第一）至最后一个选项的数字（排最后）。多选题通常不排序，采用二分法编码只存在是否被选中，每个选项的编码都是 0（未选中）或 1（被选中）。

例 4-1 全部选项排序时，某被调查者首先考虑的是品牌知名度（方框中填答 1），其次是去污力强（方框中填答 2），其余选项的排序如下：

2 ①去污力强　　3 ②泡沫少　　6 ③价格便宜　　5 ④不伤皮肤

4 ⑤方便性　　1 ⑥品牌知名度　　7 ⑦其他

该题的编码设计思路是：有 7 个选项，设定 7 个变量 $X1$～$X7$，$X1$ 表示选项①（去污力强），$X7$ 表示选项⑦（其他），变量值为 0 表示未选择该选项，1～7 表示此选项被排列在第 1 至第 7 的位置。上述被调查者的选择，各变量值为 $X1=2$，$X2=3$，$X3=6$，$X4=5$，$X5=4$，$X6=1$，$X7=7$，SPSS 数据视图窗口对应输入的值为 2、3、6、5、4、1、7。如果被调查者对某一选项未做排序，则该选项变量值为 0。

用频数统计命令进行数据处理，分析每个选项（变量）排位的频数和比例。

二、顺位题的转化操作

（一）指定排序法

（1）在 SPSS 变量视图中定义变量 $X1$～$X7$。

（2）定义变量 $X1$～$X7$ 的值。每个变量都有 4 个值，均为 0=“未选”，1=“排列第一”，2=“排列第二”，3=“排列第三”，如图 4-9 所示。

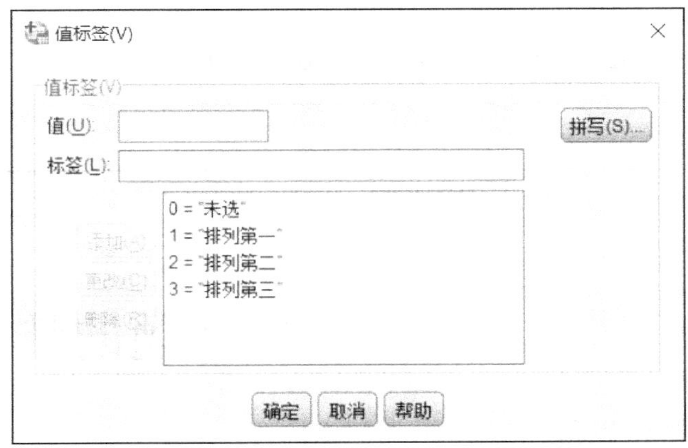

图 4-9　指定排序法的变量值定义

（3）变量定义的其余元素与单选题的操作法类似，这里不再重述。

（4）定义好的变量 $X1$～$X7$ 如图 4-10 所示。

	名称	类型	宽度	小数	标签	值	缺失	列	对齐	度量标准	角色
1	X1	数值(N)	6	0	去污力强	{0, 未选}...	无	6	居中	名义(N)	输入
2	X2	数值(N)	6	0	泡沫少	{0, 未选}...	无	6	居中	名义(N)	输入
3	X3	数值(N)	6	0	价格便宜	{0, 未选}...	无	6	居中	名义(N)	输入
4	X4	数值(N)	6	0	不伤皮肤	{0, 未选}...	无	6	居中	名义(N)	输入
5	X5	数值(N)	6	0	方便性	{0, 未选}...	无	6	居中	名义(N)	输入
6	X6	数值(N)	6	0	品牌知名度	{0, 未选}...	无	6	居中	名义(N)	输入
7	X7	数值(N)	6	0	其他	{0, 未选}...	无	6	居中	名义(N)	输入

图 4-10 指定项数排序的变量定义

（5）在被调查者选择⑥、①、④时，在变量 *X*1～*X*7 名下输入的值如图 4-11 所示。

	X1	X2	X3	X4	X5	X6	X7
1	2	0	0	3	0	1	0

图 4-11 指定排序法对多选题编码的一个个案数据录入示例

（二）全部排序法

（1）在 SPSS 变量视图中定义选项①～⑦为变量 *X*1～*X*7。

（2）定义变量 *X*1～*X*7 的值。每个变量的取值相同，均为 0=未选择此选项，1=本选项排第一，2=本选项排第二，3=本选项排第三，4=本选项排第四，5=本选项排第五，6=本选项排第六，7=本选项排第七。操作过程可参见图 4-9，只是比图 4-9 要增加排列第四至第七的值。

（3）*X*1～*X*7 其余元素定义与单选题的操作法类似，这里不再重述。

（4）*X*1～*X*7 定义完成后的模式如图 4-12 所示。

	名称	类型	宽度	小数	标签	值	缺失	列	对齐	度量标准	角色
1	X1	数值(N)	6	0	去污力强	{0, 未选}...	无	6	居中	名义(N)	输入
2	X2	数值(N)	6	0	泡沫少	{0, 未选}...	无	6	居中	名义(N)	输入
3	X3	数值(N)	6	0	价格便宜	{0, 未选}...	无	6	居中	名义(N)	输入
4	X4	数值(N)	6	0	不伤皮肤	{0, 未选}...	无	6	居中	名义(N)	输入
5	X5	数值(N)	6	0	方便性	{0, 未选}...	无	6	居中	名义(N)	输入
6	X6	数值(N)	6	0	品牌知名度	{0, 未选}...	无	6	居中	名义(N)	输入
7	X7	数值(N)	6	0	其他	{0, 未选}...	无	6	居中	名义(N)	输入

图 4-12 七个选项的全部排序变量定义

（5）某被调查者的排序如下，则在变量 *X*1～*X*7 名下输入的值如图 4-13 所示。

2 ①去污力强　3 ②泡沫少　6 ③价格便宜　5 ④不伤皮肤

4 ⑤方便性　1 ⑥品牌知名度　7 ⑦其他

	X1	X2	X3	X4	X5	X6	X7
1	2	3	6	5	4	1	7

图 4-13 全部排序时一个个案数据的录入示例

第四节 开放式问题的转化

一、开放式问题的转化思路

开放式问题是指没有设定答案，由被调查者根据自身实际情况作答的问题，包括填空题和自由陈述题。计生问卷的第 3、7、8、10 和 11 题均是填空题。这样的问题编码较简单，设定一个变量，但事先不设定变量值（也不可能知道变量值），调查完毕后按实际填答的数值录入。

自由陈述题的转化思路是：调查数据采集完成后，将开放式问题、设有“其他”项（要求填写具体内容）的封闭式问题的答案做出分析和归类，然后用前述多选题的编码方式进行编码和数据录入。换句话说，开放式问题是把相近的答案归并在一起，算作一个选项答案，用一个代码表示，用频数分析方法考察每个选项出现的频数和比例。

二、开放式问题的转化操作

（一）填空题的转化操作

以计生问卷第 3 题为例，介绍填空题的编码与录入。

在变量视图中定义被访者年龄变量名为 age。由于接受调查者的年龄都在 15 周岁以上，用数字型变量，宽度至少为 2，小数为 0。为了防止时间久远搞不清楚 age 的含义，可在变量标签输入“被访者年龄”。变量值以实际收集的年龄录入，变量定义时不设定。缺失值设为无，显示宽度、对齐方式自行设置或按默认。年龄是比例尺度变量，测量标准应选“比例”。变量角色选择“输入”，如图 4-14 所示。

	名称	类型	宽度	小数	标签	值	缺失	列	对齐	度量标准	角色
1	age	数值(N)	2	0	被访者年龄	无	无	6	居中	度量(S)	输入

图 4-14　填空题的变量定义

变量定义好后，可转到数据视图录入某个案的实际年龄到 age 名下，即完成一个个案的数据录入。

（二）自由陈述题的转化操作

自由陈述题的转化是对问题、选项做出变量定义操作。一般的做法就是将开放式问题转化为封闭式问题，尽量把“开放”答案归类为若干类，然后整理分析结果。鉴于开放式问题要调查实施后才能归类，这里就不再例举操作。一般调查不宜设计开放式问题，或只设计一两个开放式问题。

第五节　调查问卷转化操作

以本章导入问题“计生调查问卷”为例，阐述一份完整问卷转化为数据文件的过程。

一、设计编码本

编码本是问卷及问题变量代码的集合。由于大型调查时间周期长，样本数量大，为了使访问员、录入员、编辑人员及分析员等参与调查的人员达成共识，便于今后的查阅和分析，必须拟定统一的问卷编码本。编码本要清楚地呈现问卷中每一问题的变量名、变量类型、变量宽度、变量尾数、变量标签、变量值、缺失值、显示宽度、对齐方式、测量标准和变量角色，含义清晰，界定准确，便于操作。整卷编码设计时，把单个问题的转化思路集成在一个表格中，依据调查问卷、问题及答案选项逐一落实变量的相关设置。计生问卷的编码本如表 4-1 所示。

表 4-1　　家庭计划生育状况调查问卷的编码本

序号	变量名	变量类型	变量宽度	变量尾数	变量标签	变量值	缺失值	显示宽度	对齐方式	测量标准	变量角色
1	lx	数值	1	0	家庭经济状况	1=贫困，2=脱贫，3=富裕	无	6	右对齐	顺序	输入
2	sex	数值	1	0	性别	1=男，2=女	无	6	右对齐	名义	输入
3	age	数值	2	0	年龄	被调查者实际周岁	无	6	右对齐	比例	输入
4	edu	数值	1	0	文化程度	1=大专及以上，2=中专，3=高中，4=初中，5=小学，6=识字很少或不识字	无	6	右对齐	顺序	输入
5	zy	数值	1	0	是否在业	0=否，1=是	无	6	右对齐	名义	输入
6	hy	数值	1	0	婚姻状况	1=未婚，2=有配偶，3=离婚，4=丧偶	无	6	右对齐	名义	输入
7	ch	数值	2	0	初婚年龄	第一次结婚的实际周岁	无	6	右对齐	比例	输入
8	bys	数值	2	0	知道避孕方法数	实际知道的避孕方法种数	无	6	右对齐	比例	输入
9	ff	数值	2	0	喜欢用的避孕方法	1=不知道，2=未用，3=安全期，4=体外排精，5=避孕膜，6=口服避孕药，7=避孕针，8=避孕套，9=上环，10=女扎，11=男扎，12=栓堵，13=皮下埋置，14=其他	无	6	右对齐	名义	输入
10	css	数值	2	0	曾生子女数	实际曾经出生的子女数	无	6	右对齐	比例	输入
11	gs	数值	2	0	内心想要孩子数	自由状态下想要的孩子数	无	6	右对齐	比例	输入
12	sx	数值	1	0	理想的子女文化程度	1=大专及以上，2=中专，3=高中，4=初中，5=小学，6=不识字或识字很少	无	6	右对齐	顺序	输入

二、定义变量集

启动 SPSS，进入变量定义视图。根据问卷中问题的顺序及编码本，依次定义每一个问题（或变量）。定义变量过程中，如果出现定义错误、顺序颠倒，可对已经定义的变量做出修改，还可重新插入或删除一行（变量）。其操作是单击行的序号选中该行（行变黄），此时可复制、删除或重新插入新变量。计生问卷有 12 题，均是单选题和填空题，没有多选题，因而问题数也就是变量数。通常情况下，变量数都要大于或等于问题数。计生问卷的变量集如图 4-15 所示。

Data04-1.sav [数据集1] - IBM SPSS Statistics 数据编辑器

文件(F)　编辑(E)　视图(V)　数据(D)　转换(T)　分析(A)　直销(M)　图形(G)　实用程序(U)　窗口(W)　帮助

	名称	类型	宽度	小数	标签	值	缺失	列	对齐	度量标准	角色
1	lx	数值(N)	1	0	家庭经济状况	{1, 贫困}...	无	6	右	序号(O)	输入
2	sex	数值(N)	1	0	性别	{1, 男}...	无	6	右	名义(N)	输入
3	age	数值(N)	2	0	年龄	无	无	6	右	度量(S)	输入
4	edu	数值(N)	1	0	文化程度	{1, 大专及以上}...	无	6	右	序号(O)	输入
5	zy	数值(N)	1	0	是否在业	{0, 否}...	无	6	右	名义(N)	输入
6	hy	数值(N)	1	0	婚姻状况	{1, 未婚}...	无	6	右	序号(O)	输入
7	ch	数值(N)	2	0	初婚年龄	无	无	6	右	度量(S)	输入
8	bys	数值(N)	2	0	知道避孕方法数	无	无	6	右	度量(S)	输入
9	ff	数值(N)	2	0	喜欢用的避孕方法	{1, 不知道}...	无	6	右	名义(N)	输入
10	css	数值(N)	2	0	曾生子女数	无	无	6	右	度量(S)	输入
11	gs	数值(N)	2	0	内心想要几个孩子	无	无	6	右	度量(S)	输入
12	sx	数值(N)	1	0	理想的子女文化程度	{1, 大专及以上}...	无	6	右	序号(O)	输入

数据视图　变量视图

图 4-15　计生问卷变量集

三、录入数据

审核、编辑、验收合格的问卷交由数据录入员，依据编码本和问卷逐一将每份问卷（个案）收集的数据输入 SPSS 的数据视图窗口。最好边录入边保存，以防数据意外丢失。

四、审核数据

数据录入完毕后，用 SPSS 的查找、排序功能对数据录入的准确性进行核实。

五、保存数据

数据录入完毕，保存数据文件，SPSS 的数据文件类型后缀名为“sav”。计生调查问卷的数据文件命名为“Data04-1.sav”，前 27 个个案数据如图 4-16 所示（屏幕只能显示一部分），全部个案（问卷数）有 2 377 个。

文件(F) 编辑(E) 视图(V) 数据(D) 转换(T) 分析(A) 直销(M) 图形(G) 实用程序(U) 窗口(W) 帮助

	lx	sex	age	edu	zy	hy	ch	bys	ff	css	gs	sx
1	1	2	15	6	1	1	0	0	0	0	0	0
2	1	2	15	5	1	1	0	0	0	0	0	0
3	1	2	15	5	1	1	0	0	0	0	0	0
4	1	2	15	6	1	1	0	0	0	0	0	0
5	1	2	15	6	1	1	0	0	0	0	0	0
6	1	1	15	4	1	1	0	0	0	0	0	0
7	1	1	15	5	1	1	0	0	0	0	0	0
8	1	1	15	6	1	1	0	0	0	0	0	0
9	1	2	15	6	1	1	0	0	0	0	0	0
10	1	2	15	6	1	1	0	0	0	0	0	0
11	1	1	15	5	0	1	0	0	0	0	0	0
12	1	1	15	5	1	1	0	0	0	0	0	0
13	1	2	15	5	1	1	0	0	0	0	0	0
14	1	2	15	6	1	1	0	0	0	0	0	0
15	1	1	15	5	1	1	0	0	0	0	0	0
16	1	2	15	5	0	1	0	0	0	0	0	0
17	1	2	15	6	1	1	0	0	0	0	0	0
18	1	1	15	4	0	1	0	0	0	0	0	0
19	1	2	15	6	1	1	0	0	0	0	0	0
20	1	1	15	4	0	1	0	0	0	0	0	0
21	1	1	15	4	0	1	0	0	0	0	0	0
22	1	1	15	6	1	1	0	0	0	0	0	0
23	1	2	15	6	1	1	0	0	0	0	0	0
24	1	1	15	5	1	1	0	0	0	0	0	0
25	1	2	15	5	0	1	0	0	0	0	0	0
26	1	1	15	5	1	1	0	0	0	0	0	0
27	1	1	15	5	0	1	0	0	0	0	0	0

数据视图 变量视图

图 4-16 计生调查问卷的部分数据

第六节 数据预处理

在经济社会问题的研究中，随着数据分析进程的深入，可能存在少数变量最初设计时没考虑到但分析研究中却需要，或对原始变量适当计算以达到研究目的，或只挑选符合某种条件的变量或个案以实现特定的研究目的，或为其他分析做某种数据准备。如考试成绩是按个人身份识别的百分制分数，原问卷产生的数据文件中没有及格者标识的变量，但研究者需要及格率指标，此时就有必要根据原始数据文件中的变量或数据创建一个新变量，把60分以上的人数统计出来；再譬如，多元统计分析，涉及变量多、量纲不统一、数量级相差悬殊，此时就需要对原始变量做均值为0、标准差为1的标准化处理。本节介绍经济社会研究中常用的数据预处理方法。

一、选择个案

【例4-2】 以本章计生问卷的数据文件“Data04-1.sav”为背景，介绍“选择个案”的过程。

在分析贫困地区计划生育状况时，需要研究已婚者的相关数据，但原始问卷的被调查者既包括已婚者也包括未婚者，没有已婚者这个变量，需要通过对婚姻状况（未婚、有配偶、离婚、丧偶）变量的选择，挑选出已婚者来分析。

（1）打开数据文件“Data04-1.sav”，单击“数据→选择个案”菜单，在“选择”栏选中第二项“如果条件满足”，如图4-17所示。

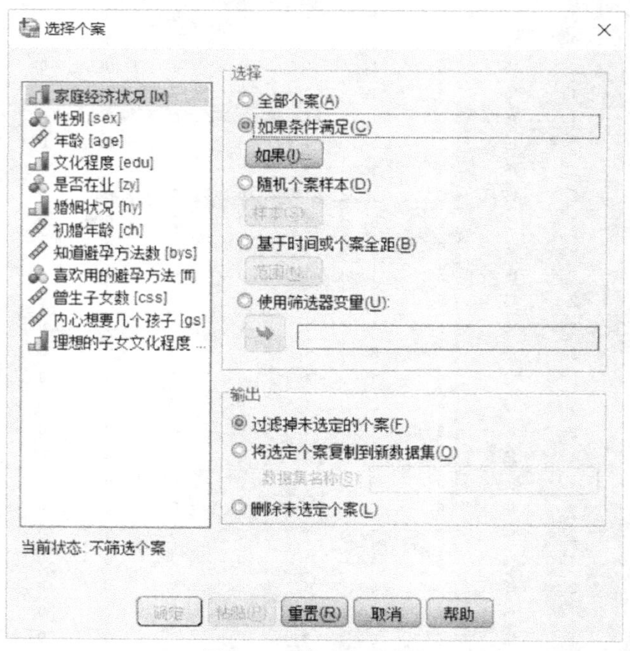

图4-17 选择个案对话框

（2）单击“如果”按钮，把“婚姻状况 hy”选入右边变量框中，并输入关系式 hy>1，该式意味着过滤掉未婚者，如图4-18所示，单击“继续”按钮返回。

（3）最后在图 4-17 中单击“确定”按钮，此时数据视图右下方的状态栏出现“筛选范围”字样，并在文件中自动添加了一个新变量 filter_$。这是个二分式变量，0 代表未有婚史，1 代表有婚史。

要取消已经所做的选择，就单击“数据→选择个案”菜单，选中“全部个案”后单击“确定”按钮即可恢复。

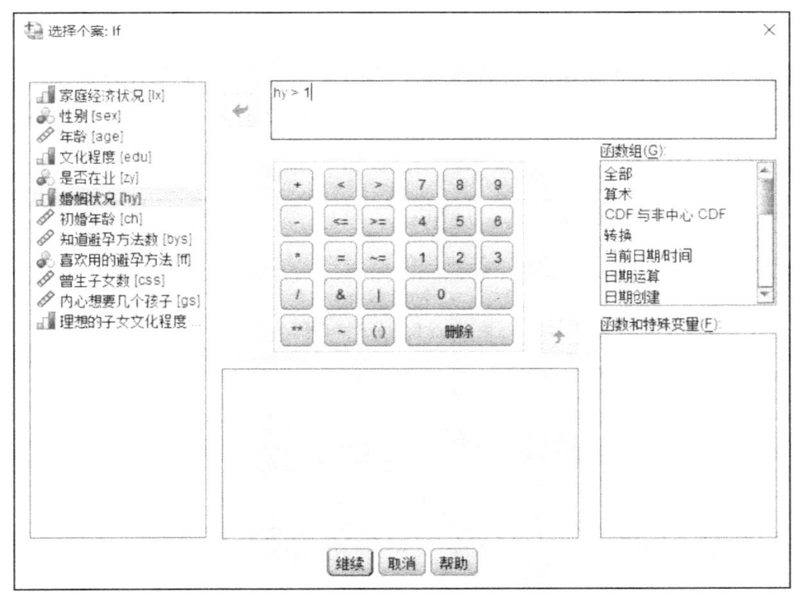

图 4-18　选择个案的条件对话框

图 4-17 中其余选项含义如下。

“随机个案样本”指根据近似百分比或精确个案数来选择随机样本，采用的是不重复抽样。单击“样本”按钮后可设置具体数字，如在“大约”框中输入 10，表示抽取 10%的样本；在“精确”栏第一个框中输入值，表示抽取的个案数，后一个框中的数字表示从第一个开始到输入数值为止的若干个个案，后一个数字要大于前一个。图 4-19 表示在前 100 个个案中随机地抽取 10 个作为样本。

“基于时间或个案全距”指根据设定的时间或个案范围选择个案，单击“范围”按钮，可在图 4-20 所示的对话框中设定时间范围或个案范围，在前一个框中设定起始时间或个案序号，在后一个框中设定终止时间或个案序号。

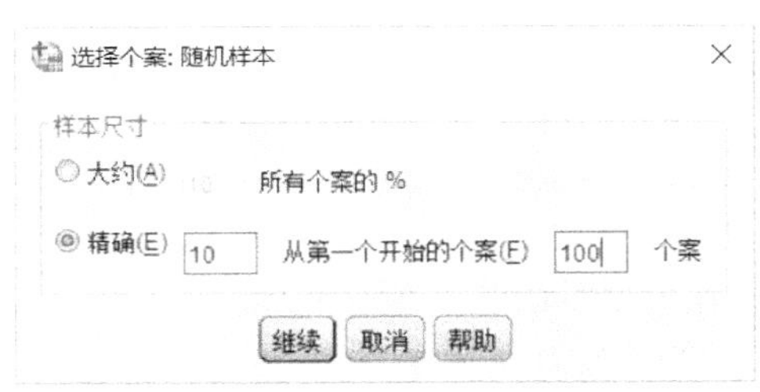

图 4-19　选择随机个案样本对话框

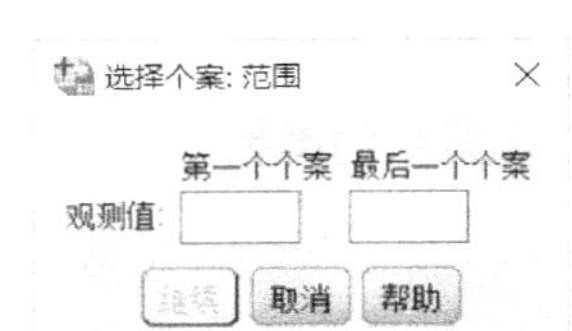

图 4-20　依据范围选择个案对话框

“使用筛选器变量”指可在左边变量集中选定一个数值型变量作为筛选个案的变量，系统将值等于 0 或缺失的个案过滤掉，只保留不为 0 的个案。

“输出”栏的三个选项含义已经很明确，这里就不再赘述了。

二、加权个案

加权个案是对个案赋予不同的权重。SPSS 中，通过指定变量集中某个变量为权重变量，计算出研究变量的加权平均数。如果指定的权重变量在某个案上的值为 0、负数或缺失，则该个案不进行加权计算。

加权个案的操作为：单击“数据→选择个案”菜单，打开图 4-21 所示的对话框。把左边变量框中的某个变量选入右边“频率变量”①框中。取消加权个案时，要重新单击“数据→选择个案”菜单，选中“请勿对个案加权”选项。

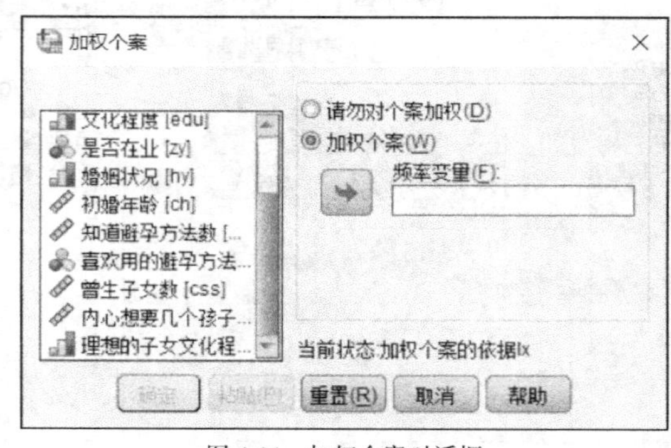

图 4-21　加权个案对话框

三、个案排秩

相同性质的数据按照一定顺序排列起来，每个数据排列的位次顺序号叫作秩（Rank）。如考试成绩按从高到低顺序排列，最高分排在第一名，次高分排在第二名，依次排列，最低分就是最后一名，这一系列的排名就是原始分数的秩。

【例 4-3】 下面仍以计划生育数据文件为例，介绍“知道避孕方法数”的排秩。

（一）设定排秩变量与标准

单击“转换→个案排秩”菜单，打开个案排秩对话框，如图 4-22 所示。在左边变量框中选择要排秩的某个变量，按向右的箭头进入右边的变量框；同时可在左边变量框中选择某个变量为排序标准，本例选择“文化程度”，即依据文化程度对知道避孕方法数的秩进行排列，当然也可以不设定排序标准；“将秩 1 指定给”选择最大值，即降序排列；“显示摘要表”指输出排秩的汇总表。

（二）设定秩的类型

在图 4-22 中，单击“秩的类型”按钮，打开排秩类型对话框，如图 4-23 所示。

（1）秩：秩变量的值等于按顺序排列的位次，此为系统默认设置。

（2）Savage 得分：秩变量的值是基于指数分布所得分数。

（3）分数秩：秩变量的值等于原始变量的秩除以有效个案数。

（4）%分数秩：秩变量的值等于原始变量的秩除以有效个案数再乘 100，即分数秩乘 100。

① 准确地说，应该叫频数，即变量出现的次数。但 SPSS 中把它称为频率，可能不太准确，请读者注意。本书行文叙述为频数，但程序中可能称为频率。

（5）个案权重总和：秩变量的值等于有效个案总数。

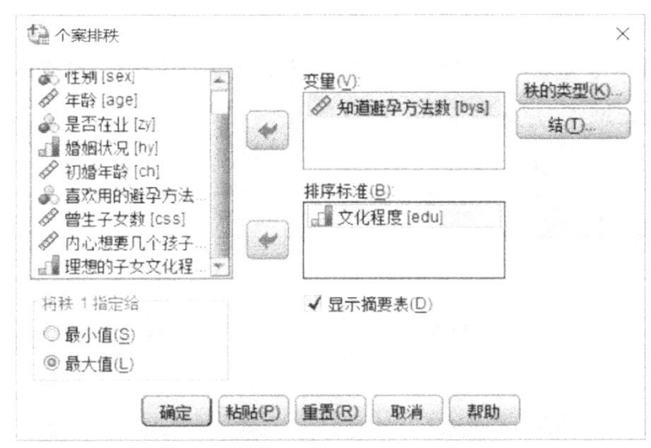

图 4-22　个案排秩对话框

图 4-23　秩的类型设置对话框

（6）Ntiles：基于百分位数组的秩，每一组包含的个案数大致相同。例如，4 个 Ntiles 会将秩 1 指定给第 25 个百分位以下的个案，将秩 2 指定给第 25 个与第 50 个百分位之间的个案，将秩 3 指定给第 50 个与第 75 个百分位之间的个案，将秩 4 指定给第 75 个百分位以上的个案。

（7）比例估计：估计与特定秩对应的分布累积比例。

（8）正态得分：对应于累积比例的 Z 得分，即标准化分数。当选中“比例估计”与“正态得分”作为秩类型时，可激活“比例估计公式”。Blom 是基于公式（r−3/8）/（w+1/4）的比例估计创建新的秩变量，其中 w 是个案权重的总和，r 是秩；Tukey 是基于公式（r−1/3）/（w+1/3），其中 r 为秩，w 为个案权重的总和；Rankit 则是使用公式（r−1/2）/w，其中 w 是观察次数，r 是秩，范围是从 1 到 w；Van der Waerden 采用 Van der Waerden 转换，公式为 r/（w+1），其中 w 是个案权重的合计，r 是秩，范围是从 1 到 w。

（三）设定结

在图 4-22 中，单击“结”按钮，可对结的取值方式进行设置，如图 4-24 所示。所谓结（Tie），指变量值相同的情况。

图 4-24　结的设置对话框

（1）均值：以平均秩为相同值的秩。

（2）低：以最小秩作为相同值的秩。

（3）高：以最大秩作为相同值的秩。

（4）顺序秩到唯一值：每个相同值的秩完全一样，均以第一个相同值的顺序号为秩，接下来的值的秩紧接上一个相同值的秩。

表 4-2 显示了上述四种结指定值方式的差别。

表 4-2　结的指定值方式比较

原变量值	均值为秩	最小值为秩	最大值为秩	序列号为秩
10	1	1	1	1
15	3	2	4	2
15	3	2	4	2
15	3	2	4	2
16	5	5	5	3
20	6	6	6	4

（四）结果解读

上述操作完毕后，单击图 4-22 中的“确定”按钮，可得输出排秩的结果，如表 4-3 所示。由表可见，依据源变量 bys 创建了新变量 Rbys，即原变量数据的秩，它是按变量“文化程度”作为排序标准得到的。同时，本文件的数据视图窗口中新增了秩变量 Rbys 和它的值。

表 4-3　　创建秩变量信息表 [b]

源变量	函数	新变量	标签
bys[a]	秩	Rbys	Rank of bys by edu

a. 秩按降序排列。

b. 相同的值的平均秩用于结。

四、创建新变量

数据分析中，可能为了研究需要，要由原始问卷变量组合的表达式或系统提供的函数获得新变量。这个过程就是变量计算，即是通过原有变量的组合创建一个新变量的过程。

SPSS 程序中，新变量的创建通过“转换→计算变量”菜单实现，对话框如图 4-25 所示。在“目标变量”框中输入新变量的名称，此时可对新变量的类型和标签做出描述；在“数字表达式”中，输入新变量用现有变量、函数和常数构成的数学关系式；还可单击“如果”按钮，对新变量设置一定的条件，符合这些条件的个案才计算新变量的值。完成这些设置后，新变量会出现在打开的活动窗口中。

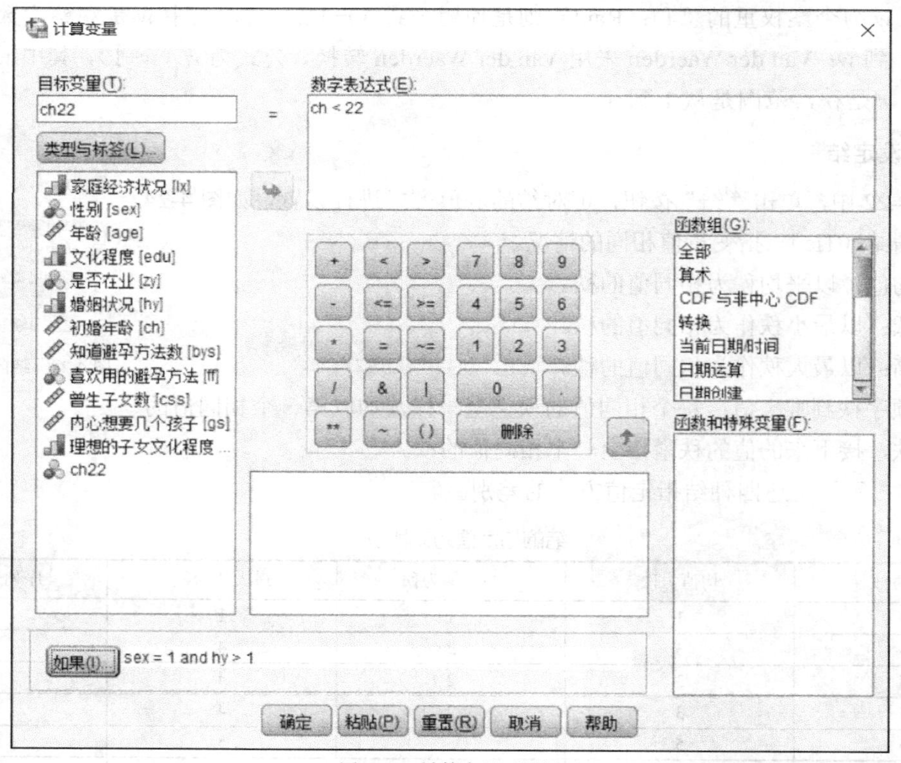

图 4-25　计算变量对话框

【例 4-4】 在计生调查中，想知道不符合法定结婚年龄的男性情况，即初婚年龄不到 22 岁的男性。SPSS 中的操作步骤如下。

（1）打开数据文件“Data04-1.sav”。

（2）单击“转换→计算变量”菜单，打开计算变量对话框，设定目标变量为 ch22，数字表达式为 ch<22。

（3）单击“如果”按钮，打开计算变量的条件对话框，如图 4-26 所示。选择“如果个案满足条件则包括”，输入“sex=1 and hy>1”（已婚男性），单击“继续”按钮返回，此时图 4-25 中的“如果”右侧显示 sex=1 and hy>1。

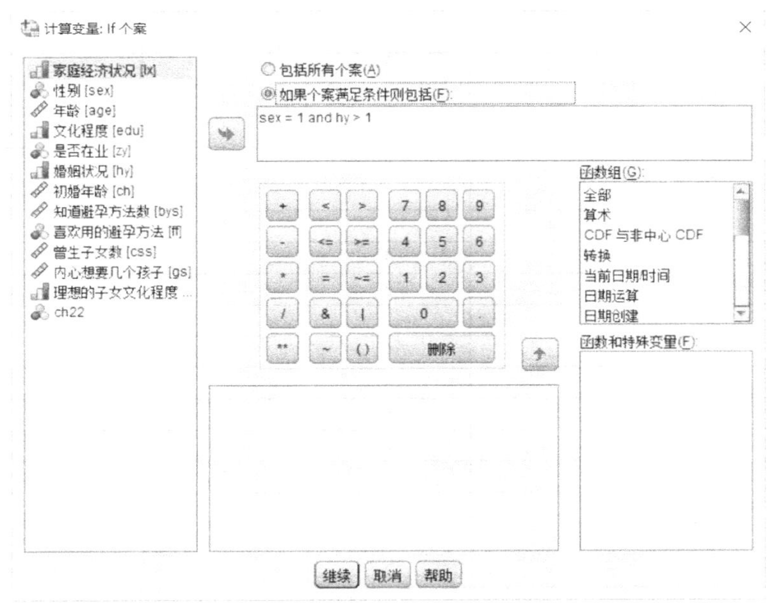

图 4-26 计算变量的条件对话框

（4）单击图 4-25 中的“确定”按钮，则“Data04-1.sav”文件中新增变量 ch22，取值为 1 就表示满足初婚年龄不到 22 岁的男性，0 则表示不符合上述条件。

五、反向题转换

在用李克特量表收集被调查者的态度时，可能存在反向叙述的问题。在进行数据分析前，需要把这些反向题的变量转换为同一方向。如消费者对服务评分可能是越高越好，但对价格却是越低越受欢迎。类似这样的问题掺杂一起，在都用五级量表进行评价时，就需将价格的反向评价转换为最低的价格评分最高、最高的价格评分最低，以便于以后的数据分析。下面以购物态度的调查为例，阐述反向题的转换过程与操作。

【例 4-5】 顾客购物态度是对顾客进行市场细分的主要方法，通过聚类分析可以实现顾客细分。以往的研究经验表明，顾客购物态度可以由六个变量来确定，要求顾客用 7 级 Likert 量表陈述他们对以下 6 个问题的同意程度，1 表示非常赞同，7 表示坚决反对。

*Q*1：购物是一件有趣的事；

*Q*2：购物会导致个人财务紧张；

*Q*3：我将购物和在外就餐结合在一起；

*Q*4：我购物时争取得到最划算的交易；

*Q*5：我对购物毫无兴趣；

*Q*6：您可以通过比价来节省很多钱。

表 4-4 提供了 20 个预调查样本的数据[4]440。

表 4-4　　顾客对购物所持的态度调查数据

顾客编号	*Q*1	*Q*2	*Q*3	*Q*4	*Q*5	*Q*6
1	6	4	7	3	2	3
2	2	3	1	4	5	4
3	7	2	6	4	1	3
4	4	6	4	5	3	6
5	1	3	2	2	6	4
6	6	4	6	3	3	4
7	5	3	6	3	3	4
8	7	3	7	4	1	4
9	2	4	3	3	6	3
10	3	5	3	6	4	6
11	1	3	2	3	5	3
12	5	4	5	4	2	4
13	2	2	1	5	4	4
14	4	6	4	6	4	7
15	6	5	4	2	1	4
16	3	5	4	6	4	7
17	4	4	7	2	2	5
18	3	7	2	6	4	3
19	4	6	3	7	2	7
20	2	3	2	4	7	2

在这个调查中，问题 *Q*2、*Q*4、*Q*5 属于反向题，取值越低，购物态度越积极。下面用 SPSS 来阐述对这三个问题的转化过程。

（一）定义变量

启动 SPSS，单击“变量视图”按钮，在该视图中将顾客编号定义为变量 *No*，问题 1～问题 6 定义为变量 *Q*1～*Q*6，同时设定变量的其他参数，特别是变量取值和度量标准，具体样式如图 4-27 所示。

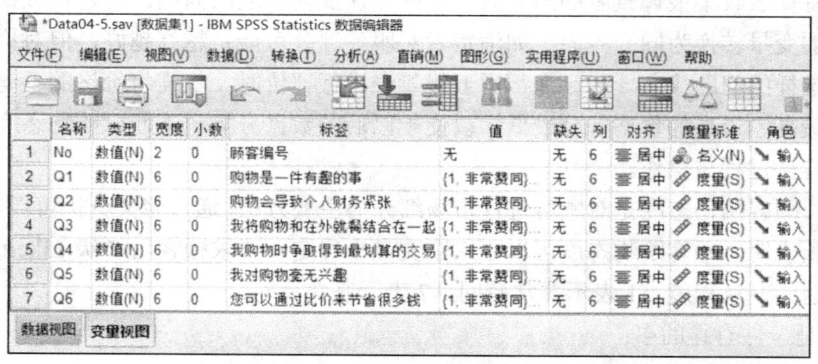

图 4-27　态度调查的变量定义

（二）建立数据文件

单击图 4-27 中左下角的“数据视图”按钮，逐一录入表 4-4 中的每一个个案的调查数据，建立数据文件“Data04-5.sav”，如图 4-28 所示。

文件(F) 编辑(E) 视图(V) 数据(D) 转换(T) 分析(A) 直销(M) 图形(G) 实用程序(U) 窗口(W) 帮助

	No	Q1	Q2	Q3	Q4	Q5	Q6	RQ2	RQ4	RQ5
1	1	6	4	7	3	2	3	4	5	6
2	2	2	3	1	4	5	4	5	4	3
3	3	7	2	6	4	1	3	6	4	7
4	4	4	6	4	5	3	6	2	3	5
5	5	1	3	2	2	6	4	5	6	2
6	6	6	4	6	3	3	4	4	5	5
7	7	5	3	6	3	3	4	5	5	5
8	8	7	3	7	4	1	4	5	4	7
9	9	2	4	3	3	6	3	4	5	2
10	10	3	5	3	6	4	6	3	2	4
11	11	1	3	2	3	5	3	5	5	3
12	12	5	4	5	4	2	4	4	4	6
13	13	2	2	1	5	4	4	6	3	4
14	14	4	6	4	6	4	7	2	2	4
15	15	6	5	4	2	1	4	3	6	7
16	16	3	5	4	6	4	7	3	2	4
17	17	4	4	7	2	2	5	4	6	6
18	18	3	7	2	6	4	3	1	2	4
19	19	4	6	3	7	2	7	2	1	6
20	20	2	3	2	4	7	2	5	4	1

图 4-28　态度调查的数据文件

（三）设置重新编码对话框

单击“转换→重新编码为不同变量”菜单，打开重新编码对话框，如图 4-29 所示。

图 4-29　重新编码为其他变量对话框

在来源变量框中同时选中变量 *Q*2、*Q*4 和 *Q*5，并单击向右的箭头，进入“数字变量→输出变量”框，选中“*Q*2→?”，在“输出变量”名称框中输入反向变量“*RQ*2”，在标签框中输入“反向 *Q*2”，单击“更改”按钮后，“数字变量→输出变量”框中的“*Q*2→?”就变成“*Q*2→*RQ*2”。类似地操作，可定义 *Q*4 和 *Q*5 的反向变量为 *RQ*4、*RQ*5。

（四）设定新旧值

在图 4-29 中，选中“*Q*2→*RQ*2”，单击“旧值和新值”按钮，可设置 *Q*2 与 *RQ*2 的对应编码关系，如图 4-30 所示。

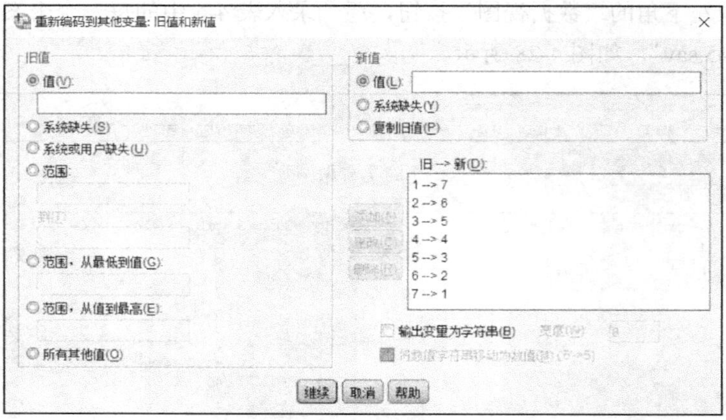

图 4-30 重新编码的旧值和新值设置框

1. 设定变量旧值

图 4-30 中，“旧值”选项组指定要转换的原变量的值，各选项含义如下：

（1）“值”，用来指定旧变量的值；

（2）“系统缺失”，表示以系统缺失值作为要转换的值；

（3）“系统或用户缺失”，表示以系统或用户缺失值作为要转换的值；

（4）“范围”，表示将输入范围框中的值进行转换；

（5）“范围，从最低到值”，指定输入数值以下的值加以转换；

（6）“范围，从值到最高”，指定输入数值以上的值加以转换；

（7）“所有其他值”，上述六种值以外的值。

2. 设定变量新值

图 4-30 中，“新值”选项组指定要转换成新变量的值，各项含义如下：

（1）“值”，为旧值指定一个新值，与旧值要有相同的数据类型，同为数值变量或字符串变量；

（2）“系统缺失”，将指定的旧值重新编码为系统缺失值；

（3）“复制旧值”，新旧值相同，适合不需要重新编码的某些值。

3. “旧→新”列表框

图 4-30 中，“旧→新”列表框显示在旧值、新值中输入的具体转换信息。

4. 输出变量为字符串

图 4-30 中，“输出变量为字符串”指将重新编码的新变量定义为字符串变量。

5. 将数值字符串移动为数值

图 4-30 中，“将数值字符串移动为数值”指把字符串值转换为数值型值。

本例是反向题编码，即把原变量的最小转换成新变量中的最大。直接在旧值的“值”中输入 1，在新值的“值”中输入 7，等价于反向变量 *Q*2=1 转换为新变量 *RQ*2=7，然后单击“添加”按钮；再次在旧值的“值”中输入 2，在新值的“值”中输入 6，相当于反向变量 *Q*2=2 转换为新变量 *RQ*2=6，其余转换以此类推。

（五）设定转换条件

用户还可在图 4-29 中单击“如果”按钮，设定符合条件的变量值进行转换。该窗口与创建新变量中的图 4-26 相同，这里不再赘述。

设置完成后，单击图 4-29 中的“确定”按钮，用户就可在数据文件窗口中看到转换后的新变量及其值。图 4-28 中的后三列即是转换变量及其值。

用户也可单击“转换→重新编码为相同变量”菜单，操作与上述转换成不同变量类似，不同的是数据文件窗口仍是原变量名，但原值却被按设定规则赋予的新值所替代。

六、类别变量虚拟化

类别变量虚拟化指将类别变量转换成一个或多个取值为 0 和 1 的二分变量过程。如果调查量表中某问题是类别变量，共有 k 个类别，收集数据时分别用 1，2，…，k 作为类别代码，被调查者可能在 1～k 之间选择一种类别作答，则 1～（k−1）答案项用虚拟变量 D_1，D_2，…，D_{k-1} 表示，并定义为

$$D_1=\begin{cases}0，未选第1个类别\\1，选中第1个类别\end{cases}$$

$$D_2=\begin{cases}0，未选第2个类别\\1，选中第2个类别\end{cases}$$

…

$$D_{k-1}=\begin{cases}0，未选第k-1个类别\\1，选中第k-1个类别\end{cases}$$

在前 k−1 个类别 $D_1=D_2=\cdots=D_{k-1}=0$（前 k−1 个类别都不是）的情况下，被调查者的选择必然是最后一个类别 k，不需要专门为第 k 个类别设定一个虚拟变量。未设定虚拟变量的类别称为基准，它必须内容明确、个案数适中。在前述例子中，第 k 个类别就起到参照系的作用，同时还存在 $D_1+D_2+\cdots+D_{k-1}=1$（只能有一个为 $D_i=1$，其余为 0，总和自然为 1）。不宜用问卷中“其他”作为参照准则；对于含有顺序关系的变量，如教育水平、富裕程度等，可以选择最高、最低或中等作为准则；作为比照准则的类别不一定是最后一个。

例如：被调查者的性别只有男或女两个类别，男性调查者用虚拟变量 D=1 表示，未表示者自然为女性；职业有公务员、事业单位员工、企业单位员工、自由职业者、无业五种，则需 4 个虚拟变量表示“职业”，以“无业”为准则，设定 4 个虚拟变量，前四个职业都不是的情况下（取值为 0），必定是第五个职业——无业。一般地，类别变量有 k 个类别，只需设置 k−1 个类别。

类别变量转换成虚拟变量，相当于对变量重新编码，操作与反向题类似。下面以实例介绍 SPSS 对类别变量的虚拟化过程。

【例 4-6】 一个研究“人的经济社会地位和婚姻状况对生活满意度的影响”项目，婚姻状况 $X1$ 分成鳏居、离异、未婚和已婚四类，编码分别为 1、2、3、4；经济社会地位 $X2$ 分为低和高两个等级，编码分别为 1、2；生活满意程度 Y 用 0～6 个等级指数加以评定，0 表示极不满意，6 表示非常满意。研究者收集了 20 个被试的婚姻状况、经济社会地位及生活满意程度指数，如表 4-5 所示。如何把反映婚姻状况和经济社会地位的类别变量转换为虚拟变量呢？

表 4-5 人的经济社会地位和婚姻状况与生活满意程度指数[6]262

被试编号 ID	婚姻状况 $X1$	经济社会地位 $X2$	生活满意程度指数 Y
1	1	2	1
2	1	1	0
3	1	1	0

续表

被试编号 ID	婚姻状况 *X*1	经济社会地位 *X*2	生活满意程度指数 *Y*
4	1	2	2
5	1	1	0
6	2	1	3
7	2	2	1
8	2	1	2
9	2	1	2
10	2	2	1
11	3	2	5
12	3	2	6
13	3	1	4
14	3	1	2
15	3	2	5
16	4	1	4
17	4	2	6
18	4	1	2
19	4	2	5
20	4	2	6

（一）建立原始数据文件

（1）启动 SPSS。

（2）定义变量。在变量视图中，定义被试编号为 ID，婚姻状况为 *X*1，经济社会地位为 *X*2，生活满意程度指数为 *Y*。

（3）录入数据。按表 4-5 中的数据录入每个个案的原始数据，将文件保存为“Data04-6.sav”。

（二）虚拟变量转换

（1）单击“转换→重新编码为不同变量”菜单，打开重新编码为其他变量对话框，如图 4-31 所示。

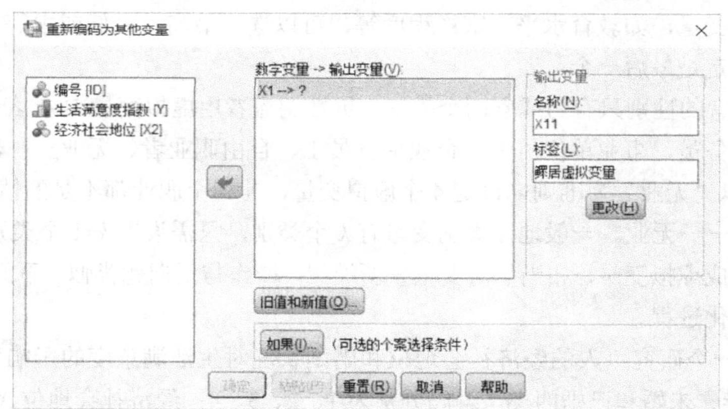

图 4-31 变量重新编码对话框

（2）选中变量婚姻状况 *X*1，单击向右的箭头进入中间的“数字变量→输出变量”框，在左边的“输出变量”框中定义虚拟变量名为 *X*11，在标签框中录入“鳏居虚拟变量”。

（3）单击“旧值和新值”按钮，打开图 4-32 所示的对话框。在“旧值”中选择“值”选项，输入原编码值 1（代表鳏居），在“新值”中选择“值”，输入属于鳏居类别的虚拟变量值 1，单击“添加”按钮，把转换值加入“旧→新”框中；再选择“旧值”中的“所有其他值”选项，在“新值”中选择“值”，输入婚姻状况属于非鳏居类别的虚拟变量值 0，同样单击“添加”按钮，把其他三种婚姻类别的虚拟变量值加入“旧→新”框中。单击“继续”按钮，返回重新编码对话框。

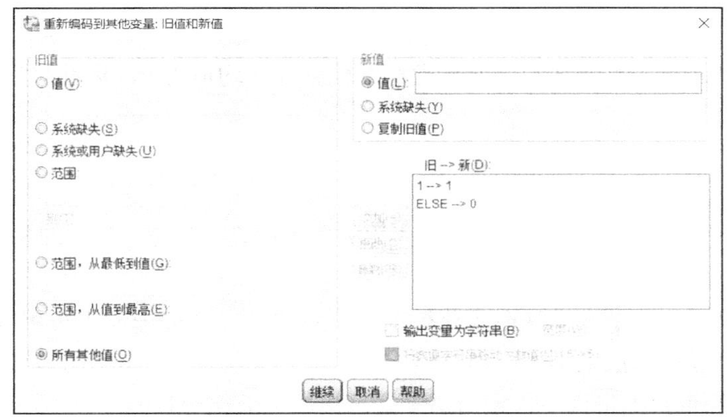

图 4-32 重新编码旧值和新值对话框

（4）单击图 4-31 中的“更改”按钮，确认对变量的重新编码，最后单击“确定”按钮，婚姻状况的“鳏居”虚拟变量设置即完成，并在当前打开的窗口中新增一个变量 *X*11。

（5）重复（1）～（4）的步骤，可类似地设置离异（*X*12）和未婚（*X*13）虚拟变量。

（6）重复（1）～（4）的步骤，可类似地设置经济社会地位的虚拟变量 *X*21。由于经济社会地位只有低和高两个类别，只需要 1 个虚拟变量，以高等级为准则类别（虚拟变量值为 0），旧值与新值的设定为 1→1 和 2→0。

（7）除考虑婚姻状况与经济社会地位单独对生活满意度影响外，还要考察婚姻状况与经济社会地位的交互（两变量乘积）作用，因而也要设定交互的虚拟变量 *X*11*X*21、*X*12*X*21、*X*13*X*21。单击“转换→计算变量”菜单，打开计算变量对话框，如图 4-33 所示。在左边的“目标变量”框中输入 *X*11*X*21，在“数字表达式”框中输入两个变量乘积的公式“*X*11**X*21”，单击“类型与标签”按钮可设定交互虚拟变量的标签，本例中选择“将表达式用作标签”，最后单击“确定”按钮就可生成第一个交互虚拟变量 *X*11*X*21 及其所对应的值。重复上述操作，可类似地确定 *X*12*X*21 和 *X*13*X*21。

至此，全部虚拟变量的转换完成，保存含有虚拟变量的数据文件“Data04-6.sav”。

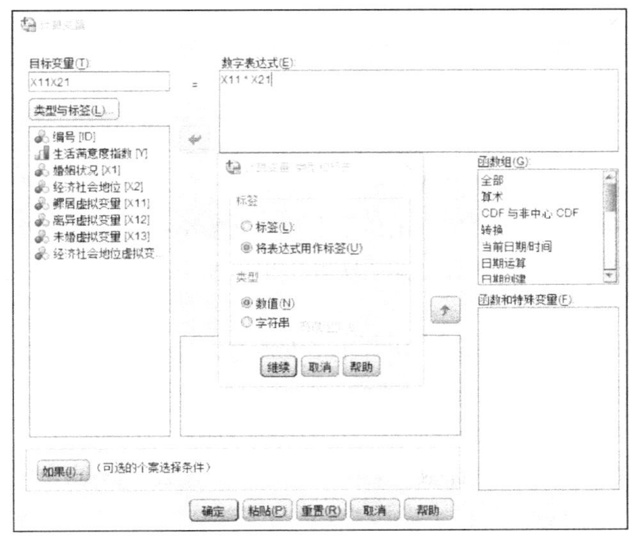

图 4-33 计算变量对话框

七、变量标准化

多元数据分析中，往往需要把某些变量做标准化处理（均值为 0，标准差为 1），使之成为标准化变量，转换公式为

$$Z_i = \frac{x_i - \bar{x}}{s} \qquad (i=1，2，\cdots，n)$$

式中，Z_i 为 x_i 所对应的标准化分数值，x_i 为第 i 个观测值，$\bar{x}$ 为变量 x 的平均数，s 为变量 x 的标准差。

变量标准化可以用前述个案排秩命令获得正态分布的 Z 分数完成，也可用例 4-7 的描述性统计命令来完成。由于二者在算法上不同，结果略有差异，描述性命令更常用于 Z 分数的转换。

【例 4-7】 在计生数据文件中，把初婚年龄转换成标准化变量。

（1）打开数据文件“Data04-1.sav”，找出已婚者，如例 4-2。

（2）单击“分析→描述性统计→描述”菜单，打开描述性对话框，如图 4-34 所示。将 ch 选入变量框，勾选“将标准化得分另存为变量”。

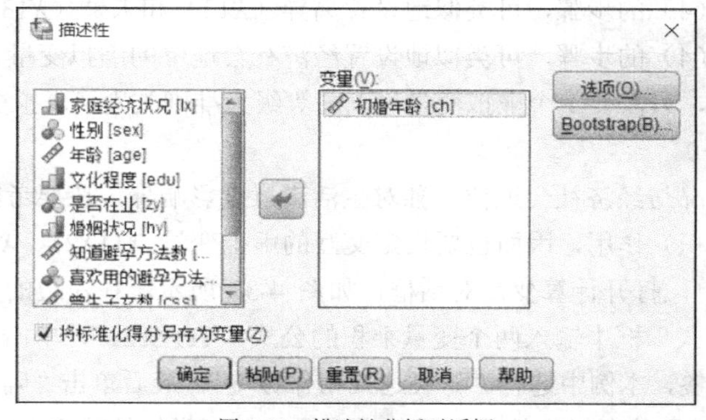

图 4-34 描述性分析对话框

（3）单击“确定”按钮即得标准化 Z 分数，同时数据文件“Data04-1.sav”中自动添加一变量 Zch，它就是初婚年龄的标准化变量。

八、个案计数

调查研究中，常需要统计全部变量或部分变量出现指定值、范围的个数，此时就要用到个案计数功能。如计生调查问卷中，要了解实际出生子女数与期望小孩数是否有差异及其原因，可能就需要对这两个变量指定的值进行个数统计。如果实际出生与期望出生不一致，就可进一步寻找原因，如例 4-8。

【例 4-8】 下面以计生问卷为背景，用曾生子女数与期望小孩数都在 2 个及以上的统计介绍个案计数的操作。

（1）打开数据文件“Data04-1.sav”。

（2）单击“转换→对个案内的值计数”菜单，打开个案计数对话框，如图 4-35 所示。在“目标变量”框中输入 y，在“目标标签”框中输入“实际与期望 2 孩以上”，在源变量框中选择“曾生子女数”“内心想要几个孩子”加入右边“数字变量”框中。

（3）单击“定义值”按钮，打开图 4-36 所示的对话框。该对话框与重新编码的类似，选择“范围，从值到最高”，在框中输入 2，单击“添加”按钮，所做选择加入右边框中，单击“继续”按钮返回。

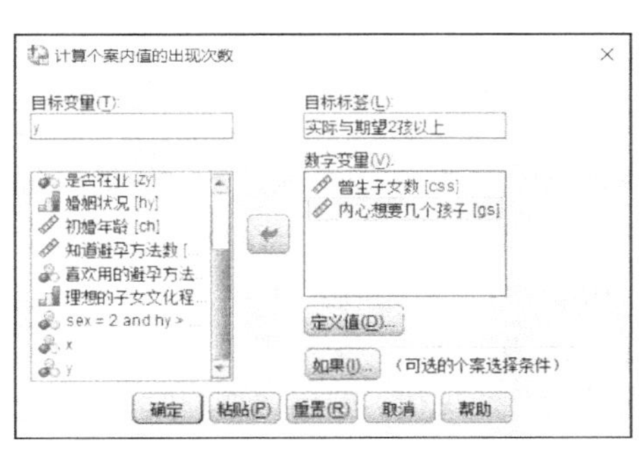

图 4-35　个案计数对话框

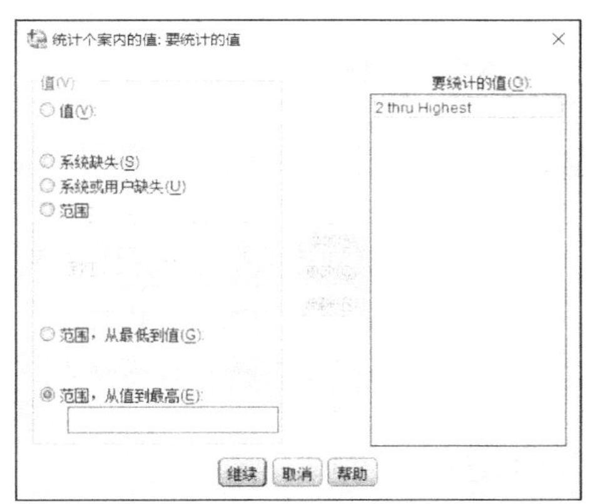

图 4-36　个案计数的定义值对话框

（4）单击图 4-35 中的“如果”按钮，所得对话框与前面创建新变量的一样，不再重述。本例从全部个案中挑选实际与期望均在 2 个及以上的孩子，不设条件。

（5）单击图 4-35 中的“确定”按钮，“Data04-1.sav”文件中新增了变量 *y*，取值有 0、1、2 三个，0 表示实际与期望孩子数都是 0（他们还是未婚状况），1 表示实际与期望只有一项在 2 个小孩及以上，2 表示实际与期望都在 2 个小孩及以上。

第七节　缺失值处理与分析

经济社会调查中，由于种种原因可能会出现缺失值的情况。如果只是极少数问卷存在缺失值，不会影响调查结果的可信度；但如果缺失值比例较大（如超过 5%），则调查结果就会受到质疑。因而，为了保证调查结果的准确性，数据分析前往往要对缺失值进行处理，评估缺失值是否会影响调查的置信度。

分析方法不同，对变量和数据的要求也不同，导致对缺失值的处理方式也有一定的差异。SPSS 处理缺失值的方式，大多与某个特定的分析程序模块相嵌套，后续的学习会逐渐呈现这些内容。但无论是删除还是用某个值来替代缺失值，都不是最佳的办法，只是迫不得已的权宜之计，最好的办法是加强调查的组织管理，尽量在数据采集阶段收齐所有数据，不要出现数据缺失或遗漏。

一、剔除缺失值

1. 全部剔除

全部剔除即把含有缺失值的一行从数据文件中排除，分析时该个案的某些变量即使有调查数据或观测值，也不参与分析。这种删除个案的方法，会造成数据信息流失及使用不充分，一般不会采用。当个案较多，确实需要全部删除有缺失值的个案时，一个一个手工删除较为烦琐，可单击“选择个案→使用筛选器变量”菜单，将需要剔除缺失值的变量选入后单击“确定”按钮即可。

2. 部分剔除

部分剔除也叫配对删除，即把含有缺失值的一行中有缺失值的变量从数据文件中排除，分析时该个案有值的变量仍参与分析，缺失的变量被排除在分析之外。这种排除的方法，会导致变量间的有效个数不同，但对数据做到了充分利用。这里的剔除，并非真正删除，只是某种统计分析时有缺失值的变量不参与分析而已。

二、替换缺失值

单击“转换→替换缺失值”菜单，打开替换缺失值对话框，如图 4-37 所示。从源变量框选中要补齐缺失值的变量，并按向右箭头进入新变量框，此时“名称”框自动添加了一个变量名。当然也可根据需要自己重新设定这个变量名，在“方法”下拉菜单中选择替换缺失值的方法，共有以下五种。

（1）“序列均值”，用选择变量的平均数替代缺失值，此为默认设置。

（2）“临近点的均值”，用缺失值附近若干值的平均数替代缺失值。使用该选项时，“附（邻）近点的跨度”被激活，可进一步设定是用缺失值附近的两个值还是全部值的中位数作为缺失值。

（3）“临近点的中位数”，用缺失值附近若干值的中位数替代缺失值。使用该选项时，“附（邻）近点的跨度”被激活，可进一步设定是用缺失值附近的两个值还是全部值的中位数作为缺失值。

（4）“线性插值法”，用缺失值前一个和后一个的线性内插值替代缺失值。

（5）“点处的线性趋势”，对有缺失的变量进行线性回归，用回归预测值替换缺失值，线性回归参见第九章。

在不使用默认的替换缺失值方法时，挑选某种方法后记住单击“更改”按钮，此时新变量框中等号后就会显示更换后的方法。

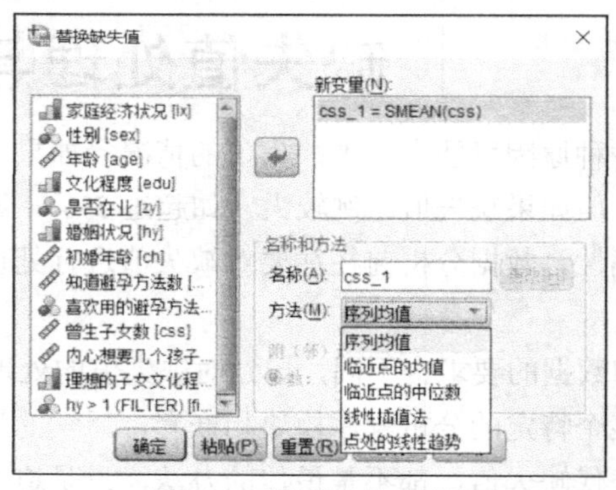

图 4-37　替换缺失值对话框

设置完毕后，单击“确定”按钮即可在窗口中新增一个带“_1”的变量，表示替换原变量缺失值的新变量。

计生问卷中要对曾生子女数的缺失值用序列均值替换时，要注意两点：（1）原问卷中 css=0，不一定是真的缺失，可能是确实没有出生；（2）替换前，先找出已婚者，因为未婚者的出生小孩数都是 0，用均值去替代本身就是错误。

三、分析缺失值

对于存在缺失值的数据文件，实在无可挽回时，首先要分析评估文件中哪些变量存在缺失情况、所处位置、占比如何、有无随机性、是否会影响对其他变量的分析（如匹配计算相关性、配对比较等）；其次，用更精确的方法估计含有缺失值变量的均值、协方差矩阵和相关矩阵；最后，用精确估计的值代替缺失值。

【例 4-9】 用 SPSS 自带的数据文件“telco_missing.sav”介绍缺失值的简要分析，该文件位于 SPSS 安装目录下的 Sample 文件夹中。

（一）打开文件

启动 SPSS，打开文件“telco_missing.sav”。

（二）设置缺失值分析对话框

单击“分析→缺失值分析”菜单，打开缺失值分析对话框，如图 4-38 所示。选择 tenure（服务月数）、age（年龄）、address（现住址居住年数）、income（千美元计的家庭收入）、employ（当前雇主处的工作年限）和 reside（家庭成员人数）作为定量变量，选择 marital（婚姻状况）、ed（教育程度）、retire（退休）和 gender（性别）作为分类变量，此时“最大类别”栏被激活，系统默认类别变量最多可分 25 个类别；“个案标签”框可输入辨识结果的标签变量，如问卷编号等；单击“使用所有变量”按钮，可把源变量列表中的全部变量选入定量变量框。

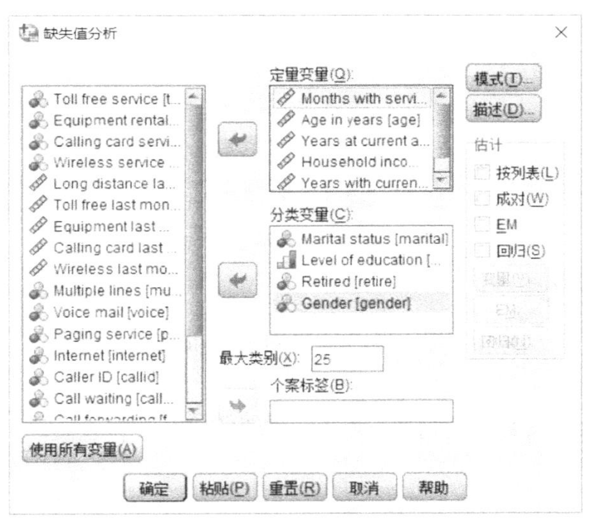

图 4-38　缺失值分析对话框

（三）设置缺失值输出模式选项

单击“模式”按钮，打开模式设置对话框，如图 4-39 所示。对缺失值分析结果的呈现方式有下列三种。

（1）按照缺失值模式分组的表格个案。列出每个变量的缺失方式和缺失数，缺失类别用符号“×”表示，当缺失个案数小于指定的百分数时，表中就不予显示；勾选“按照缺失值模式对变量排序”选项，输出结果将按照系统缺失值、用户定义的缺失值的顺序排列变量，系统缺失值用字母 S 表示，用户自身定义的缺失值最多有三种，分别用字母 A、B、C 表示，前提是定义了缺失值类别；输出列表中超出范围（$Q1-1.5IQR$，$Q3+1.5IQR$）的值被视为极大值或极小值，用“+”和“−”标记，$Q1$、$Q3$ 是第一和第三个四分位数，$IQR=Q3-Q1$，表示四分位差。

（2）按照缺失值模式排序的带有缺失值的个案。列出有缺失值的全部个案，“按照缺失值模式对变量排序”选项含义同（1）。

（3）按照选定变量指定顺序排序的所有个案。列出有缺失值的全部个案，表中符号同（1）。

如有必要，还可在变量“缺失模式”框中选择某些变量进入“附加信息”框，让输出按选入变量进行列表，表中定量变量输出均值，类别变量输出缺失值的频数。

单击“继续”按钮，返回缺失值分析主对话框。

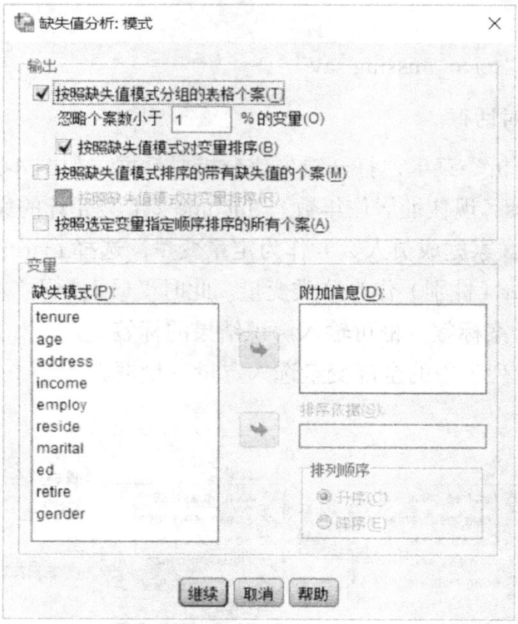

图 4-39　缺失值列举方式对话框

（四）设置描述性统计量

单击图 4-38 中的“描述”按钮，打开描述统计量对话框，如图 4-40 所示。

1. 单变量统计量

输出每个变量的有效个案数、均值、标准差、缺失值数、极值数目，此为默认设置。

2. 指示变量统计量

对每个变量创建一个指示变量，表明个案的变量是否存在，用于创建以下百分比不匹配、t 检验与交叉频率表。

（1）百分比不匹配：对于每对变量，显示一个变量具有缺失值，另一个变量具有非缺失值的个案数百分比，对角元素是缺失值的百分比。

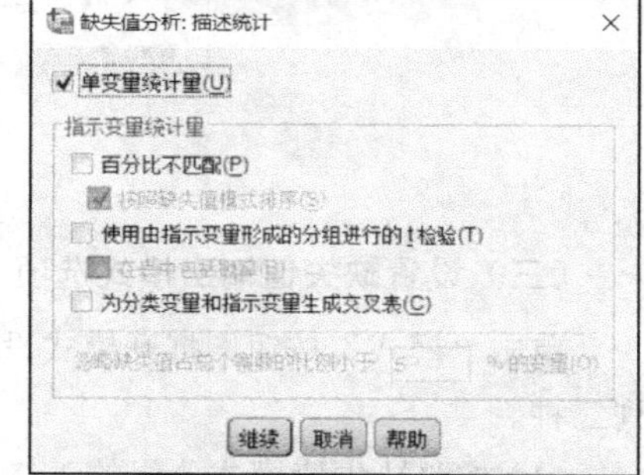

图 4-40　缺失值分析的描述统计选项框

（2）使用由指示变量形成的分组进行的 t 检验：使用 t 统计量，比较每个定量变量有/没有缺失值两个组的均值，显示两个组的 t 统计量、自由度、缺失和非缺失值计数以及均值。

（3）为分类变量和指示变量生成交叉表：为每个分类变量显示一个交叉表。

（4）忽略缺失值占总个案数的比例小于 n%的变量：n 可自行设定，默认值为 5，目的是缩减表格。

设置完毕，单击“继续”按钮返回。

（五）设置缺失值估计选项

图 4-38 中的“估计”栏选项，可设置估计方法。系统提供了列表法（仅限完整个案）、成对法、EM（期望最大化）法和回归法，可估计均值、标准差、协方差和相关性，还可以选择插补缺失值。选中 EM 和回归法时，下方的变量和相对应的方法被激活，可对相关选项进行设置。

（六）缺失值分析结果解读

选项设置完成后，单击图 4-38 中的“确定”按钮，得到表 4-6、表 4-7 所示的结果。

表 4-6　　单变量统计表

	N	均值	标准差	缺失		极值数目[a]	
				计数	百分比	低	高
tenure	968	35.56	21.268	32	3.2	0	0
age	975	41.75	12.573	25	2.5	0	0
address	850	11.47	9.965	150	15.0	0	9
income	821	71.146 2	83.1442 4	179	17.9	0	71
employ	904	11.00	10.113	96	9.6	0	15
reside	966	2.32	1.431	34	3.4	0	33
marital	885			115	11.5		
ed	965			35	3.5		
retire	916			84	8.4		
gender	958			42	4.2		

a. 超出范围（$Q1-1.5*IQR$，$Q3+1.5*IQR$）的案例数。

表 4-6 展示的是单变量统计表。第一列是变量名，第二列是有效个案数，6 个定量变量输出了均值、标准差及缺失数、缺失百分比（缺失数/个案总数=32/1 000）、极值数，四个分类变量输出了缺失数与缺失百分比。

表 4-7 输出按制表模式排序的缺失值信息汇总表。475 个个案全部 10 个变量都不缺失，109 个个案在 income 上有缺失，16 个个案在 address、income 上有缺失，依次按行分析解读，余下不一一说明。标记有“×”符号之处即为缺失，最后一列是指在没有缺失情况下的个案数。

表 4-7　　按制表模式排序的缺失值表

案例数	缺失模式[a]										完整数，如果 ...[b]
	age	reside	tenure	ed	gender	retire	employ	marital	address	income	
475											475
109										×	584
16									×	×	687
87									×		562
13		×									488
60								×			535
16				×							491
17			×								492
18					×						493
16								×		×	660
37						×	×				520

不显示少于 1%个（10 个或更少）案例的模式。

a. 以缺失模式排列变量。

b. 完整案例数，如果未使用该模式（用×标记）中缺失的变量。

导入问题回应

本章导入问题是一个关于农村贫困地区计划生育的抽样调查问卷。围绕这个实例，本章首先介绍了如何运用SPSS软件对调查数据进行编码处理，包括单选题、多选题、顺位题、填空题和开放式问题；其次，从整体上阐述了问卷向SPSS数据文件的实现过程，了解了数据的录入、清理及保存；最后，根据研究的需要阐述了对数据进行预处理的主要方法。

本章思考题

1. 什么叫编码？有哪些类型？
2. 为什么开放式问题要采用事后编码？
3. 多选题的指定数量法与顺位题的指定排序法在变量设计上是一样的吗？
4. 简述用二分法对多选题进行编码的设计思路。
5. 简述问卷转化的操作过程。
6. 什么情况下需要对个案进行加权？
7. 为什么要对变量做标准化处理？
8. 为什么说处理缺失值最好的办法是收齐数据？

第五章 数据的描述性统计分析

导入问题 符合当时的计生政策吗?

在第四章引用的计划生育调查问卷中，初婚者的年龄、变异程度及分布状况如何呢？符合正态分布吗？对当时的计划生育政策执行情况如何呢？如何看待农村贫困地区的生育观念呢？

第一节 描述性统计分析原理、操作与解读

在杂志订阅量调研中，被访问者写下了经常订阅的杂志名称及数量。如果您是分析师，您会采用哪些趋势量指标来分析？哪一个最合适？为什么？本节就要回答这方面的问题，指出随变量的性质应该选用不同的描述性统计指标，并说明如何用 SPSS 进行描述性统计分析。

一、描述性统计分析原理

（一）中心趋势指标的测算

度量中心趋势量（Measure of Central Tendency）的指标主要有众数、中位数、平均数。

1. 众数

众数（Mode）表示一组数据或资料中出现次数最多的数值。如果样本数据中次数最高的数值有两个或多个，则样本没有众数。在经济社会问题研究中，众数代表了最典型的个案，或分布的高峰所对应的变量值，主要用于描述名义变量的中心。

2. 中位数

中位数（Median）表示一组数据按照从小到大或从大到小的顺序排列后，处于中间位置的那个数值。根据定义，中位数前后的数据个数相等。当数据个数 n 为奇数时，中位数等于（n+1）/2 位置处的数据值；当数据个数 n 为偶数时，中位数等于 n/2 和 n/2+1 位置处数据值的平均数。中位数不受极端值变化的影响，因而有时不能完全反映研究对象的情况，主要用于描述顺序变量。

3. 平均数

平均数（Mean）等于变量之和除以个案数，表示数据资料的“中心”位置所在，所含信息量最大，但易受极端值的影响，适用于间距和比例变量。平均数的计算公式为

$$\bar{x} = \frac{1}{n}\sum_{i=1}^{n} x_i \tag{5-1}$$

式中，$\bar{x}$ 是个案或观测值的均值，x_i 是第 i 个个案或观测值，n 为个案或观测值的个数。

【活学活用】

下面各种情况分别适合用哪些中心趋势统计量进行测量？为什么？

（1）被访问者的性别（男性或女性）。

（2）婚姻状况（独身、已婚、离婚、分居、丧偶等）。

（3）对大理、百威、蓝带三种啤酒选购时的排列顺序。

（二）离散趋势指标的测算

度量离散趋势（Measure of Variability）的指标主要有极差、方差或标准差。

1. 极差

极差（Range）表示一组数据的最大值与最小值之差。

2. 方差或标准差

方差（Variance）或标准差（Standard Deviation）表示数据分布对平均数偏离程度的度量指标。计算公式为

样本方差 $$s^2 = \sum_{i=1}^{n}(x_i - \overline{x})^2 / (n-1) \tag{5-2}$$

样本标准差 $$s = \sqrt{s^2} = \sqrt{\sum_{i=1}^{n}(x_i - \overline{x})^2 / (n-1)} \tag{5-3}$$

式（5-2）、式（5-3）中，s、s^2 代表样本标准差与方差，其余同式（5-1）。

（三）分布形态曲线

偏度（Skewness）和峰度（Kurtosis）用于描述数据的分布与正态分布之间的差异程度。

1. 偏度

偏度表示数据分布的不对称程度和方向，计算公式为

$$S_k = \frac{n\sum_{i=1}^{n}(x_i - \overline{x})^3}{(n-1)(n-2)s^3} \tag{5-4}$$

如果数据分布对称，偏度为零，平均数两侧的数据相同，此时平均数、中位数和众数相等；如果偏度为正，分布曲线有一条长尾巴延伸在坐标轴的正方向，数据密集分布在平均数附近，取值中偏低水平的频数较高，有较大极端值出现，但频次低；如果偏度为负，分布曲线有一条长尾巴拖在坐标轴的负方向，数据分布相对集中在平均数附近，取值中偏高水平的频数较大，有较小极端值出现，但频次低。

2. 峰度

峰度表示数据分布与正态曲线相比的冒尖或扁平的程度，计算公式为

$$K_u = \frac{n(n+1)\sum_{i=1}^{n}(x_i - \overline{x})^4 - 3(n-1)[\sum_{i=1}^{n}(x_i - \overline{x})^2]^2}{(n-1)(n-2)(n-3)s^4} \tag{5-5}$$

如果峰度为零，数据分布与正态曲线的形状相同；如果峰度为正，数据分布比正态曲线的形状瘦高；如果峰度为负，数据分布比正态曲线的形状扁平。

【观念应用】

美国国家银行[2]399–400

玛丽·史密斯于1994年10月大学毕业。一毕业，她就受雇于美国国家银行做营销调研助理工作。这并不是她所想要的位置，但她愿意在大银行里工作，并且她认为如果干得好，在一两年后就会被

提升至营销主管的位置上。

玛丽开始工作了，营销调研部正进行一项遍及全国的有关所有银行顾客规模的电话调查。调查的目标包括：（1）确定为什么人们选择特定的银行；（2）判定有多少人使用不止一家银行，原因是什么；（3）调查他们现在对那个银行的服务是否满意；（4）提出建议，改善银行服务；（5）比较各种银行顾客的基本情况。

玛丽被分派负责数据分析，因为她刚刚从大学毕业。她被告之美国国家银行使用SPSS统计分析程序来做数据分析。共有5 000名被访问者的调查数据被存入计算机，余下的工作是用SPSS进行统计分析。当然，还须有人来解释结论。玛丽的职责便是做分析并解释结论。

问卷设计者制作了调查中的变量表示方法（格式）的一览表，代码清单如表5-1所示。

表 5-1 银行调查的变量代码表

变量	所用的回答格式
年龄	实际年龄数
收入	与 10 000 美元相比的增加量
性别	男性，女性
婚姻状况	独身，已婚，其他
对服务的满意度	10 分制，从“差”到“极好”
对服务中 10 种可能的改进	5 分制，对每种改进均从“不赞同”到“赞同”
目前使用的银行	被访问者写下的银行名
提供的各种服务	对 15 种不同服务说“是”或“不”
银行忠于职守的程度	银行中所提供的不同服务的总数（0～15）
邮寄广告	回想上周是否收到来自美国国家银行的广告

请思考并回答下列问题：

（1）玛丽会使用SPSS执行哪一种描述数据分析，以确定其清单上所列变量的基本模式？对每一变量，分别说明计量变量的尺度和描述性分析指标类型，且指出为什么它是适合的。

（2）举出一个关于每个结果可能“看起来像什么”的例子，它应怎样解释。

二、描述性统计的操作

【例 5-1】 以本章导入问题为例，阐述用 SPSS 对“初婚年龄 ch”“知道避孕方法数 bys”两个变量的描述性统计分析，包括中心趋势、离散趋势和分布形态的分析。

由于参与本次调查的人中有一部分人尚未结婚，也就不存在初婚年龄和知道避孕方法数。因此，在做这两个变量的描述性统计分析时，应先剔除未婚者，找出已婚者。运用 SPSS 程序的操作如下。

（1）启动 SPSS，打开数据文件“Data04-1.sav”。

（2）找出已婚者，如例 4-2。

（3）单击“分析→描述统计→频率”菜单，选择“ch”“bys”进入右边的变量框，系统默认设置“显示频率表格”，如图 5-1 所示。

（4）单击“统计量”按钮，设置需要做描述性统计的相关指标，选项设置好后单击“继续”按钮，返回主对话框，如图 5-2 所示。

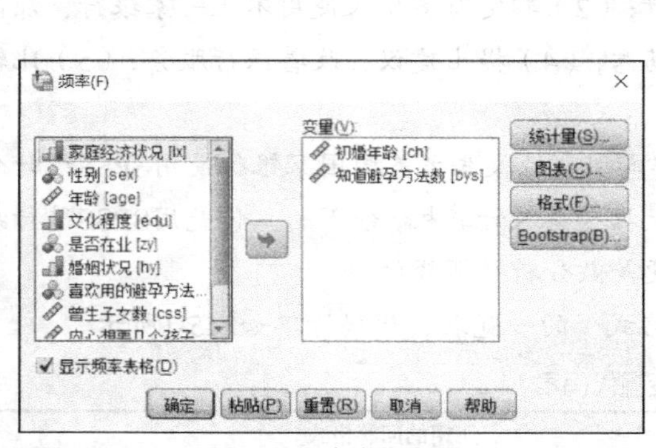

图 5-1　频率统计对话框

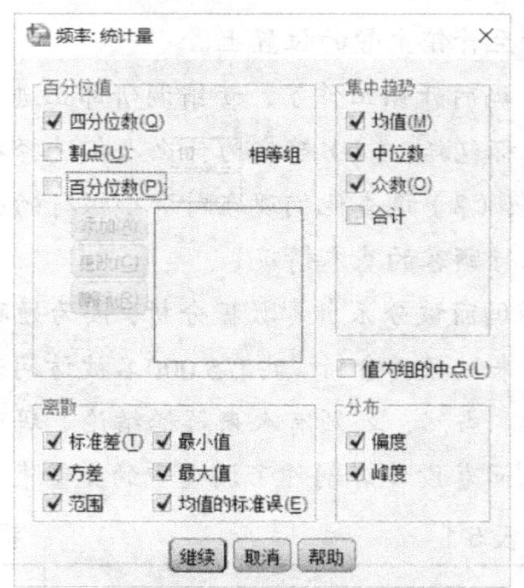

图 5-2　描述统计量对话框

（5）单击图 5-1 中的“图表”按钮，打开图表设置对话窗口，可选择输出条形图、饼图和直方图。在输出直方图时，如果需要比较分析变量数据分布曲线与标准正态曲线的差异，可在直方图中插入标准正态分布曲线。选择条形图和饼图时，激活“图表值”，可设定输出图形中是用频率还是百分比计量。本例设置如图 5-3 所示，单击“继续”按钮，返回主对话框。

（6）单击图 5-1 中的“格式”按钮，设置输出变量的相关格式。“排序方式”设置频率可按值也可按计数排序；如果同时对多个变量进行描述性统计分析，还可设定对变量组织输出的方式，“比较变量”是将不同变量统计值展现在同一张列表中，“按变量组织输出”是将不同变量的统计值分别显示在不同的表格；勾选“排除具有多个类别的表”后，变量取值多于设定类别数时，不输出相应的频数表，这主要是为了节省篇幅。本例设置如图 5-4 所示，单击“继续”按钮，返回主对话框。

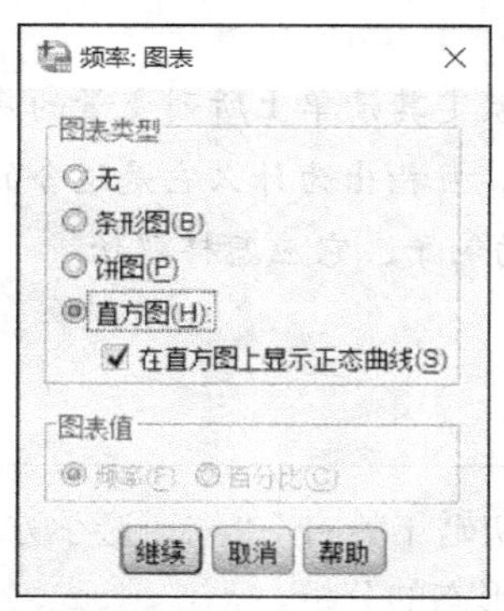

图 5-3　频率分析之图表对话框

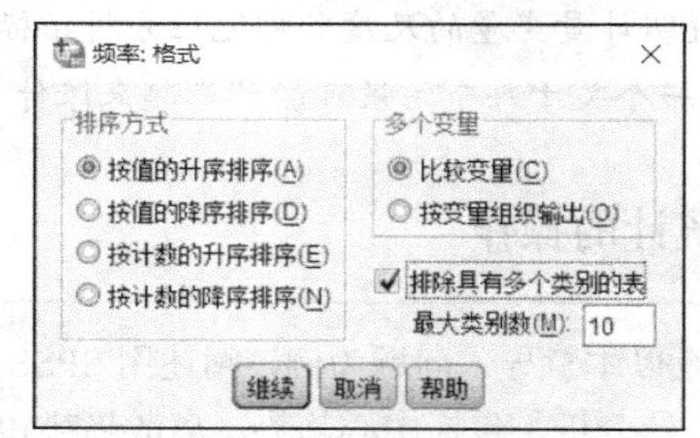

图 5-4　频率分析之格式对话框

（7）图 5-1 中的“Bootstrap”是一种估计均值、标准差、方差、中位数、偏度、峰度、比例数等统计量的方法，一般的数据分析较少使用，本例及以后均不设置，特此说明。

（8）单击图 5-1 中的“确定”按钮，可得描述性分析的结果。

三、描述性统计结果的解读

表 5-2 输出的是变量描述性统计量表，这是描述性分析的主要输出。表中呈现了两个变量的个案数、均值、中位数（中值）、众数、标准差、方差、偏度、峰度、全距、极小值、极大值和四分位

数。从表可见，平均初婚年龄为 21.63 岁，最小初婚年龄 13 岁，最大 42 岁，全距 29 岁，标准差为 3.386，标准误为 0.081（$s/\sqrt{n}=3.3.86/\sqrt{1\,743}$），初婚年龄的四分位数非常接近，偏度为 1.569，峰度为 4.908，表明该地区结婚年龄偏小，且高度集中在 20～23 岁之间。同样，平均知道的避孕方法数接近 3 种，知道避孕方法最少的仅有 1 种，最多 14 种，相差 13，偏度为 1.900，峰度为 8.006，表明该地区知道的避孕方法不多，且高度集中在 2～3 种（由四分位数可看出）。总体来看，调查地区结婚偏早，甚至 13 岁就有人结婚，已婚者中知道科学避孕方法的也不多。

表 5-2 描述性统计量表

		初婚年龄	知道避孕方法数
N	有效	1 743	1 743
	缺失	0	0
均值		21.63	2.78
均值的标准误		0.081	0.034
中值		21.00	3.00
众数		20	3
标准差		3.386	1.417
方差		11.466	2.009
偏度		1.569	1.900
偏度的标准误		0.059	0.059
峰度		4.908	8.006
峰度的标准误		0.117	0.117
全距		29	13
极小值		13	1
极大值		42	14
百分位数	25	20.00	2.00
	50	21.00	3.00
	75	23.00	3.00

图 5-5 输出的是初婚年龄直方图。由图可见，初婚年龄变量分布正偏，长尾在右侧，最大频数在 20 岁时取得，大约 300 人次是在 20 岁第一次结婚，高于正态分布曲线的顶点，比正态分布更冒尖。表 5-2 中的偏度=1.569，峰度=4.908，众数=20，也印证了图 5-5 直观展示的结果。

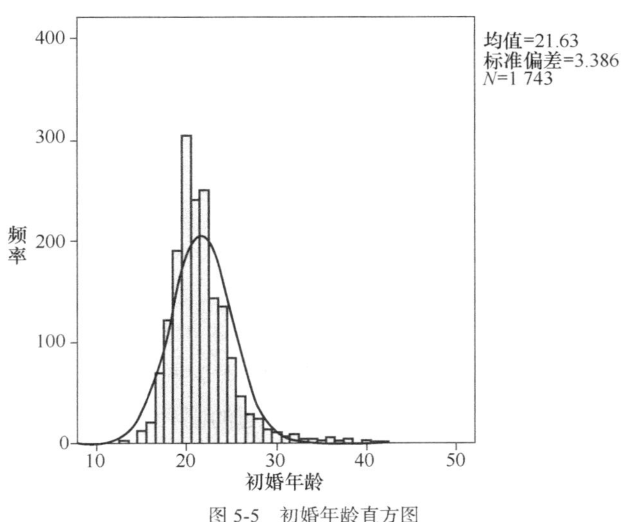

图 5-5　初婚年龄直方图

图 5-6 输出的是知道避孕方法数直方图。由图可见，知道避孕方法数变量分布正偏，长尾在右侧，在调查的总共 1 743 名已婚者中，有 600 多人次知道三种避孕方法，这是最大频数，高于正态分布曲线的顶点，这些直观呈现的结果与表 5-2 中的偏度=1.900、峰度=8.006、众数=3 是一致的。

由于图 5-4 中选择了最大类别数超过 10 时，不显示频数表，两个变量的取值都超过了 10，因而没显示频数表。

这里强调说明一下，执行“分析→描述统计→描述”命令也可完成描述性指标的分析，但不能得到频数统计表。操作过程与频数统计类似（见图 4-34），这里不再赘述。

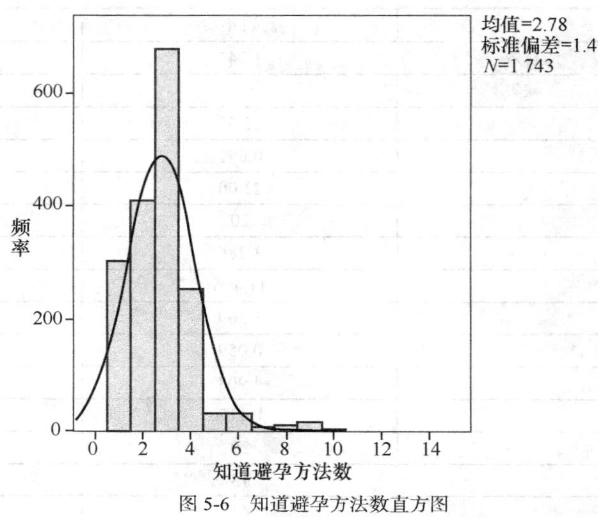

图 5-6　知道避孕方法数直方图

第二节　多选题的分析

第四章曾经阐述过多选题与顺位题的转化。由于这两种类型的问题都要根据选项数量设置变量，多个二分变量才构成一个多选问题或顺位问题，SPSS 把这类问题称为多重响应问题。首先应定义（标识）多重响应集，然后才能进行数据分析。本节用例 5-2 的“子女学习意见调查问卷”数据文件“Data05-2.sav”阐述多重响应集的定义与分析。

【例 5-2】　子女学习意见调查问卷[7]300。

基本数据

1．您是孩子的：□父亲　　　　□母亲

2．您的年龄：　□35 岁以下　　□36-44 岁　　　□45 岁以上

题项

3．您未来选择孩子就读中学时，会考虑哪些因素？（可多选）

□（1）学校办学的口碑　　　　□（2）校长的领导风格

□（3）学校升学率高低　　　　□（4）住家交通的因素

4．对于子女小学高年级的学习科目，您重视的重要性次序为何？（1=最重视，2=次重视，3=第三重视，4=第四重视，5=最不重视）

□（1）语文　　　□（2）数学　　□（3）英语　　□（4）自然　　□（5）社会

5. 对于子女小学的学习，您最重视的项目是哪一项？

□（1）考试成绩　□（2）生活常识　□（3）同学关系　□（4）品德行为

6. 您对于目前子女就读学校的整体满意度如何？

□（1）非常满意　□（2）满意　□（3）不满意　□（4）非常不满意

7. 您对于目前子女就读班级的整体满意度如何？

□（1）非常满意　□（2）满意　□（3）不满意　□（4）非常不满意

一、多重响应集的定义

例 5-2 中的第 3 题是多选题，第 4 题是顺位题，第 5 题、第 6 题属于李克特量表问题。下面以例 5-2 中第 3 题为例，阐述多选题的多重响应集定义操作过程。

（1）启动 SPSS，打开数据文件“Data05-2.sav”。

（2）单击“分析→多重响应→定义变量集”菜单，打开定义多重响应集对话框，如图 5-7 所示。

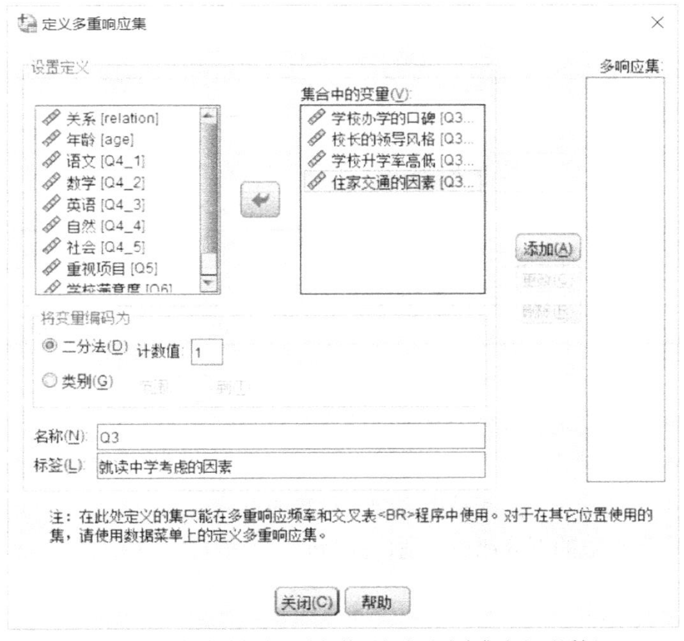

图 5-7　频数统计与交义分析使用的多重响应集定义对话框

（3）选中左边设置定义中第 3 题对应的四个二分变量，按向右箭头进入集合中的变量框。

（4）在“将变量编码为”栏中选择二分法，并在后面的计数值框中输入“1”（表示选择该选项）。如果指定数量法的多选题，则需选择“类别”编码，并设定范围；如指定选择三个选项，则分别输入 1 和 3。

（5）在名称框中录入“*Q*3”，表示问卷的第 3 个问题，同时在标签框中输入“就读中学考虑的因素”。

（6）单击“添加”按钮，此时最右侧“多响应集”框中显示“$*Q*3”，即第 3 题变量 *Q*3 前加了一个$，表示虚拟变量，起到标识多重响应集的作用。

（7）单击“关闭”按钮，即完成一个多重响应集的定义。

如果问卷中有多个多选题，可重复上述操作类似地定义多重响应集。但要注意，此处定义的多重响应集只能用于多重响应频率统计和交叉分析，其他程序要调用的多重响应集要在“数据”菜单下的“定义多重响应集中”定义。

二、多选题的频数分析

对于定义好的多重响应集，可进行频数统计分析，过程及结果如下。

（1）单击“分析→多重响应→频率”菜单，打开多重响应频率分析对话框，如图 5-8 所示。

（2）将左边“多响应集”中的虚拟变量$Q3 选入右边表格中，即对第 3 题进行频率统计分析。

（3）由于本数据集无缺失值，直接单击“确定”按钮即可得到频率统计分析结果，如表 5-3 所示。

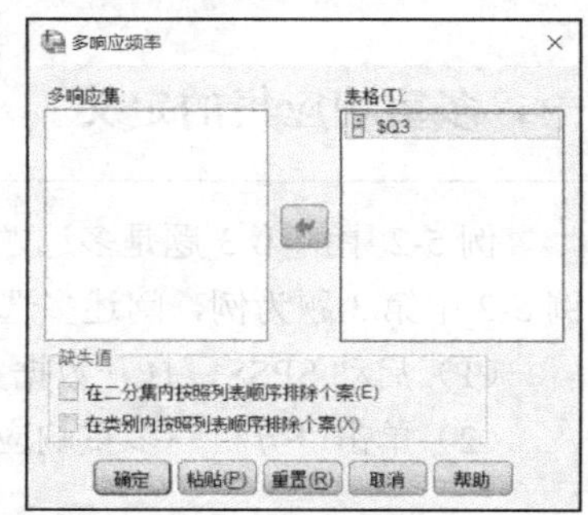

图 5-8　多重响应频率分析对话框

表 5-3　多重响应频率统计分析表

		响应		个案百分比
		N	百分比	
就读中学考虑的因素 a	学校办学的口碑	81	29.3%	67.5%
	校长的领导风格	66	23.9%	55.0%
	学校升学率高低	78	28.3%	65.0%
	住家交通的因素	51	18.5%	42.5%
总　计		276	100.0%	230.0%

a. 值为 1 时制表的二分组。

（4）表 5-3 中“响应”栏显示每个因素出现的次数及其百分比，而“个案百分比”表示占全部个案数的比例。如就读中学时考虑学校办学口碑的有 81 人次，占全部响应的 29.3%（81/276），占个案总数的 67.5%（81/120）。使用时，到底是用占响应总数的百分比还是占个案总数的百分比合适呢？吴明隆[7]307 认为，用占个案总数的百分比更合适，因为研究者更希望知道选择各个选项的比例情况。

三、多选题的交叉分析

对于定义好的多重响应集，可进行交叉统计分析。所谓交叉统计分析，是通过列表的形式探查两个或多个变量之间相互关系的过程。在例 5-2 中，可以分析不同角色和年龄的家长对子女就读中学时考虑因素的差异，分析过程及结果如下。

（1）单击“分析→多重响应→交叉表”菜单，打开交叉分析对话框，如图 5-9 所示。

（2）把左下角“多响应集”中的$Q3 选入右边“行”框中。

（3）把父母角色和年龄选入“列”框中，选中 relation，单击“定义范围”按钮，在“最小值”框中输入 1（父亲），在“最大值”框中输入 2（母亲）；同样，可定义三个年龄段，只是在“最大值”框中输入 3。

（4）单击“选项”按钮，打开多重响应交叉分析选项对话框，如图 5-10 所示。在“单元格百分比”中勾选全部选项，百分比采用系统默认的基于个案来计算，缺失值不设置。单击“继续”按钮返回。

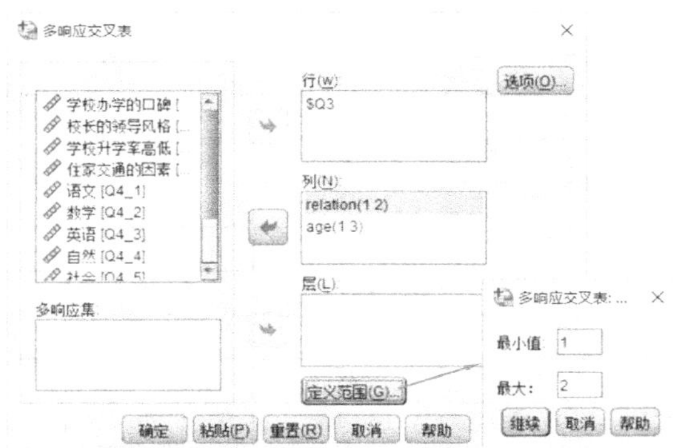

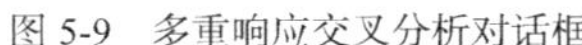
图 5-9 多重响应交叉分析对话框

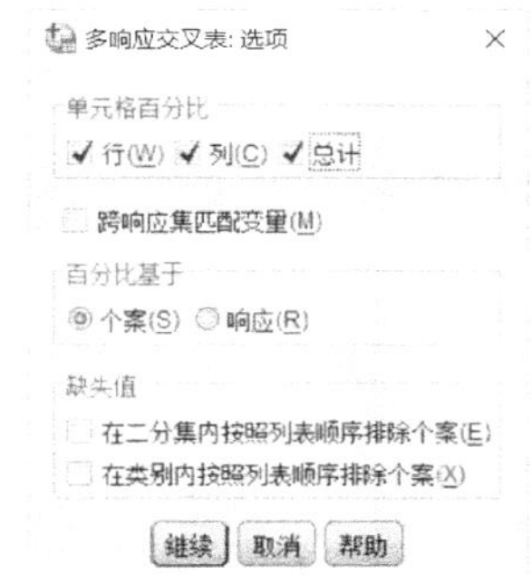

图 5-10 多重响应交叉分析选项对话框

（5）单击图 5-9 中的“确定”按钮，即可得交叉分析结果，如表 5-4、表 5-5 所示。

（6）表 5-4 中，有 81 人在就读中学考虑的因素中选择了学校办学的口碑，其中父亲有 51 人，占 63%（51/81），母亲有 30 人，占 37%（30/81）；在所有的父亲中，选择办学口碑的有 51 人，占 81%（51/63）；在所有的母亲中，选择办学口碑的有 30 人，占 52.6%（30/57）；选择了学校办学口碑的父亲人数占全部人数的 42.5%（51/120），母亲占 25%（30/120）。类似可分析另外 3 个因素。

表 5-4 就读中学考虑的因素 × 父母角色的交叉表

			关系		总计
			父亲	母亲	
就读中学考虑的因素[a]	学校办学的口碑	计数	51	30	81
		$Q3 内的 %	63.0%	37.0%	
		relation 内的 %	81.0%	52.6%	
		总计的 %	42.5%	25.0%	67.5%
	校长的领导风格	计数	33	33	66
		$Q3 内的 %	50.0%	50.0%	
		relation 内的 %	52.4%	57.9%	
		总计的 %	27.5%	27.5%	55.0%
	学校升学率高低	计数	36	42	78
		$Q3 内的 %	46.2%	53.8%	
		relation 内的 %	57.1%	73.7%	
		总计的 %	30.0%	35.0%	65.0%
	住家交通的因素	计数	33	18	51
		$Q3 内的 %	64.7%	35.3%	
		relation 内的 %	52.4%	31.6%	
		总计的 %	27.5%	15.0%	42.5%
总计		计数	63	57	120
		总计的 %	52.5%	47.5%	100.0%

注：百分比和总计以响应者为基础；“a”表示值为 1 时制表的二分组。

表 5-5 是不同年龄父母对子女就读中学考虑因素的交叉分析表，其分析思路与表 5-4 类似，在此不再赘述。

提示读者注意的是，对于指定选择数量的多选题，其分析方法可用第一节介绍的描述性统计分析（“分析→描述统计→频率”）进行，计算每个变量（第一选择到指定数量位置选择）出现的次数和比例。

表 5-5　　就读中学考虑的因素×父母年龄的交叉表

			年龄			总计
			35 岁以下	36~44 岁	45 岁以上	
就读中学考虑的因素 [a]	学校办学的口碑	计数	30	15	36	81
		$Q3 内的 %	37.0%	18.5%	44.4%	
		age 内的 %	66.7%	41.7%	92.3%	
		总计的 %	25.0%	12.5%	30.0%	67.5%
	校长的领导风格	计数	27	24	15	66
		$Q3 内的 %	40.9%	36.4%	22.7%	
		age 内的 %	60.0%	66.7%	38.5%	
		总计的 %	22.5%	20.0%	12.5%	55.0%
	学校升学率高低	计数	30	18	30	78
		$Q3 内的 %	38.5%	23.1%	38.5%	
		age 内的 %	66.7%	50.0%	76.9%	
		总计的 %	25.0%	15.0%	25.0%	65.0%
	住家交通的因素	计数	18	15	18	51
		$Q3 内的 %	35.3%	29.4%	35.3%	
		age 内的 %	40.0%	41.7%	46.2%	
		总计的 %	15.0%	12.5%	15.0%	42.5%
总计		计数	45	36	39	120
		总计的 %	37.5%	30.0%	32.5%	100.0%

注：百分比和总计以响应者为基础；“a”表示值为 1 时制表的二分组。

第三节　顺位题的分析

例 5-2 的问卷中第 4 题是对全部选项逐一排序的顺位问题，对此类问题的分析可按单选题分析方法——描述性统计进行。由于该排序题中，1=最重视的科目，5=最不重视的科目，只要求出每个科目的加权平均等级，就能判断被调查者对五个科目的重视顺序。操作过程及结果解读如下。

（1）启动 SPSS，打开数据文件“Data05-2.sav”。

（2）单击“分析→描述统计→描述”菜单，打开单个变量的描述性统计对话框，如图 5-11 所示。

（3）把左边第 4 题的五个选项变量都选入右边的变量框中。

（4）单击“选项”按钮，打开选项设置对话框，勾选如图 5-12 所示的选项，并单击“继续”按钮返回。

（5）单击图 5-11 中的“确定”按钮，得描述统计分析结果，如表 5-6 所示。

（6）从表 5-6 中可见，数学的平均等级为 2.17，值最小，是最重视的科目，第二重视的科目为语文（2.38），第三重视的是英语（2.78），第四重视的是自然（3.33），最不重视的是社会（4.33）。

当然，此题也可用频数统计来分析，不仅可算出平均等级，还能知道每个科目在各个等级上出现的次数与百分比，感兴趣的读者可以自己练习。

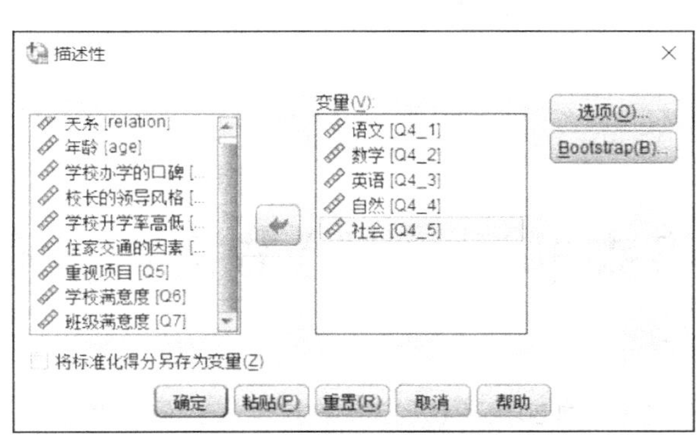

图 5-11　描述性统计对话框

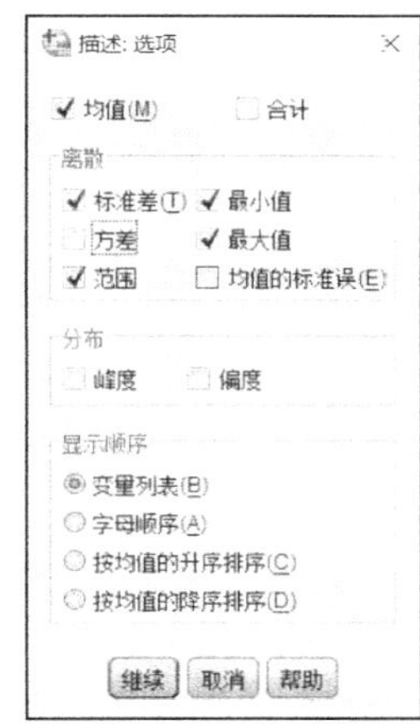

图 5-12　描述性统计选项对话框

表 5-6　顺位问题的描述性统计表

	N	全距	极小值	极大值	均值	标准差
语文	120	4	1	5	2.38	1.323
数学	120	3	1	4	2.17	0.999
英语	120	4	1	5	2.78	1.161
自然	120	4	1	5	3.33	1.191
社会	120	4	1	5	4.33	1.239
有效的 N（列表状态）	120					

导入问题回应

从计生调查问卷的初婚者年龄描述性指标可见，该地区初婚主要集中在20岁左右，特别是20～23岁这个区间，初婚年龄偏低，早婚现象极为普遍，可能是由于当地习俗和早婚早育观念的影响，所谓“正常人”绝大多数集中在23岁前结婚；从分布形态看，最小初婚年龄13岁，最大42岁，偏度为1.569，严重偏离正态分布形态，存在初婚年龄跨度大的问题，这可能是由于经济条件不佳，少数人结婚偏晚，从而使数据分布右偏。当时当地计划生育政策执行得并不好，这都与农村地区生育观念落后、经济水平低、科学知识欠缺有着密切的关系。

本章思考题

1．请描述中心趋势的三个指标各适合什么类型的变量。
2．度量离散趋势的指标有哪些？其含义是什么？
3．SPSS 中描述性统计可通过哪些命令来实现？
4．多选题的描述性分析主要从哪些方面进行？
5．简述顺位式问题的分析思路。

第六章 数据的假设检验分析

导入问题 《缘来非诚勿扰》节目中的假设检验①

江苏卫视打造的相亲节目《缘来非诚勿扰》自2010年1月15日首播以来，前后共有数以千计的男嘉宾登上了这个引人注目的相亲舞台。细心的观众可能会有这样的疑问：为什么有些男嘉宾在短短的几句开场白后，就有女嘉宾果断灭了灯？而有些男嘉宾在最初的时候24盏灯还全亮，但最终却没有女嘉宾和他牵手？为什么随着节目的进行，女嘉宾不断地灭灯呢？这台“以相亲为主题”的节目中究竟有着什么样的奥妙和玄机呢？

第一节 假设检验原理与分类

一、假设检验思路

假设检验（Hypothesis Testing）就是把样本统计量与调研前对总体所做的假设进行分析比较，以判断其假设是否成立的推理方法。事先根据理论、前人观察和研究实践所做的假设，说明总体参数值（均值、比例）是多少，可通过随机抽取出的样本进行统计检验。例如，某公司随机抽样调查显示，顾客对产品的知晓度要比一年前低，调查结果是否真的降低了？是否低到需要改变广告策略的程度？

假设检验的思路如图 6-1 所示。如果对总体的某种假设是真实的，那么不能支持假设事件 A（小概率事件）在一次试验中会发生；要是在一次试验中 A 竟然发生了，就有理由怀疑该假设的真实性，拒绝这一假设。数据来源于对样本的调查，通过样本数据和统计量分布计算来考察假设的真实性，即接受或拒绝基本假设。

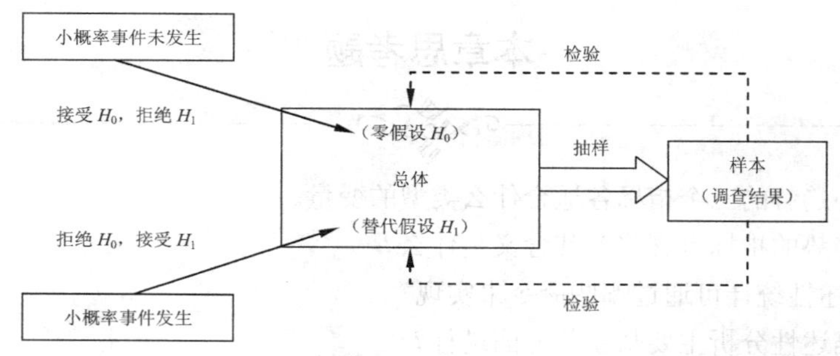

图 6-1 假设检验思路

① 节选自：周影辉，倪中新. “非诚勿扰”、统计假设检验与自然辩证法. 中国统计，2013（6）：24-25。

二、假设检验步骤

假设检验是对经济社会现象做出总体推断的主要方法，无论是参数检验还是非参数检验，都要按照图 6-2 所示的基本程序进行分析，中间是操作步骤，两侧是主要细节。在掌握检验的统计原理基础上，通过 SPSS 软件的反复练习，才能上升到驾轻就熟的境界。

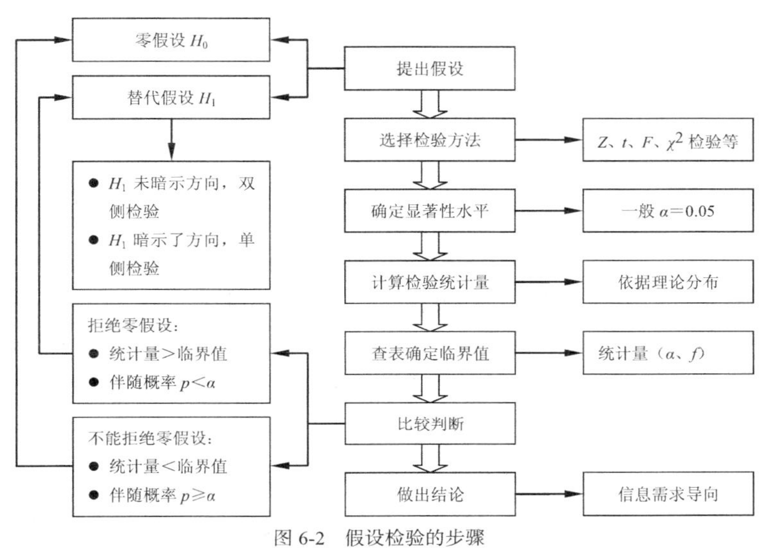

图 6-2　假设检验的步骤

（一）提出假设

对待检验的问题，要同时陈述零假设（记为 H_0）与替代假设（记为 H_1）。零假设 H_0（Null Hypothesis）即是接受检验的假设，通常表示没有差异的假设；替代假设 H_1（Alternative Hypothesis）是在零假设被否定时产生效用的另一个假设。陈述假设可采用关系表达式形式，也可采用文字表达的形式。零假设和替代假设相互对立，检验结果二者必取其一，接受 H_0 则必定拒绝 H_1；反之，拒绝 H_0 则必定接受 H_1。一般是把收集数据试图否定的命题作为原假设，而对所研究问题感兴趣并力图从样本数据获得支持的命题作为替代假设。实际调研分析中，一般先确定 H_1，也就是调研者所关心或想证实的假设，然后把 H_1 的对立面作为 H_0。

根据替代假设 H_1，确定检验是单侧检验还是双侧检验。如果替代假设未指明变化方向，则采用双侧（Two-tailed）检验；反之，如果隐含着期望变动的方向，则采用单侧（One-tailed）检验。如对某市家庭的抽样调查显示户均拥有空调 1.25 台，而空调厂商根据国外资料判断户均超过 1.5 台即达到市场饱和。H_0：该市空调达到饱和，即 $\mu=1.5$；H_1：该市空调仍未达到饱和，即 $\mu<1.5$。在该例中，替代假设暗含了该市空调小于饱和水平这样一种变动方向，因而应采用单侧检验。如果 H_1 改为：该市空调普及率不是 1.5 台，暗含了该市空调的普及水平可能不足 1.5，也可能超过 1.5 台，没有明确指明方向，这时就要用双侧检验。

（二）选择检验方法

依据经济社会调研的具体问题，选择合适的统计检验方法，明确统计量的分布。常用的统计检验方法有 Z 检验、t 检验、F 检验、χ^2 检验等。

（三）确定显著性水平

显著性水平α表示H_0为真时拒绝H_0的概率，即H_0陈述的事实是真实情况下仍遭到排斥的概率，也就是犯错误判断的可能性。假设检验运用的是小概率（α）事件实际不发生的原理，但α小到什么程度才算小概率呢？一般情况下，α取0.05，即有95%的置信度确认H_0表述是真实的，误判的概率最多到5%。

（四）计算检验统计量

在H_0为真的情况下，计算出检验统计量的值。

（五）查表确定临界值

先暂时假定H_0是真的，依据抽样分布理论、样本量n和显著性水平α，查统计量分布表，确定拒绝H_0的临界值或拒绝域。

（六）比较判断

根据以上统计分析数据，做出是否拒绝零假设的判断。在手工计算分析时，如果统计量计算值（步骤四）大于查表临界值（步骤五），则拒绝零假设，而接受替代假设；在运用SPSS等程序分析时，如果程序计算出的伴随概率p小于设定的显著性水平α，则拒绝零假设而接受替代假设。这里的概率p是指在给定零假设为真的情况下，观察到一个样本值为极端值或者比实际观察到的值更极端的概率。

（七）做出结论

在一定置信度水平下做出的统计推断结果要转化为调研的语言，解释统计检验所得出的结论，清楚地陈述所需要的信息。在文字表达结论时，如果零假设没有被拒绝，最好把结论叙述为“无法拒绝零假设”，而不是“接受零假设”。

三、假设检验分类

根据待分析的数据和待检验的类型，假设检验可分为参数检验与非参数检验两大类，如图6-3所示。

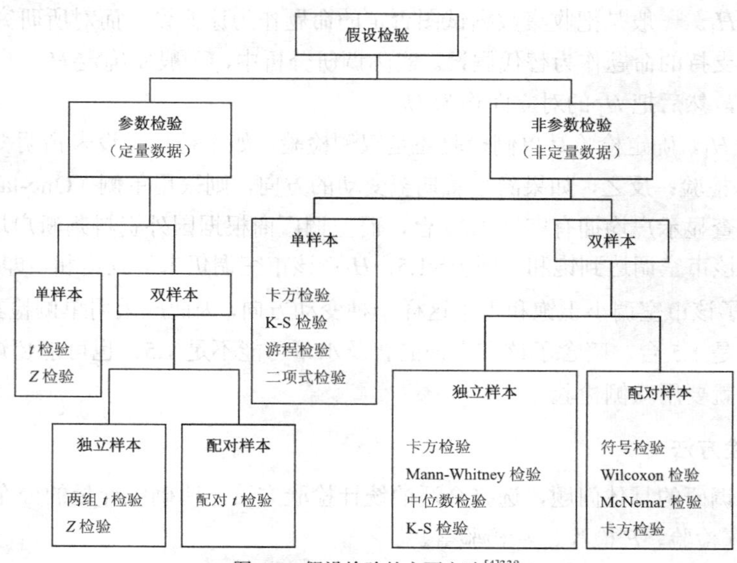

图6-3　假设检验的主要方法[4]338

参数检验（Parametric Tests）是在已知总体分布的条件下对一些主要的参数（平均数、百分数、方差等）进行的检验，适用于定量尺度测量的数据，一般都假设总体服从正态分布。非参数检验（Non-parametric Tests）是根据样本数据对总体的某种性质或关系进行假设检验的统计推断方法，适合于对总体分布不知道的实际问题所进行的检验。各种统计检验方法的选用参见表 6-1。

表 6-1　按照测量尺度和检验情形建议的统计方法[8]499

测量尺度	单样本	双样本		K 个样本	
		相关样本	独立样本	相关样本	独立样本
名义	二项式检验 单样本 χ^2 检验	McNemar 检验		Cochran Q 检验	K 个样本 χ^2 检验
顺序	单样本 K-S 检验 游程检验	符号检验 Wilcoxon 配对检验	中位数检验 曼—惠特尼 U 检验 K-S 检验 Wald-Wolfwitz 检验	弗里德曼双因素方差分析	中值扩展分析 Krushal-Wallis 单因素方差分析
间距和比例	t 检验 Z 检验	配对样本 t 检验	t 检验 Z 检验	重复测量方差分析	单因素方差分析 多因素方差分析

四、假设检验应注意的问题

统计检验从来不绝对地说“是”或者“不是”，只陈述事物发生的可能性及其概率，因为现实世界本身就充满了不确定性。假设检验时应注意以下问题。

（1）统计显著性是指根据已经收集的数据可以确立显著差异的存在，但不代表这个差异是实际存在的。

（2）统计显著性是依据样本量得到的，当样本量变化时，这种统计上的显著性也可能发生改变。

（3）在巨大样本情况下，差异可能被“放大”，微小的差异也可能是显著的，可能会拒绝实际为真的零假设，即犯第一类错误。

（4）在小样本的情况下，差异可能被“缩小”，较大的差异也可能未被检验出来而接受了零假设，即犯第二类错误。

（5）根据需要对调研的问题做出统计检验，并非所有问题都一定要进行检验。

应用实例 6-1

国际品牌资产[4]346

从20世纪90年代起，全球营销的趋势越来越明显。厂商如何向具有不同历史文化背景的外国消费者推销自己的品牌呢？Del Monte 国际公司的前总裁Bob Kroll 认为，统一的包装可能是一种资产，但迎合各国特殊的品味偏好更重要。最近一项对国际产品营销的研究证实了这一点，营销管理者现在认为具有全球化的思维，同时开展本土化的行动是最佳选择。这项研究的调查对象包括100个品牌和产品经理，以及来自国内最大的食品、药品和个人产品公司的营销人员，其中39%的人表示在外国市场不应使用统一的包装，但38%的人却赞同这种做法。那些认为应根据目标市场进行本土化包装的人也提出要尽可能多地保留品牌资产和包装的一致性，但是根据不同市场的语言和法规要求调整包装也是十分必要的。根据这些发现，可以提出研究问题为：不同国家的消费者是否乐意购买根据他们的需要而采用不同包装的国际品牌产品？根据这个研究问题，我们可以提出研究假设

为：在其他条件保持不变的情况下，知名品牌采用标准化的品牌和本土化的包装能够获得更大的市场份额。假设为

H_0：知名品牌采用标准化的品牌和本土化的包装不会在国际市场上获得更大的市场份额

H_1：其他因素相同的条件下，知名品牌采用标准化的品牌和本土化的包装将在国际市场上获得更大的市场份额

为检验零假设，选用高露洁牙膏这个采用混合策略的品牌，比较其在采用标准化品牌、标准化包装的国家中的市场份额和其在采用标准化品牌、本土化包装的国家中的市场份额。在控制其他因素的影响之后，采用两个独立样本的t检验。

第二节 单个样本的检验

本节在第一节假设检验原理的指导下，专门研究一个调查样本数据对总体推断的假设检验问题，包括平均数与比例数的检验两种。

一、单个样本的均值检验

单样本均值的假设检验通常假设为

H_0：$\mu=\mu_0$

H_1：$\mu\neq\mu_0$ 或 $\mu>\mu_0$ 或 $\mu<\mu_0$

检验统计量的公式为

$$Z=\frac{|\bar{x}-\mu_0|}{\sigma/\sqrt{n}}\quad \text{总体标准差}\sigma\text{已知} \tag{6-1}$$

$$Z=\frac{|\bar{x}-\mu_0|}{s/\sqrt{n}}\quad \text{总体标准差}\sigma\text{未知，但样本量很大时（}n\geqslant30\text{）} \tag{6-2}$$

$$t=\frac{|\bar{x}-\mu_0|}{s/\sqrt{n}}\quad \text{总体标准差}\sigma\text{未知，且样本量很小时（}n<30\text{）} \tag{6-3}$$

上述假设及公式中，μ、σ代表总体均值和标准差，表示调研前对总体均值所做的假定值，$\bar{x}$、n、s分别代表样本均值、样本数量和样本标准差，Z为正态分布检验统计量，t为学生t分布检验统计量。

二、单个样本的比例检验

单样本比例的假设检验通常假设为

H_0：$P=P_0$

H_1：$P\neq P_0$ 或 $P>P_0$ 或 $P<P_0$

单样本的比例检验在大样本情况下，即 np、$n(1-p)>5$，近似服从标准正态分布，公式为

$$Z=\frac{|p-P_0|}{\mu_p} \tag{6-4}$$

上述假设及公式中，P 代表总体比例，P_0 为调研前设定的某个总体比例，Z 表示正态检验统计量，p 是样本比例，μ_p 零假设为真时的抽样误差，$\mu_p=\sqrt{\dfrac{P_0(1-P_0)}{n}}$。

知识延伸 6-1

统计显著性的含义是什么？[3]322

耶鲁大学的心理学教授罗伯特·阿伯森（Robert Abelson）对于在工作中应用显著性检验的研究人员提出了有价值的忠告。他认为，坚持p值在0.05水平上是一种误导。

人们为p=0.05时的计算结果欢呼雀跃，而在p=0.07时的计算结果则后悔不已。这样实际上很愚蠢。当把具有统计显著性的结果与没有统计显著性的结果放在一起比较时，我们就会发现更微妙的误导。例如，我们会说，对于毛鼻袋熊的实验结果是显著的，但对于蝙蝠的实验不是这样，这就证实了假设检验的重要性。当毛鼻袋熊的p值为0.05，而蝙蝠的P值为0.07时，错误是显而易见的。但在较不明显的情形中，错误依然存在。

在《统计原理导论》（Statistics as Principled Argument）一书中，我提出了五条衡量研究质量的标准。这些标准可简称为MAGIC（为五项标准第一个字母的组合），指效用的程度、连贯性、广泛性、有趣性、可信度。在五条标准中，p值仅与可信度（这是一个新发现）和广泛性有关。与可信度有关的有若干因素，如理论的一致性、被假设心理测试过程的可信性以及最终或最小的原假设的p值。如果一味坚持在0.05水平上，那么就如同对其他调研结果设立随意的质量标准一样可笑（如30%的广泛性或比现有成果更高的有趣性）。

三、操作指导与结果解读

【例 6-1】 运用第四章数据文件“Data04-1.sav”，介绍单样本检验的操作过程与选项设置。

在计生调查中，该地区的出生人口数是否确实比全国平均水平高呢？可以用单样本均值假设检验方法加以核实。

按当时的计划生育政策，一对夫妇只能生育一个小孩，期望的总体平均数 $\mu_0=1$，假设为

H_0： $\mu=\mu_0$，即该地区出生人数等于期望水平

H_1： $\mu>\mu_0$，即该地区出生人数高于期望水平

（一）SPSS 的操作过程

（1）启动 SPSS，打开数据文件“Data04-1.sav”。

（2）确定已婚者。检验前，先做数据分析准备，剔除被调查者中的未婚者（因为通常只有已婚者才能有小孩），详细操作见第四章例 4-2。

（3）单击“分析→比较均值→单样本 T 检验”菜单，打开单样本 T 检验对话框，如图 6-4 所示。把“曾生子女数”选入右边的“检验变量”框，在“检验值”框中输入“1”，即设定 μ_0=1。

（4）单击“选项”按钮，打开“选项”对话框，如图 6-5 所示。可根据研究需要设定置信度水平，系统默认值为 0.05；还可设置“缺失值”在某一个案上是部分变量排除（变量缺失的个案排除）还是全部变量排除（相当于删除该个案）。单击“继续”按钮，返回主对话框。

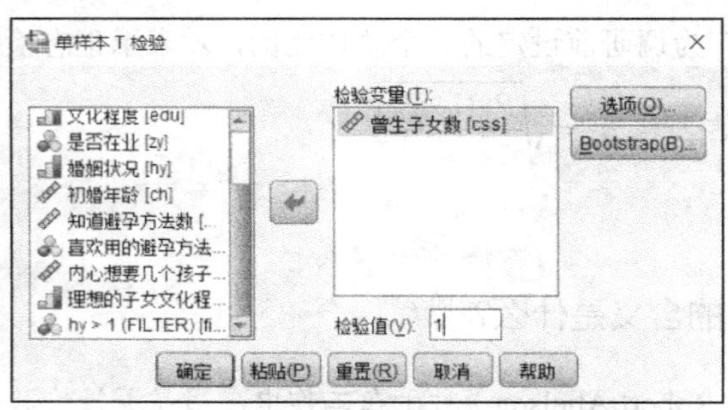

图 6-4 单样本 *T* 检验对话框

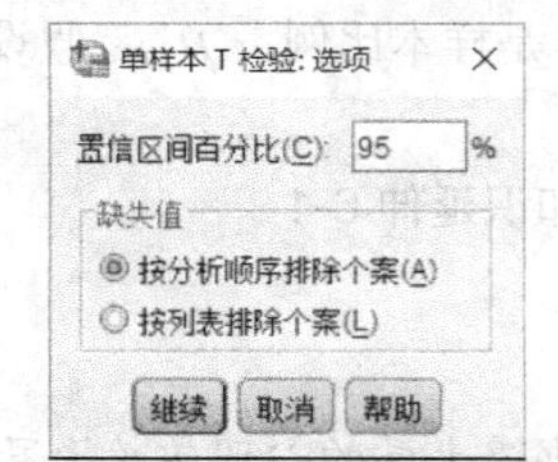

图 6-5 单样本 *T* 检验的"选项"对话框

（5）在主对话窗口中单击"确定"按钮即得到输出结果。

（二）输出结果解读

表 6-2 输出的是样本统计表。在 2 377 人中剔除未婚者后有 1 743 个已婚者参与"曾生子女数"的分析，平均出生小孩数为 2.64 个，标准差为 1.643，标准误为 0.039（$1.643/\sqrt{1\,743}$）。

表 6-2 样本统计量表

变量	*N*	均值	标准差	均值的标准误
曾生子女数	1 743	2.64	1.643	0.039

表 6-3 输出的是单样本均值的检验结果。从表中可见，t=41.676，p 值（Sig.）为 0.000，均值差为 1.64（2.64−1），均值差的置信区间为 1.56（1.64−1.96×0.039）～1.72（1.64+1.96×0.039）。由于双侧显著性概率小于设定的 0.05，拒绝零假设，接受替代假设，即 $\mu > \mu_0$，该地区曾生子女数高于期望的一个家庭生一个的水平。

表 6-3 单样本均值检验结果

	检验值 = 1					
	t	df	Sig.（双侧）	均值差值	差分的 95%置信区间	
					下限	上限
曾生子女数	41.676	1742	0.000	1.640	1.56	1.72

提醒读者注意的是，SPSS 输出的检验结果中仅提供了双侧检验的 p 值。如果研究假设是单侧检验，则需将显著性概率 p 值除以 2 作为判断的临界值，两个样本的检验也如此。本例中 p=0，除以 2 后还是 0，不影响对结果的判断。

第三节 两个样本的检验

一、两个独立样本的均值检验

（一）检验原理

两个独立样本均值检验是为了推断来自两个不同总体的均值是否存在显著差异。研究者可能对这样的问题感兴趣，但又缺乏这方面的数据，通常只能通过抽样调查的样本数据做出推断。

假设两个待比较的独立总体的均值分别为 μ_1、 μ_2，标准差为 σ_1、 σ_2，从中抽取样本量分别为 n_1 和 n_2，均值为 $\bar{x}_1$、 $\bar{x}_2$，标准差为 s_1、 s_2。

1. 大样本

在样本容量 n_1 和 n_2 都大于 30 时，两个独立样本均值之差近似服从正态分布，可按 Z 统计量进行检验。假设为

H_0： $\mu_1 - \mu_2 = D_0$

H_1： $\mu_1 - \mu_2 > D_0$ 或 $\mu_1 - \mu_2 < D_0$

D_0 是两个总体均值之差，可以为 0，也可以不为 0。D_0=0，表示两个总体均值无差异；$D_0 \neq 0$，表示两个总体均值相差 D_0 这么大的量。检验统计量的计算公式为

$$Z = \frac{|(\bar{x}_1 - \bar{x}_2) - (\mu_1 - \mu_2)|}{\sqrt{\dfrac{s_1^2}{n_1} + \dfrac{s_2^2}{n_2}}} \tag{6-5}$$

单侧检验的拒绝域为 $|Z| > Z_\alpha$，双侧检验的拒绝域为 $|Z| > Z_{\alpha/2}$。

2. 小样本

从两个正态分布的总体中抽取的样本较小时，不能用上述大样本的方法。小样本的均值之差服从自由度为（ $n_1 + n_2 - 2$ ）的 t 分布，统计量公式为

$$t = \frac{|(\bar{x}_1 - \bar{x}_2) - (\mu_1 - \mu_2)|}{\mu_{\bar{x}}} \tag{6-6}$$

（1）总体方差相等

当两个总体的方差相等时，两个样本均值之差的共同抽样误为

$$\mu_{\bar{x}} = s_p \sqrt{\frac{1}{n_1} + \frac{1}{n_2}} \tag{6-7}$$

s_p 称为两个样本的共同标准差，计算公式为

$$s_p^2 = \frac{(n_1 - 1)s_1^2 + (n_2 - 1)s_2^2}{n_1 + n_2 - 2} = \frac{\sum_{i=1}^{n_1}(x_{1i} - \bar{x}_1)^2 + \sum_{j=1}^{n_2}(x_{2j} - \bar{x}_2)^2}{n_1 + n_2 - 2} \tag{6-8}$$

（2）总体方差不等

当两个总体的方差不相等时， $\mu_{\bar{x}}$ 的计算公式为

$$\mu_{\bar{x}} = \sqrt{\frac{s_1^2}{n_1} + \frac{s_2^2}{n_2}} \tag{6-9}$$

此时，需对自由度进行向下取整数的修正，计算公式为

$$f = \frac{\left(\dfrac{s_1^2}{n_1} + \dfrac{s_2^2}{n_2}\right)^2}{\dfrac{\left(\dfrac{s_1^2}{n_1}\right)^2}{n_1 - 1} + \dfrac{\left(\dfrac{s_2^2}{n_2}\right)^2}{n_2 - 1}} \tag{6-10}$$

在小样本情况下，两个均值的检验假设为

H_0： $\mu_1 - \mu_2$ 或 $\Delta = \mu_1 - \mu_2 = 0$，即两个总体均值无差异

H_1： $\mu_1 \neq \mu_2$ 或 $\Delta = \mu_1 - \mu_2 > 0$ 或 $\Delta = \mu_1 - \mu_2 < 0$，即两个总体均值有差异

拒绝 H_0 接受 H_1 的判断准则是：单侧检验，$|t| \geqslant t_{\alpha}$；双侧检验，$|t| \geqslant t_{\alpha/2}$。

在 SPSS 中的分析路径是：分析→比较均值→独立样本 T 检验。

（二）操作过程

【例 6-2】 仍运用第四章计生调查数据文件“Data04-1.sav”。在计划生育调查中，不同性别的人对想要的孩子数之间是否存在着差异呢？

用两个独立样本均值的检验方法，做出如下假设陈述

H_0：$\mu_1 \neq \mu_2$，即男性与女性对想要的孩子数无差异

H_1：$\mu_1 \neq \mu_2$，即男性与女性对想要的孩子数有差异

操作过程如下。

（1）启动 SPSS，打开数据文件“Data04-1.sav”。

（2）单击“分析→比较均值→独立样本 T 检验”菜单，打开“独立样本 T 检验”对话框，如图 6-6 所示。把“内心想要几个孩子”选入“检验变量”框；把“性别”变量选入“分组变量”框，单击“定义组”按钮，打开“定义组”对话框，如图 6-7 所示，在组 1（男性）框输入“1”，在组 2（女性）框输入“2”，然后单击“继续”按钮返回。

（3）单击“选项”按钮，打开“选项”对话框。它与单样本均值检验的选项对话框（见图 6-5）完全一样，对此不再赘述。单击“继续”按钮返回。

（4）在主对话窗口单击“确定”按钮即得到输出结果。

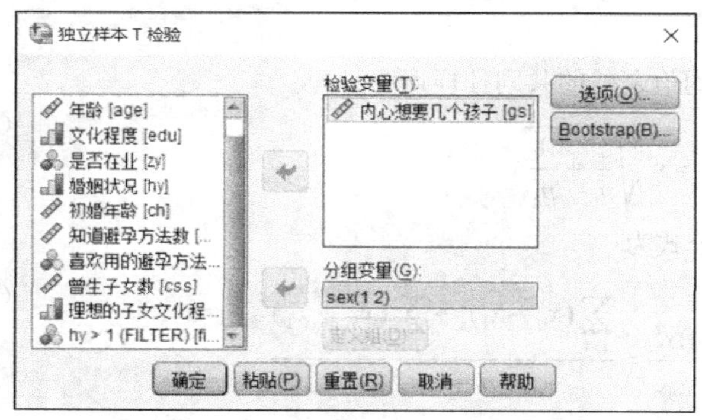

图 6-6 独立样本 T 检验主对话框

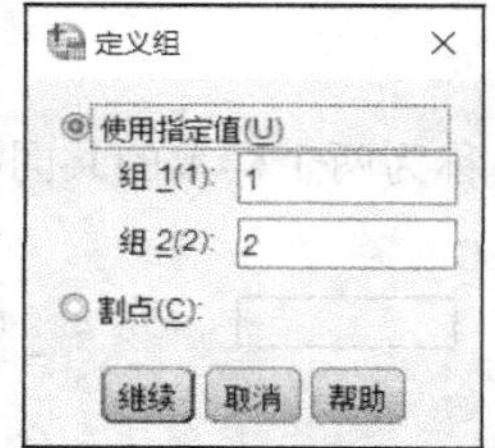

图 6-7 独立样本 T 检验“定义组”对话框

（三）结果解读

表 6-4 输出的是两个独立样本的统计量表。表中显示，参与调查的男性有 1 270 人，平均想要孩子数为 1.93 个，标准差为 1.603，标准误为 0.045（$1.603/\sqrt{1\,270}$）；参与调查的女性有 1 107 人，平均想要孩子数为 2.16 个，比男性多 0.23 个，标准差为 1.534，比男性平均想要孩子数的差异小，标准误为 0.046（$1.534/\sqrt{1170}$），男女基本相同。

表 6-4　　样本统计量

	性别	N	均值	标准差	均值的标准误
内心想要几个孩子	男	1 270	1.93	1.603	0.045
	女	1 107	2.16	1.534	0.046

表 6-5 输出的是独立样本检验结果。表中 Levene 检验结果 F=3.307，p=0.069 >0.05，表明男女

内心想要孩子数的方差是相等的，用“假设方差相等”组的数据观察独立样本检验情况。t=−3.594，p=0<0.05，t检验结果说明男性与女性内心想要孩子数是有显著差异的，差值的平均数为−0.232，即男性比女性少0.232个，标准误为0.065（$\sqrt{1.603^2/1\,270+1.534^2/1107}$），均值差的置信区间为−0.359～−0.106。

表6-5 独立样本检验结果

		方差方程的Levene检验		均值方程的t检验						
		F	Sig.	t	df	Sig.（双侧）	均值差	标准误	差分的95%置信区间	
									下限	上限
内心想要几个孩子	假设方差相等	3.307	0.069	−3.594	2 375	0.000	−0.232	0.065	−0.359	−0.106
	假设方差不相等			−3.605	2 354.543	0.000	−0.232	0.064	−0.359	−0.106

二、两个配对样本的均值检验

（一）检验原理

当调查采用配对样本设计时，就要用到配对样本检验（Paired-sample T Test）。或许是同一群人（一个样本）评价两个竞争品牌，或许是评价某个产品的两个特性，或者同一对象前后两次对某一问题的测评，往往都要用到配对样本检验。配对的两个样本数相同，且观察值的顺序一一对应，不能颠倒。

配对样本（x_1，x_2）检验时，以配对样本的差值$D_i=x_{2i}-x_{1i}$（i=1，2，…，n）为差异变量，计算出配对样本差值的均值$\bar{D}$和标准差S，然后计算统计量Z或t，其自由度为n−1（n是两样本配对的数量）。在大样本时，平均差异$\bar{D}$相当于标准差已知、样本足够大的正态分布；在小样本时，$\bar{D}$服从t分布。

配对样本的假设为

H_0：$\bar{D}=0$，H_1：$\bar{D}\neq 0$

统计量的计算公式为

$$Z=\frac{\bar{D}}{\mu_{\bar{x}}}=\frac{\bar{D}}{\frac{S}{\sqrt{n}}}=\frac{\sum D_i}{\sqrt{\frac{n\sum D_i^2-(\sum D_i)^2}{n-1}}} \tag{6-11}$$

式中，$\bar{D}=\frac{1}{n}\sum_{i=1}^{n}D_i$，$S=\sqrt{\sum_{i=1}^{n}(D_i-\bar{D})^2/(n-1)}$。

小样本时，把公式中的Z改为t，采用t分布进行检验。

配对样本检验事实上是检验两个样本差值的均值是否为零，来实现两个配对样本有无显著性差异的目的。

（二）操作过程

【例6-3】 某广告公司为测定广告效果，分别在广告宣传前后测定顾客对产品的评价意见和看法，以作为研究广告效果的依据之一。受邀10位顾客评分情况如表6-6所示，试确定顾客在广告前后的评分是否有显著差异。

表 6-6　　　　顾客对广告前后产品的评分

顾客编号	1	2	3	4	5	6	7	8	9	10
广告前	82	81	89	74	68	80	77	66	77	75
广告后	87	84	84	76	78	81	79	81	81	83

根据背景材料做出如下假设陈述

H_0：$\bar{D}=0$，广告前后评分值无显著差异，即广告宣传无效

H_0：$\bar{D}\neq 0$，广告前后评分值是有显著差异的

这里$\bar{D}$表示配对样本差值的平均数。

SPSS 的操作过程如下。

（1）启动 SPSS。

（2）单击 SPSS 窗口左下角的“变量视图”按钮，在变量视图中分别将顾客编号、广告前评分、广告后评分定义为变量 Customer、Before、After。

（3）单击窗口左下角的“数据视图”按钮，在 SPSS 数据视图中录入背景材料提供的数据，并把数据文件保存为“Data06-3.sav”，如图 6-8 所示。

（4）单击“分析→比较均值→配对样本 T 检验”菜单，在打开的对话框中，把广告前后的变量 Before 和 After 同时选入右边的“成对变量”框中，此时成对变量前自动添加了序号 1。要是同时检验多对变量，系统会自动按自然数顺序添加编号，如图 6-9 所示。

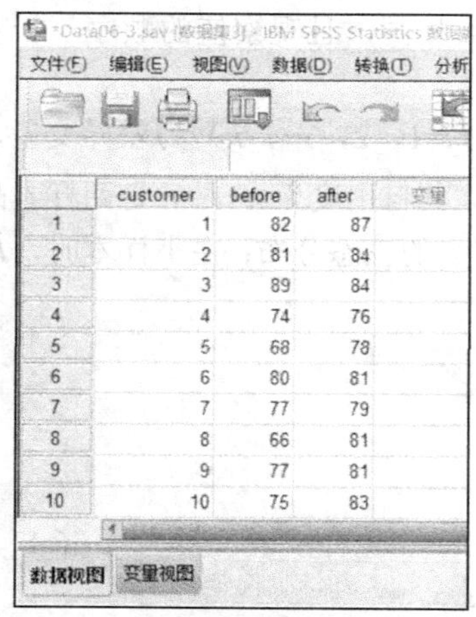

	customer	before	after
1	1	82	87
2	2	81	84
3	3	89	84
4	4	74	76
5	5	68	78
6	6	80	81
7	7	77	79
8	8	66	81
9	9	77	81
10	10	75	83

图 6-8　配对样本均值检验的数据格式

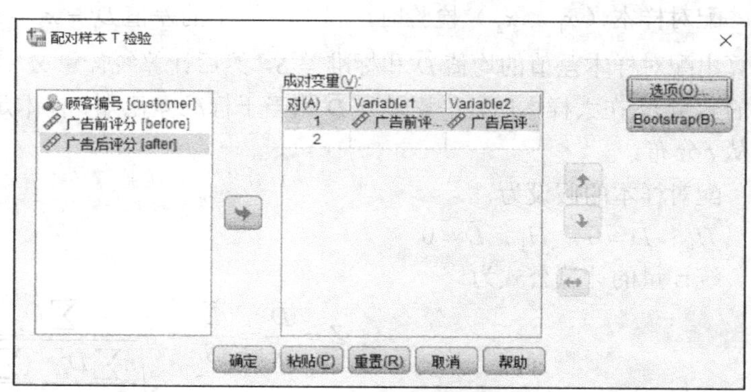

图 6-9　配对样本检验主对话框

（5）单击“选项”按钮，打开“选项”对话框。它与单样本均值检验的选项对话框（见图 6-5）完全一样，对此不再赘述。单击“继续”按钮返回。

（6）在主对话窗口单击“确定”按钮即得到输出结果。

（三）结果解读

表 6-7 输出的是配对样本统计量。从表中可见，样本配对数为 10，广告前评分均值为 76.9，标准差为 6.740，标准误为 2.132（$6.740/\sqrt{10}$）。广告后评分均值为 81.4，高于广告前评分，或许这是广告宣传信息导致的评分增加，但需要经过统计显著性检验才能确认；标准差为 3.239，评分分布比广告前趋于均匀；标准误为 1.024（$3.239/\sqrt{10}$），推断抽样误差也减小。表中配对 1 表示第一个配对，其实 SPSS 可同时对多个配对一起进行检验，此时就会逐对显示检验结果。

表 6-7　　配对样本统计量

		均值	N	标准差	均值的标准误
配对 1	广告前评分	76.90	10	6.740	2.132
	广告后评分	81.40	10	3.239	1.024

表 6-8 输出的是配对样本相关系数。从表中可知，相关系数为 0.592，p=0.071>0.05，不能拒绝零假设，即广告前后评分是不相关的。这一结果有违配对样本是相关的假设，可能广告前后评分差异存在其他因素的影响。这正是本检验需要确认的问题，即广告宣传是否影响顾客评分。

表 6-8　　配对样本相关系数

		N	相关系数	Sig.
对 1	广告前评分 & 广告后评分	10	0.592	0.071

表 6-9 输出的是配对样本检验结果。从表中可见，广告前后评分差值的平均数为−4.5，即广告前评分要比广告后评分平均低4.5分；标准差为5.482，标准误为1.734（$5.482/\sqrt{10}$），置信区间为−8.422～−0.578；t=−2.596（−4.5/1.734），p=0.029<0.05，否定零假设，即广告前后评分是有显著差异的，广告后评分高于广告前评分，表明广告宣传是有效的。

表 6-9　　配对样本检验结果

		成对差分					t	df	Sig.（双侧）
		均值	标准差	均值的标准误	差分的 95%置信区间				
					下限	上限			
对 1	广告前评分 − 广告后评分	−4.500	5.482	1.734	−8.422	−0.578	−2.596	9	0.029

三、两个独立样本的比例检验

假定两个待比较的独立总体样本量分别为 n_1 和 n_2，对某个“是否”问题（二分式问题）回答的比例分别为 p_1、p_2。事实上，总体比例 p_1、p_2 往往是不知道的，需通过样本 p_1、p_2 去估计，检验的统计量为样本比例之差 p_1-p_2。

假设为

H_0：$P_1-P_2=D_0$

H_1：$P_1-P_2\neq D_0$ 或 $P_1-P_2>D_0$ 或 $P_1-P_2<D_0$

当 D_0=0 时，检验的零假设等价于 $P_1=P_2$，联合样本的比例 p 是总体比例 P 的最佳估计，计算公式为

$$p=\frac{x_1+x_2}{n_1+n_2}=\frac{n_1p_1+n_2p_2}{n_1+n_2} \tag{6-12}$$

式中，x_1、x_2 为两个样本中出现某种特质的数量。

在此情况下的检验公式为

$$Z=\frac{|p_1-p_2|}{\sqrt{p(1-p)\left(\frac{1}{n_1}+\frac{1}{n_2}\right)}} \tag{6-13}$$

当 $D_0 \neq 0$ 时，即检验两个总体比例之差为某个特定值，检验公式为

$$Z = \frac{|(p_1 - p_2) - D_0|}{\sqrt{\frac{p_1(1-p_1)}{n_1} + \frac{p_2(1-p_2)}{n_2}}} \tag{6-14}$$

单侧检验的拒绝域为 $|z| > z_\alpha$，双侧检验的拒绝域为 $|z| > z_{\alpha/2}$。

SPSS 没有专门的程序解决两个独立样本的比例检验问题，读者可在统计出两个样本比例的基础上按上述检验公式手工计算统计量，并做出推断。

导入问题回应

女嘉宾对男嘉宾从进场亮灯到第三环节，其实就是一个假设检验过程。

假设台上的女嘉宾都是抱着积极的态度来相亲的，那么摆在她们面前的假设检验问题是

原假设：这个男嘉宾适合我，亮灯

备择假设：这个男嘉宾不适合我，灭灯

人们大多不知道自己真正喜欢什么，但基本上都知道自己不喜欢什么。对于《缘来非诚勿扰》上的24位女嘉宾来说，她们可能不知道自己究竟喜欢什么类型的男性，但她们基本上会知道自己不喜欢什么类型的男性。在一个男嘉宾从电梯里走出来做了简单的自我介绍后，女嘉宾基本上可以知道他的身高、外形、气质、谈吐等。如果男嘉宾在某个方面的特征是某个女嘉宾所不能接受的，她就有充分的理由来拒绝他（拒绝原假设）。例如，如果一个女嘉宾是身高控，那么她在第一轮很有可能给一个长得不太高的帅小伙儿灭灯；如果一个女嘉宾是外貌协会的，那么她在第一轮很有可能给一个其貌不扬的科学达人灭灯。在做出这个灭灯的决定后，她们有可能犯第一类错误，但犯这类错误的概率很小，也就是说，她们做出正确判断的可能性很大。所以，在《缘来非诚勿扰》的舞台上，大家经常会看到某些男嘉宾在做完简单的自我介绍后，就有一些女嘉宾“理性地”灭了灯。她们知道自己犯错误的概率很小。

当一个男嘉宾一开始24盏灯全亮时，是否表明这24个女嘉宾都会和他牵手呢？答案当然是否定的！我们只能说到目前为止，女嘉宾们都还没有找到拒绝他（拒绝原假设）的理由，这与轻易不能说接受原假设是一致的。看过太多一开始24盏灯全亮，最后却黯然离场的悲剧后，我们的心态会平静很多。为什么很多女嘉宾在一开始亮灯，最后又都灭了灯呢？因为随着节目的进行，她们对男嘉宾的了解越来越多，男嘉宾在台上和VCR中的每一个细节都是女嘉宾收集到的一个观测值。在她们综合男嘉宾的表现做出不适合的判断，或者找到了一个拒绝男嘉宾的充分理由后，就宁愿冒着犯第一类错误的风险而灭灯了。一旦女嘉宾和男嘉宾牵手，她就有可能会犯第二类错误，而犯第二类错误的可能性会让女嘉宾承受不起。所以在《缘来非诚勿扰》的舞台上，大家经常看到最后一个留灯的女嘉宾对男嘉宾说完“我觉得你还是很不错的，我们可以在台下联系”后就灭了灯。这可以解释为女嘉宾为了规避第二类错误而采取的无可厚非的策略。

第一轮没有灭灯，只是我在那时候还没有找到灭灯的充分理由，所以我不拒绝你；但在我从舞台获得的信息（类似于样本观测值）越来越多时，找到灭灯的理由后我就会灭灯。在三段短片播完后，如果还没有找到灭灯的理由，那我就有可能和男嘉宾牵手了。当然，在以后的恋爱，甚至结婚

后，女嘉宾仍然有可能“被动地”找灭灯的理由。至于女嘉宾的爆灯，从统计假设检验和自然辩证法的逻辑上说，她只是目前对男嘉宾特别满意，这并不表示她以后不会“灭灯”。

对于《缘来非诚勿扰》上的每一个男嘉宾，24个女嘉宾都在不自觉中运用着统计假设检验的逻辑和自然辩证法的理论。灭灯，表示你基本上不是我喜欢的类型；继续亮灯，甚至是和你牵手、恋爱、结婚，也只能表明到那时为止，你的表现都令我比较满意，我还没有找到拒绝你的理由。

本章思考题

1. 陈述假设检验的原理。
2. 如何陈述假设？
3. 假设检验中如何确定采用单侧检验还是双侧检验？
4. 独立样本检验与配对样本检验的区别何在？
5. 大多数经济社会问题的调查均可采用正态分布的 Z 检验，这种说法的合理性在哪里？

第七章 实验设计与数据分析

导入问题 家庭经济状况影响孩子数量吗？

仍以第四章的计划生育问卷为例，家庭经济状况分为贫困、脱贫和富裕三类，不同家庭经济状况的人在曾生子女数上有无差别？

第一节 实验设计原理

一、实验设计概述

收集数据除了用问卷或量表收集外，也可以通过实验设计来采集数据。下面先介绍实验设计的名词术语，然后通过具体的实例进一步说明实验设计和过程。

实验（Experiment）：通过有目的地改变投入变量，观察或识别出输出响应变化及其原因的样本数据收集过程。

实验设计（Experimental Design）：收集样本的计划。

响应（Response）：实验中测量的变量，通常 y 用来表示，相当于因变量。

实验单元（Experiment Unit）：用来测量响应 y 的客体。

因素（Factor）：与响应变量 y 关联的定量或定性的自变量，引起响应的根源。

水平（Level）：实验中因素的可能取值。

处理（Treatment）：观测响应的某种因素水平的组合。只有一个因素时，水平就是处理。

重复：基本实验单元反复多次。重复分为不同单元重复（Replication，每种处理使用不同的实验单元观测响应）和同单元重复（Repetition，每种处理使用相同的实验单元观测响应）。

随机化（Randomization）：实验单元、实验程序是随机确定的。随机化有利于排除实验中外来因素的干扰。

区组化（Blocking）：性质较为相近的实验单位划归成一组。组内的实验单位“同质”，组间的实验单位“异质”。

【例 7-1】 为了研究包装对饮料销售的影响，在销售某品牌饮料的同类商店中随机地抽取了 15 个商店，并将它们随机地分到 A、B、C 三个组，在 A 组中采用新型的瓶子包装，B 组采用新型的罐装包装，C 组作为控制组仍采用原来的袋装包装，实验设计如表 7-1 所示。以每个商店在实验一周后的日均销售量为响应，三组出售不同包装饮料的商店的平均日销售量是否有显著差异？

表 7-1 中饮料的包装类型就是因素，取值分别为瓶装、罐装和袋装，即是水平。它是一个名义变量，可能会影响饮料销售（响应）y。商店是实验单元，通过测量商店饮料销售量来观测响应。由于只有包装一个因素，它的处理共有 3 个，每种类型的包装都重复 5 次，且 15 个商店只唯一地销售一种包装，

因而采用的是不同单元重复。这种观测变量数据的方式就称为单因素随机实验，像表 7-1 这样收集数据的设计模式就是一个实验方案。要是测量过程中仅用 5 家商店，每隔一周交替地使用这 5 家商店销售不同包装的饮料，并测量销售量的值，则属于同单元重复，即相同的实验单位在不同处理间轮换观测。

表 7-1　三种处理的完全随机化设计

商店序号	处理方法	商店序号	处理方法	商店序号	处理方法
1	B	6	A	11	C
2	A	7	B	12	A
3	B	8	C	13	B
4	C	9	A	14	C
5	C	10	A	15	B

二、实验设计类型

根据因素数量，实验设计可分为单因素实验设计和多因素实验设计，对实验结果的分析可采用方差分析，即把总体变异分解为因素引起的变异和随机因素引起的变异。如果总体变量中绝大部分是因素导致的，则说明因素水平影响显著。

单因素实验设计就是响应只受含有 k 个水平的单因素影响的实验方案。表 7-1 展示的就是一个单因素实验方案，其中 k=3，A、B、C 三种处理的观测次数都是 5，全部观测值是 15。单因素实验设计一定要贯彻随机化原则，保证每个实验单元分配的处理都是随机的，以减少实验误差。

多因素实验设计就是响应同时受两个或两个以上因素影响的实验方案。多因素实验设计可能更接近现实，但计算烦琐复杂。限于篇幅原因，下面的内容重点介绍单因素和双因素实验设计的分析，更多因素的实验设计与双因素实验设计分析类似。

在双因素实验设计中，两个因素的水平分别为 m 和 n，共构成 $m\times n$ 种处理。实际经济社会问题的研究中，很多都同时受两个因素的影响，在此情形下必须使用双因素实验观测响应。如不同教育程度和年龄会影响对一个品牌的消费吗？消费者对百货商店的熟悉程度、对店铺的印象会影响其对店铺的偏好吗？在两个因素分析时，不仅存在每个因素对响应的影响（称为主效应），可能还存在两个因素捆绑在一起的共同影响，这种影响称为因素的交互效应。因此，双因素实验设计存在无交互效应和有交互效应两种情况。无交互效应的双因素实验考察两个因素的主效应，有交互效应的双因素实验主要考察两个因素之间的交互效应，也可检测单个因素的主效应。

第二节　单因素方差分析

用第四章计生问卷的数据文件介绍单因素方差分析的操作过程，具体研究不同家庭经济状况（贫困、脱贫、富裕）的曾生子女数是否有显著差异？

一、操作过程引导

（一）调用数据文件

启动 SPSS，打开计生调查问卷“Data04-1.sav”。

（二）找出已婚者

操作见第四章例 4-2，不再重述。

（三）设置单因素分析主对话框

单击“分析→比较均值→单因素 ANOVA”菜单，打开单因素方差分析对话框，如图 7-1 所示。“因变量列表”框可以同时选入多个，系统将依次对选入的响应变量做出分析；“因子”框只能选入一个自变量，因为是单因素方差分析。把“曾生子女数”作为响应选入“因变量列表”框，选择“家庭经济状况”进入“因子”框。

（四）设置“对比”选项

单击图 7-1 中的“对比”按钮，可打开单因素方差分析的“对比”对话框，如图 7-2 所示。可以对各组均值的变动趋势进行检验，还可根据研究目的需要设置两两比较的值。

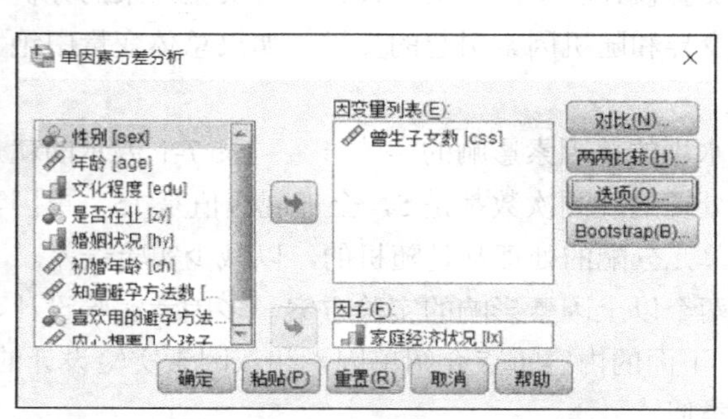

图 7-1　单因素方差分析对话框

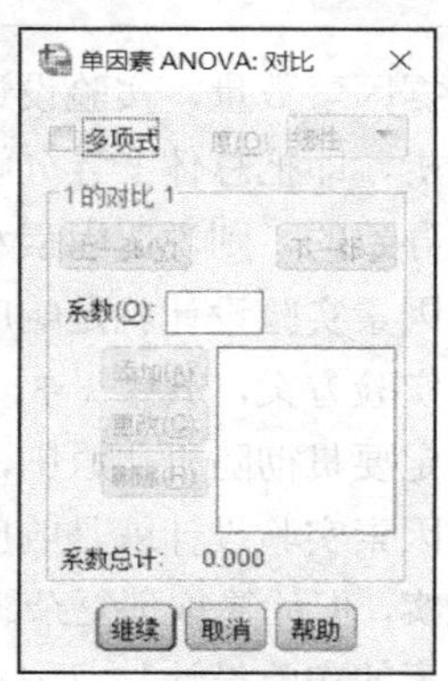

图 7-2　“对比”选项设置对话框

（1）均值趋势检验。在图 7-2 中勾选“多项式”，同时在“度”中选择均值的趋势模型。系统提供了线性模型、二次方模型、三次方模型、四次方模型和五次方模型供选择，如果选择了高次方的模型，系统会输出所选高次方及其以下低次方的模型。如选了三次方模型，系统会输出三次方、二次方及线性模型。

（2）“系数”选项可根据需要设置某些组的系数值，用以比较这些组间的均值。先设定第一组的系数，然后单击“添加”按钮，再输入第二组的系数值，再单击“添加”按钮，照此设定需要设置的组系数，最后检查所有系数总和是否为 0。图中的“系数总计”就起到核实的作用。

（3）系统设定好一个模型的系数后，可单击“下一张”按钮，重新设置另一个模型的系数，可同时为多个模型设置系数。也可单击“上一张”按钮返回上一模型，修改原系数的设置，修改完毕后单击“更改”按钮，当然也可直接单击“删除”按钮，剔除已设定的模型系数。

本次操作不设置多项式与系数，因为属于探索性研究，并不能确认家庭经济状况类型与出生小孩数有无关系，更不知道有什么样的关系。

（五）设置“两两比较”选项

单击图 7-1 中的“两两比较”按钮，可打开单因素方差分析的“两两比较”对话框，如图 7-3 所示。对这些方法的选用涉及较专业的统计学知识，也较为复杂和烦琐，在此就不一一介绍了。进行两两比较的前提是 F 检验证实了各组之间是有显著差异的情况下，所提供的各种方法侧重点不同，但对结论的判断并不会有差异。感兴趣的读者可参阅 SPSS 的使用手册，也可参阅文献[9]第 84～86 页。

图 7-3 “两两比较”选项设置对话框

1. 方差齐性时的两两比较方法

在各组方差相等时，共有图 7-3 所示的 14 种可供选用的两两比较方法。由于方差分析的前提是要求各组方差齐性（相等），常使用这类中的 LSD、Bonferroni、S-N-K、Tukey 方法进行检验。

2. 方差非齐性时的两两比较方法

在各组方差不等时，共有图 7-3 所示的 4 种两两比较方法可供选择。

3. 设定显著性水平

可根据研究目的设定显著性水平，系统默认为 0.05。

（六）“选项”设置

单击图 7-1 中的“选项”按钮，可打开单因素方差分析的“选项”设置对话框，操作设置如图 7-4 所示。

图 7-4 “选项”设置对话框

1. 统计量

（1）描述性。输出描述性统计量，包括观测数量、均值、标准差、标准误、最大值、最小值及各组 95%的置信区间。

（2）固定和随机效果。输出固定效应模型和随机效应模型的标准差、标准误和 95%的置信区间。所谓固定效应模型，指所研究的类型全部都考虑到，仅考察这些类型对响应影响的模式；随机效应模型指研究的类型只抽取其中的一部分，并用这部分类型的结果对整体做出推断的模式。

（3）方差同质性检验。输出 Levene 统计量所做出的方差一致性检验结果，这个检验并不要求样本服从正态分布。

（4）Brown-Forsythe。输出分组均值相等的 Brown-Forsythe 统计量，当方差齐性假设难以把握时，用该统计量比 F 统计量更有优势。

（5）Welch。输出分组均值相等的 Welch 统计量，当方差齐性假设难以把握时，用该统计量比 F 统计量更有优势。

2. 均值图

输出各个组的均值图形。

3. 缺失值

“按分析顺序排除个案”指剔除分析中有缺失的个案，“按列表排除个案”指删除缺失值的全部个案。

二、ANOVA原理

方差分析最先由英国统计学家 R. A. Fisher 于 1923 年提出，用于对两个以上水平的分析处理。单因素方差分析是指影响响应的自变量（因素）仅有一个，但该自变量有 k（$k\geqslant3$）个水平（或组别），其独立样本量分别为 n_1，n_2，…，n_k，这些样本量可以相等也可以不等。分析模式如表 7-2 所示。

表 7-2　　单因素方差分析数据模式

		因素				合计	平均值
		水平 1	水平 2	…	水平 k		
样本量	1	y_{11}	y_{12}	…	y_{1k}	$R_1=\sum_{j=1}^{k}y_{1j}$	$\overline{y}_{1.}=\frac{R_1}{k}$
	2	y_{21}	y_{22}	…	y_{2k}	$R_2=\sum_{j=1}^{k}y_{2j}$	$\overline{y}_{2.}=\frac{R_2}{k}$
	…	…	…	…	…	…	…
	n_i	y_{n_i1}	y_{n_i2}	…	y_{n_ik}	$R_{n_i}=\sum_{j=1}^{k}y_{n_ij}$	$\overline{y}_{n_i.}=\frac{R_{n_i}}{k}$
合计		$S_1=\sum_{i=1}^{n_1}y_{i1}$	$S_1=\sum_{i=1}^{n_2}y_{i2}$	…	$S_k=\sum_{i=1}^{n_k}y_{ik}$	$T=\sum_{j=1}^{k}S_j$	
平均值		$\overline{y}_{.1}=\frac{S_1}{n_1}$	$\overline{y}_{.2}=\frac{S_2}{n_2}$	…	$\overline{y}_{.k}=\frac{S_k}{n_k}$		$\overline{y}=\frac{T}{n}$

总样本量为 $n=\sum_{j=1}^{k}n_j$，样本的总平均数为

$$\overline{y}=\frac{\sum_{j=1}^{k}n_j\overline{y}_{.j}}{n}=\frac{\sum_{j=1}^{k}\sum_{i=1}^{n_i}y_{ij}}{n} \tag{7-1}$$

上述表和公式中，j 是组别序号，是因素的一种水平，j=1，2，…，k；i 是每组内的样本序号，i=1，2，…，n_i；y_{ij} 是实验因素的第 j 种水平下的第 i 个观测值；$\overline{y}_i$ 是第 i 行观测值的平均数；$\overline{y}_{.j}$ 是第 j 列观测值的平均数，即第 j 个水平的均值。

组间变差（Sum of Squares between Categories，SSB）表示各组（水平）样本均值与总体均值之间的差异程度，反映各组均值变异的大小，是由水平不同引起的差异。其公式为

$$\text{SSB}=\sum_{j=1}^{k}n_j(\overline{y}_{.j}-\overline{y})^2=\sum_{j=1}^{k}\frac{S_j^2}{n_j}-\frac{T^2}{n} \tag{7-2}$$

组内变差（Sum of Squares within Categories，SSW）表示每组（水平）内的个体与该组均值之间的差异，反映各组（水平）内随机波动造成的变异，也叫随机性差异。其公式为

$$\text{SSW}=\sum_{j=1}^{k}\sum_{i=1}^{n_i}(y_{ij}-\overline{y}_{.j})^2 \tag{7-3}$$

总变差（Total Sum of Squares，SST）表示组（水平）间变差与组（水平）内变差之和。其公式为

$$\text{SST}=\text{SSB}+\text{SSW}=\sum_{j=1}^{k}\sum_{i=1}^{n_i}(y_{ij}-\overline{y})^2=\sum_{j=1}^{k}\sum_{i=1}^{n_i}{y_{ij}}^2-\frac{T^2}{n} \tag{7-4}$$

SSB、SSW、SST 的自由度分别为 DFB=k−1、DFW=n−k 和 DFT=n−1。

计算 SSW 时，往往先算出 SST、SSB，然后依据关系式 SSW=SST−SSB 确定影响因素之外所产生的误差平方和。

单因素方差分析做如下假设

H_0：各个组别（水平）的均值相同，即 $\mu_1 = \mu_2 = \cdots \mu_k$

H_1：各个组别（水平）的均值至少有一个不同

单因素方差分析用 F 统计量检验，公式为

$$F = \frac{\text{MSB}}{\text{MSW}} = \frac{\text{SSB}/(k-1)}{\text{SSW}/(n-k)} \quad (7\text{-}5)$$

式中，MSB、MSW 称为组间均方差和组内均方差，它们都是各自变差除以自由度的值。

单因素方差分析服从 F 分布，当 $F > F_\alpha$（DFB，DFW）时，拒绝零假设，接受替代假设，表示 k 个组别（水平）的均值至少有一个不等，到底是哪一个不等，则需进一步进行两两比较，才能得到准确的结论；当 $F < F_\alpha$（DFB，DFW）时，则不能拒绝零假设，即各水平间均值是相同的。在 SPSS 程序中，系统会自动计算出 F 值及其显著性概率，更简便的办法是用 p 值来判断。如 $p<\alpha$，否定零假设，各个组别有差异；如 $p>\alpha$，接受零假设，各个组别无差异。

三、输出结果解读

表 7-3 输出的是因变量（响应）的描述性统计表。在 1 743 名已婚者中，平均曾生子女数为 2.64 个，标准差为 1.643，标准误为 0.039（$1.643/\sqrt{1\,743}$），95%的置信区间为 2.56~2.72，最小值为 0，最多出生过 11 个小孩。贫困与脱贫两个组别的均值差距很小，总体平均数都落入这两组的置信区间范围，说明这两组与总体很接近，甚至是无差异；富裕组平均出生小孩数为 2.82 个，比另两个组略多，可见三个组别之间差距并不大。

表 7-3　　曾生子女数的描述性统计

因素	N	均值	标准差	标准误	均值的 95% 置信区间		极小值	极大值
					下限	上限		
贫困	818	2.59	1.671	0.058	2.47	2.70	0	11
脱贫	547	2.60	1.604	0.069	2.46	2.73	0	8
富裕	378	2.82	1.630	0.084	2.66	2.98	0	8
总数	1 743	2.64	1.643	0.039	2.56	2.72	0	11

表 7-4 输出的是方差齐性结果。从表中可见，Levene 统计量为 0.067，p=0.935，不能否认零假设，即三个组别的方差是相等的，符合方差分析的假定。

表 7-4　　曾生子女数的方差齐性检验

Levene 统计量	df1	df2	显著性
0.067	2	1 740	0.935

表 7-5 输出的是单因素方差分析表。从表中可见，三种类型家庭经济状况的出生小孩数的 F 统计量为 2.906，p=0.055，在 0.05 的显著性水平下，不能拒绝零假设，即贫困、脱贫、富裕三种类别在曾生孩子数量上并无显著差异，当然也没有必要去比较两两之间的具体差异。正因如此，在图 7-3 中并未对两两比较的选项做出设置。

图 7-5 输出的是不同家庭经济状况的曾生子女数。由图可见，贫困与脱贫两个类别曾生子女数极为接近，富裕类曾生子女数稍微多一点，但差别也非常有限，不具备统计上的显著性。表 7-3、表

7-5 也证实了这一点。

表 7-5　　曾生子女数的方差分析表

来源	平方和	df	均方	F	显著性
组间	15.658	2	7.829	2.906	0.055
组内	4 687.794	1 740	2.694		
总数	4 703.453	1 742			

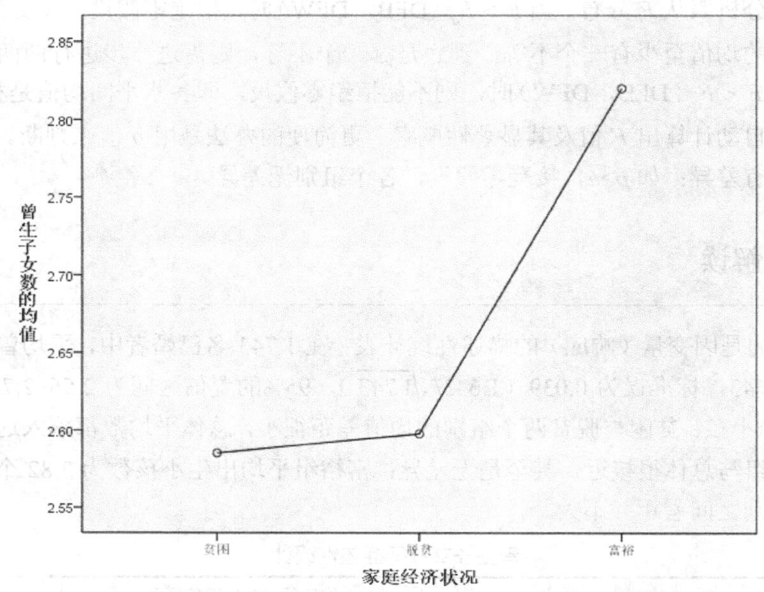

图 7-5　不同家庭经济状况的曾生子女数均值图

第三节　双因素方差分析

双因素方差分析的“双”是指实验因素（自变量）有两个，但响应（因变量）与单因素方差分析一样仍只有一个。在双因素方差分析中，因素对响应的影响可能彼此独立，也可能相互关联。如果两因素独立地影响因变量，则称为无交互效应的双因素方差分析，两因素水平组合的实验无需重复；如果两因素相互影响因变量，则称为有交互效应的双因素方差分析，两因素水平组合的实验需要重复一定的次数，以保证能消除随机误差的影响。所谓交互效应，指因素 A 对响应的影响受另一个因素 B 的制约，即 A、B 两因素合作比单一因素对因变量的影响程度都要大（或小）。经济社会问题研究中，影响因素之间往往都存在一定程度的交互作用。

双因素方差分析，首先检验两因素是否存在交互效应；其次，对存在交互效应的因素进行假设检验（一般不检验 A、B 两因素独立效应）；再次，对不存在交互效应的因素分别进行独立效应检验；最后，如果上述检验表明各组（因素）的均值不等，则需要做出多重比较，分析因素水平的效应贡献。

本节以例 7-2 介绍双因素方差分析的操作与结果分析。

【例 7-2】 一家快速消费品厂商想研究不同类型商店和不同产品包装对销售的影响。他们对三种类型的商店（大卖场、杂货店和便利店）、三种产品包装进行了不同单元重复 3 次的实验，有关实验观测的销售数据如表 7-6 所示。实验中每种产品的价格和数量都一样，其他影响因素得到了很好的控制。试问：某种特定的产品包装是否应分配给某种特定类型的商店销售？

表 7-6 不同类型商场与包装的交互实验数据表

包装 / 商店		包装类型		
		Ⅰ	Ⅱ	Ⅲ
商店类型	大卖场	5	6	4
		6	8	3
		4	7	5
	杂货店	7	5	3
		8	5	6
		8	6	4
	便利店	3	6	8
		2	6	9
		4	5	6

一、操作过程引导

（一）建立数据文件

（1）启动 SPSS。

（2）定义变量。单击“变量视图”按钮，定义商店类型变量名为“shops”，数字 1 代表大卖场，2 代表杂货店，3 代表便利店；定义包装类型变量名为“package”，用数字 1、2、3 分别代表包装Ⅰ、Ⅱ、Ⅲ；定义销售变量名为“sales”。

（3）录入数据。单击“数据视图”按钮，按变量定义和取值把表 7-6 的实验观测数据录入。

（4）保存数据文件。数据录入完成后，保存数据文件，文件名为“Data07-2”。

（二）设置多因素方差分析主对话框

单击“分析→一般线性模型→单变量”菜单，打开多因素方差分析[①]主对话框，如图 7-6 所示。把“销售”选入“因变量”框，“商店类型”和“包装类型”选入“固定因子”框。“固定因子”框用于固定效应模型的分析；“随机因子”框用于随机效应模型的分析；“协变量”框用于输入协变量，它是一个数值型的预测变量，用一个协变量和因变量来确定一个回归模型；“WLS 权重”设定加权二乘法分析的权重变量，必须是数值型变量。固定因子、随机因子和协变量可同时输入几个，但因变量和 WLS 权重只能输入一个。

（三）“模型”对话框

单击图 7-6 中的“模型”按钮，打开模型设置对话框，如图 7-7 所示。图中各选项含义如下。

1. 指定模型

（1）全因子，指完全随机化实验设计的全因素模型，这是系统的默认设置。选择全因子，在该对话框无须做其他任何设置。全因素模型包括全部因变量、全部协变量的主效应和所有因素的交互

① 通常所说的多因素分析指自变量（实验因素）在两个及以上，而 SPSS 程序中的“单变量”是指因变量（响应）只有一个，这对于初学者特别容易引起误会。正因如此，有些学者把这种方法叫作“单变量多因素方差分析”。

效应，但不包括协变量的交互效应。

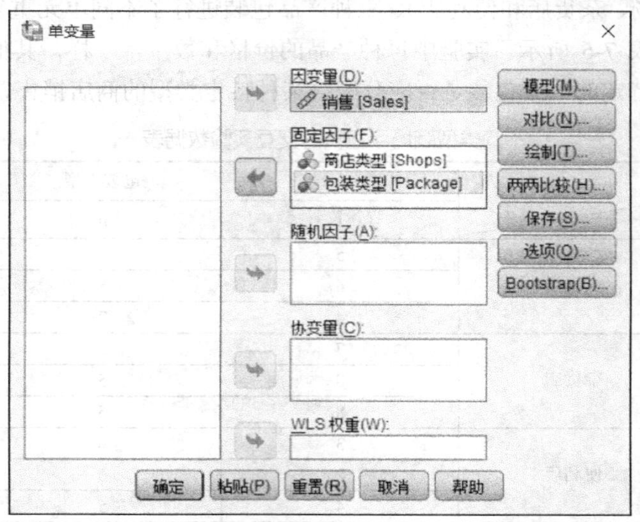

图 7-6　多因素方差分析主对话框

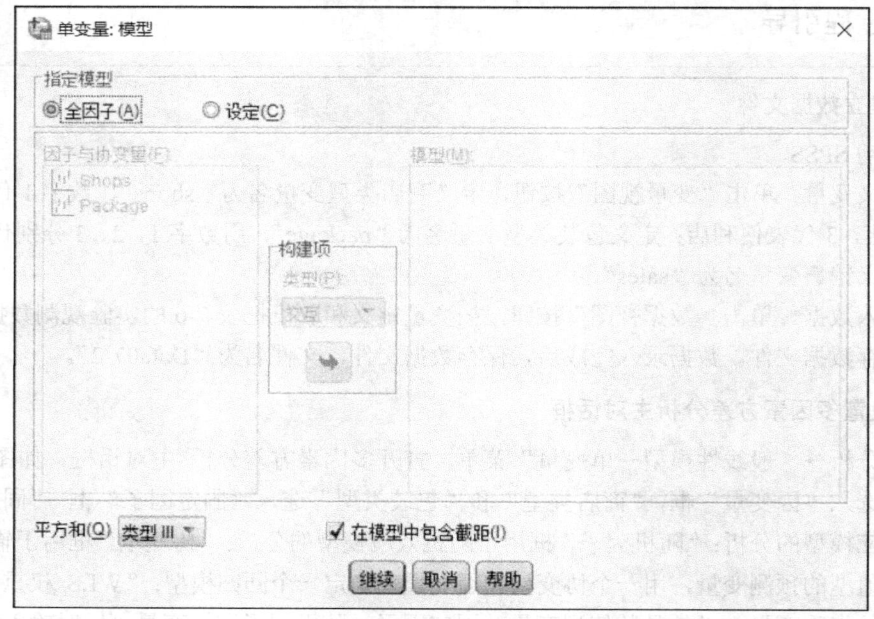

图 7-7　多因素方差分析的“模型”对话框

（2）设定，即自定义模型。非完全随机设计必须选用自定义模型，此时“因子与协变量”框和“模型”框被激活，“因子与协变量”框会列出因子（F 标识）、协变量（C 标识），选中并单击向右的箭头就会进入右边的“模型”框。同时选中两个或多个变量，则测定它们之间的交互效应。

2. 构建项

构建项用于设定模型。单击“构建项”下拉菜单，可选用建立测定最高阶交互效应、主效应及从二阶到五阶交互效应的模型。

3. 平方和

平方和用于选择平方和的分解方法，常用系统默认的类型Ⅲ。

（1）类型Ⅰ指模型中的每一项只针对它前面的那项进行调整，适用于平衡方差分析模型，即一阶交互效应前指定主效应，二阶交互前指定一阶交互效应，以此类推；还适用于嵌套模型，即第一效应嵌套在第二效应里，第二效应嵌套在第三效应里，以此类推。

（2）类型Ⅱ是指除正在检验效应外的所有其他效应的调整模型的平方和算法，适用于平衡方差分析模型、主因子效应模型、回归模型和嵌套模型。

（3）类型Ⅲ为任何不包含该效应的其他效应，以及任何与包含该效应正交的效应（如果存在）调整的平方和，适用于模型Ⅰ、Ⅱ的所有模型和没有缺失单元的平衡或非平衡模型。

（4）类型Ⅳ对任何效应都计算平方和，适用于有缺失单元的设计和类型Ⅰ、Ⅱ中所列模型。

4. 在模型中包含截距

它是指模型中含有截距项。如果明确数据通过原点，也可以不选此项。

（四）“对比”对话框

单击图 7-6 中的“对比”按钮，打开“对比”设置对话框，如图 7-8 所示。当为模型中的每个因子指定“对比”时，可以检验因子水平之间的差值，输出每组对比的 F 统计量及基于 t 分布的 Bonferroni 型同时置信区间。图中各选项含义如下。

图 7-8　多因素方差分析的“对比”对话框

1. 因子框

列举出可以对比的变量，变量名后的括号内是对对比方法的注释，可以通过下面的“更改对比”选项进行修改。

2. 更改对比

选择“因子”列表中的某个变量后，可对变量的对比方法进行变更，系统默认是不对比。

（1）“无”表示不做对比。

（2）“偏差”表示将每个水平（参考类别除外）的均值与所有水平的均值（总均值）进行比较，此时可设定用“最后一个”或“第一个”为参考类别。

（3）“简单”表示将每个水平的均值与指定水平的均值进行比较。当存在控制组时，此类对比很有用，同样可以选择“第一个”或“最后一个”类别作为参考类别。

（4）“差值”表示将每个水平的均值（第一个水平除外）与前面水平的均值进行比较，与 Helmert 对比思路相反。

（5）“Helmert”表示将因子的每个水平的均值（最后一个水平除外）与后面全部水平的均值进行比较。

（6）“重复”表示将每个水平的均值（最后一个水平除外）与后一个水平的均值进行比较。

（7）“多项式”表示比较线性、二次及三次效应等，常用来估计多项式趋势。第一自由度包含跨所有类别的线性效应，第二自由度包含二次效应，以此类推。

（五）“绘制”对话框

单击图 7-6 中的“绘制”按钮，打开绘制轮廓图对话框，如图 7-9 所示。轮廓图用于比较模型中的边际均值。图中各选项含义如下。

（1）“水平轴”选择作为横坐标的变量。

（2）“单图”选择分割线依据的变量。

（3）“多图”选择作散点图。

设置完成后，必须在“图”中单击“添加”按钮，所做图形设置就进入下部的“图”中。涉及多变量时，可类似地操作，继续添加要做的图形。当然想更改或删除时，可先选中，然后设置变更或删除。

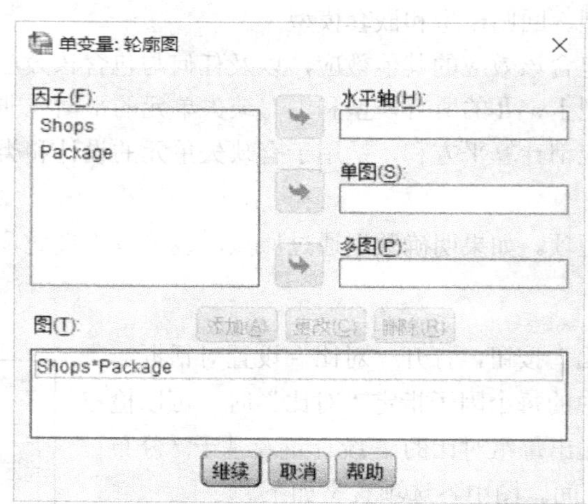

图 7-9　多因素方差分析的“轮廓图”对话框

（六）“两两比较”对话框

单击图 7-6 中的“两两比较”按钮，打开比较设置对话框，将需要比较的因子选入“两两比较检验”框后，图下部的比较方法被激活（未选入时方法不可用），如图 7-10 所示。共有 18 种比较方法，其含义与单因素方差分析的比较对话框（见图 7-3）相同，在此不再重述。

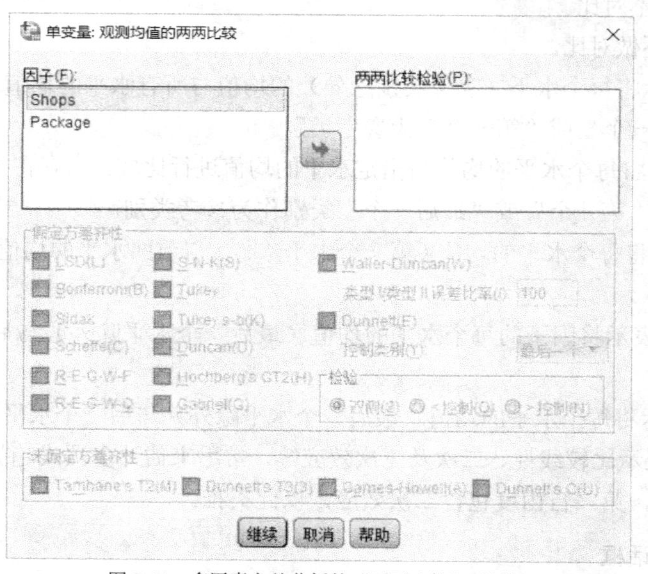

图 7-10　多因素方差分析的“两两比较”对话框

（七）“保存”对话框

单击图 7-6 中的“保存”按钮，打开保存设置对话框，如图 7-11 所示，可对模型的预测值、残差及异常个案加以保存。图中各选项含义如下。

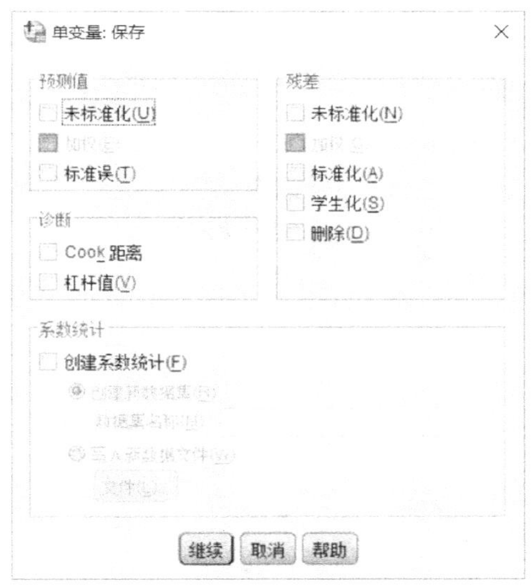

图 7-11　多因素方差分析的“保存”对话框

1. 预测值

该选项提供以下输出形式的个案预测值。

（1）未标准化，指因变量（响应）预测值。

（2）加权，指加权的因变量（响应）预测值，仅当设置 WLS 权重时方能使用。

（3）标准误，指因变量均值的标准误估计值。

2. 诊断

该选项标识出异常的自变量个案以及可能对模型产生很大影响的个案。

（1）Cook 距离，指当某一个案从回归系数的计算中排除的情况下，对所有个案残差变化幅度的测量。较大的 Cook 距离，系数会发生根本变化。

（2）杠杆值，指未居中的杠杆值，代表每个观察值对模型拟合的相对影响。

3. 残差

（1）未标准化，指非标准化残差，即观测值与预测值之差。

（2）加权，指加权预测值，即观测值与加权预测值的差值，仅当设置 WLS 权重时方能使用。

（3）标准化，指标准化残差，即残差除以其标准差的估计值。它的均值为 0，标准差为 1。

（4）学生化，指 Student 残差。

（5）删除，指当某个案从回归系数的计算中排除时，该个案的残差。

4. 系数统计

该选项用于选择结果的保存方式。选择“创建系数统计”后，再单击“文件”按钮，可将参数估计值、协方差矩阵保存到当前会话中的新数据集或新文件中。每个因变量都将显示参数估计值、t 统计量值以及残差自由度。

（八）“选项”对话框

单击图 7-6 中的“选项”按钮，打开选项设置对话框，如图 7-12 所示。当用固定效应模型计算时，可对一些统计量做出选择。图中各选项含义如下。

1. 估计边际均值

选中“因子与因子交互”框的变量并进入右边“显示均值”框，可输出所选变量的边际均值。

当“显示均值”框中有主效应时，还可勾选“比较主效应”选项，并激活“置信区间调节”下拉菜单，有 LSD、Bonferroni 和 Sidak 三种调整置信区间的方法供选择。

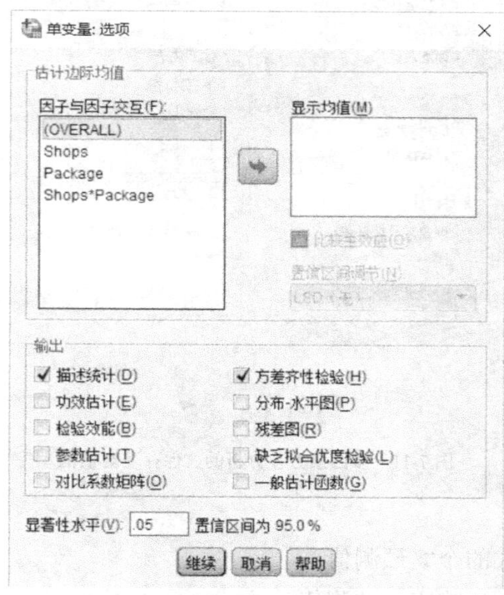

图 7-12　多因素方差分析的“选项”对话框

2. 输出

（1）描述统计，输出因变量在各个单元中观测值的均值、标准差和计数。

（2）功效估计，输出每个效应和参数估计值的偏 eta 方值，eta 方统计量描述总变异性中可归因于某个因子的部分。

（3）检验效能，输出所有 F 和 t 检验的固定影响假设的观测功效，默认显著性水平为 0.05。

（4）参数估计，输出每个检验的参数估计值、标准误、t 检验、置信区间和检验效能。

（5）对比系数矩阵，输出对比系数矩阵或 M 矩阵。

（6）方差齐性检验，输出 Levene 方差齐性检验。

（7）分布-水平图，用于考察数据的假设。

（8）残差图，输出每个因变量标准化残差图，用于考察方差相等的假设。

（9）缺乏拟合优度检验，检查因变量和自变量之间的关系能否由模型充分地描述。

（10）一般估计函数，基于一般估计函数构造自定义假设检验，任何对比系数矩阵中的行均是一般估计函数的线性组合。

还可设定两两比较检验的显著性水平，指定的值用于确定置信度和计算检验效能。

二、双因素方差分析原理

（一）有交互的双因素方差分析

方差分析一般通过实验设计收集数据来实现，有交互效应的双因素实验方案结构如表 7-7 所示。A 因素有 m 个水平，B 因素有 n 个水平，在 A、B 因素所构成的任意一个单元 A_iB_j 均重复做 l 次实验，结果记为 y_{ijk}（i=1, 2, ⋯, m, j=1, 2, ⋯, n, k=1, 2, ⋯, l），表示在 A 因素第 i 水平和 B 因素第 j 水平下第 k 次的观察结果，观察值总数为 mnk。

表 7-7 有交互作用的双因素实验与方差分析模式

		B因素				合计	平均值
		1	2	…	n		
A因素	1	y_{111}	y_{121}	…	y_{1n1}	$R_1=\sum_{j=1}^{n}\sum_{k=1}^{l}y_{1jk}$	$\bar{y}_{1..}=\frac{R_1}{nl}$
A因素		…	…	…	…		
A因素		y_{11l}	y_{12l}	…	y_{1nl}		
A因素		$RS_{11.}=\sum_{k=1}^{l}x_{11k}$	$RS_{12.}=\sum_{k=1}^{l}x_{12k}$	…	$RS_{1n.}=\sum_{k=1}^{l}x_{1nk}$		
A因素	2	y_{211}	y_{221}	…	y_{2n1}	$R_2=\sum_{j=1}^{n}\sum_{k=1}^{l}y_{2jk}$	$\bar{y}_{2..}=\frac{R_2}{nl}$
A因素		…	…	…	…		
A因素		y_{21l}	y_{22l}	…	y_{2nl}		
A因素		$RS_{21.}=\sum_{k=1}^{l}y_{21k}$	$RS_{22.}=\sum_{k=1}^{l}y_{22k}$	…	$RS_{2n.}=\sum_{k=1}^{l}y_{2nk}$		
A因素	…	…	…	…	…	…	…
A因素	m	y_{m11}	y_{m21}	…	y_{mn1}	$R_m=\sum_{j=1}^{n}\sum_{k=1}^{l}y_{mjk}$	$\bar{y}_{m..}=\frac{R_m}{nl}$
A因素		…	…	…	…		
A因素		y_{m1l}	y_{m2l}	…	y_{mnl}		
A因素		$RS_{m1.}=\sum_{k=1}^{l}y_{m1k}$	$RS_{m2.}=\sum_{k=1}^{l}y_{m2k}$	…	$RS_{mn.}=\sum_{k=1}^{l}y_{mnk}$		
合计		$S_1=\sum_{i=1}^{m}\sum_{k=1}^{l}y_{i1k}$	$S_2=\sum_{i=1}^{m}\sum_{k=1}^{l}y_{i2k}$	…	$S_n=\sum_{i=1}^{m}\sum_{k=1}^{l}y_{ink}$	T	
平均值		$\bar{y}_{.1.}=\frac{S_1}{ml}$	$\bar{y}_{.2.}=\frac{S_2}{ml}$	…	$\bar{y}_{.n.}=\frac{S_n}{ml}$		$\bar{y}=\frac{T}{mnl}$

对于由第 i 个 A 因素和第 j 个 B 因素所构成单元格 A_iB_j 在重复 l 次实验后的观测值的和及平均值分别为

$$RS_{ij.}=\sum_{k=1}^{l}y_{ijk} \tag{7-6}$$

$$\bar{y}_{ij.}=\frac{RS_{ij.}}{l}=\frac{1}{l}\sum_{k=1}^{l}y_{ijk} \qquad (i=1,\ 2,\ \cdots,\ m;\quad j=1,\ 2,\ \cdots,\ n) \tag{7-7}$$

$$T=\sum_{i=1}^{m}R_i=\sum_{j=1}^{n}S_j=\sum_{i=1}^{m}\sum_{j=1}^{n}RS_{ij.} \tag{7-8}$$

根据上述分析，先检验 A、B 因素是否存在交互效应，做如下假设

H_0：$\mu_{ij}=0$ （$i=1, 2, \cdots, m$；$j=1, 2, \cdots, n$）

H_1：μ_{ij} 不全为 0

可以采用单因素方差分析同样的办法，将总变差 SST 分解为 A、B 因素独立影响（SSA、SSB）、AB 交互作用（SSAB）及其他偶然因素引的误差（SSE），其关系式为

$$\mathrm{SST}=\mathrm{SST}r+\mathrm{SSE}=\mathrm{SSA}+\mathrm{SSB}+\mathrm{SSAB}+\mathrm{SSE} \tag{7-9}$$

式中，SSTr 称为处理的影响，即所有因素及其组合对观测变量的影响总和，包括 A、B 因素各自的影响及 AB 的共同影响。

各种变差的计算公式为

$$\mathrm{SST}=\sum_{i=1}^{m}\sum_{j=1}^{n}\sum_{k=1}^{l}(y_{ijk}-\bar{y})^2=\sum_{i=1}^{m}\sum_{j=1}^{n}\sum_{k=1}^{l}y_{ijk}^2-C \tag{7-10}$$

$$\mathrm{SST}r=\sum_{i=1}^{m}\sum_{j=1}^{n}\sum_{k=1}^{l}(y_{ij.}-\overline{y})^2=\frac{1}{l}\sum_{i=1}^{m}\sum_{j=1}^{n}RS_{ij.}^2-C \tag{7-11}$$

$$\mathrm{SSA}=\sum_{i=1}^{m}\sum_{j=1}^{n}\sum_{k=1}^{l}(\overline{y}_{i..}-\overline{y})^2=nl\sum_{i=1}^{m}(\overline{y}_{i..}-\overline{y})^2=\frac{1}{nl}\sum_{i=1}^{m}R_i^2-C \tag{7-12}$$

$$\mathrm{SSB}=\sum_{i=1}^{m}\sum_{j=1}^{n}\sum_{k=1}^{l}(\overline{y}_{.j.}-\overline{y})^2=ml\sum_{j=1}^{n}(\overline{y}_{.j.}-\overline{y})^2=\frac{1}{ml}\sum_{j=1}^{n}S_i^2-C \tag{7-13}$$

$$\mathrm{SSE}=\sum_{i=1}^{m}\sum_{j=1}^{n}\sum_{k=1}^{l}(y_{ijk}-\overline{y}_{ij.})^2=\sum_{i=1}^{m}\sum_{j=1}^{n}\sum_{k=1}^{l}y_{ijk}^2-C \tag{7-14}$$

$$\mathrm{SSAB}=\sum_{i=1}^{m}\sum_{j=1}^{n}\sum_{k=1}^{l}(\overline{y}_{ij.}-\overline{y})^2=l\sum_{i=1}^{m}\sum_{j=1}^{n}(\overline{y}_{ij.}-\overline{y}_{i..}-\overline{y}_{.j.}+\overline{y})^2=\mathrm{SST}r-\mathrm{SSA}-\mathrm{SSB} \tag{7-15}$$

上述式子中，$C=\frac{1}{mnl}(\sum_{i=1}^{m}\sum_{j=1}^{n}\sum_{k=1}^{l}y_{ijk})^2$。

方差分析运用 F 值来检验。计算公式为

$$F=\frac{\text{影响因素均方差}}{\text{误差的均方差}} \tag{7-16}$$

所谓均方差，就是变差除以相应自由度的值。变差分解中讨论到的各种变差及其自由度如方差分析表 7-8 所示。方差分析必须汇总提炼这样的方差分析表，把所有的结果汇总在这个表中，以便一目了然地了解各种影响及显著性。

表 7-8　有交互效应的双因素方差分析表

来源	变差值	自由度	均方差	F 值	临界值
因素 A	SSA	$m-1$	SSA/($m-1$)	MSA/MSE	由 α、分子、分母自由度查 F 分布表
因素 B	SSB	$n-1$	SSB/($n-1$)	MSB/MSE	
交互作用	SSAB	$(m-1)(n-1)$	SSAB/($m-1)(n-1$)	MSAB/MSE	
误差	SSE	$mn(l-1)$	SSE/$mn(l-1)$		
总计	SST	$mnl-1$	SST/($mnl-1$)		

A、B 两因素交互效应的检验公式为

$$F_{\mathrm{AB}}=\frac{\mathrm{MSAB}}{\mathrm{MSE}}=\frac{\mathrm{SSAB}/(m-1)(n-1)}{\mathrm{SSE}/mn(l-1)} \tag{7-17}$$

在显著性水平 α 确定的情况下，根据 F 统计量分子和分母的自由度，查得分布表的临界值。如果 F_{AB} 大于临界值，则否定零假设，即因素之间存在交互效应；反之，小于临界值，则接受零假设。当然，简便方法是用 SPSS 计算出来的 p 值判断。

在没有交互效应的情况下，再对 A、B 两因素的独立效应进行检验，检验公式为

$$F_{\mathrm{A}}=\frac{\mathrm{MSA}}{\mathrm{MSE}}=\frac{\mathrm{SSA}/(m-1)}{\mathrm{SSE}/mn(l-1)} \tag{7-18}$$

$$F_{\mathrm{B}}=\frac{\mathrm{MSB}}{\mathrm{MSE}}=\frac{\mathrm{SSB}/(n-1)}{\mathrm{SSE}/mn(l-1)} \tag{7-19}$$

判断方法与上述类似。

对于 A、B、C 三个因素的方差分析，可把总变差做类似的分解与分析，公式为

$$\mathrm{SST}=\mathrm{SST}r+\mathrm{SSE}=\mathrm{SSA}+\mathrm{SSB}+\mathrm{SSC}+\mathrm{SSAB}+\mathrm{SSAC}+\mathrm{SSBC}+\mathrm{SSABC}+\mathrm{SSE} \tag{7-20}$$

（二）无交互的双因素方差分析

如果事先知道两个因素之间不存在交互效应，就直接检验 A、B 二因素不同水平对响应的影响。这种无交互作用的方差分析，在任意一个实验单元 A_iB_j 只有一个观测值，不需要像有交互效应那样在一个单元格中重复安排测试多个值。无交互效应的双因素实验与方差分析结构模式如表 7-9 所示。方差分解和计算、检验与前述类似，下面只给出公式，不再重述。

表 7-9　　无交互作用的双因素实验与方差分析模式

B 因素 / A 因素	B_1	B_2	…	B_n	合计	平均值
A_1	y_{11}	y_{12}	…	y_{1n}	$R_1=\sum_{j=1}^{n} y_{1j}$	$\bar{y}_{1.}$
A_2	y_{21}	y_{22}	…	y_{2n}	$R_2=\sum_{j=1}^{n} y_{2j}$	$\bar{y}_{2.}$
…	…	…	…	…	…	…
A_m	y_{m1}	y_{m2}	…	y_{mn}	$R_m=\sum_{j=1}^{n} y_{mj}$	$\bar{y}_{m.}$
合计	$S_1=\sum_{i=1}^{m} y_{i1}$	$S_2=\sum_{i=1}^{m} y_{i2}$	…	$S_n=\sum_{i=1}^{m} y_{in}$	$T=\sum_{i=1}^{m} R_i=\sum_{j=1}^{n} S_j$	
平均值	$\bar{y}_{.1}$	$\bar{y}_{.2}$	…	$\bar{y}_{.n}$		$\bar{y}=\frac{T}{mn}$

若要判断 A 因素的影响是否显著，就做如下假设

H_0：$\mu_{1.}=\mu_{2.}=\cdots=\mu_{m.}$

H_1：$\mu_{1.}$，$\mu_{2.}$，…，$\mu_{m.}$至少有一个不相等

如果要检验 B 因素的影响是否显著，就做如下假设

H_0：$\mu_{.1}=\mu_{.2}=\cdots=\mu_{.n}$

H_1：$\mu_{.1}$，$\mu_{.2}$，…，$\mu_{.n}$至少有一个不相等

A 因素产生的变差为

$$\mathrm{SSA}=n\sum_{i=1}^{m}(\bar{y}_{i.}-\bar{y})^2=\frac{\sum_{i=1}^{m}R_i^2}{n}-\frac{T^2}{mn} \tag{7-21}$$

B 因素产生的变差为

$$\mathrm{SSB}=m\sum_{j=1}^{n}(\bar{y}_{.j}-\bar{y})^2=\frac{\sum_{j=1}^{n}S_j^2}{m}-\frac{T^2}{mn} \tag{7-22}$$

总变差为

$$\mathrm{SST}=\sum_{j=1}^{n}\sum_{i=1}^{m}(y_{ij}-\bar{y})^2=\sum_{j=1}^{n}\sum_{i=1}^{m}y_{ij}^2-\frac{T^2}{mn} \tag{7-23}$$

随机波动产生的变差为

$$\mathrm{SSE}=\mathrm{SST}-\mathrm{SSA}-\mathrm{SSB} \tag{7-24}$$

SST 的自由度为 $mn-1$，A 因素的自由度为 $m-1$，B 因素的自由度为 $n-1$，随机变差的自由度为（$m-1$）（$n-1$）。

A 因素的检验公式为

$$F_{\mathrm{A}}=\frac{\mathrm{SSA}/(m-1)}{\mathrm{SSE}/(m-1)(n-1)} \tag{7-25}$$

B 因素的检验公式为

$$F_{\mathrm{B}}=\frac{\mathrm{SSB}/(n-1)}{\mathrm{SSE}/(m-1)(n-1)} \tag{7-26}$$

如果 $F_A < F_\alpha[(m-1),(m-1)(n-1)]$，则接受零假设，否则拒绝零假设。

如果 $F_B < F_\alpha[(n-1),(m-1)(n-1)]$，则接受零假设，否则拒绝零假设。

多因素方差分析在 SPSS 中的实现路径是“分析→一般线性模型→单变量”。

三、输出结果解读

例 7-2 的选项设置见本节操作部分各图，在主对话框中单击“确定”按钮后的输出结果解读如下。

表 7-10 输出的是因子列表信息。有商店类型与包装类型两个因子，都有 3 个水平和 9 个观测个案。在商店类型因子中，编码 1、2、3 分别代表大卖场、杂货店和便利店；在包装类型因子中，编码 1、2、3 分别代表包装Ⅰ、包装Ⅱ和包装Ⅲ。

表 7-10　　因子列表

因子		值标签	*N*
商店类型	1	大卖场	9
	2	杂货店	9
	3	便利店	9
包装类型	1	包装Ⅰ	9
	2	包装Ⅱ	9
	3	包装Ⅲ	9

表 7-11 输出的是描述性统计表。商店类型与包装类型各有 3 个水平，共构成 3×3 个实验单元格。检验商店与包装两个因素的交互效应就是对 9 个单元的平均数与总平均数 5.52 是否有显著性差异的检验。只要 9 个平均数中有一个不同于总平均数，就表明二者的交互作用会达到显著。

表 7-11　　因变量（销售）随因子的描述性统计表

商店类型	包装类型	均值	标准差	*N*
大卖场	包装Ⅰ	5.00	1.000	3
	包装Ⅱ	7.00	1.000	3
	包装Ⅲ	4.00	1.000	3
	总计	5.33	1.581	9
杂货店	包装Ⅰ	7.67	0.577	3
	包装Ⅱ	5.33	0.577	3
	包装Ⅲ	4.33	1.528	3
	总计	5.78	1.716	9

续表

商店类型	包装类型	均值	标准差	*N*
便利店	包装Ⅰ	3.00	1.000	3
	包装Ⅱ	5.67	0.577	3
	包装Ⅲ	7.67	1.528	3
	总计	5.44	2.242	9
总计	包装Ⅰ	5.22	2.167	9
	包装Ⅱ	6.00	1.000	9
	包装Ⅲ	5.33	2.121	9
	总计	5.52	1.805	27

表 7-12 输出的是方差齐性检验情况。从表中数据可见，F=0.754，p=0.646>0.05，不能拒绝零假设，即现有 9 个组的观测样本数据表明它们的误差方差是相等的，符合方差分析的假定。

表 7-12　　误差方差相等的 Levene 检验[a]

F	df1	df2	Sig.
0.754	8	18	0.646

检验零假设，即在所有组中因变量的误差方差均相等。

a．设计：截距 + Shops + Package + Shops * Package

表 7-13 输出的是因子效应检验表，这是方差分析最重要的输出结果。表中第五行是商店与包装二者交互效应（Shops * Package）的检验结果，平方和为 61.259，均方和为 15.315（61.259/4），F 值为 14.259（15.315/1.074），p 值为 0<0.05，说明商店类型与包装类型的交互作用是显著的，R^2=0.772，解释了整个变异的 77%。在因子之间存在交互效应时，对两个因素主效应的检验没有任何意义。表 7-13 中，商店与包装对销售的影响都不显著（均大于 0.05），即使显著也不能用这里的数据做出判断，需进一步用简单主效应（Simple Main Effect）检验来研判因子与响应的显著性。

表 7-13　　因子效应的检验

来源	Ⅲ型平方和	df	均方	*F*	Sig.
校正模型	65.407[a]	8	8.176	7.612	0.000
截距	822.259	1	822.259	765.552	0.000
Shops	0.963	2	0.481	0.448	0.646
Package	3.185	2	1.593	1.483	0.253
Shops * Package	61.259	4	15.315	14.259	0.000
误差	19.333	18	1.074		
总计	907.000	27			
校正的总计	84.741	26			

a．R^2 = 0.772（Adj. R^2 = 0.670）

表 7-13 中的数量关系为

SST*r*=0.963+3.185+61.259=65.407

SST=SST*r*+SSE=65.407+19.333=84.741

84.741+822.259=907

图 7-13 输出的是因变量（销售）的边际均值图。图中横坐标是商店类型，纵坐标是销售的边际

均值（由模型算出）。由图可见，两个因子间存在交互效应。如果因子间不存在交互作用，曲线会呈现接近平行的状态；反之，如果因子间存在交互效应，曲线会呈现相互交叉的情况。

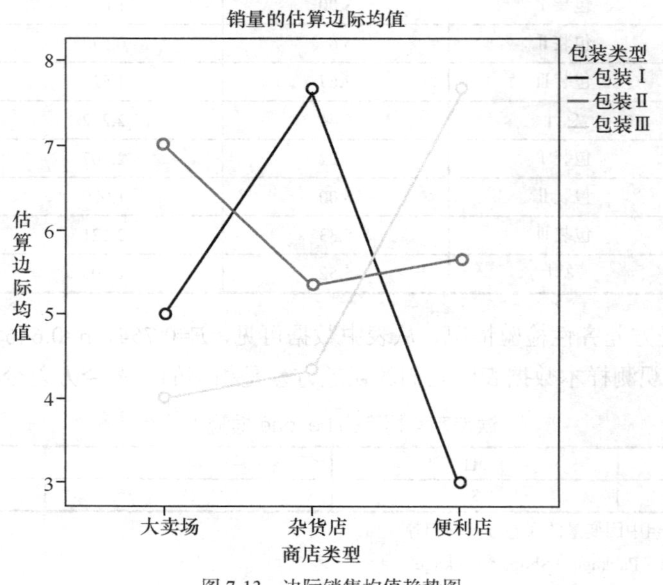

图 7-13　边际销售均值趋势图

四、进一步的讨论

例 7-2 的因子之间交互作用显著，表示商品销售不仅受商店类型的影响，还受包装类型的影响。因此有必要在检验商店类型的主效应时，分别根据包装的不同类型进行；反之，在讨论包装类型的主效应时，要根据商店类型来测定。一般地，如果 A 因素有 m 个水平，B 因素有 n 个水平，则 A 因素要按照 B 因素的不同水平分别做出单因素方差分析，共进行 n 次简单主效应检验；同样，B 因素要按照 A 因素的不同水平分别做出单因素方差分析，共进行 m 次简单主效应检验。因此，做简单主效应检验时先要从原样本数据中挑选出符合上述思路的个案，然后按 ANOVA 的方法进行检验。

SPSS 没有直接运行简单主效应检验的程序，需先用数据菜单下的文件拆分命令找出一个因素依据另一个因素的样本数据，然后进行单因素方差分析。仍以例 7-2 的数据为例，介绍简单主效应检验的过程及结果。

（一）操作过程

1. 拆分文件

单击“数据→拆分文件”菜单，打开分割文件对话框，如图 7-14 所示。在测定商店类型与销售的主效应时，用包装类型作为划分依据。选中“按组织输出”，把“包装类型”因子选入“分组方式”框中，然后单击“确定”按钮。

2. 单因素方差分析

单击“分析→比较均值→单因素 ANOVA”菜单，打开单因素方差分析对话框（参见第二节相关部分），把“销售”选入“因变量列表”框，选择“商店类型”进入“因子”框。在“两两比较”中选择“S-N-K”方法，在“选项”中选择“描述性”和“方差同质性检验”，最后单击“确定”按钮。

图 7-14　分割文件对话框

（二）输出结果及解读

1. 包装 I 为划分依据

表 7-14～表 7-17 输出的是包装 I 为划分依据时，商店类型对销售的影响分析。表 7-14 是描述性统计结果，便利店、大卖场、杂货店的销售均值分别为 3、5 和 7.67；由表 7-15 可见，三组方差齐性的零假设不能拒绝，能做方差分析；表 7-16 显示 F=21.143，p=0.002<0.05，三种商店类型之间的销售有显著差异；表 7-17 输出的两两比较结果也证实了有显著差异的推断。

表 7-16 是在组间有显著性差异的情况下，采用 S-N-K 比较方法进一步做组间两两比较的结果。表中第一栏是因子名，第二栏是观测样本数，第三栏是 α=0.05 时因变量均值的差异情况。如果第三栏的各个均值同在一列，则表示均值所对应的各个因子相同或相近，它们没有显著差异；如果分属不同的列，则表示因子间有显著差异。

表 7-14　　销售的描述性统计[a]

	N	均值	标准差	标准误	均值的 95%置信区间		极小值	极大值
					下限	上限		
大卖场	3	5.00	1.000	0.577	2.52	7.48	4	6
杂货店	3	7.67	0.577	0.333	6.23	9.10	7	8
便利店	3	3.00	1.000	0.577	0.52	5.48	2	4
总数	9	5.22	2.167	0.722	3.56	6.89	2	8

a. 将使用调和均值样本大小=3.000。

表 7-15　　销售的方差齐性检验

Levene 统计量	df1	df2	显著性
0.211	2	6	0.816

表 7-16　　ANOVA

	平方和	df	均方	F	显著性
组间	32.889	2	16.444	21.143	0.002
组内	4.667	6	0.778		
总数	37.556	8			

表 7-17　　多重比较结果（Student-Newman-Keuls[a]）

商店类型	N	alpha = 0.05 的子集		
		1	2	3
便利店	3	3.00		
大卖场	3		5.00	
杂货店	3			7.67
显著性		1.000	1.000	1.000

将显示同类子集中的组均值。

a. 将使用调和均值样本大小 ＝3.000。

2. 包装Ⅱ为划分依据

表 7-18～表 7-21 输出的是包装Ⅱ为划分依据时，商店类型对销售的影响分析。表 7-18 是描述性统计结果，杂货店、便利店、大卖场的销售均值分别为 5.33、5.67 和 7；由表 7-19 可见，三组方差相等的零假设不能拒绝，能做方差分析；表 7-20 显示 F=4.2，p=0.072>0.05，三种商店类型之间的销售无显著差异；表 7-21 中第三列所有数据均在一列，也证实了三种商店对商品销售没有显著差异。

表 7-18　　销售的描述性统计[a]

	N	均值	标准差	标准误	均值的 95%置信区间		极小值	极大值
					下限	上限		
大卖场	3	7.00	1.000	0.577	4.52	9.48	6	8
杂货店	3	5.33	0.577	0.333	3.90	6.77	5	6
便利店	3	5.67	0.577	0.333	4.23	7.10	5	6
总数	9	6.00	1.000	0.333	5.23	6.77	5	8

a. 将使用调和均值样本大小=3.000。

表 7-19　　销售的方差齐性检验

Levene 统计量	df1	df2	显著性
0.364	2	6	0.709

表 7-20　　ANOVA

	平方和	df	均方	F	显著性
组间	4.667	2	2.333	4.200	0.072
组内	3.333	6	0.556		
总数	8.000	8			

表 7-21　　多重比较结果（Student-Newman-Keuls[a]）

商店类型	N	alpha = 0.05 的子集
		1
杂货店	3	5.33
便利店	3	5.67
大卖场	3	7.00
显著性		0.075

将显示同类子集中的组均值。

a. 将使用调和均值样本大小 ＝3.000。

3. 包装Ⅲ为划分依据

表 7-22～表 7-25 输出的是包装Ⅲ为划分依据时，商店类型对商品销售的影响结果。表 7-22 是描述性统计结果，大卖场、杂货店、便利店的销售均值分别为 4.00、4.33 和 7.67；表 7-23 中的 p=0.653>0.05，三组方差相等的零假设不能拒绝，能做方差分析；表 7-24 显示 F=6.529，p=0.031<0.05，三种商店类型之间的销售均值有显著差异；表 7-25 中第三栏的数据分布在两列，大卖场与杂货店同在一列，而便利店在另一列，从数据可看出，便利店的销售均值明显高于另外两种商店，也证实了三种商店的商品销售有显著差异。

表 7-22　销售的描述性统计[a]

	N	均值	标准差	标准误	均值的 95%置信区间		极小值	极大值
					下限	上限		
大卖场	3	4.00	1.000	0.577	1.52	6.48	3	5
杂货店	3	4.33	1.528	0.882	0.54	8.13	3	6
便利店	3	7.67	1.528	0.882	3.87	11.46	6	9
总数	9	5.33	2.121	0.707	3.70	6.96	3	9

a. 将使用调和均值样本大小=3.000。

表 7-23　销售的方差齐性检验

Levene 统计量	df1	df2	显著性
0.457	2	6	0.653

表 7-24　ANOVA

	平方和	df	均方	F	显著性
组间	24.667	2	12.333	6.529	0.031
组内	11.333	6	1.889		
总数	36.000	8			

表 7-25　多重比较结果（Student-Newman-Keuls[a]）

商店类型	N	alpha = 0.05 的子集	
		1	2
大卖场	3	4.00	
杂货店	3	4.33	
便利店	3		7.67
显著性		0.776	1.000

将显示同类子集中的组均值。

a. 将使用调和均值样本大小 = 3.000。

类似地操作，也可得到以商店类型为划分依据时的不同类型包装对销售的影响结果，同样可参照上述解读做出相应分析，这里不再赘述。

导入问题回应

家庭经济状况对出生子女数的影响，实际是贫困、脱贫和富裕三种家境是否会影响出生小孩数量的问题，即家庭的三种水平对孩子数量的关系研究。从调查地区获取的数据分析，贫困、脱贫和富裕三种家庭状况出生的小孩均数分别为2.59、2.60和2.82个，贫困和脱贫两种状况基本一样，富裕略多0.2个左右，但总体上家庭经济状况对出生子女数的影响还不到统计显著的程度。只是在相对贫穷地区，表现出经济状况好的家庭出生更多子女数的现象，这可能是在经济到达一定阈值后，养育小孩的边际成本减少的原因，而相对贫困的家庭仍未达到经济上的这个阈值，因而倾向减轻负担，少生孩子。

本章思考题

1．无论是单因素方差分析还是双因素方差分析，研究的因变量或响应是否都只有一个？

2．方差分析的思路都是把因变量的变异分解为因素影响部分与随机影响部分吗？

3．什么叫交互效应？

4．阐述双因素方差分析的原理。

5．方差分析中存在总变差等于组间变差与组内变差之和，总的自由度等于组间自由度与组内自由度之和，是否也存在总的均方差等于组间均方差与组内均方差之和？

第八章 数据的非参数统计分析

导入问题 商场在周末的服务真的更好吗?

有一个由300名顾客组成的样本，对其中每个人进行询问，以了解顾客对某商场一周中的服务哪一天最满意，调查结果如表8-1所示。试确定这些数据是否能说明这家商场一周七天中的服务并不是同样令人满意的。($\alpha=0.05$)

表 8-1　一周中对商场服务的满意者人数

星期	一	二	三	四	五	六	日
满意者人数	10	20	40	40	80	60	50

第一节 非参数检验及其运用

一、非参数检验

第六章已经阐述，非参数检验是在总体分布未知或知道不多的情况下，根据样本数据资料对总体分布形态做出估计推断的方法。非参数检验与参数假设检验思路、步骤一样，但不对总体平均数和标准差等参数做推断，一般不考虑总体的具体分布，重点研究数据的顺序位置，根据位置判断样本是否属于某一分布或多个样本的分布是否相同。非参数检验简单实用，数据规模小，容易操作，但存在数据信息利用不充分、不能检测交互效应的缺陷。

经济社会问题的研究，大量出现的是类别变量或顺序变量，大多不知道总体分布。因此，非参数检验有着广泛的实用价值。

二、参数检验与非参数检验的差异

非参数检验与参数检验存在分布、目标、推断、样本及变量方面的差异，具体如表 8-2 所示。

表 8-2　参数检验与非参数检验的对照比较

方法	参数检验	非参数检验
总体分布	已知总体分布类型，对未知参数进行统计推断	对总体的分布类型不做严格要求
比较目标	依赖于特定分布类型，比较的是参数	不受分布类型的影响，比较的是总体分布位置
统计推断	推断总体平均数、标准差	不对总体参数做推断
变量类型	区间变量、比例变量	所有变量，主要是类别变量、顺序变量
样本规模	大样本	小样本

三、非参数检验的适用情形

当调查的样本数据资料不符合参数检验的要求时，可考虑用非参数检验的方法。非参数检验主要适合以下四种情况。

（1）待分析资料不满足参数检验所要求的正态分布假定。

（2）分析的资料仅由一些等级或类别构成，因而不能用参数检验的方法。例如，当研究消费者对几种不同品牌咖啡的喜欢程度时，尽管应答者不能对每一种品牌都用一个数字来表示他们的喜欢程度，但却能将几种品牌按喜欢的顺序分成等级。

（3）分析资料不包含参数，不需要依据样本数据对总体特征做出统计推断。

（4）为了迅速获得调研结果，通常非参数检验较容易实现，所需时间较少，而参数检验对数学、概率论、统计学、计算机知识的要求较高，公式复杂，占用时间也较多。

需要注意的是，非参数检验灵敏度不高、有效性不强，只是参数检验的补充；当数据支持参数检验时，尽量使用参数检验。

第二节 单个样本的检验

一、单个样本的卡方检验

（一）检验原理

当调查的问题只涉及一个样本，变量为名义变量或排序变量时，可以选用卡方（χ^2）统计量来检验，以判断样本分布与已知分布的吻合程度，或用以判断所有名义或排序变量的分类样本数据是否存在相同的分布。

χ^2 统计量的计算公式为

$$\chi^2=\sum_{i=1}^{k}\frac{(O_i-E_i)^2}{E_i}=\sum_{i=1}^{k}\frac{O_i^2}{E_i}-n \qquad (8\text{-}1)$$

式中，χ^2 表示卡方统计量，服从自由度为（k−1）的卡方分布，k 为分类数；n 为观测值出现次数总和；O_i 为第 i 类观察值出现的频数；E_i 为第 i 类现象的预期频数。

卡方检验的假设陈述为

H_0：某种现象服从某种分布

H_1：某现象不服从某种分布

如果统计量计算值 $\chi^2 < \chi^2_{\alpha(k-1)}$，则接受 H_0；如果 $\chi^2 > \chi^2_{\alpha(k-1)}$，则拒绝 H_0，接受 H_1。

（二）操作过程引导

【例 8-1】 以本章导入问题为例，阐述单样本卡方检验的操作过程。

1. 定义变量

启动 SPSS，在“变量视图”中定义变量，“星期几”定义为“Week”，一周内“每一天满意的顾客人数”定义为“Count”。

2. 录入数据

在数据视图中录入数据，文件命名为“Data08-1.sav”，数据模式如图 8-1 所示。

3. 做出假设

H_0：一周中每天都是令人满意的

H_1：一周中各天的服务水平不是完全相同的

4. 指定频数变量

单击“数据→加权个案”菜单，打开图 8-2 所示的加权个案对话框，先选中“加权个案”，然后将左侧“满意的顾客数”（作为权重）选入右侧的“频数变量”框中，单击“确定”按钮即得统计频数的数据，此时数据视图右下角出现“加权范围”字样。这样做的目的是让 SPSS 识别分类频数。

	week	count
1	1	10
2	2	20
3	3	40
4	4	40
5	5	80
6	6	60
7	7	50

图 8-1 单样本卡方检验数据模式

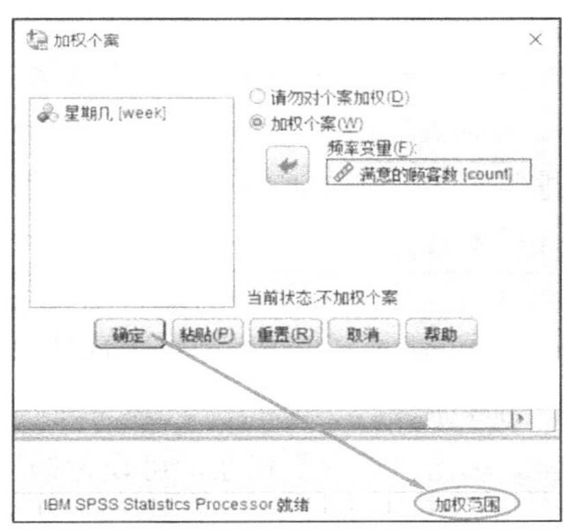

图 8-2 加权个案对话框

5. 设置选项

单击“分析→非参数检验→旧对话框→卡方”菜单，打开卡方检验对话框，将变量“星期几”选入“检验变量列表”框中，如图 8-3 所示。

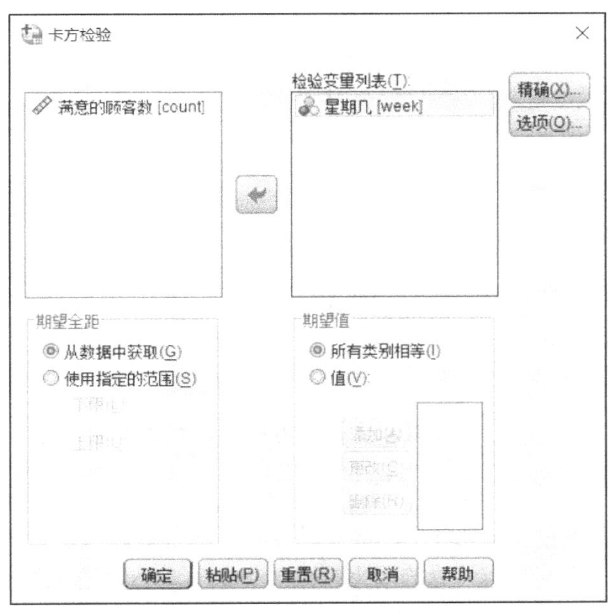

图 8-3 卡方检验对话框

图中其余选项含义如下。

（1）期望全距，指定检验值的范围。“从数据中获取”指用检测变量的所有值作为检验范围，此为系数默认值；“使用指定的范围”指自定义检测范围，选用其中部分数据检验，“下限”和“上限”框可输入设定值，指定范围内的每个值产生一个分组（类）变量，指定范围外的个案将被排除。

（2）期望值，用于设定期望值的方法。“所有类别相等”指每个类别期望值都相等，即总体服从均匀分布，此为默认设置；“值”指为检验变量的每个类别自己设定一个大于0的值，然后单击“添加”按钮，该值就会出现在值列表的底部，值的顺序与检验变量的类别值的升序相对应，列表中的第一个值与检验变量最低组的值相对应，而列表中的最后一个值与最高值相对应。对值列表的元素进行求和，然后每个值除以此和，以计算出相应类别中所期望的个案比例。

（3）单击“精确”按钮，为计算显著性概率 Sig.（p 值）设定方法，如图 8-4 所示。

① 仅渐进法，指计算显著性概率是基于检验统计量的渐进分布假设，此为系统默认设置。如果显著性概率小于0.05，检验结果有显著性差异，但要求数据量足够大。

② Monte Carlo，蒙特卡洛法，用给定样本通过模拟方法重复抽样计算显著性概率，适合于不满足渐进假设的巨量数据，且由于巨量数据不能得到精确概率的情形。可在“置信水平”和“样本数”中输入样本数量。

③ 精确，指精确计算显著性概率的方法，但计算量大，占用内存多。采用精确计算时，可以在“每个检验的时间限制为”中设定计算时间，超过设定时间，系统停止运算，自动给出计算结果，系统默认为5分钟。

（4）单击“选项”按钮，可设置描述性统计量和缺失值，如图 8-5 所示。图中选项的意义如下。

① 勾选“描述性”，输出均值、标准差、最小值、最大值和有效个案数；勾选“四分位数”，输出25%、50%和75%的百分位数值。

② 缺失值，设定部分（按检验）或全部（按列表）排除有缺失的个案。

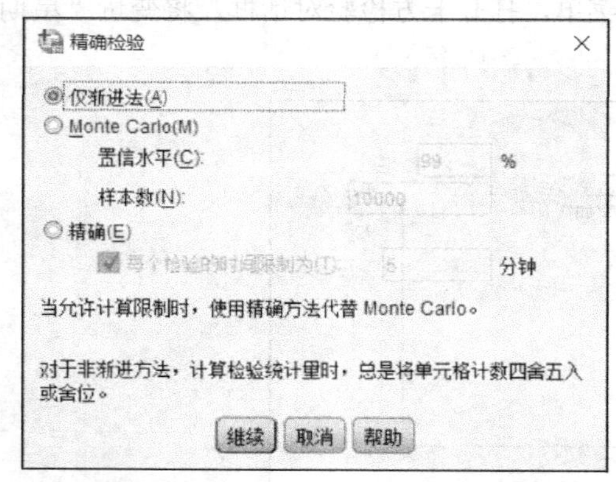

图 8-4　卡方检验的“精确检验”对话框

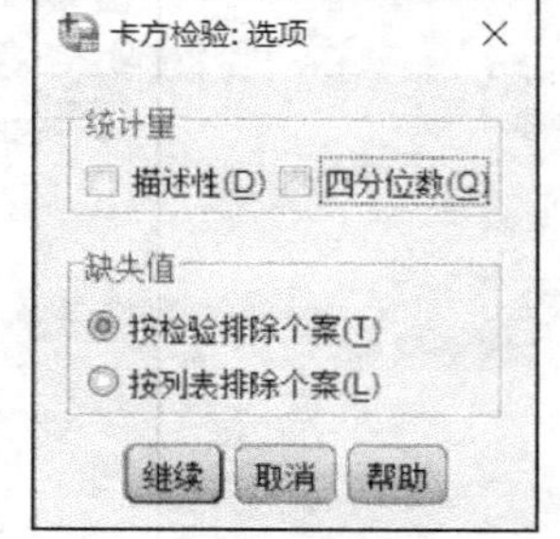

图 8-5　卡方检验的“选项”对话框

6. 运行程序

其余按默认设置，单击“确定”按钮即执行卡方检验，得到检验结果。

（三）结果解读分析

表 8-3 输出的是检测变量“星期几”的满意频数表。观察数是实际观测到一周中某一天的顾客满意人数，期望数是指按均匀分布计算的期望频数（300/7，每天满意人数相同），残差是观察数与期望数的差值。

表 8-3　　"星期几"的满意频数表

	观察数	期望数	残差
星期一	10	42.9	−32.9
星期二	20	42.9	−22.9
星期三	40	42.9	−2.9
星期四	40	42.9	−2.9
星期五	80	42.9	37.1
星期六	60	42.9	17.1
星期日	50	42.9	7.1
总数	300		

表 8-4 是卡方检验结果。从表中可见，卡方值为 78，自由度=k−1=7−1=6，p=0<0.05，拒绝零假设，接受替代假设，即一周中每天的服务水平并不完全相同。星期五、六、日顾客满意人数的增加固然有周末进入商场人数增加的原因，但也有周末服务可能更好的原因。

表 8-4　　卡方检验统计量

	星期几
卡方	78.000[a]
df	6
渐近显著性	0.000

a. 0 个单元（.0%）具有小于 5 的期望频率。单元最小期望频率为 42.9。

二、单个样本的K-S检验

（一）检验原理

单样本的 K-S 检验（One-Sample Kolmogorov-Smirnov Test）用于考察观测量的累计分布函数（经验分布函数）与某个确定的理论分布函数是否相同，即检验一个样本是否来自于某指定分布的样本，适合于连续变量。

单样本 K-S 检验时，以变量的实际频数分布与正态分布（Normal）、均匀分布（Uniform）、泊松分布（Poisson）、指数分布（Exponential）进行比较，主要对差值序列进行检验。

H_0 为样本来自的总体与指定的理论分布无显著差异。若零假设成立，即样本抽自指定理论分布的假设成立，则应期望对于每一个 x 值，实际分布与理论分布会十分接近。检验原理及过程如下。

（1）假定 H_0 成立的前提下，计算理论累计概率 $F(x)$。把样本数据按升序排列，根据样本和用户的指定构造出理论分布，查分布表得到相应的累计概率 $F(x)$。如正态分布，先计算出样本的平均数 $\bar{x}$ 和标准差 s，然后计算出 Z 分数，查标准正态分布表确定各个变量值下的累计概率。Z 值的计算公式为

$$Z=\frac{x_i-\bar{x}}{s} \tag{8-2}$$

均匀分布的累计理论概率分布为

$$F(x)=\begin{cases}0 & ,x<a\\ \dfrac{x-a}{b-a} & ,a\leqslant x<b\\ 1 & ,x\geqslant b\end{cases} \tag{8-3}$$

式中，a 是均匀分布的下限值，b 是均匀分布的上限值。

（2）计算样本数据的实际累计概率分布函数 $S(x)$。

（3）计算 $F(x)$和 $S(x)$在相应的变量值 x 上的差 D_1、D_2，其公式为

$$D_1 = S(x_i) - F(x_i) \tag{8-4}$$

$$D_2 = S(x_{i-1}) - F(x_i) \tag{8-5}$$

（4）计算最大差值，其公式为

$$D_+ = \max\{D_1, D_2\} \tag{8-6}$$

$$D_- = \min\{D_1, D_2\} \tag{8-7}$$

$$D = \max\{D_+, |D_-|\} \tag{8-8}$$

（5）计算 Z 统计量，其公式为

$$Z = \sqrt{n}D \tag{8-9}$$

在小样本时，Z 服从 Kolmogorov 分布；在大样本时，Z 近似服从 K 分布。当 $\alpha= 0.05$ 和 $\alpha = 0.01$ 时，Z 的临界值 K 分别是 1.36 和 1.63。

（6）做出推断。当 $Z > K$ 时，拒绝 H_0；当 $Z < K$ 时，接受 H_0。当然，SPSS 中是用 p 值进行判断。

（二）操作过程引导

【例 8-2】 某计算机公司准备推出一条家庭计算机产品线。焦点小组访谈的结果显示，家庭市场中许多潜在购买者不喜欢办公室工作环境中那种传统的计算机颜色。调研组织者向参加的人展示了许多颜色，被调查者表示他们更喜欢棕色。之后，公司又对目前没有计算机但表示将来 6 个月内会买计算机的 500 人进行了调查。公司向他们展示了几种深浅不同的棕色，并询问他们喜欢哪种颜色。调查的汇总结果如表 8-5 所示。制造商希望了解这种结果只是偶然因素造成的还是表明了明显的偏好。

表 8-5　被调查者对颜色的偏爱

颜色深浅	很浅	浅	中等	暗	很暗
偏爱的人数	150	170	80	45	55

SPSS 的操作过程如下。

（1）启动 SPSS，单击“变量视图”，定义“颜色”为变量 Color，“顾客对某种颜色的偏爱人数”定义为变量 Count。

（2）单击“数据视图”，在数据视图中录入数据，文件命名为“Data08-2.sav”，数据格式如图 8-6 所示。

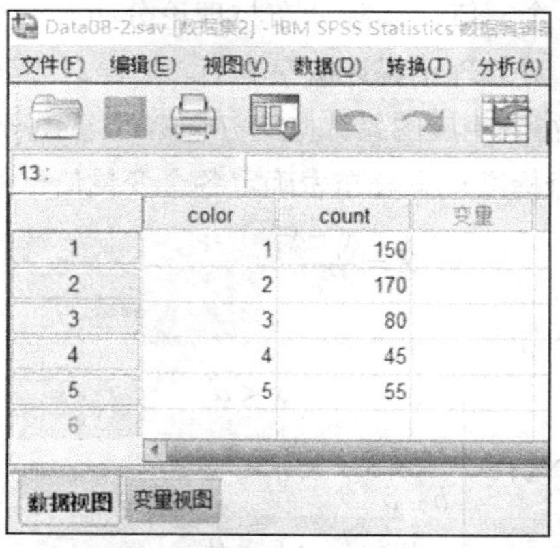

图 8-6　单样本 K-S 检验数据文件

（3）陈述假设：

H_0：对颜色深浅的偏好无差别，即服从均匀分布，消费者对各种深浅的颜色的喜好比例都为20%

H_1：对颜色深浅的偏好有显著差别

（4）指定“偏爱人数”为权重变量，让SPSS识别颜色分类数据，操作参见单样本卡方检验“加权个案”步骤。

（5）单击“分析→非参数检验→旧对话框→1-样本K-S”菜单，打开图8-7所示的对话框。

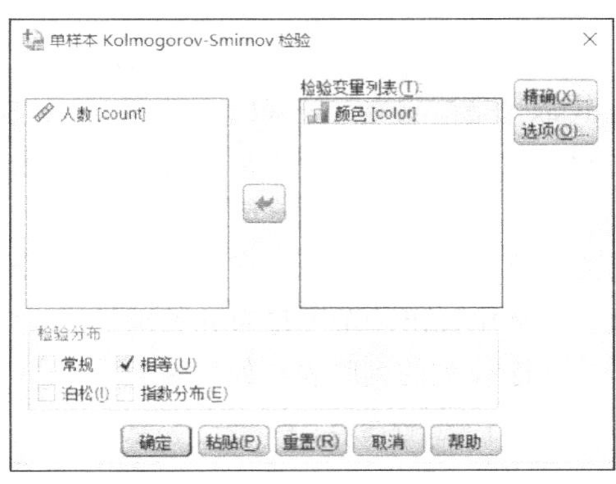

图8-7 单样本K-S检验对话框

图中“检验分布”用于选择检验的理论分布类型，SPSS提供了“常规”（正态分布，系统默认设置）、“相等”（均匀分布）、“泊松”（泊松分布）和“指数分布”四种。“精确”“选项”按钮设置与单样本卡方检验完全相同（见图8-3），在此不再赘述。

本例是为了检验人们对计算机外观颜色是否有特定的偏爱，因而把“颜色”作为检测变量选入“检验变量列表”中；“检验分布”栏中选择“相等”，其余按默认设置，单击“确定”按钮即可得到单个样本的K-S检验结果。

（三）结果解读分析

本例输出结果只有表8-6。从表中可见，最大正差为0.39，最大负差为-0.11，差别的最大绝对值为0.39，K-S统计量检验值为8.721（$\sqrt{500}\times 0.39$），大于0.05时的临界值1.36；p值为0，小于0.05。从两方面都可得出：拒绝零假设，接受替代假设，即消费者对颜色深浅的偏好是有显著差别的，厂商有必要为家庭消费者设计不同于办公室使用的计算机外观颜色。

表8-6　单样本Kolmogorov-Smirnov检验结果

		颜色
N		500
均匀参数[a,b]	极小值	1
	极大值	5
最极端差别	绝对值	0.390
	正	0.390
	负	−0.110
Kolmogorov-Smirnov Z		8.721
渐近显著性（双侧）		0.000

a. 检验分布为均匀分布。

b. 根据数据计算得到。

第三节 独立样本的检验

一、两个独立样本的卡方检验

（一）检验原理

卡方分析（Chi-square Analysis）是检测交叉表（Cross-tabulation Table）中的两个名义变量的频数，以确定两个变量之间是否存在相关性。卡方分析常常隐含这样的零假设：两个名义变量之间不存在相关性。

当研究对象是两个各自独立因素（人或物）所组成的总体时，可用卡方来检验两种彼此独立的分类准则的零假设。从感兴趣的总体中抽出一个容量为 n 的随机样本组成观测体，并根据两种准则对试验对象进行交叉分类，构成 r 行×s 列的列联表，如表 8-7 所示。

表 8-7　　两个独立变量的卡方检验观测表

B 变量 / A 变量	1	2	…	s	合计
1	O_{11}	O_{12}	…	O_{1s}	$n_{1.}$
2	O_{21}	O_{22}	…	O_{2s}	$n_{2.}$
…	…	…	…	…	…
r	O_{r1}	O_{r2}	…	O_{rs}	$n_{r.}$
合计	$n_{.1}$	$n_{.2}$	…	$n_{.s}$	n

计算统计量卡方值公式为

$$\chi^2 = \sum_{j=1}^{s}\sum_{i=1}^{r}(O_{ij} - E_{ij})^2 / E_{ij} \tag{8-10}$$

式中，O_{ij} 是第 i 行第 j 列的观察频数（Observed Frequency）；E_{ij} 是第 i 行第 j 列的预期频数（Expected Frequency）；χ^2 代表卡方统计量，它服从自由度为（$r-1$）（$s-1$）的 χ^2 分布。

要算出统计量 χ^2 的值，则需先行确定预期频数 E_{ij}，其公式为

$$E_{ij} = \frac{n_{i.} \times n_{.j}}{n} \tag{8-11}$$

式中，$n_{i.}$ 是第 i 行出现的频数的总和，$n_{.j}$ 是第 j 列出现的频数的总和，n 是所有观察值的频数总和或受试者人数。

提醒读者注意的是，对于两个或以上分类变量的检验一定要用交叉分析，不能用拟合优度的卡方检验。SPSS 的分析路径是“分析→描述统计→交叉表”。

（二）操作过程引导

【例 8-3】 昆明一家市场调查公司正在进行某城市成年人驾驶汽车的式样与驾驶者的居住地区的关联性调查。对一个 500 名成年驾驶者组成的随机样本进行了访问，调查数据如表 8-8 所示，确定他们所驾驶的汽车式样与他们居住在城市的那一地区是否有联系？

表 8-8 居住地区与汽车款式的频数分布表

观察频数 / 汽车款式 / 居住地	式样 1	式样 2	式样 3	合计
居住地 1	52	64	24	140
居住地 2	60	59	52	171
居住地 3	50	65	74	189
合计	162	188	150	500

在 SPSS 中，独立性变量卡方检验要用交叉分析。卡方检验方法有很多，本实验要求用 Pearson 卡方检验。在观察数据足够的情况下，它实际上是卡方检验的近似。其操作过程如下。

1. 定义变量

启动 SPSS，进入“变量视图”定义变量，居住地定义为 Area，汽车式样定义为 Pattern，观察频数定义为 Count。

2. 建立数据文件

进入“数据视图”录入数据，录入完成后，将文件命名为“Data08-3.sav”。数据格式如图 8-8 所示。

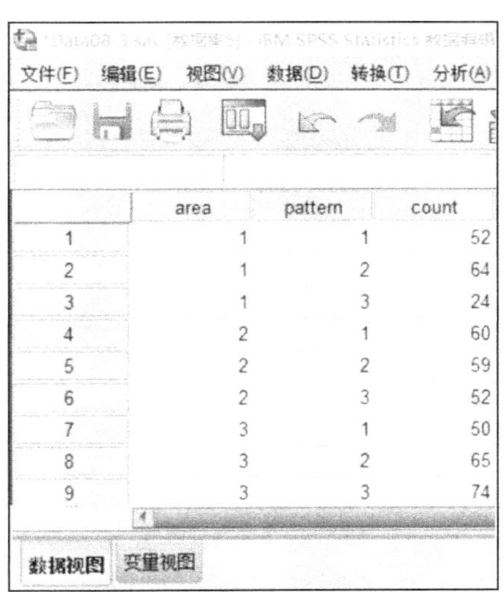

图 8-8 独立性卡方检验的数据格式

3. 做出假设

H_0：驾驶的汽车式样与居住区无关

H_1：驾驶的汽车式样与居住区彼此不独立，即相互有关

4. 设定权重变量

指定“人数”为权重变量，让 SPSS 识别统计次数，操作见单样本卡方检验的加权个案步骤。

5. 进行交互分析

单击“分析→描述统计→交叉表”菜单，打开交叉表对话框，如图 8-9 所示。对话框中各选项含义如下。

（1）“层 1 的 1”用于多维（三维及以上）交叉分析时输入控制变量。同时把多个控制变量选入“层 1 的 1”框，SPSS 分别以每个控制变量进行交叉分析，这是系统默认设置。如本例中分别研究不同性别、年龄段下驾驶汽车式样与居住区的关系，就要这样设定。如果研究的是多个控制变量情形下的交叉分析，可先将第一控制变量选入，然后单击“下一张”按钮，接着选择第二控制变量，再单击“下一张”按钮，直到把要检验的所有控制变量选完为止。可单击“上一张”按钮来观察有哪些控制变量，如本例中先输入“性别”控制变量，单击“下一张”按钮，再输入“年龄”控制变量，再单击“下一张”按钮，则最终输出结果是性别、年龄共同作用条件下的驾车式样与居住区的关系。仅两个变量的交叉分析不需要设置该选项。“在表层中显示层变量”只有当至少选入一个控制变量后方可使用，不勾选此项，系统输出控制变量在内的多维交叉表；勾选此项，系统输出不含控制变量的二维交叉表。

（2）“显示复式条形图”指多维交叉分析时，输出多变量复合条形图。

（3）“取消表格”指不输出交叉分析表，只给出卡方检验结果。勾选“取消表格”选项，“单元格”和“格式”按钮失效。

本例把“居住地”作为行变量、“汽车式样”作为列变量，勾选“显示复式条形图”。

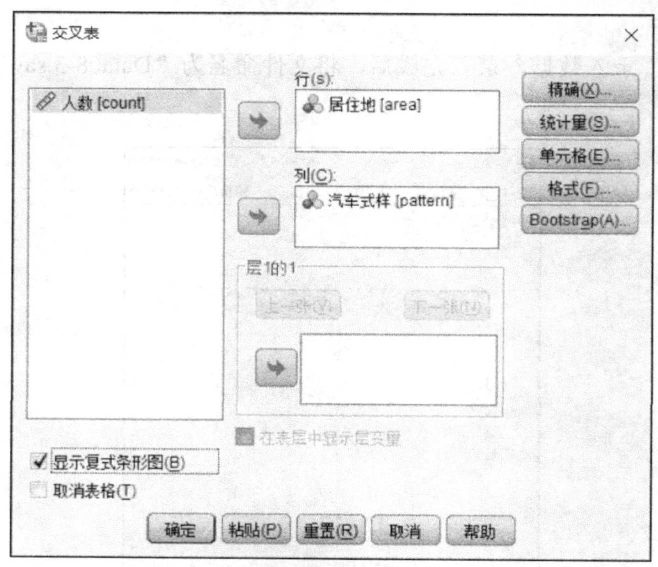

图 8-9　交叉表对话框

6. 设置统计量选项

单击图 8-9 中的“统计量”按钮，可对交叉分析的统计量选项进行设置，如图 8-10 所示。

（1）“卡方”选项：对于 2×2 的列联表，输出 Pearson 卡方值、似然比卡方、Fisher 精确检验和 Yates 修正卡方；对于任意行列数的列联表，输出 Pearson 卡方和似然比卡方；只有当两个变量都是顺序变量时，方可用系统输出的线性相关（Mantel-Haenszel）卡方值对结果做出分析。

（2）“相关性”选项：如果行和列都是顺序变量，将输出 Spearman 相关系数 ρ；当两个变量都是定量变量时，将输出 Pearson 相关系数 r。关于相关系数，请见第九章。

（3）“名义”栏：用于选择测度变量关联性的方法。

① “相依系数”也叫列联系数（C），它是基于卡方的关联性测量，公式为 $C=\sqrt{\chi^2/(n+\chi^2)}$，取值在 0～1 之间，值越大，行变量和列变量之间的相关度越高，可用于 r 行×s 列（行与列不等，

且行、列均大于或等于 3）的列联表，特别适合 $n \times n$（行与列相等且 n 大于或等于 3）的列联表。

② “Phi 和 Cramer 变量”指 Phi 检验和 CramerV 检验，二者都是基于卡方统计量的关联性测量，值越大，相关性越强。Phi 检验公式为 $\varphi=\sqrt{\chi^2/n}$，适合 2×2 的二分变量列联表，取值范围为-1～1。CramerV 检验，公式为 $V=\sqrt{\chi^2/\left[n\times\min\left\{(r-1),(c-1)\right\}\right]}$，取值为 0～1，适合 $r \times s$ 的列联表。

图 8-10　交叉分析的“统计量”对话框

③ “Lambda”也是一种相关性测量，用 λ 表示，当用自变量的值预测因变量的值时，误差成比例缩小。λ=1，表示自变量能完全预测因变量；λ=0，表示自变量对于因变量无任何预测效果。系统分别输出行变量为自变量、列变量为自变量和对称时的三个值，后者是前两个的对称平均指标。

④ “不定性系数”与 λ 类似，仍是对相关性的测量，表示当一个变量的值用来预测其他变量的值时，误差成比例下降的程度，同样输出行变量为自变量、列变量为自变量和对称时的三个值，后者仍是前两个的对称平均指标。

（4）“有序”栏用于测度变量的一致性。

① “Gamma”是对两个顺序变量相关性的对称度量，取值范围为-1～1，绝对值越接近 1，两个变量之间的关系越紧密。

② “Somers'd”是 Gamma 的不对称扩展，不同之处在于它包含 Gamma 法未约束到的成对自变量数目。

③ “Kendall 的 tau-b”是考虑“结”在内的顺序变量相关性测量，也称为 Kendall 等级相关系数，系数的符号反映关系的方向，绝对值表示强度，绝对值越大，表示关系强度越高，取值范围为-1～1。

④ “Kendall's tau-c”是不考虑“结”在内的顺序变量相关性测量，系数符号正负、值的大小与 Kendall 的 tau-b 相同。

（5）“按区间标定”测定相关性值 Eta，取值范围为 0～1，Eta 值越大，相关性越强，适合一个变量为分类变量，而另一个变量为定量变量的情形。系统分别输出将行变量和将列变量视为区间变量的两个 Eta 值。

（6）“Kappa”测量一致性，取值范围为 0～1，值越大，两者的一致性越好。在任意一单元格中，行和列的变量必须是相同计量尺度。

（7）“风险”测量某因子的存在与某事件的发生之间的关联性强度。当因子出现很少时，可用几率比（OR）或相对风险度（RR）来估计，适合 2×2 列联表。

（8）“McNemar”用卡方分布来检验响应改变，适合两个相关的二分变量。在事前事后实验设计中，检测实验因素导致的响应变化很有用；对于较大的 $n×n$ 列联表，则输出对称性的 McNemar-Bowker 检验值。

（9）“Cochran’s and Mantel-Haenszel 统计量”用于检验二分因子变量和二分响应变量之间的条件独立性。所谓条件，是给定一个或多个分层（控制）变量定义的协变量模式。选用此项时，可设置零假设的 OR 值，系统默认为 1。请注意：其他统计量是逐层计算，而 Cochran 和 Mantel-Haenszel 统计量是对所有层进行一次性计算。

本例中居住地与驾车式样均是名义变量，应采用“卡方”检验，进一步选择适合名义变量的相依系数、Phi 和 Cramer 变量，其余按默认选项。设置完毕后，单击“继续”按钮，返回交叉表主对话框。

7. 设置单元格输出格式

单击图 8-9 中的“单元格”按钮，可对单元格的输出数据进行设置，如图 8-11 所示。图中选项含义如下。

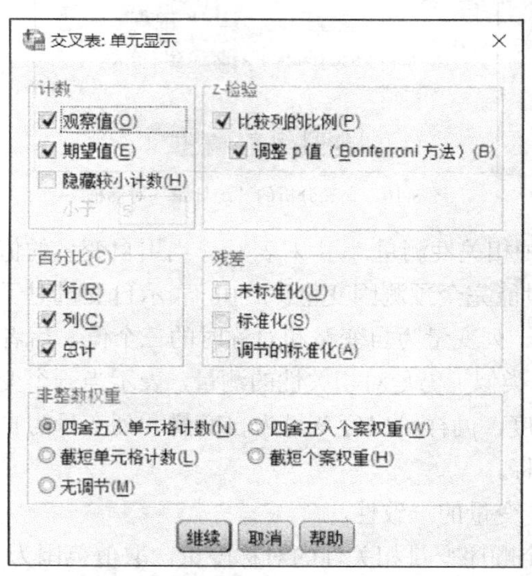

图 8-11　交叉分析的“单元显示”对话框

（1）“计数”输出观察到的个案数、期望频数和隐藏小于指定整数的个案数，系统默认隐藏小于 5 的个案数。指定的整数必须大于 2，但也可设定为 0，表示不隐藏计数。

（2）“*Z* 检验”输出使用 Bonferroni 修正法按“列”属性所做的成对比较结果，并指出给定行中的哪对列明显不同，用下标字母以 APA 样式在交叉表中标识显著性差异，并以 0.05 显著性水平对其进行计算。注意：如果指定该选项且不选择观察计数或列百分比，则观察计数包含在交叉表中，并且会以 APA 样式下标字母标识列比例检验的结果。

（3）“百分比”选择输出行、列和总计的百分比。注意：如果在“计数”组中选择隐藏小计数，也会隐藏相关的百分比。

（4）“残差”可选择输出观察值与期望值之间的离差（残差），也可输出对残差进行标准化处理（均值为 0，标准差为 1）的值，还可输出调整后的标准化残差（标准化残差/标准误）。

（5）“非整数权重”栏设置单元格的计数方式。由于单元格数值是个案数，通常为整数值，但当数据按小数作为权重进行加权时，单元计数也可能是小数值。“四舍五入单元格计数”指计算任何统计量前，个案权重按原样使用，但单元格中的累计权重要四舍五入；“四舍五入个案权重”指加权计算前对个案权重进行四舍五入；“截短单元格计数”指计算任何统计量前，个案权重按非整数加权，但单元格中的累计权重截去小数点后的数字；“截短个案权重”指加权前对个案权重进行小数部分截尾；“无调节”指个案权重和单元都按小数计数，不做任何调整。

本例中单元格选项设置如图 8-11 所示。

8. 设置行变量值输出格式

单击图 8-9 中的“格式”按钮，可对行变量值按升序或降序排列，升序为系统默认，如图 8-12 所示。

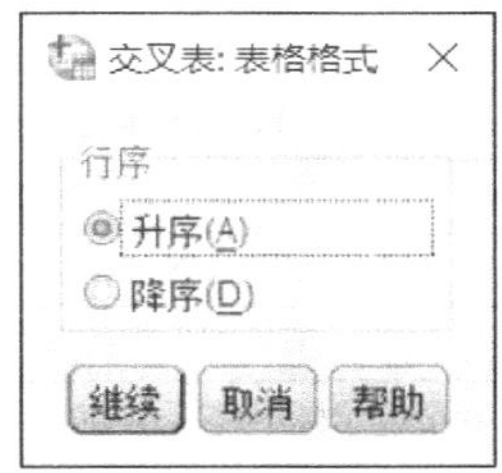

图 8-12 交叉分析的“表格格式”对话框

9. 运行程序

在图 8-9 中，单击“确定”按钮即得到分析结果。

图 8-9 中的“精确”选项与单样本卡方检验完全相同（见图 8-3），在此不再赘述。

（三）结果解读分析

表 8-9 输出的是交叉表。表中展示了各居住地、各种汽车式样的数量及百分比，同时输出了显著性差异情况。第一种、第二种汽车式样均用下标 a 标注，第三种用下标 b 标注，表明不同居住地区所在第一种、第二种汽车式样无明显差异，但它们与第三种汽车式样是有显著差异的。

表 8-9 居住地与驾车式样的交叉分析表

			汽车式样			合计
			第一种汽车式样	第二种汽车式样	第三种汽车式样	
居住地	居住地 1	计数	52_a	64_a	24_b	140
		期望的计数	45.4	52.6	42.0	140.0
		居住地中的%	37.1%	45.7%	17.1%	100.0%
		汽车式样中的%	32.1%	34.0%	16.0%	28.0%
		总数的%	10.4%	12.8%	4.8%	28.0%
	居住地 2	计数	60_a	59_a	52_a	171
		期望的计数	55.4	64.3	51.3	171.0
		居住地中的%	35.1%	34.5%	30.4%	100.0%
		汽车式样中的%	37.0%	31.4%	34.7%	34.2%
		总数的%	12.0%	11.8%	10.4%	34.2%
	居住地 3	计数	50_a	65_a	74_b	189
		期望的计数	61.2	71.1	56.7	189.0
		居住地中的%	26.5%	34.4%	39.2%	100.0%
		汽车式样中的%	30.9%	34.6%	49.3%	37.8%
		总数的%	10.0%	13.0%	14.8%	37.8%
合计		计数	162	188	150	500
		期望的计数	162.0	188.0	150.0	500.0
		居住地中的%	32.4%	37.6%	30.0%	100.0%
		汽车式样中的%	100.0%	100.0%	100.0%	100.0%
		总数的%	32.4%	37.6%	30.0%	100.0%

每个下标字母表示列汽车式样类别的子集，其列比例在 0.05 级别上彼此并无显著差异。

表 8-10 输出的是卡方检验结果。从表中可见，Pearson 卡方和似然比卡方检验的 p 值均小于 0.05；线性和线性组合是考察两个顺序变量间的相关性，本例中两个变量均是名义变量，因而线性检验结果并不能用来判断。表下方的附注，说明没有一个单元格的期望频数小于 5，最小期望频数为 42，满足独立性卡方检验的要求。综合上述可用的三个检查结果，均应该拒绝零假设，接受替代假设，即驾驶的汽车式样与居住区是相互关联的，确实存在不同区域居住的人驾驶不同式样汽车的现象。

表 8-10　卡方检验表

	值	df	渐进 Sig.（双侧）
Pearson 卡方	19.822[a]	4	0.001
似然比	20.732	4	0.000
线性和线性组合	13.963	1	0.000
有效案例中的 N	500		

a. 0 个单元格（0%）的期望计数少于 5，最小期望计数为 42.00。

表 8-11 输出的是交叉表的对称度量。φ=0.199，V=0.141，C=0.195，p 都等于 0.001，表明居住地与汽车式样的对称性假设不成立，二者之间存在着相互关联性。

表 8-11　交叉表的对称度量

		值	渐进标准误[a]	近似值 T[b]	近似值 Sig.
按标量标定	φ	0.199			0.001
	Cramer 的 V	0.141			0.001
	相依系数	0.195			0.001
有效案例中的 N		500			

a. 不假定零假设。

b. 使用渐进标准误差假定零假设。

图 8-13 输出的是居住地与汽车式样的条形图，直观地展示了不同居住地的人驾驶不同款式汽车的频数。由图可见，居住地 1、2 在驾车款式上相差不大，但第三种汽车式样随着居住地 1、2、3 明显呈线性增长趋势。

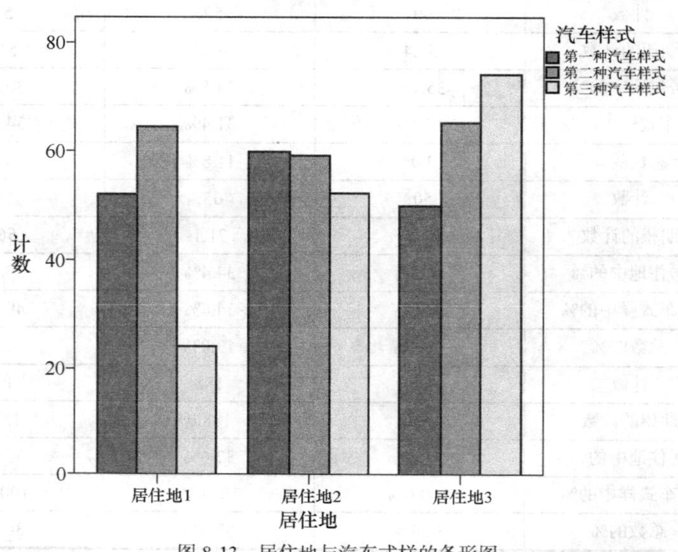

图 8-13　居住地与汽车式样的条形图

二、两个独立样本的U检验

（一）检验原理

如果两个独立样本的数据用顺序尺度计量，并且可以排序计算秩（Rank），则曼—惠特尼 U 检验法（Mann-Whitney U test）是检验两个样本是否具有同一分布的有效方法。所谓独立样本，是指在一个总体中随机抽样不影响另一个总体中随机抽样的样本；秩是指两个样本合并后，按观察值从小到大的顺序排列，各个观察值的顺序号。曼—惠特尼 U 检验法使用样本观察值的秩作为检验两个总体分布是否具有同一性的指标，如果两个样本的秩相同，则平均数也大体相当。

当两个样本的数目 n_1、n_2 都小于 20 时，用曼—惠特尼 U 检验；当 n_1、n_2 有一个大于 20 时，U 统计量近似服从正态分布，采用 Z 检验。此法适合对两个独立总体的分布不了解的情况，通过两个独立样本的分析来推断两个总体的分布是否存在显著差异。

曼—惠特尼 U 检验法的步骤如下。

（1）陈述假设。零假设为两个总体的分布相同，替代假设为两个总体的分布不同。

（2）求两个样本各个观察值的秩。在对两个样本联合进行升幂排列时，如果遇到多个观察值相同，则每个观察值的秩等于相邻几个观察值秩的平均数。

（3）计算两个样本的秩和 R_1、R_2。

（4）计算 Wilcoxon 的值 W。W 值为 U_1 和 U_2 中较小者所在样本的秩和，U_1、U_2 的计算公式为

$$U_1 = R_1 - \frac{1}{2}n_1(n_1+1) \tag{8-12}$$

$$U_2 = R_2 - \frac{1}{2}n_2(n_2+1) \tag{8-13}$$

$$\begin{aligned} U_1 + U_2 &= (R_1+R_2) - \frac{1}{2}n_1(n_1+1) - \frac{1}{2}n_2(n_2+1) \\ &= \frac{1}{2}(n_1+n_2)(n_1+n_2+1) - \frac{1}{2}n_1(n_1+1) - \frac{1}{2}n_2(n_2+1) \\ &= n_1 n_2 \end{aligned} \tag{8-14}$$

（5）计算曼—惠特尼 U 统计量的值，公式为

$$U = \min\{U_1, U_2\} \tag{8-15}$$

（6）做出检验抉择。小样本时，根据 α、n_1、n_2 查 U 检验表，获得临界值 U_α，$U<U_\alpha$，则拒绝零假设，接受替代假设；当 n_1、n_2 有一个大于 20 时，采用 Z 检验，若 $Z>z_\alpha$，则拒绝零假设，接受替代假设。Z 检验公式为

$$Z = \frac{|U-\mu_U|}{\sigma_U} \tag{8-16}$$

式中，$\mu_U=\frac{1}{2}n_1n_2$，称为 U 的均值；$\sigma_U=\sqrt{\frac{1}{12}n_1n_2(n_1+n_2+1)}$，称为 U 的标准差；Z 为标准正态分布的值。

在用 SPSS 分析时，快捷判断同样是看 U 或 Z 统计量的 p 值是否小于设定的显著性水平。SPSS 程序分析的路径是“分析→非参数检验→旧对话框→2 个独立样本”，在此路径下对两个独立样本也可用 Kolmogorov-Smirnov 来检验。

（7）描述结论，做出判断。

（二）操作过程引导

【例 8-4】　某公司想比较两种介绍新产品知识的方法，选择了两组被试进行实验。第一组被试用 A 方法介绍新产品，第二组被试用 B 方法介绍新产品，实验结束时对每组被试进行有关新产品知识的测度，结果如表 8-12 所示。用 U 检验法确定两种介绍新产品方法是否有差异。

表 8-12　　介绍新产品方法实验的结果

A 法得分	50	59	60	71	80	81	80	78	72	77	73	75	75	77	76
B 法得分	52	54	58	78	65	69	61	60	72	60	59	65	69	68	65

SPSS 的检验过程及选项设置介绍如下。

（1）陈述零假设与替代假设：

H_0：A、B 两组评分无差别

H_1：A、B 两组评分有差别

（2）启动 SPSS，在变量视图中，分别定义测试得分、方法为变量 grade 和 method，如图 8-14 所示；在数据视图窗口录入数据，并将文件保存为“Data08-4.sav”，U 检验的数据格式如图 8-15 所示。

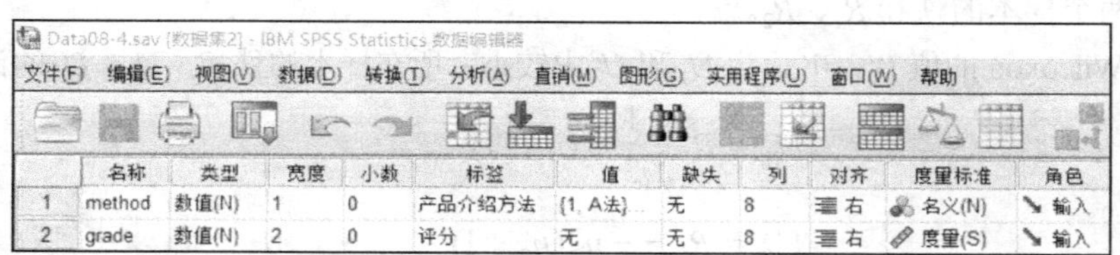

图 8-14　U 检验变量定义模式

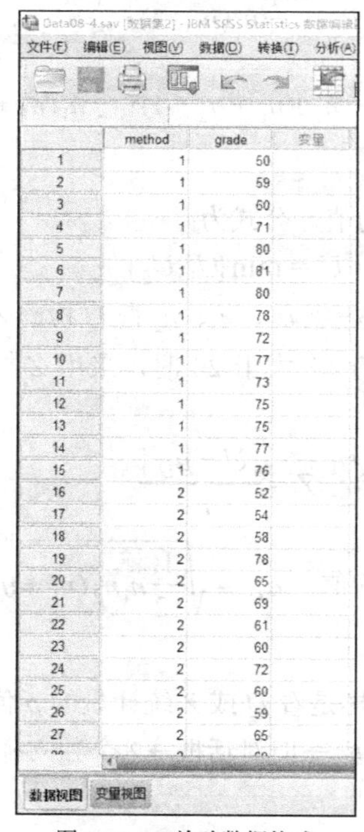

图 8-15　U 检验数据格式

（3）单击“分析→非参数检验→旧对话框→2 个独立样本”菜单，打开“两个独立样本检验”对话框。将变量“评分”选入“检验变量列表”，将“method”变量选入“分组变量”，单击“定义组”按钮，打开其对话框，分别在“组 1”和“组 2”中输入 1、2，单击“继续”按钮返回；同时在“检验类型”栏中勾选“Mann-Whitney-U”和“Kolmogorov-Smirnov Z”两种检验方法，如图 8-16 所示。图中“Moses 极限反应”用于检验对某一实验条件预期有截然不同的反应的现象，“Wald-Wolfowitz 游程”用于检验两个总体分布是否相同。

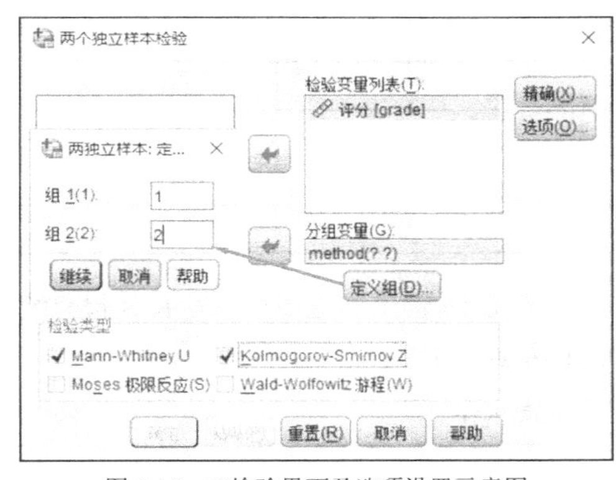

图 8-16 *U* 检验界面及选项设置示意图

（4）主对话框中，“精确”“选项”与本章单个样本卡方检验完全相同，不再赘述。本例中“精确”“选项”设置均按默认值，单击“确定”按钮即得到 *U* 检验结果。

在两个独立样本检验对话框的“检验类型”中可每一次只选一种方法，当然也可同时选择多种检验方法，一次得到多种检验结果。

（三）结果解读分析

1. *U* 检验结果

表 8-13 输出的是 *U* 检验的秩分布信息。从表中可见，产品介绍方法 A、B 都是 15 个个案，A 法秩和为 298.5，平均秩为 19.9（298.5/15）；B 法秩和为 166.5，平均秩为 11.1（166.5/15）。

表 8-13 *U* 检验的秩

	产品介绍方法	*N*	秩均值	秩和
评分	A 法	15	19.90	298.50
	B 法	15	11.10	166.50
	总数	30		

表 8-14 输出的是 *U* 检验统计量。从表中可见，U=46.5，W=166.5，Z=−2.742，渐近与精确显著性概率均小于 0.05。但由于本例中存在相同评分（结）的问题，应采用精确显著性概率来判断，否定零假设，接受替代假设。

表 8-14 *U* 检验统计量[b]

	评分
Mann-Whitney U	46.500
Wilcoxon W	166.500
Z	-2.742
渐近显著性（双侧）	0.006
精确显著性[2*（单侧显著性）]	0.005[a]

a. 没有对结进行修正。
b. 分组变量：产品介绍方法。

2. 独立样本 K–S 检验结果

表 8-15 为独立样本 K-S 检验的频数统计表，产品介绍方法 A、B 的有效个案均是 15 个。

表 8-15　　　　独立样本 K-S 检验的频数统计表

	产品介绍方法	N
评分	A 法	15
	B 法	15
	总数	30

表 8-16 输出的是独立样本 K-S 检验统计量，K-S 的 Z 值为 1.826，渐近显著性 p 值为 $0.003<0.05$，同样拒绝零假设。

表 8-16　　　　独立样本 K-S 检验统计量 [a]

		评分
最极端差别	绝对值	0.667
	正	0.067
	负	−0.667
Kolmogorov-Smirnov Z		1.826
渐近显著性（双侧）		0.003

a. 分组变量：产品介绍方法。

综合 U 检验和 K-S 检验的结果，都表明两种介绍产品的方法是有差别的。从 U 检验中 A 的平均秩高于 B，可知 A 方法比 B 方法介绍新产品更有效。

三、K个独立样本的H检验

（一）检验原理

对于两个以上顺序变量的独立样本，可用 K 个样本的检验，具体有 Kruskal-Wallis H 及中位数两种检验法。当正态分布或方差相等的条件不满足时，也可用 K 个独立样本检验替代单因素方差分析过程。

Kruskal-Wallis H 检验通常做如下假设

H_0：所有样本来自相同的或同一总体

H_1：至少有一个样本的总体与其他样本的总体不一样

实际操作时，首先把各个样本的全部观察值按从大到小的顺序排列，求出每个样本秩的和。当每个样本量都大于 5 时，称为大样本，H 的分布近似于自由度为（k−1）的卡方分布。统计量 H 的计算公式为

$$H=\frac{12\sum_{i=1}^{k}\frac{R_i^2}{n_i}}{n(n+1)}-3(n+1) \tag{8-17}$$

式中，n 为总的样本单位数；k 为样本个数（类别数）；n_i 为第 i 个样本的数据个数；R_i 为第 i 个样本的秩和。

当相同秩较多时，要对 H 值做出调整，修正公式为

$$H_c=\frac{H}{1-\frac{\sum(T_j^3-T_j)}{n^3-n}} \tag{8-18}$$

式中，T_j 为第 j 个相同秩的个数。

K 个独立样本的非参数检验在 SPSS 中的路径是“分析→非参数检验→旧对话框→K 个独立样本”。

（二）操作过程引导

【例 8-5】 某广告公司为某企业设计了 A、B、C 三种广告诉求方式，为了解何种诉求方式较为理想，随机抽取了 18 位电视观众，并将他们分成三组，每个组 6 人，让每组观众分别给一种广告诉求方式评分，最高分 10 分，最低分 1 分，如表 8-17 所示。试分析三组观众对三种广告诉求方式的评价是否有差异。（α=0.05）

表 8-17　三种广告诉求方式评价得分

第一组：A 诉求方式		第二组：B 诉求方式		第三组：C 诉求方式	
观众编号	对广告 A 的评分	观众编号	对广告 B 的评分	观众编号	对广告 C 的评分
1	6	7	4	13	5
2	7	8	4	14	5
3	5	9	5	15	4
4	8	10	7	16	7
5	8	11	7	17	8
6	8	12	6	18	7

SPSS 检验过程如下。

（1）陈述假设：

H_0：观众对三种广告诉求方式的评价无差异

H_1：观众对三种广告诉求方式的评价是有差异的

（2）启动 SPSS，在变量视图中界定变量，“观众编号”定义为 Audience，“广告诉求方式”定义为 Ad，“观众评分”定义为 Grade，如图 8-17 所示；在数据视图中录入数据，文件命名为“Data08-5.sav”，数据格式如图 8-18 所示。

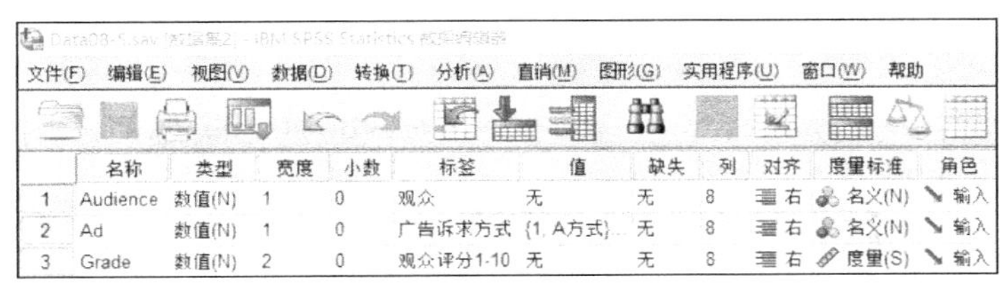

	名称	类型	宽度	小数	标签	值	缺失	列	对齐	度量标准	角色
1	Audience	数值(N)	1	0	观众	无	无	8	右	名义(N)	输入
2	Ad	数值(N)	1	0	广告诉求方式	{1, A方式}...	无	8	右	名义(N)	输入
3	Grade	数值(N)	2	0	观众评分1-10	无	无	8	右	度量(S)	输入

图 8-17　K 个独立样本 H 检验的变量定义

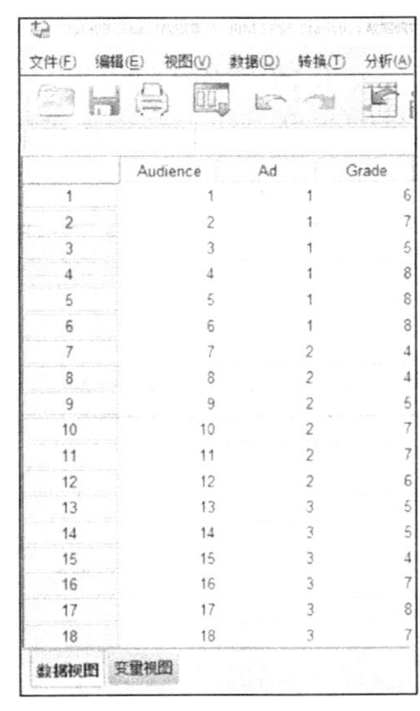

	Audience	Ad	Grade
1	1	1	6
2	2	1	7
3	3	1	5
4	4	1	8
5	5	1	8
6	6	1	8
7	7	2	4
8	8	2	4
9	9	2	5
10	10	2	7
11	11	2	7
12	12	2	6
13	13	3	5
14	14	3	5
15	15	3	4
16	16	3	7
17	17	3	8
18	18	3	7

图 8-18　Kruskal-Wallis 检验的数据格式

（3）单击“分析→非参数检验→旧对话框→K 个独立样本”菜单，打开多个独立样本检验对话框，将变量“观众评分”选入“检验变量列表”框，把“广告诉求方式”选进“分组变量”框，单击“定义范围”按钮，输入分组的最小值与最大值，单击“继续”按钮返回；在“检验类型”中选择H检验方法。“精确”“选项”与本章单个样本卡方检验完全相同，不再赘述。本例中其余选项均按默认设置，单击“确定”按钮即得到H检验结果，如图8-19所示。

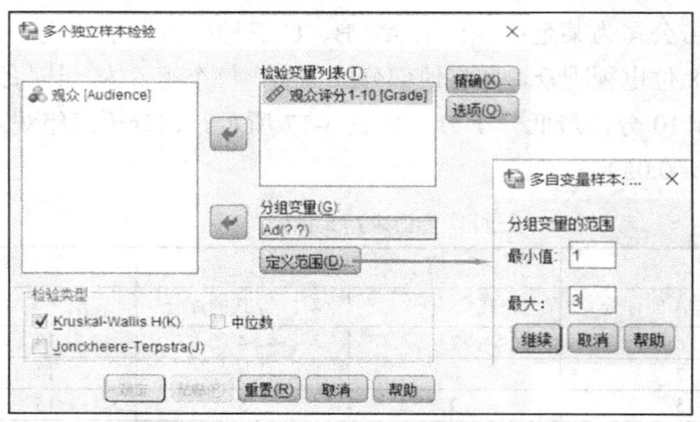

图8-19　多个独立样本检验对话框

（三）结果解读分析

表8-18输出的是秩统计表。从表中可见，A、B、C三种广告诉求方式的有效个案数都为6，秩的平均数分别为12.58、7和8.92，有一定的差别，但是否具有统计上的显著性呢？这正是需要去检验的。

表8-18　三种广告诉求方式的秩统计表

	广告诉求方式	N	秩均值
观众评分（1～10）	A方式	6	12.58
	B方式	6	7.00
	C方式	6	8.92
	总数	18	

表8-19输出的是K个样本检验的统计量。从表中可见，卡方值为3.554，$p=0.169>0.05$，不能拒绝零假设，即三种广告诉求方式之间并无统计上的显著差异。

表8-19　多个独立样本检验统计量[a,b]

	观众评分（1～10）
卡方	3.554
df	2
渐近显著性	0.169

a. Kruskal Wallis检验。

b. 分组变量：广告诉求方式。

第四节　相关样本的检验

一、两个相关样本的W检验

（一）检验原理

两个关联样本（2 Related Sample）差异检验采用Wilcoxon检验法或称秩和检验法（Rank Sum

Test)，主要用于顺序尺度计量的两个相关样本数据，尤其适合对某个实验主体在实验前后变化的测试，以了解实验因素的影响。

Wilcoxon 检验法的基本步骤如下。

（1）陈述假设：

H_0：实验因素加入前后响应（因变量）无显著变化

H_1：实验因素加入前后响应（因变量）有显著改变

（2）计算实验前后因变量数据的差值，用实验后的因变量值减实验前的因变量值。

（3）按实验前后因变量差值的绝对值从小到大的顺序排列，确定相应的秩。如果差值等于 0，则计算秩时剔除该值；如果存在差值的绝对值相等，则其秩等于相邻几个的平均数，并按差值的正负值分别列出秩。

（4）计算 Wilcoxon 检验统计量的值，公式为

$$W = \min\left\{\sum R_+, \sum R_-\right\} \tag{8-19}$$

式中，W 为 Wilcoxon 统计量的值；$\sum R_+$ 为实验前后因变量差值是正数的秩的总和；$\sum R_-$ 为实验前后因变量差值是负数的秩的总和。

（5）根据显著性水平 α 和观察值的配对数 n 查 Wilcoxon 分布表，得到临界值 $W_{(\alpha,n)}$。

（6）做出推断。如果 $W < W_{(\alpha,n)}$，则拒绝 H_0，接受 H_1；如果 $W > W_{(\alpha,n)}$，则应接受 H_0。特别提醒读者注意的是，小样本情况下（$n \leqslant 25$），W 检验的否定域是 $W < W_{(\alpha,n)}$。

在大样本情况下（$n>25$），W 值近似服从正态分布，检验统计量公式为

$$Z = \frac{|W-\mu|}{\sigma} \tag{8-20}$$

式中，$\mu = \frac{1}{4}n(n+1)$，相当于平均数；$\sigma = \sqrt{\frac{n(n+1)(2n+1)}{24}}$，相当于标准差。

Wilcoxon 检验的否定域为 $|Z| > Z_\alpha$。

（二）操作过程引导

【例 8-6】 仍用第六章的例 6-3 背景资料和数据文件“Data06-3.sav”，阐述 Wilcoxon 检验法推断顾客对广告前后的评分有无差异。

由于本例中广告评分属于区间变量，而且是前后评分的关联样本，也可采用非参数检验中的 Wilcoxon 检验法。SPSS 中操作过程如下。

（1）做出如下假设：

H_0：广告前后评分值无显著差异，即广告宣传无效

H_1：广告前后评分值是有显著差异的

（2）启动 SPSS，打开数据文件“Data06-3.sav”。

（3）单击“分析→非参数检验→旧对话框→2 个相关样本”菜单，在对话框中将变量“广告前评分”及“广告后评分”同时选入“检验对”框中。“检验类型”中提供了四种检验方法，McNemar 只适合二分变量，边际同质性检验是 McNemar 的扩展，适合检验类别数大于 2 的两个名义变量的显著差异性；符号检验与 Wilcoxon 检验适合区间或比例尺度变量的检验，Wilcoxon 是对符号检验法的完善，对原始数据信息的利用更加充分。该对话框中“精确”“选项”与本章单个样本卡方检验完全相同，不再赘述。本例中广告前后评分属于区间变量，因而只能选择 Wilcoxon 和符号检验，其余按默认设置，如图 8-20 所示。最后，单击“确定”按钮即得检验结果。

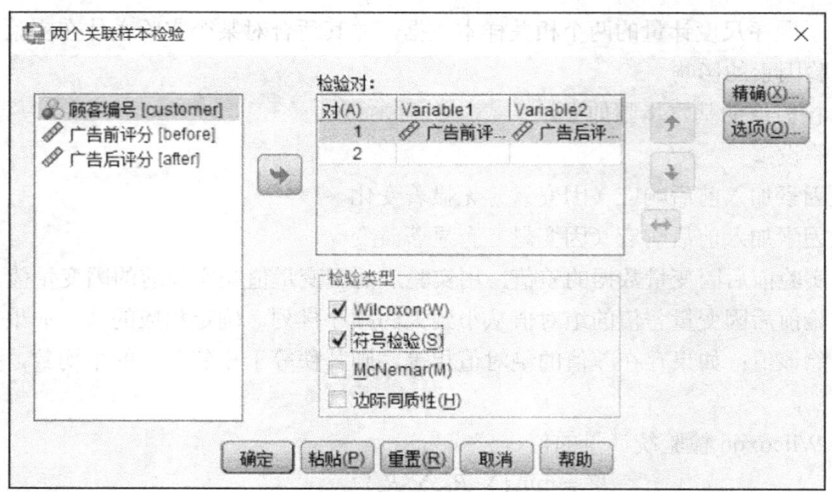

图 8-20　两个关联样本检验对话框

（三）结果解读分析

1. Wilcoxon

表 8-20 输出的是 Wilcoxon 检验秩统计表。表中“负秩”指广告后评分小于广告前评分，有 1 个，秩和、秩均值都是 6.5；“正秩”指广告后评分大于广告前评分，秩总和为 48.5，均值为 5.39（48.5/9）；未出现结，即广告前后评分相等的情况。

表 8-20　　Wilcoxon 检验秩统计表

		N	秩均值	秩和
广告后评分-广告前评分	负秩	1[a]	6.50	6.50
	正秩	9[b]	5.39	48.50
	结	0[c]		
	总数	10		

a. 广告后评分 < 广告前评分。

b. 广告后评分 > 广告前评分。

c. 广告后评分 = 广告前评分。

表 8-21 输出的是 Wilcoxon 检验统计量。由表可见，$Z=-2.143$，$p=0.032<0.05$，拒绝零假设，即广告前后评分有差异。由于有 9 个正秩、1 个负秩，可以推断广告后的评分高于广告前的评分。

表 8-21　　Wilcoxon 检验统计量[b]

	广告后评分-广告前评分
Z	−2.143[a]
渐近显著性(双侧)	0.032

a. 基于负秩。

b. Wilcoxon 带符号秩检验。

2. 符号检验

表 8-22 输出的是符号检验的频数表。由表 8-22 可见，有 9 个正差分、1 个负差分，无结出现。

表 8-22　　符号检验频数统计表

		N
广告后评分–广告前评分	负差分 [a]	1
	正差分 [b]	9
	结 [c]	0
	总数	10

a. 广告后评分 < 广告前评分。

b. 广告后评分 > 广告前评分。

c. 广告后评分 = 广告前评分。

表 8-23 输出的是符号检验统计量，精确显著性概率为 $0.021<0.05$，同样拒绝零假设。

表 8-23　　符号检验统计量 [b]

	广告后评分–广告前评分
精确显著性（双侧）	0.021[a]

a. 已使用的二项式分布。

b. 符号检验。

综上所述，Wilcoxon 和符号检验的结论是一致的，均证实广告前后评分有显著性差异。这与第六章配对样本检验的结果也吻合。

二、*K*个相关样本的W检验

（一）检验原理

在经济社会问题的研究中，常需要按照某些特性对多个对象（品牌、产品、产品属性、满意度等）进行评分或排序。例如，*m* 个顾客对 *n* 种品牌或产品的喜爱程度排序，企业想要知道这些顾客评定的不同结果是否一致。如果很不一致，则该评估结果多少有些随机，意义不大。换句话说，这里想要检验的零假设是“顾客对不同品牌的喜爱排序是不相关的或者是随机的”；替代假设是“顾客对不同品牌的喜爱排序是正相关的或者是非随机的”。

K 个相关样本的 *W* 检验数据结构如表 8-24 所示。假如一个评价者对多个对象评分的秩（位次）和为 $1+2+\cdots+n=n(n+1)/2$，则所有 *m* 个评价者对全部对象评估的总秩和为 $mn(n+1)/2$，这样每个对象的平均秩为 $m(n+1)/2$。当评价者不是直接对研究对象排序时，如评分或比例尺度数据，需先将各个评价者对相应对象的评分数据或比例数据转换成从小到大排列的顺序数据，即先求出秩。

表 8-24　　*K* 个相关样本的 *W* 检验数据结构

评价者 \ 评价对象	1	2	…	n	合计
1	R_{11}	R_{12}	…	R_{1n}	$n(n+1)/2$
2	R_{21}	R_{22}	…	R_{2n}	$n(n+1)/2$
…	…	…	…	…	$n(n+1)/2$
m	R_{m1}	R_{m2}	…	R_{mn}	$n(n+1)/2$
合计	R_1	R_2	…	R_n	$mn(n+1)/2$

如果记每一评价对象的秩和为 R_j（$j=1,2,\cdots,n$），那么，要是评价是随机的，则这 n 个对象的秩和与平均秩的差别不会很大；反之，差别会很大。也就是说，式（8-21）描述的评价对象秩和与平均秩的离差平方和 S 很大。S 定义为

$$S=\sum_{j=1}^{n}[R_j-m(n+1)/2]^2 \tag{8-21}$$

Kendall 协同系数（Kendall's Coefficient of Concordance）用字母 W 表示，是对评价者之间一致程度的测量，取值为 0～1，与 S 成比例变化。其定义关系式为

$$W=\frac{12S}{m^2(n^3-n)} \tag{8-22}$$

当评价者排序出现相同分值（结）时，需对 W 进行调整，修正公式为

$$W_c=\frac{12S}{m^2(n^3-n)-m\sum_{i=1}^{m}(T_i^3-T_i)} \tag{8-23}$$

式中，$T_i=\sum_{i=1}^{m_i}\left(t_{ij}^3-t_{ij}\right)$，这里 t_{ij} 是第 i 个评价者第 j 个相同秩的个数，m_i 是第 i 个评价者相同秩的合计数。

当 m 和 n 较小时，可以根据 α、m、n 值，查 Kendall 协同系数 W 值表，通过比较做出判断；当 m 和 n 的值超出 Kendall 的 W 值表时，则用大样本的方法计算卡方值，近似服从自由度为 $n-1$ 的卡方分布。Kendall 推荐当 $m>7$ 时，计算卡方值，检验统计量为

$$\chi^2=m(n-1)W \tag{8-24}$$

SPSS 会自动算出 W 和 χ^2 值及其显著性概率。

归纳起来，Kendall 检验的基本步骤如下。

（1）建立假设。零假设：评价者对不同对象的评价是不相关的，即 $W=0$，意味着 $R_1=R_2=\cdots R_n$；替代假设：评价者对不同对象的评价是正相关的，即 $W\neq0$，意味着 R_1，R_2，…，R_n 不完全相等。

（2）按评价者计算每个评价对象的秩、秩和及平均秩。

（3）计算 S 值和检验统计量 W 的值。

（4）确定显著性水平。

（5）按卡方分布做出统计推断。

K 个关联样本（K Related Sample）的 Kendall 检验法适合顺序变量、区间变量和比例变量多个组别间的非参数检验，以探索各个组是否有相同的分布。

（二）操作过程引导

【例 8-7】 某公司对生产的蛋糕包装进行喜欢程度测试，以了解哪种包装更受欢迎。在一天中随机地选择了 9 名进糕点店的人，请他们对三种蛋糕的包装按喜欢顺序排序，最喜欢的排第 1，次喜欢的排第 2，再次的排第 3，调查的数据如表 8-25 所示。企业想知道的是这些被调查者是否真的喜欢某种包装或对三种包装并没有实质性的偏爱。

表 8-25　　顾客对蛋糕包装的喜爱排序表

顾客编号	1	2	3	4	5	6	7	8	9
包装 A	2	2	2	1	3	1	2	1	1
包装 B	3	3	3	3	2	2	3	3	3
包装 C	1	1	1	2	1	3	1	2	2

本例要检验的是 9 人对三种包装所进行的评价是否有明确的偏爱，应采用多样本的关联性检验。SPSS 中操作过程如下。

1. 陈述假设

H_0：顾客对三种包装的喜欢程度是相同的

H_1：顾客对三种包装的喜欢程度存在差别

2. 建立数据文件

在 SPSS 变量视图中定义变量，顾客编号定义为 No，对包装式样 A、B、C 的排序分别定义为 rank_a、rank_b、rank_c；在 SPSS 数据视图中录入数据，文件命名为“Data08-7.sav”。数据格式如图 8-21 所示。

3. 设置主对话框

单击“分析→非参数检验→旧对话框→K 个相关样本”菜单，在对话框中将变量包装 A、B、C 的喜欢排序同时选定并选入“检验变量”框中，在“检验类型”中选择 Kendall 检验，其余按默认设置，如图 8-22 所示。“检验类型”中前两种方法适合顺序、区间和比例变量，而后一种仅适合二分变量。其实，选用 Kendall 检验，其结果就已经包含了 Friedman 检验的结果。

图 8-21 多个关联样本检验的数据格式

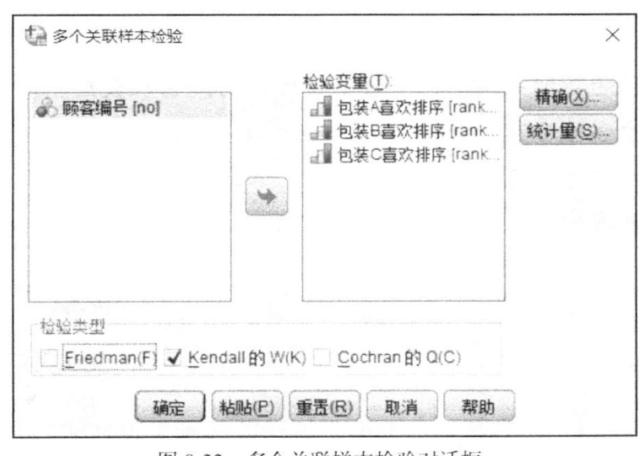

图 8-22 多个关联样本检验对话框

4. 设置其他选项

图 8-22 中“精确”“统计量”选项设置与前述单样本卡方检验相同，在此不再赘述。单击“确定”按钮即得检验结果。

（三）结果解读分析

表 8-26 输出的是 Kendall 检验的秩均值，其中包装 A、B、C 的秩均值分别为 1.67、2.78 和 1.56，初步可判断包装 B 与 A、C 秩均值有一定的差异，是否有统计显著性要看统计量。

表 8-26 Kendall 检验的秩均值

喜欢排序	秩均值
包装 A	1.67
包装 B	2.78
包装 C	1.56

表 8-27 输出的是 Kendall 检验统计量。从表中可见，有效样本数量是 9 个，Kendall 协同系数

W=0.457，转换成对应的卡方值为 8.222[9×（3-1）×0.457]，p=0.016<0.05，因此拒绝 H_0，接受 H_1，即不同顾客对不同包装的喜欢排序是相关的。事实上，上述卡方值和 p 值也是 Friedman 检验输出的结果，因为 Friedman 检验采用的统计量就是卡方。

表 8-27　　Kendall 检验统计量

N	9
Kendall W[a]	0.457
卡方	8.222
df	2
渐近显著性	0.016

a. Kendall 协同系数。

导入问题回应

本章导入问题在第二节做了详细的分析，这里再简要总结并做出以下回应：商场经理非常想知道周末比星期一到星期四顾客满意的人数多，这是一种必然还是偶然？如果顾客的满意人数是随机性的，则一周七天中每一天顾客的满意人数应相同，符合均匀分布，即300/7。通过SPSS程序运行，卡方值为78，自由度=k-1=7-1=6，p=0<0.05，应拒绝零假设，接受替代假设，即一周中每天的服务水平并不完全相同。星期五、六、日顾客满意人数的增加固然有周末进入商场人数增加的原因，但也有周末服务可能更好的原因。

本章思考题

1．参数检验与非参数检验的区别表现在哪些方面？

2．单个样本的卡方检验与独立性卡方检验的区别何在？

3．独立样本与相关样本的区别何在？

4．曼—惠特尼 U 检验法拒绝零假设的条件是 $U>U_\alpha$ 吗？

5．三个以上样本的非参数检验与多因素方差分析有何联系与区别？

第九章 数据的相关与回归分析

导入问题　店铺惠顾率影响分析[4]398

为了了解质量和价格对杂货店惠顾率的影响，研究者根据店铺偏好、产品质量和定价情况对一个大城市中的14个主要商店进行排序。所有排序都是用11级量表测量，数字越大表示越偏好。相关调查数据如表9-1所示。

表 9-1　产品质量、商品价格对店铺偏好的调查数据

店铺编号	店铺偏好	产品质量	商品价格
1	6	5	3
2	9	6	11
3	8	6	4
4	3	2	1
5	10	6	11
6	4	3	1
7	5	4	7
8	2	1	4
9	11	9	8
10	9	5	10
11	10	8	8
12	2	1	5
13	9	8	5
14	5	3	2

问题：

1. 在产品质量与商品价格两个变量中，哪一个是预测店铺偏好的适宜解释变量？
2. 构建店铺偏好的回归方程。
3. 解释所建回归模型的结果。

数据的相关分析

经济社会生活中，经常会遇到一些相互依赖又相互制约的变量，它们之间大致存在两种类型的关系。一类为确定关系（或称函数关系），即当一个变量值确定以后，另一个变量值就唯一确定。例如，某种商品的销售额 y 在单价 p 一定时，与销售量 x 之间就是确定的函数关系：$y=px$，x 定义为自变量，y 为因变量；另一类是相关关系，即一个变量值确定以后，另一个变量值却不能完全确定。例如，某地区在一定时期内的社会商品零售额与地区的居民购买力有关，但当居民的购买力一定时，社会商品零售额却不能完全确定。变量之间的相关关系虽然具有不确定性的特征，不能建立起确定的函数关系，但在大量试验中，这种不确定关系又具有统计规律性，能用统计的方法找出它们之间

可能存在的相关性与回归关系。

一、相关分析操作过程

【例 9-1】 以导入问题的资料建立数据文件，介绍相关分析的操作过程及选项设置。

（一）建立数据文件

（1）启动 SPSS。

（2）单击窗口左下角的“变量视图”按钮，进入变量定义操作窗口，定义店铺编号为 No，店铺偏好为 y，产品质量为 x_1，商品价格为 x_2，如图 9-1 所示。

（3）单击窗口左下角的“数据视图”，按表 9-1 所示的顺序逐个录入每个分店的数据，完成后把数据文件保存为“Data09-1.sav”，数据格式如图 9-2 所示。

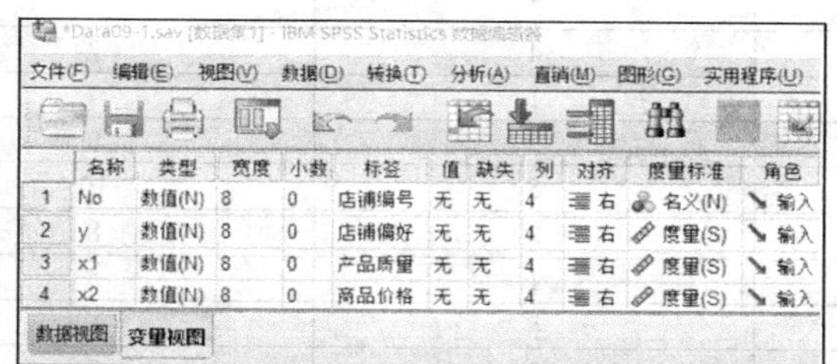

图 9-1 线性相关与回归分析的变量定义

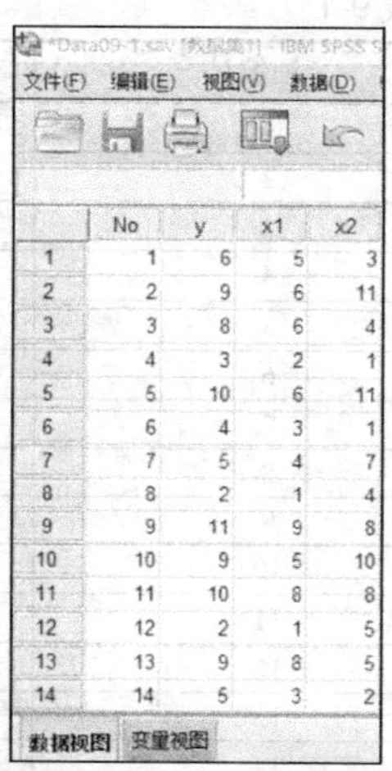

图 9-2 线性相关与回归分析的数据格式

（二）线性相关分析操作

单击“分析→相关→双变量”菜单，打开双变量相关对话框，如图 9-3 所示。图中各选项含义如下。

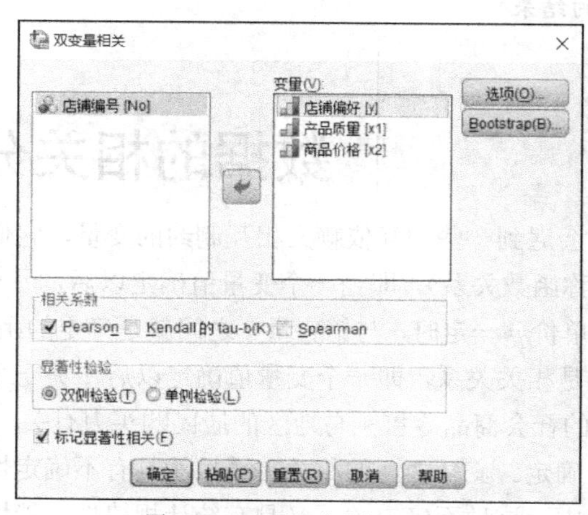

图 9-3 双变量相关分析对话框

（1）“相关系数”选项，设定相关分析的方法。Pearson 相关系数是系统的默认设置，适合区间变量或比例变量；后两种相关系数适合顺序变量。

（2）“显著性检验”选项，设定采用单侧还是双侧检验，系统默认为双侧检验。如果预知两变量的关联方向，选用“单侧检验”，如果不能确定两变量的相关方向，则选用“双侧检验”。

（3）“标记显著性相关”，把变量间显著相关系数用星号标记出来，*代表显著性水平为 0.05，**代表显著性水平为 0.01，系统默认要把显著相关者标记出来。

（4）“选项”按钮，可设置是否输出每个变量的均值、标准差、向量积（叉积）偏差和协方差，还能对缺失值的处理方式做出选择，如图 9-4 所示。“按对排除个案”指对有缺失值的个案部分删除，即计算相关系数时删除配不上对的个案，以最大限度地利用已有数据；“按列表排除个案”删除有缺失值的整个个案，即某个案的某个变量缺失时，该个案的全部变量都不参加相关系数的计算，此法存在数据利用率不高的问题。

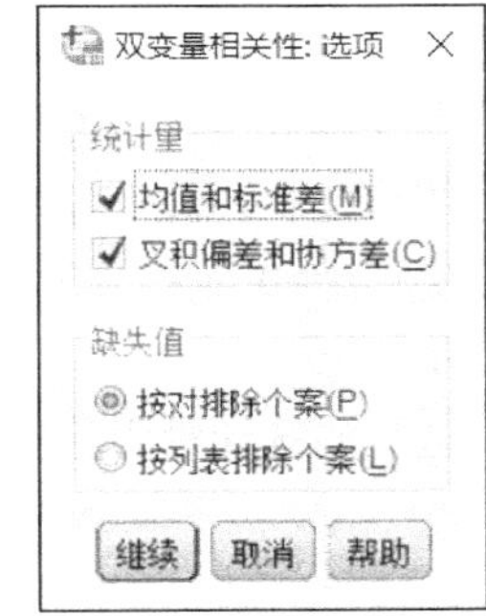

图 9-4　相关分析的“选项”对话框

（5）单击图 9-3 中的“Bootstrap”按钮，可打开“Bootstrap”对话框。如有必要，可进行相应选项设定，并执行 Bootstrap 程序。

本章导入问题设置如下：将 y、x_1、x_2 选入“变量”框，在“相关系数”中选择皮尔逊相关系数（线性相关系数），其余选项按默认设置。

二、线性相关分析原理

经济社会研究中经常需要考察两个变量之间联系的密切程度，如销售额与促销费用开支的关系、工资与工龄的关系、无业人员数量与犯罪率的关系等，通常用线性相关系数来测定两个定量变量之间的相关度。线性相关系数（Liner Correlation Coefficient）是描述样本两个变量之间线性关系紧密程度的统计量，定义公式为

$$r=\frac{\sum(x_i-\overline{x})(y_i-\overline{y})}{\sqrt{\sum(x_i-\overline{x})^2}\sqrt{\sum(y_i-\overline{y})^2}} \tag{9-1}$$

式中，r 为相关系数，也称为皮尔逊相关系数（Pearson Correlation Coefficient）或积差相关系数，取值范围为 $-1\leqslant r\leqslant 1$，$|r|$越接近 1，相关程度越高，$|r|$越接近 0，相关程度越弱；(x_i, y_i)（i=1，2，…，n）为调查取得的样本数据；n 是样本数量；$\overline{x}$、$\overline{y}$ 是两变量的平均数。

如果定义

$$S_{xy}=\sum(x_i-\overline{x})(y_i-\overline{y})=\sum x_iy_i-\frac{1}{n}\sum x_i\sum y_i \tag{9-2}$$

$$S_{xx}=\sum(x_i-\overline{x})^2=\sum x_i^2-\frac{1}{n}(\sum x_i)^2 \tag{9-3}$$

$$S_{yy}=\sum(y_i-\overline{y})^2=\sum y_i^2-\frac{1}{n}(\sum y_i)^2 \tag{9-4}$$

则相关系数可重新表述为

$$r=\frac{S_{xy}}{\sqrt{S_{xx}}\sqrt{S_{yy}}} \tag{9-5}$$

在式（9-1）中，右边分子、分母同时除以（n−1），则相关系数也可写成

$$r=\frac{\frac{1}{n-1}\sum(x_i-\overline{x})(y_i-\overline{y})}{\sqrt{\frac{\sum(x_i-\overline{x})^2}{n-1}}\sqrt{\frac{\sum(y_i-\overline{y})^2}{n-1}}}=\frac{\mathrm{COV}(x,y)}{S_xS_y} \tag{9-6}$$

式中，COV（x, y）为变量 x、y 的协方差；S_x、S_y 分别为变量 x、y 的标准差。

用样本数据计算得到的相关系数 r 只是总体相关系数 ρ 的估计值，总体是否也存在相关性需要进行统计检验。假设陈述为

H_0：$\rho=0$

H_1：$\rho\neq0$

检验的统计量服从自由度 $f=n-2$ 的 t 分布，计算公式为

$$t=\sqrt{(n-2)\frac{r^2}{1-r^2}} \tag{9-7}$$

SPSS 中实现相关分析的路径是“分析→相关→双变量”。

三、线性相关输出结果解读

在图 9-3 中，单击“确定”按钮即得相关分析结果，如表 9-2 和表 9-3 所示。

表 9-2 是变量的描述性统计表，分别是变量名、均值、标准差和个案数。

表 9-2　变量的描述性统计

变量	均值	标准差	N
店铺偏好	6.64	3.153	14
产品质量	4.79	2.577	14
商品价格	5.71	3.496	14

表 9-3 输出的是变量间的相关性表，依次呈现变量间的 Pearson 相关系数、p 值、平方和与交叉乘积和、协方差及有效个案数。

表 9-3　相关性表

变量		店铺偏好	产品质量	商品价格
店铺偏好	Pearson 相关性	1	0.946**	0.702**
	显著性（双侧）		0.000	0.005
	平方与叉积的和	129.214	99.929	100.571
	协方差	9.940	7.687	7.736
	N	14	14	14
产品质量	Pearson 相关性	0.946**	1	0.531
	显著性（双侧）	0.000		0.051
	平方与叉积的和	99.929	86.357	62.143
	协方差	7.687	6.643	4.780
	N	14	14	14
商品价格	Pearson 相关性	0.702**	0.531	1
	显著性（双侧）	0.005	0.051	
	平方与叉积的和	100.571	62.143	158.857
	协方差	7.736	4.780	12.220
	N	14	14	14

**在 0.01 水平（双侧）上显著相关。

1. 相关性

表中每个变量的第一、第二行表示 Pearson 相关系数和 p 值，并用*和**分别表示 0.05 和 0.01 显著性水平下的相关系数值。未标记*者，表明未达到显著性水平。把表 9-3 中的相关系数重新排成矩阵形式，就构成相关系数矩阵 $\boldsymbol{R}$。

$$\boldsymbol{R}=\begin{bmatrix}1 & 0.946 & 0.702\\0.946 & 1 & 0.531\\0.702 & 0.531 & 1\end{bmatrix}$$

对角线元素的相关系数=协方差/方差，而对角线上的协方差等于方差，因而对角线元素的相关系数等于 1，表示自身与自身是完全相关的；非对角线上的元素的相关系数=协方差/元素所在行和列的标准差的乘积，如行是产品质量 x_1、列是店铺偏好 y 时，r=7.687/（2.577×3.153）=0.946，全部变量的相关系数就构成相关系数矩阵。相关分析的变量是对称的（无所谓谁影响谁），可只看上三角或下三角的数据。从下三角看，产品质量、商品价格与店铺偏好的相关系数分别为 0.946、0.702，$p<0.01$，在 $\alpha=0.01$ 水平下应拒绝 H_0，即产品质量、商品价格与店铺偏好都显著相关；商品价格与产品质量的相关系数 $r=0.531$，$p=0.051>0.05$，在 $\alpha=0.05$ 的水平下，没有证据能证明商品价格与产品质量的存在自相关。

从第二节阐述的多元线性回归分析来看，满足自变量（产品质量、商品价格）与因变量（店铺偏好）高度相关，而自变量之间则不相关的条件。

2. 平方和与交叉乘积和

表 9-3 中，对于行与列都是同一变量来说，如行与列都是店铺偏好 y，表中数据是离差平方和 S_{yy}=129.214；对于行与列不是同一变量来说，如行是产品质量 x_1、列是店铺偏好 y，表中数据是交叉乘积和 S_{x_1y}=99.929。全部变量的平方和与交叉乘积和就构成平方和矩阵 $\boldsymbol{S}$。

$$\boldsymbol{S}=\begin{bmatrix}129.214 & 99.929 & 100.571\\99.929 & 86.357 & 62.143\\100.571 & 62.143 & 12.220\end{bmatrix}$$

3. 协方差

表 9-3 中，对于行与列都是同一变量来说，如行与列都是店铺偏好 y，表中数据是方差 S_y^2=129.214/（14−1）=9.940，也等于标准差（表 9-2 中第 3 列）的平方（3.1532=9.941）；对于行与列是不同的变量来说，如行是产品质量 x_1、列是店铺偏好 y，表中数据是协方差 COV（x_1，y）= S_{x_1y}/（n−1）=99.929/（14−1）=7.687。所有变量的协方差就构成协方差矩阵Σ：

$$\boldsymbol{\Sigma}=\begin{bmatrix}9.940 & 7.687 & 7.736\\7.687 & 6.643 & 4.780\\7.736 & 4.780 & 158.857\end{bmatrix}$$

四、非定量数据的相关

当研究的问题涉及排序及名义变量时，就必须用 Spearman's rho（ρ）及 Kendall's tau（τ）系数，两种检验都用于考察非定量相关指标，系数值都在−1～1 之间。Kendall's（τ）更适合大样本且类别较少的情况，而 Spearman's（ρ）更适合类别比较多的数据。

（一）斯皮尔曼等级相关系数

斯皮尔曼等级相关系数（Spearman's Rank Correlation Coefficient）是英国心理学家、统计学家

Spearman 根据积差相关系数公式推导而来，适合两个顺序变量 X、Y 间相关系数的测量，计算公式为

$$r = \frac{\mathrm{COV}(R_X, R_Y)}{S_{RX} S_{RY}} = \frac{\sum (R_X - \bar{R}_X)(R_Y - \bar{R}_Y)}{\sqrt{\sum (R_X - \bar{R}_X)^2} \sqrt{\sum (R_Y - \bar{R}_Y)^2}} \quad (9\text{-}8)$$

式中，R_X、R_Y 分别为变量 X、Y 的秩（等级）；$\bar{R}_X$、$\bar{R}_Y$ 为变量 X、Y 的秩的平均数；S_{RX}、S_{RY} 为变量 X、Y 的秩的标准差；COV（R_X、R_Y）为变量 X、Y 秩的协方差。

如果变量 X、Y 的配对数量为 n，定义两个变量秩的差 $D_i=R_{Xi}-R_{Yi}$（i=1，2，…，n），则式（9-8）可简化为

$$r_s = 1 - \frac{6\sum D_i^2}{n(n^2-1)} \quad (9\text{-}9)$$

当相同的秩较多时，会影响配对秩的差的总和，从而影响等级相关系数，需要对此进行修正，校正后的公式为

$$r_s = \frac{\frac{n^3-3}{6} - (t_x + t_y) - \sum D_i^2}{\sqrt{(\frac{n^3-n}{6} - 2t_x)(\frac{n^3-n}{6} - 2t_y)}} \quad (9\text{-}10)$$

式中，$t_x = t_y = \sum (t_i^3 - t_i)/12$。计算 t_x 时，t_i 为 X 变量相同秩的数量；计算 t_y 时，t_i 为 Y 变量相同秩的数量。

经济社会研究中，大多使用的是 Likert 五级或 Likert 七级量表。当存在较多个案在两个变量上的秩相同时，使用 Spearman 等级相关系数不一定合适，也可将变量看成区间变量，用 Pearson 相关系数测量相关性。

斯皮尔曼等级相关系数检验的假设为

H_0：ρ_s＝0，两个变量独立

H_1：ρ_s≠0，两个变量相互关联

斯皮尔曼等级相关系数在 n≥10 时，服从自由度为 n−2 的 t 分布，检验公式为

$$t = \sqrt{(n-2)\frac{r_s^2}{1-r_s^2}} \quad (9\text{-}11)$$

在 n≥30 时，近似服从 Z 分布，检验公式为

$$Z = \sqrt{(n-1)r_s^2} \quad (9\text{-}12)$$

斯皮尔曼相关系数的操作与皮尔逊相关系数相同，只是在图 9-3 所示的对话框中选择 Spearman，SPSS 会输出斯皮尔曼等级相关系数和相应的概率 p 值。

（二）肯德尔相关系数

肯德尔相关系数与斯皮尔曼相关系数一样，适合研究两个顺序变量 X、Y 的等级相关程度，但两种方法计算的角度有所不同。

计算肯德尔相关系数时，首先分别求出 n 对配对变量 X、Y 的秩 R_X、R_Y，然后按变量 X 的秩从小到大排列，再观察变量 Y 的秩的一致性对 U 和非一致性对 V 的数量，最后计算出样本统计量，检验公式为

$$\tau = \frac{2(U-V)}{n(n-1)} \quad (9\text{-}13)$$

所谓一致性对，是指当 R_X 按从小到大顺序排列时，R_Y 也符合从小到大排列的对数 U；非一致性对则是指 R_X 按从小到大顺序排列时，R_Y 不符合从小到大排列的对数 V。例如，在对某一品牌智能手机了解程度 X 与偏好顺序 Y 的调查中，采用五级李克特量表，1 表示最熟悉或最偏爱，5 表示最不了解或最不偏爱，对 5 人调查的样本数据及其演算过程如表 9-4 所示。

表 9-4　　一致性对数演算表

（a）调查样本数据

被试序号	1	2	3	4	5
了解程度 X	2	4	2	5	1
偏好顺序 Y	3	4	2	5	2

（b）秩计算表

被试序号	1	2	3	4	5
变量 X 的秩 R_X	2.5	4	2.5	5	1
变量 Y 的秩 R_Y	3	4	1.5	5	1.5

（c）变量 X 的秩 R_X 按从小到大排序时，变量 Y 的秩 R_Y

被试序号	5	1	3	2	4
变量 X 的秩 R_X	1	2.5	2.5	4	5
变量 Y 的秩 R_Y	1.5	3	1.5	4	5

从表 9-4（c）中第三行可见，5 个 R_Y 数据两两组合数量为 $n(n-1)/2=5(5-1)/2=10$，R_Y 一致性对有（1.5，3）、（1.5，4）、（1.5，5）、（3，4）、（3，5）、（1.5，4）、（1.5，5）和（4，5），共有 8 对，即 $U=8$；R_Y 的非一致性对有（1.5，1.5）、（3，1.5），即 $V=2$。

小样本时，肯德尔等级相关系数服从 Kendall（τ）分布；大样本时，近似服从正态分布，统计量公式做出必要的调整，修正后的公式为

$$Z=\tau\sqrt{\frac{9n(n-1)}{2(2n+5)}} \tag{9-14}$$

肯德尔相关系数的操作与皮尔逊相关系数相同，只是在图 9-3 所示的对话框中选择 Kendall（τ），SPSS 会输出肯德尔等级相关系数和相应的概率 p 值。

第二节　数据的线性回归分析

一、线性回归分析的操作

打开数据文件“Data09-1.sav”，单击“分析→回归→线性”菜单，打开线性回归分析主对话框，如图 9-5 所示。在线性回归的主对话框中，将“店铺偏好”选入“因变量”框，“产品质量”和“商品价格”选入“自变量”框，“店铺编号”选入“个案标签”框。回归分析的选项含义详述如下。

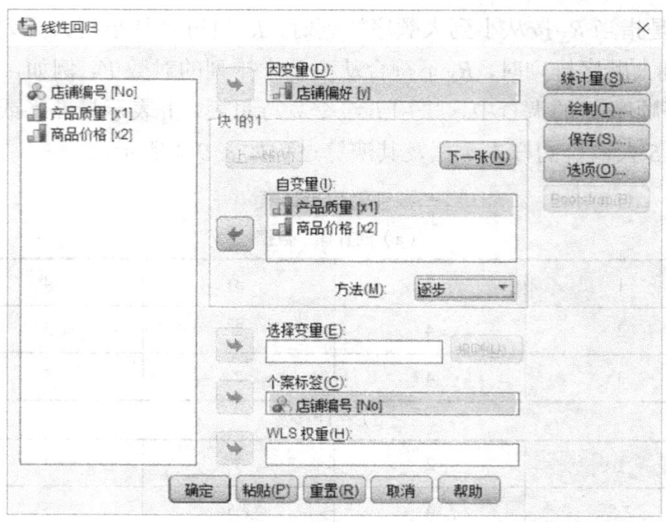

图 9-5　线性回归分析主对话框

（一）主对话框的选项设置

1. 自变量块的设置

当变量选入"自变量"框后，可使用"块"来设置不同自变量组合。设定好第一组自变量（"块 1 的 1"）后，可单击"下一张"按钮，出现"块 2 的 2"，在框中设定第二组自变量的组合，如还需要，可继续设定下去；也可在"上一张"和"下一张"之间进行切换，观察或改变变量的组合。这在自变量较多的多元回归探索性研究时特别有用，可省去每次都选择自变量或设置选项的重复操作，所有设置的"块"与因变量的分析结果可一起得到。

2. "方法"下拉菜单

设置自变量进入回归模型的方法主要有以下几种。

（1）"进入"指全部自变量都强制进入回归模型，此为系统默认值。

（2）"向后"指先让全部变量都进入模型，然后根据"选项"中设定的条件逐次删除自变量，每次删除一个，直到所有变量都符合条件为止。

（3）"向前"指开始时模型中没有自变量，然后根据"选项"中设定的条件逐次添加自变量，每次增加一个，直到所有符合条件的变量都进入为止。

（4）"逐步"是"向前"与"向后"的结合，根据"选项"中设定的条件，先选择最符合条件的自变量进入，同时删除最不符合条件的自变量，重复上述过程，直到没有变量被引入或剔除时为止。

（5）"删除"指直接从模型中删除某些自变量。

3. "选择变量"框

该选项用于对指定变量样本数据（个案）的挑选，即只是把符合设定条件的数据纳入模型构建与分析中，单击"规则"按钮可设定具体的条件，但该变量不能是已经选入"自变量"框或"因变量"框中的变量。

4. "个案标签"框

选入标识个案的变量，以便将个案点在输出图形中标注出来。

5. "WLS 权重"框

选入使用加权最小二乘法时需要的权重变量。要是加权变量中有 0 或缺失值，则视作相应观测值不存在。

（二）“统计量”选项设置

单击图 9-5 中的“统计量”按钮，可设置有关回归模型的统计量，如图 9-6 所示。

图 9-6　线性回归的统计量选项框

1. 回归系数

（1）估计：输出回归系数估计值 B、B 的标准误差、标准化回归系数 β、回归系数的双侧检验 t 值及其显著性概率 Sig（p 值）。这些都是回归分析的重要输出结果，为系统默认设置。

（2）置信区间：输出回归系数在指定置信度水平下的区间，系统默认值是 95%。

（3）协方差矩阵：输出回归系数的协方差矩阵及相关系数矩阵，可用来检验多重共线性。

2. 模型参数与检验

（1）模型拟合度：输出模型中自变量进出的信息、复相关系数信息、估计值的标准误差和方差分析表。这是系统默认选项。

（2）R^2 变化：输出当回归模型中引入或剔除一个自变量后 R^2、F 值、p 值的改变量。如果某个变量进入或剔出模型，引起 R^2 变化很大，则意味着该自变量是因变量的一个良好解释变量。

（3）描述性：输出变量的描述性统计结果，包括每个变量的平均数、标准差、个案数、相关系数矩阵及其显著性。

（4）部分相关和偏相关性：输出部分相关系数（排除其他自变量影响下，两个自变量的相关系数）、偏相关系数（排除其他自变量影响下，某个自变量与因变量的相关系数）和零阶相关系数（自变量与因变量的 Pearson 相关系数）。

（5）共线性诊断：输出共线性检验结果，包括特征值、条件指数、方差比例、容差和方差膨胀因子（VIF）。

3. 残差

（1）Durbin-Watson 检验：输出残差项之间是否存在自相关的检验值，同时输出符合前述设定条件的异常观测值诊断表。

（2）个案诊断：“离群值”找出“指定数量×标准差”的异常个案，系统默认值是 3 倍标准差；“所有个案”输出全部个案的残差值。

（三）“绘制”图形选项设置

单击图 9-5 中的“绘制”按钮，可设置输出图形的相关选项，如图 9-7 所示。图中对图形设置的含义如下。

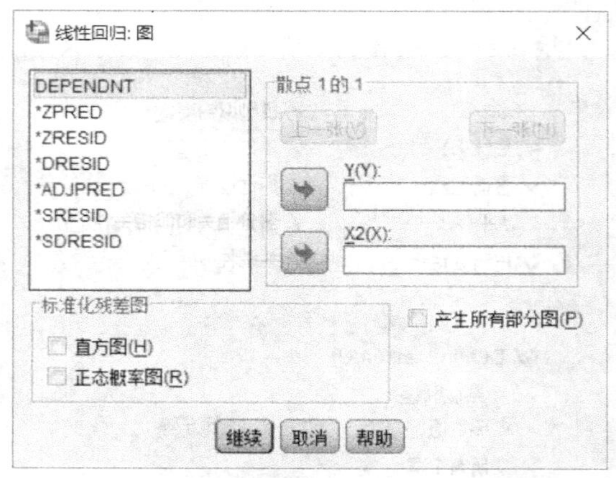

图 9-7　线性回归的绘制图形选项框

1. 散点图

选择左边的变量进入右边的框中作为 X 轴或 Y 轴，设置好一个输出图形后，可单击“下一张”按钮，设置另一个输出图形。这里，“上一张”“下一张”的功能与主对话框中的类似，可以交替地单击来查阅对相关图形的设置。左边变量含义如表 9-5 所示。

表 9-5　　“绘图”选项中的变量含义

变量	含义
DEPENDNT	因变量
*ZPRED	标准化预测值
*ZRESID	标准化残差
*DRESID	剔除残差，即剔除某个案后，其余 n-1 个个案建立回归方程所得出的剔除个案的残差
*ADJPRED	修正后的预测值
*SRESID	学生化残差，即将标准化残差转换为 t 分布后的残差值，*SRESID=*ZRESID÷标准化残差的标准差
*SDRESID	学生化剔除残差，即剔除某个案后，其余 n-1 个个案建立回归方程所得出的剔除个案的学生化残差

2. 标准化残差图

“直方图”输出带有正态分布曲线的标准化残差直方图，“正态概率图”输出用于检查残差分布正态性的 P-P 图。

3. 产生所有部分图

该选项输出每个自变量的偏残差图。它是对包括某个自变量在内的全部自变量和不包括此自变量的其余变量分别进行回归，根据两个回归方程得到的两个残差所做的散点图。

（四）“保存”选项设置

单击图 9-5 中的“保存”按钮，可打开“保存”选项设置对话框，如图 9-8 所示。“保存”按钮主要是对回归模型运算的相关输出数据设置保存功能，包括以下组成部分。

1. 预测值

（1）“未标准化”指依据回归模型计算得到的预测值。

（2）“标准化”指转化成标准 Z 分数的回归模型预测值。

（3）“调节”指某个案删除后所建立回归方程在这个个案处的预测值。

（4）“均值预测值的 S.E.”指预测值的均值标准差。

2. 残差

（1）“未标准化”指残差，即观测值与预测值之差。

（2）“标准化”指把残差转化成均值为 0、标准差为 1 的标准化处理值。

（3）“学生化”指残差与残差标准差的比值。

（4）“删除”指从样本中删除某一个案后建立回归模型，并用此模型估计该个案的残差，即观测值与调整预测值的差。

（5）“学生化已删除”指用删除残差除以单个个案的标准误差。

3. 距离

（1）“Mahalanobis 距离”指自变量某一个案值与所有个案均值的马氏距离。当某一个案的马氏距离过大时，该个案可能是异常值。

（2）“Cook 距离”指从样本中删除某一个案后所引起的残差变化。这个改变量越大，该个案可能是强影响点。

（3）“杠杆值”指单个个案对拟合效果的影响度，取值范围为 0～[$n/(n-1)$]，0 表示此观测值对拟合无影响。

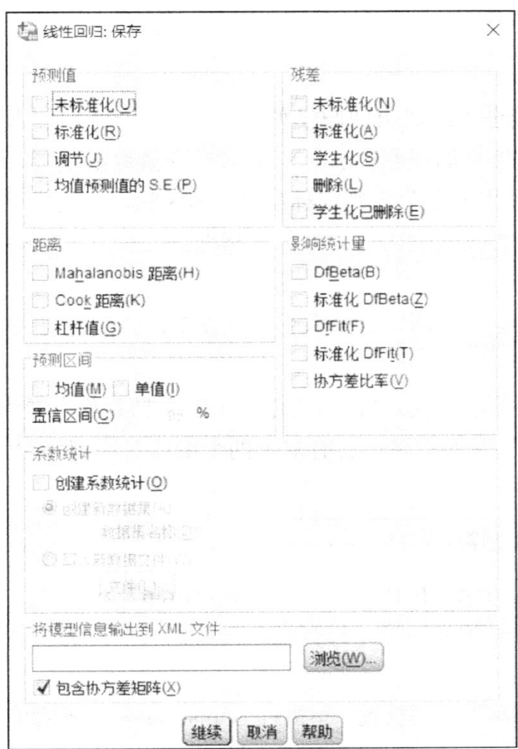

图 9-8　线性回归的保存对话框

4. 影响统计量

（1）“DfBeta”指删除某一个案后，包括常数项在内的回归系数的改变量。

（2）“标准化 DfBeta”是对 DfBeta 值进行标准化处理后的值。当“标准化 DfBeta”大于 $2/\sqrt{n}$ 时，被删除的个案可能是强影响点。

（3）“DfFit”指删除一个个案后预测值的改变量。

（4）“标准化 DfFit”指对 DfFit 值进行标准化处理后的值。当“标准化 DfFit”大于 $\sqrt{p/n}$（n 为观测值个数，p 为回归模型中的参数个数）时，被删除的个案可能是强影响点。

（5）“协方差比率”指删除某一个案后的协方差矩阵行列式与原协方差矩阵行列式的比值。这个比值越接近 1，表明该个案对协方差矩阵的影响不大。

5. 预测区间

（1）“均值”输出预测值的均值的置信区间。

（2）“单值”输出单个个案预测值的置信区间。

无论是“均值”还是“单值”，都可设定置信度，系统默认为 95%。

6. 系数统计

选中“创建系数统计”，激活“创建新数据集”和“写入新数据文件”两个选项，可将回归系数保存到指定数据集或新文件中。

7. 将模型信息输出到 XML 文件

XML 文件可直接用于 SmartScore 和 SPSS Server。单击“浏览”按钮，可把模型信息保存到指定路径的文件中，系统默认把协方差矩阵结果一同保存，当然也可不保存协方差矩阵数据。

（五）“选项”设置

单击图 9-5 中的“选项”按钮，可打开“选项”设置对话框，如图 9-9 所示，包括以下组成部分。

1. 步进方法标准

该选项用于设定自变量进入或退出回归模型的条件。“使用 F 的概率”表示当 F 的概率小于 0.05 时，自变量进入模型；当 F 的概率大于 0.10 时，自变量退出模型。这是系统的默认设置，当然也可改变这些判定标准。“使用 F 值”为判定标准时，F>3.84，自变量进入模型；F<2.71，自变量退出模型。同样，也可根据需要改变默认的 F 值判定标准。

2. 在等式中包含常量

该选项指回归模型中含有常数项。这是系统默认设置，当然也可设置不要常数项。

3. 缺失值

该选项设置对缺失值的处理方式。“按列表排除个案”指删除有缺失值的整个个案，“按对排除个案”指计算相关系数时遇到配对变量中含有缺失的个案成对地删除，“使用均值替换”指对缺失值用变量的均值来替代。

（六）“Bootstrap”选项设置

单击图 9-5 中的“Bootstrap”按钮，可打开“Bootstrap”对话框，如有必要，可进行相应选项设定，并执行 Bootstrap 程序。但要注意，只有在主对话框的“方法”中采用全部变量都进入回归模型，该选项方能使用。

导入问题的选项按上述各图示的设置（不执行 Bootstrap），完成后单击图 9-5 中的“确定”按钮，即可得到店铺偏好与自变量之间的线性回归分析结果。

图 9-9 线性回归的选项对话框

二、一元线性回归分析原理

所谓回归分析（Regression Analysis），是指应用统计技术建立数学模型，以描述变量之间因果关系的统计方法。回归分析与相关分析既有联系又有区别，对比如表 9-6 所示。

表 9-6 相关分析与回归分析的联系与区别

	目的	变量	原理	解释性
相关分析	相互依存：方向与强度	不需要区分自变量与因变量	测定变量间存在联系的方向与强度	r 说明变量间的联系状况
回归分析	因果关系：影响方向与程度	必须识别自变量与因变量	用自变量去解释因变量的能力	模型用以推断总体或预测未来

根据回归方程中自变量与因变量之间是否存在线性关系，可分为线性回归与非线性回归。线性回归中又依据自变量的多少分为一元线性回归与多元线性回归。

（一）一元线性回归方程的构建

一元线性回归是指利用调查的数据资料，分析两个变量之间的联系，在具有相关性的前提下建立一元线性回归方程，并代入预测期自变量值，以此推断因变量值的方法。一元线性回归研究一个自变量与一个因变量之间的相互关系，由于只有一个自变量，所以称为一元线性回归分析。

一元线性方程的函数关系表达式为

$$y = a + bx \tag{9-15}$$

式中，x 是自变量（Independent Variable）；y 是因变量（Dependent Variable）；a 是直线方程在 y 轴上的截距，即 x 等于 0 时的 y 值；b 是直线的斜率，表示 x 增减 1 个单位时 y 的改变量。

在相关关系中，当 x 确定后，y 值可能存在多个值，并非像函数关系那样有唯一的 y 值与之对应，而是会有一个随机误差项 $e_i = y_i - \hat{y}_i$，如图 9-10 所示。因此，对于实际的 n 组观测值（x_i, y_i）（i=1, 2, …, n），则有

$$y_i = a + bx_i + e_i \tag{9-16}$$

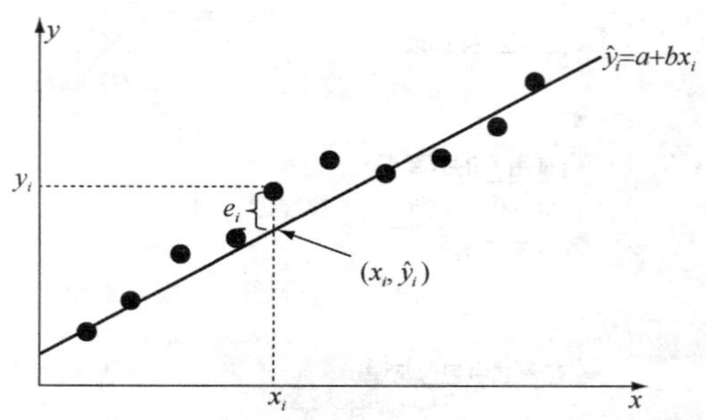

图 9-10　最小二乘法估计一元线性回归方程参数

一元线性回归是依据自变量与因变量的调查数据资料，找出一条最接近观测值的直线方程，即

$$\hat{y}_i = a + bx_i \tag{9-17}$$

式中，$\hat{y}$ 为 x 取观测值时，依据建立的回归方程所求出的 y 值，称为回归估计值或预测值。

要建立回归预测方程，就得先求出参数 a、b，通常用最小二乘法求解。

设实际值 y_i 与回归值 $\hat{y}_i$ 之间离差的平方和为 S，则

$$S = \sum_{i=1}^{n}(y_i - \hat{y}_i)^2 = \sum_{i=1}^{n}(y_i - a - bx_i)^2 \tag{9-18}$$

欲使建立的直线回归方程最接近实际观测值，则需使 S 最小。根据微分求极值的条件，S 分别对参数 a、b 的偏导数为零，即

$$\begin{cases} \dfrac{\partial S}{\partial a} = -2\sum_{i=1}^{n}(y_i - a - bx_i) = 0 \\ \dfrac{\partial S}{\partial b} = -2\sum_{i=1}^{n}(y_i - a - bx_i)x_i = 0 \end{cases}$$

经整理得

$$\begin{cases} na + b\sum_{i=1}^{n} x_i = \sum_{i=1}^{n} y_i \\ a\sum_{i=1}^{n} x_i + b\sum_{i=1}^{n} x_i^2 = \sum_{i=1}^{n} x_i y_i \end{cases} \tag{9-19}$$

为了便于书写，通常把求和符号Σ的变量及上下限在明确的情况下省略。在上述方程组中，（x_i，y_i）是对样本调查后得到的数据，在获得（x_i，y_i）的前提下，$\sum x_i$、$\sum x_i^2$、$\sum y_i$、$\sum x_i y_i$ 也可算出，解此关于 a、b 的方程组，可得

$$\begin{cases} b = \dfrac{\sum x_i y_i - \dfrac{1}{n}\sum x_i \sum y_i}{\sum x_i^2 - \dfrac{1}{n}(\sum x_i)^2} = \dfrac{S_{xy}}{S_{xx}} \\ a = \dfrac{1}{n}\sum y_i - b \times \dfrac{1}{n}\sum x_i = \bar{y} - b\bar{n} \end{cases} \tag{9-20}$$

在参数 a、b 确定的情况下，就能写出一元线性回归方程，即 $\hat{y}_i = a + bx_i$。

式中，a 是线性回归方程的估计值，是回归直线方程在 y 轴上的截距；b 是线性回归方程的估计值，也称为回归系数，表示 x 改变一个单位时 y 的变化量；n 是调查数据的个数。

（二）一元线性回归方程的检验

从回归分析方法本身来说，任何一组数据都可建立线性回归方程，但并不意味着二者之间就必然存在线性回归关系，因而需要应用统计分析手段进行检验。一元线性回归方程通常使用的检验方

法有相关系数检验与 t 检验。

1. 相关系数检验

本章第一节曾阐述过线性相关系数，检验的目的在于考察自变量与因变量之间相关的方向及密切程度。检验步骤总结如下。

首先，由调查样本数据计算出样本相关系数 r 。

其次，以置信水平 α 和自由度 $n-2$ 查相关系数表，得到临界值 $r_{\alpha,n-2}$。其中 α=1−置信度，一般常设置信度=95%，则 α=5%。

最后，进行统计推断。如果$|r|>r_{\alpha,n-2}$，则说明 x 对 y 存在线性相关；如果$|r|<r_{\alpha,n-2}$，则说明二者之间不存在线性相关关系，不能用最小二乘法建立直线回归方程进行预测。在用 SPSS 分析时，直接的判定方法是用 SPSS 给出的伴随概率 p 与设定的显著性水平 α 进行比较。如果 $p<\alpha$，则表明 x 与 y 存在线性相关关系；如果 $p>\alpha$，则不存在线性相关关系。

2. t 检验

t 检验的目的主要是考察自变量对因变量是否有显著性影响，即回归系数 b 是否为 0，以此判定自变量 x 的变化能否解释因变量 y 的变化。其检验步骤如下。

首先，计算残余标准差 S_e，公式为

$$S_e=\sqrt{\frac{\sum(y_i-\hat{y}_i)^2}{n-m-1}}=\sqrt{\frac{\sum y_i^2-a\sum y_i-b\sum x_iy_i}{n-m-1}} \tag{9-21}$$

式中，m 为回归方程中的自变量个数。对于一元线性回归，m=1。

其次，计算回归系数 b 的标准误（回归系数 b 抽样分布的平均误差），公式为

$$S_b=\frac{S_e}{\sqrt{S_{xx}}} \tag{9-22}$$

再次，计算 t 检验值，公式为

$$t=\frac{b}{S_b} \tag{9-23}$$

最后，做出统计推断。以 α 和自由度 $f=n-m-1$ 查 t 分布表，得临界值 $t_{\alpha,n-2}$，与式（9-23）得到的 t 值进行比较。如果 $|t|>t_{\alpha,n-2}$，则回归系数 b 显著，b=0 的可能性小于 α；如果 $|t|<t_{\alpha,n-2}$，则回归系数 b 不显著，即自变量对因变量的影响较小。

（三）回归预测值的求解

把自变量的未来估计值 x_0 代入式（9-17），即可求得因变量的点预测值 $\hat{y}_0$，即

$$\hat{y}_0=a+bx_0 \tag{9-24}$$

在用一元线性回归方程进行预测时，不仅要进行点估计值的预测，而且要在一定置信度（通常为 95%）下，确定预测值的区间范围。在大样本（$n\geqslant30$）的情况下，置信区间为

$$\hat{y}_0\pm t_{\alpha,n-2}S_e \tag{9-25}$$

如果是小样本（$n<30$），则在计算预测值的置信区间时需引进一个校正系数，为

$$\hat{y}_0\pm t_{\alpha,n-2}S_e\sqrt{1+\frac{1}{n}+\frac{(x_0-\bar{x})^2}{\sum(x_i-\bar{x})^2}} \tag{9-26}$$

（四）一元线性回归分析小结

综上所述，一元线性回归分析的基本步骤可总结如下。

第一步，选取变量。分析影响预测目标的有关因素，从诸多因素中找出影响程度最大的因素作

为自变量。选作自变量与因变量的因素必须具备较为完整的数据资料，以便求参数时使用。

第二步，画出散点图，直观判断自变量 x 与因变量 y 是否存在线性相关关系。如果自变量与因变量的散点图明显不是线性关系，则不能用直线回归建模预测，应考虑其他模型，如多元回归或曲线模型；如果二者有一定的线性相关特征，可继续下面的步骤。

第三步，建立回归模型。根据参数公式列表计算与求解一元线性方程参数有关的数据，并求解出参数，建立回归方程。

第四步，进行显著性检验，包括相关系数检验与 t 检验。

第五步，在显著性检验通过后，进行点估计与区间估计。在求出点预测值之前，通常需首先估计出自变量在预测期的值，可采用直线趋势拟合法、百分率递增法、自回归法求出，然后代入回归方程算出点估计值，并在一定置信度下推算出预测值的置信区间。

SPSS 中一元线性回归分析的路径是“分析→回归→线性”。回归系数、检验值、估计结果等，SPSS 均可自动输出。

三、多元线性回归分析原理

（一）多元线性回归分析概述

多元线性回归分析（Multiple Regression Analysis）是指利用调查的数据资料，探索两个及以上自变量与一个因变量之间的关系，建立多元线性回归模型，并据此模型进行预测的方法。

很多经济社会指标并不只与一个自变量有关，而是若干自变量共同影响和制约的结果，很难分辨出哪一个因素重要、哪一个因素不重要，它们对预测目标的影响都是必不可少的。在此情形下就难以取舍，因而需建立多个自变量的线性方程进行预测。例如，商品销售量不仅与商品价格有关，也与商品的质量、品牌知名度有关，还与企业促销费用有关；另外，国家政策、经济形势等诸多因素也影响商品销售量。再譬如，卷烟的需求量不仅与成年人口数量有关，还与卷烟价格、收入水平等因素有关。类似这样的问题都需建立多元回归模型。

一元线性回归方程可用手工计算，但在调查样本数据较多时，计算工作量巨大，而多元回归往往只能借助计算机程序来实现。多元线性回归分析法的基本原理与步骤和一元线性回归类似，只是由于自变量的增多，在具体的自变量选取、建模和检验等的计算中，要比一元回归复杂和烦琐。为此，多元回归分析重点介绍变量选取、参数求解与方程检验。

（二）多元线性回归分析的目的

多元线性回归分析主要是因为解决复杂问题的需要，具体目的有以下几种：

（1）确定因变量与自变量之间的关系是否存在，即自变量是否足以解释因变量的变化；

（2）确定因变量与自变量之间关系的强度，即因变量变化中的多大部分可以用自变量来解释；

（3）确定因变量与自变量之间关系的数学方程；

（4）评价某个自变量对因变量的贡献；

（5）找出重要的自变量，即比较各个自变量在拟合的因变量回归方程中相对作用的大小；

（6）预测，即求出给定自变量的因变量预测值。

（三）多元回归变量的选取

在选取自变量时，首先要分析研究影响因变量的各种因素，并确定其影响程度，弄清哪些是主要因素，可以考虑选为自变量，哪些是次要因素，可以忽略不计；其次，初步选定若干自变量，收集它们的数据资料，分别计算每个自变量与因变量之间的偏相关系数以及自变量与自变量之间的自相关系数；最后，根据相关系数的计算结果，判断哪些自变量与因变量显著相关应该选入，哪些自变量与因变量不相关或两个自变量之间高度线性相关，则应该剔除。

在对自变量的选取过程中，应注意以下几点：

（1）所选自变量必须对因变量有显著性影响，它能使判定系数有较大的提高，或者使残余标准差有较大幅度的降低；

（2）所选自变量应该具有完整的数据资料，而且自变量自身的变动应具有较强的规律性，能够取得准确度较高的预测值，难以计量的影响因素一般不宜选为自变量；

（3）所选择的自变量与因变量之间的相关，具有经济学意义和内在的因果联系，而不只是形式上的相关；

（4）所选自变量之间的相关程度不应高于自变量与因变量之间的相关程度。

在 SPSS 中可以用逐步回归法（Stepwise）、剔除法（Remove）、向后法（Backward）及向前法（Forward）来筛选自变量，还可通过后述的各种统计检验方法来选择自变量。

（四）多元回归方程的建立

多元线性回归模型为

$$\hat{y} = b_0 + b_1x_1 + b_2x_2 + \cdots + b_mx_m \tag{9-27}$$

式中，b_0，b_1，b_2，…，b_m为回归系数，同样用最小二乘法求解回归方程的参数。

如果已调查获取 n 组观测值（x_{ij}，y_j），i 表示自变量的序号（i=1，2，…，m），j 表示观测值的序号（j=1，2，…，n），同样可用最小平方法建立最接近这些观察值的线性关系模型。要使所建方程与实际观测值误差最小，则需使偏差平方和 S 最小，即

$$S = \sum_{j=1}^{n}(y_j - \hat{y}_j)^2 = \sum_{j=1}^{n}(y_j - b_0 - b_1x_{1j} - b_2x_{2j} - \cdots - b_mx_{mj})^2 \tag{9-28}$$

欲使误差最小（S 取得最小值），则必须使 S 对参数 $b_0, b_1, b_2, \cdots, b_m$ 的偏导数为零，从而建立如下 m+1 个线性方程组，即

$$\begin{cases} nb_0 + b_1\sum x_{1j} + b_2\sum x_{2j} + \cdots + b_m\sum x_{mj} = \sum y_j \\ b_0\sum x_{1j} + b_1\sum x_{1j}^2 + b_2\sum x_{1j}x_{2j} + \cdots + b_m\sum x_{1j}x_{mj} = \sum x_{1j}y_j \\ \cdots\cdots \\ b_0\sum x_{mj} + b_1\sum x_{1j}x_{mj} + b_2\sum x_{2j}x_{mj} + \cdots + b_m\sum x_{mj}^2 = \sum x_{mj}y_j \end{cases} \tag{9-29}$$

与一元回归一样，在取得观测值（x_{ij}，y_j）的情况下，任意一个自变量的总和、自变量的平方和、任意两个自变量间乘积的和、任意一个自变量与因变量乘积的和也是可以算出来的，这样就可利用式（9-29）求出 b_0，b_1，b_2，…，b_m 这 m+1 个参数，建立如式（9-27）那样的多元线性回归预测模型。

（五）多元回归的检验

建立的多元回归方程是否存在线性相关，自变量对因变量的影响是否显著，同样需要利用统计量进行检验。多元回归主要的检验方法有方差分析、判定系数 R^2 检验、F 检验、t 检验、$D.W$ 检验及多重共线性检验。

1. 方差分析

定义因变量实际观测值与其平均值的离差平方和为

$$\text{SST} = \sum(y_j - \overline{y})^2 \tag{9-30}$$

定义回归值 $\hat{y}_1$，$\hat{y}_2$，…，$\hat{y}_n$ 对其平均值（回归值的平均值也等于观测值的平均值）的离差平方和为

$$\text{SSR} = \sum(\hat{y}_j - \overline{y})^2 \tag{9-31}$$

定义自变量影响之外的其他因素所引起的误差平方和为

$$\text{SSE} = \sum(y_j - \hat{y}_j)^2 \tag{9-32}$$

则有

$$\text{SST=SSR+SSE} \quad \text{或} \quad \sum(y_j - \overline{y})^2 = \sum(y_j - \hat{y}_j)^2 + \sum(\hat{y}_j - \overline{y})^2 \tag{9-33}$$

SST 称为总平方和，由回归平方和与残差平方和两部分构成，其自由度 $f=n-1$；SSR 称为回归平方和，反映了回归值的离散程度，这一离散性是由于自变量的变化引起的，而且通过自变量对因变量的线性影响表现出来，自由度 $f_1=m$；SSE 称为残差平方和，反映的是模型自变量之外的偶然因素形成的误差，自由度 $f_2=n-m-1$。自由度之间的关系为

$$f=f_1+f_2 \tag{9-34}$$

在建立回归方程中，误差来源主要应由回归平方引起，小部分由残余误差构成。方差分析就是用来判断因变量总平方和是否主要由回归平方和构成。如果 SST 的绝大部分由回归平方和构成，表明回归效果较好；如果 SST 的绝大部分由残差平方和构成，则表明回归显著性差，自变量选取不当。

除分析误差的构成来源外，也通过分析残余标准差的大小，说明回归方程决定的回归估计值与实际值偏离的程度。残余标准差表示的是实际值与估计值之间的抽样平均误差，计算公式与一元线性回归相同

$$S_e = \sqrt{\text{MSE}} = \sqrt{\frac{\text{SSE}}{f_2}} = \sqrt{\frac{\sum(y_j - \hat{y}_j)^2}{n-m-1}} \tag{9-35}$$

S_e 越小，实际值与回归值的偏差也就越小，回归方程拟合效果越好。通常用残余标准差系数 $=S_e/\overline{y}$ 作为标准差的判定条件，如果 $S_e/\overline{y}<15\%$，则认为自变量较好地解释了因变量的变化，回归效果较好。

2. 判定系数检验

在一元线性回归中，用相关系数来评判回归的显著性，而多元回归中则采用判定系数（Coefficient of Multiple Determination），其公式为

$$R^2 = \frac{\text{SSR}}{\text{SST}} = \frac{\sum(\hat{y}_j - \overline{y})^2}{\sum(y_j - \overline{y})^2} = 1 - \frac{\sum(y_j - \hat{y}_j)^2}{\sum(y_j - \overline{y})^2} \tag{9-36}$$

判定系数 R^2 表示的是回归平方和与总平方和的比值，R^2 越大，说明回归平方和在总平方和中所占比重越大，自变量对因变量的解释能力越强，回归值与实际值的吻合程度越高；R^2 越小，说明回归平方和较小，自变量不足以解释因变量的变化，自变量之外的因素造成的残差平方和较大，不能进行预测。

判定系数除受回归平方和、残余平方和的影响外，还受变量（自变量和因变量）总数 $m+1$、观测值个数 n 的影响。当个案个数与变量总数的差值越小时，可能存在的残余平方和也就越小，因而只需减少 n 值就可提高 R^2 的值，这显然是违背常理的。为了克服这一不利的影响，在判定系数的公式中引入各部分平方和的自由度，以消除不同变量与个案个数的影响。修正后的判定系数 AdjustedR^2（简称 Adj.R^2）的计算公式为

$$\text{Adj.}R^2 = 1 - \frac{\sum(y_j - \hat{y}_j)^2 / f_2}{\sum(y_j - \overline{y})^2 / f} = 1 - \frac{f}{f_2}\frac{\sum(y_j - \hat{y}_j)^2}{\sum(y_j - \overline{y})^2} \tag{9-37}$$

由式（9-36）得

$$\frac{\sum(y_j-\hat{y}_j)^2}{\sum(y_j-\overline{y})^2}=1-R^2$$

代入式（9-37），可得

$$\text{Adj.}R^2=1-\frac{n-1}{n-m-1}(1-R^2) \tag{9-38}$$

修正后，在自由度 $n-m-1$ 减小时，修正系数（$n-1$）/（$n-m-1$）反而会增长。因而 Adj.R^2 就能排除单靠减少数据个数就能提高相关性的错误影响。

R^2、Adj.R^2 是多元回归分析经常采用的检验手段之一，它们的值越大，回归效果越显著。

3. *F*检验

F 检验也称显著性检验，主要检验因变量与多个自变量的组合是否存在总体的线性相关，即对回归方程的整体显著性进行检验。假设为

H_0：所有的总体回归系数都为零，即 $b_1=b_2=\cdots=b_m=0$

H_1：所有的总体回归系数至少有一个不为零

通常用统计量 *F* 值进行检验，其公式为

$$F=\frac{\text{MSR}}{\text{MSE}}=\frac{\text{SSR}/f_1}{\text{SSE}/f_2}=\frac{\sum(\hat{y}_j-\overline{y})^2/m}{\sum(y_j-\hat{y}_j)^2/(n-m-1)} \tag{9-39}$$

在 α、第一自由度 m 和第二自由度（$n-m-1$）确定时，查 *F* 分布表，得临界值 F_α（$m,n-m-1$）。如果 $F>F_\alpha(m,n-m-1)$，则表明自变量足以解释因变量的变化，线性假设有效；如果 $F<F_\alpha(m,n-m-1)$，则表明自变量不足以说明因变量的变化，或者回归方程中引入了一些对整体不显著的自变量。SPSS 程序不仅给出 *F* 值，还给出 *F* 值的伴随概率，常由概率值小于给定的显著性水平来拒绝零假设，否则接受零假设。

F 检验通常需要做出表 9-7 所示的方差分析表。

表 9-7　　方差分析表

来源	平方和	自由度	均方差	*F* 值
回归平方和	SSR	m	SSR/m	回归均方差 / 残余均方差
残差平方和	SSE	$n-m-1$	$SSE/(n-m-1)$	
总计	SST	$n-1$		

实际上，*F* 统计量也可以用判定系数 R^2 来表示，二者间的关系式为

$$F=\frac{\text{SSR}/m}{\text{SSE}/(n-m-1)}=\frac{\text{SSR}/(m\text{SST})}{\text{SSE}/[(n-m-1)\text{SST}]}=\frac{R^2/m}{(1-R^2)/(n-m-1)} \tag{9-40}$$

由式（9-40）可见，*F* 与 R^2 呈现同方向变动的关系：R^2 越大，*F* 值越大；R^2 越小，*F* 值也就越小。*F* 检验主要用于多元回归模型的检验，但也可用于一元线性回归方程的检验。

4. *t* 检验

所谓 *t* 检验，就是对回归方程中的参数估计值 b_i（i=0，1，2，…，m）逐个进行检验，以确定它们各自对回归方程的显著性。如果回归方程中的参数估计值 b_i=0，则说明该自变量在方程中根本不起作用，不必引入方程。*t* 检验实质上是检验各参数估计值为零的可能性，运用 *t* 检验剔除一些影响小或不起作用的自变量，使回归方程中保留的自变量 *x* 都对因变量 *y* 有着显著影响。因此，也常用 *t* 检验来选取自变量。

t 检验的目的是考察回归系数的显著性，假设为

H_0：b_i=0

H_0：$b_i \neq 0$，i=0，1，2，…，m

t 检验需计算统计量 t_i，其公式为

$$t_i = \frac{b_i}{\mathrm{SE}(b_i)} \quad i=0，1，2，\cdots，m \tag{9-41}$$

式中，t_i 是第 i 个回归系数 b_i 的 t 统计量值，b_i 是第 i 个自变量的参数估计值，SE（b_i）是第 i 个自变量的参数估计值 b_i 的标准误。

根据 α 及自由度（$n-m-1$）查 t 分布表，得临界值 t_α（$n-m-1$）。如果$|t_i|>t_\alpha$（$n-m-1$），说明第 i 个参数估计值 b_i 是有显著意义的；如果$|t_i|<t_\alpha$（$n-m-1$），则应淘汰第 i 个自变量 x_i，因为 b_i 对因变量 y 没有显著影响，应重新选择自变量来建立模型。

在用 SPSS 进行多元回归分析时，程序会自动计算出回归系数 t_i 的值及显著性概率。

5. D.W 检验

D.W 检验（Durbin-Watson）由 Durbin 和 Watson 二人联合提出，主要用来检验回归模型是否存在序列相关。所谓序列相关，是指回归方程中的各个误差项之间存在自相关关系。因变量的误差项定义为

$$e_j = y_j - \hat{y}_j \quad j=1, 2, \cdots, n \tag{9-42}$$

回归分析假定误差项是不存在序列相关的。如果回归模型存在序列相关，对估计的参数有效性会产生重大影响。D.W 检验是通过检测随机误差项 e_j 是否存在自相关来测定回归模型是否存在序列相关的。检验公式为

$$\mathrm{D.W} = \frac{\sum_{j=2}^{n}(e_j - e_{j-1})^2}{\sum_{j=1}^{n} e_j^2} \tag{9-43}$$

在给定 α 及包含常数项在内的回归模型参数个数 $k=m+1$（m 是自变量的个数）时，查 D.W 分布表得到相应的下限值 d_l 和上限值 d_u，然后依据以下条件做出推断：$d_u<$ D.W $< 4-d_u$，无序列相关；D.W $< d_l$，存在正序列相关；D.W $> 4-d_l$，存在负序列相关；$d_l<$ D.W $< d_u$ 或 $4-d_u < D.W < 4-d_l$，无法判断是否存在序列相关。

6. 多重共线性检验

多重共线性是指自变量间存在一定程度的线性相关关系，即某个自变量能近似地用其他自变量的线性组合来描述。在经济社会问题研究中，自变量间要完全独立很难做到，一般程度的共线性不会影响研究结论，但当共线性趋势较为明显时，就会严重影响回归模型的解释能力，带来对分析判断的失误。

多重共线性发生时的典型表现是回归方程整体显著性符合要求，但偏回归系数无统计意义；偏回归系数的估计值明显与常识不符，甚至连方向都是相反的；用专业知识判断肯定对因变量有影响的因素，在多元回归分析中却被剔除；减少一两个变量，回归方程的系数发生较大的波动，稳定性差。

在采用 SPSS 做回归分析时，程序也同步做出共线性的诊断，主要提供以下指标来帮助识别共线性问题。

（1）自变量间的相关系数矩阵，一般自相关系数超过 0.8 的变量在回归分析时可能存在共线性。

（2）容差=$1-R_i^2$，R_i^2 是以原自变量集合中的 x_i 为因变量、其余自变量为自变量所建立的线性回归方程的判定系数。R_i^2 越大，自变量间的自相关度越高，容差越小，共线性越突出；反之，R_i^2 越小，自相关越小，容差越大，共线性问题就越小。

（3）方差膨胀因子（Variance Inflation Factor，VIF）是容差的倒数。VIF 越小，共线性现象越小；VIF 越大，共线性问题可能越严重。当 VIF≥10 时，可认为某一自变量与其余自变量之间存在严重的多重共线性。

（4）特征值（Eigenvalue）指的是所有自变量间的方差与协方差矩阵（或相关矩阵）的特征值。如果某个特征值接近 0，则该特征值所对应回归系数的变量就可能有比较严重的共线性。

（5）条件指数（Condition Index，CI），$CI_i=\sqrt{\lambda_m/\lambda_i}$，$i$=1，2，…，$m$，$\lambda_m$、$\lambda_i$ 分别是自变量间的方差与协方差矩阵（或相关矩阵）的最大特征值和第 i 个特征值。$0\leqslant CI<10$，基本不存在多重共线性；$10\leqslant CI<100$，可能存在多重共线性；$CI>100$，可能存在严重的多重共线性。

四、线性回归分析结果的解读

回归分析以变量的相关性分析为前提，因而回归分析输出结果中包含相关性分析的结果。线性回归分析输出的“描述性统计量”表与相关性分析输出的表 9-2 完全相同，“相关性”表与表 9-3 类似，只是在回归分析中删除了平方和与协方差的数据，仅显示相关系数及显著性概率，在此不再赘述。

表 9-8 为回归模型自变量进出信息表。从表中可见，采用逐步进入法，准则为 F 的概率小于 0.05 的进入、大于 0.10 的剔除，第一个进入模型的是“产品质量”变量，第二个进入模型的是“商品价格”变量，总共两个自变量，没有变量从模型中删除。

表 9-8　　自变量进出情况表 [a]

模型	输入的变量	移去的变量	方法
1	产品质量		步进（准则：F-to-enter 的概率<=.050，F-to-remove 的概率>=.100）
2	商品价格		步进（准则：F-to-enter 的概率<=.050，F-to-remove 的概率>=.100）

a. 因变量：店铺偏好。

表 9-9 输出的是模型汇总表。从表中可见，模型因变量为“店铺偏好”，第一个模型的自变量为“产品质量”，判定系数 R=0.946，R^2=0.895，Adj.R^2=0.886，变量 x_1 能解释店铺偏好 88.6%的变差比例，x_1 进入模型后，R^2 增加了 0.895，回归自由度 df 1=1、残差自由度 df 2=12 时 F 值增加了 102.17，F 改变量（ΔF）的概率等于 0，表明 x_1 进入对店铺偏好有显著的解释效果；估计值的标准误（Standard Error）指残差均方和的平方根，即 $S_e=\sqrt{\mathrm{MSE}}=\sqrt{\mathrm{SSE}/f_2}$，$S_e=1.064=\sqrt{1.132}$。第二个模型增加一个自变量商品价格，此时 R=0.975，R^2=0.951，Adj.R^2=0.942，变量 x_1、x_2 能解释 y 的变差比例增加了 5.6%，F 值增加了 12.40，F 改变量的概率等于 0.005；D.W=1.711，在 α=0.05、$k=m+1=2+1=3$、n=14 时查 D.W 分布表，得 d_l=0.95，d_u=1.54（D.W 分表中 n 的最小值为 15，小于 15 前的临界值都相同），满足 $d_u<\mathrm{D.W}<4-d_u$，因而误差之间不存在序列相关。模型 2 的结果表明，自变量产品质量和商品价格能解释 94%的店铺偏好变化，方程的整体性显著，且误差项无序列相关。

表 9-9　　模型汇总表 [c]

模型	R	R^2	Adj.R^2	估计值的标准误	更改统计量					D.W
					R^2 的变化	F 的变化	df1	df2	Sig. F 变化	
1	0.946[a]	0.895	0.886	1.064	0.895	102.168	1	12	0.000	
2	0.975[b]	0.951	0.942	0.762	0.056	12.403	1	11	0.005	1.711

a. 预测变量：（常量）产品质量。

b. 预测变量：（常量）产品质量，商品价格。

c. 因变量：店铺偏好。

表 9-10 输出的是方差分析表。表中含义与第七章一样，不再赘述。从表中可见，模型 1、模型 2 的 F 统计量的 p=0<0.05，两个模型在 α=0.05 水平下均符合整体显著性要求，自变量足以解释因变量的变化。

对于模型 2（模型 1 也一样），表 9-9 与表 9-10 数量之间的相互关系为

R^2= SSR/SST=122.831/129.214=0.951，Adj.R^2 =1−f/f_2×(1−R^2)=1−13/11×(1−0.951)=0.942

F= MSR/MSE=61.415 27/0.580 34=105.826

表 9-10　　　　方差分析表[c]

模型		平方和	df	均方	F	Sig.
1	回归	115.633	1	115.633	102.168	0.000[a]
	残差	13.581	12	1.132		
	总计	129.214	13			
2	回归	122.831	2	61.415	105.826	0.000[b]
	残差	6.384	11	0.580		
	总计	129.214	13			

a. 预测变量：（常量）产品质量。

b. 预测变量：（常量）产品质量，商品价格。

c. 因变量：店铺偏好。

表 9-11 是回归系数及其检验信息表，是回归模型的重要输出。表中“模型”栏表示模型中的自变量构成；系数部分显示回归模型的系数，由“非标准化系数”可写出回归方程，由“标准系数”可分析自变量对因变量的影响程度，标准系数的绝对值越大，影响程度越大，同时给出了常数和各个自变量回归系数的标准误；“t”“Sig.”输出 t 检验统计量及其概率，如模型 2 中的产品质量变量，$t=B/S_e$=0.976 448÷0.096 712=10.096；“B 的 95%置信区间”分别给出 95%置信度时，每一个回归系数置信区间的下限及上限值；“相关性”分别输出零阶相关系数、偏相关系数及部分相关系数的值；“共线性统计量”是对模型共线性情况的诊断信息。

从表中可见，模型 1、模型 2 自变量的 t 统计量概率均小于 0.05，模型 2 两自变量的容差=0.719，接近 1，VIF=1.392<10，说明两个模型的自变量选取较为合适。但由表 9-9 知道，模型 2 解释因变量变化的比例更大，对观测值的拟合优度会更好，预测能力也会更强。

根据表 9-11 的数据可写出模型 1、模型 2 的表达式为

$$\hat{y}_i = 1.105 + 1.157x_1$$

$$\hat{y}_i = 0.535 + 0.976x_1 + 0.251x_2$$

在模型 2 中，产品质量的标准系数更大，它比商品价格对店铺偏好的影响更大。

表 9-11　　　　回归系数及其检验诊断表

模型		非标准化系数		标准系数	t	Sig.	B 的 95%置信区间		相关性			共线性统计量	
		B	标准误	β			下限	上限	零阶	偏	部分	容差	VIF
1	常量	1.105	0.617		1.790	0.099	−0.240	2.450					
	产品质量	1.157	0.114	0.946	10.108	0.000	0.908	1.407	0.946	0.946	0.946	1.000	1.000
2	常量	0.535	0.471		1.136	0.280	−0.501	1.571					
	产品质量	0.976	0.097	0.798	10.096	0.000	0.764	1.189	0.946	0.950	0.677	0.719	1.392
	商品价格	0.251	0.071	0.278	3.522	0.005	0.094	0.408	0.702	0.728	0.236	0.719	1.392

表 9-12 输出的是模型中剔除自变量的信息。从表中可见，模型 1 只有产品质量一个自变量，剔除了商品价格自变量，但商品价格与店铺偏好的偏相关系数为 0.728，且 t=3.522，对应 p=0.005<0.05，达到显著性水平，因而在下一步回归中优先把商品价格变量选入模型。如果是多元回归，剔除变量表中没有任何一个变量达到进入模型的条件，则程序停止回归。

表 9-12　　已排除的变量[b]

模型		Beta In	t	Sig.	偏相关	共线性统计量		
						容差	*VIF*	最小容差
1	商品价格	0.278[a]	3.522	0.005	0.728	0.719	1.392	0.719

a. 模型中的预测变量：（常量）产品质量。

b. 因变量：店铺偏好。

表 9-13 是自变量间的相关系数表。商品价格与产品质量的自相关系数为−0.531，第一节相关分析时已经指出并未达到统计上的显著性。

表 9-13　　自变量之间的相关表[a]

模型			产品质量	商品价格
1	相关性	产品质量	1.000	
	协方差	产品质量	0.013	
2	相关性	产品质量	1.000	−0.531
		商品价格	−0.531	1.000
	协方差	产品质量	0.009	−0.004
		商品价格	−0.004	0.005

a. 因变量：店铺偏好。

表 9-14 为共线性诊断表。它是采用主成分分析（参见第十章）所得的结果，包括各个维度上的特征值、条件指数及方差比例。在模型 2 中，最大特征值为 2.759，相应的条件指数分别是 $\sqrt{2.759/2.759}=1$、$\sqrt{2.758\,59/0.138\,55}=4.462$ 和 $\sqrt{2.758\,59/0.120\,86}=5.179$。两个模型的特征值均不接近 0，$CI$ 都小于 10，但从模型 2 来看，第 3 维度上产品质量、商品价格的方差比例分别为 0.98 和 0.32（越接近 1，共线性越突出），存在一定程度的共线性，但不严重。综合各个指标分析，自变量间不存在较为明显的多重共线性，两个自变量进入模型 2 可以接受。

表 9-14　　共线性诊断[a]

模型	维数	特征值	条件指数	方差比例		
				常量	产品质量	商品价格
1	1	1.888	1.000	0.06	0.06	
	2	0.112	4.098	0.94	0.94	
2	1	2.759	1.000	0.02	0.02	0.02
	2	0.139	4.462	0.69	0.00	0.65
	3	0.103	5.179	0.29	0.98	0.32

a. 因变量：店铺偏好。

表 9-15 是残差统计量表，相关含义见本节操作部分。残差越大，观测值与预测值的离差越大。

标准化残差如大于 1.96，则该观测个案为异常值。本例标准化残差的绝对值均小于 1.96，没出现极端值的情况。

表 9-15 残差统计量表

指标	极小值	极大值	均值	标准差	N
预测值	2.52	11.33	6.64	3.074	14
残差	−1.199	1.072	0.000	0.701	14
标准化预测值	−1.343	1.525	0.000	1.000	14
标准化残差	−1.573	1.407	0.000	0.920	14

a. 因变量：店铺偏好。

第三节 虚拟变量回归分析

一、虚拟变量回归概述

经济社会问题的研究中，常常会遇到性别、职业、教育程度、婚姻状况等类别变量或顺序变量，无法满足回归分析中自变量是连续变量的要求。在此情形下如仍要执行 SPSS 中的程序，则有两种处理方式：一是把类别变量或顺序变量转化为虚拟变量；二是采用 SPSS 更高级的 Logistic 方法。限于篇幅的原因，本节仅介绍虚拟变量的回归。

为了使类别变量满足线性回归的假定，就必须首先把类别变量转换成虚拟变量（Dummy Variable），然后按照一般线性回归分析方法对包含虚拟变量的模型进行建模和检验，这个过程称为虚拟变量回归。虚拟变量回归的因变量必须是区间变量或比例变量，不能是类别变量；当自变量较多时，可能存在自变量间的交互效应，除了考察单个自变量对因变量的影响外，与前述方差分析类似还要考察自变量间交互效应的影响，因而虚拟变量回归的自变量不宜太多。如果类别变量太多，可用方差分析或非参数检验的方法取而代之。

回归分析最适宜连续变量的情形。虚拟变量回归尽管能对变量做出建模与分析，但毕竟只是一种权宜之计。在对虚拟变量回归分析的结果解释上必须小心，因为含有 k 个类别的变量是被转换成 k-1 个 0 或 1 的变量，这样的拆分会影响对结果的解读。

二、类别变量虚拟化

类别变量虚拟化指将类别变量转换成一个或多个取值为 0 和 1 的二分变量过程。回归分析时，把多个二分变量视为一个整体（一个自变量）加入模型中。

如果调查量表中某问题 Q 是类别变量，共有 k 个类别，收集数据时分别用 1，2，…，k 作为类别代码，被调查者可能在 1～k 之间选择一种类别作答，则 1～(k-1)答案项用虚拟变量 $D_1, D_2, \cdots, D_{k-1}$ 表示，并定义为

$$D_1 = \begin{cases} 0, & \text{未选第1个类别} \\ 1, & \text{选中第1个类别} \end{cases}$$

$$D_2=\begin{cases}0, & 未选第2个类别\\1, & 选中第2个类别\end{cases}$$

……

$$D_{k-1}=\begin{cases}0, & 未选第k-1个类别\\1, & 选中第k-1个类别\end{cases}$$

在前 k-1 个类别 $D_1=D_2=\cdots=D_{k-1}=0$（前 k-1 个类别都不是）的情况下，被调查者的选择必然就是最后一个类别 k，不需要专门为第 k 个类别设定一个虚拟变量。未设定虚拟变量的类别称为基准，它必须内容明确、个案数适中。在前述例子中，第 k 个类别就起到参照物的作用，同时还存在 $D_1+D_2+\cdots+D_{k-1}=1$，不宜用问卷中“其他”作为参照准则；对于含有顺序关系的变量，如教育水平、富裕程度等，可以选择最高、最低或中等作为准则；作为比照准则的类别不一定是最后一个。

例如，被调查者的性别只有男或女两个类别，男性调查者用虚拟变量 D=1 表示，未表示者自然为女性；职业有公务员、事业单位员工、企业单位员工、自由职业者、无业五种，则需 4 个虚拟变量来表示“职业”，以“无业”为准则，设定 4 个虚拟变量，前四个职业都不是的情况下（取值为 0），必定是第五个职业——无业。一般地，类别变量有 k 个类别，只需设置 k-1 个类别。

下面以例 9-2 介绍 SPSS 对类别变量的转换操作。

【例 9-2】 一个研究“人的经济社会地位和婚姻状况对生活满意度的影响”项目，婚姻状况 $X1$ 分成鳏居、离异、未婚和已婚四类，编码分别为 1、2、3、4；经济社会地位 $X2$ 分为低和高两个等级，编码分别为 1、2；生活满意程度 Y 用 0～6 个等级指数加以评定，0 表示极不满意，6 表示非常满意。研究者收集了 20 个被试的婚姻状况、经济社会地位及生活满意程度指数数据，如表 9-16 所示。如何把反映婚姻状况和经济社会地位的类别变量转换为虚拟变量呢？[6]262

表 9-16　　人的经济社会地位和婚姻状况与生活满意程度指数

被试编号 ID	婚姻状况 $X1$	经济社会地位 $X2$	生活满意程度指数 Y
1	1	2	1
2	1	1	0
3	1	1	0
4	1	2	2
5	1	1	0
6	2	1	3
7	2	2	1
8	2	1	2
9	2	1	2
10	2	2	1
11	3	2	5
12	3	2	6
13	3	1	4
14	3	1	2
15	3	2	5
16	4	1	4
17	4	2	6
18	4	1	2
19	4	2	5
20	4	2	6

分析思路提示：

在该问题的分析中，自变量经济社会地位和婚姻状况均是用类别变量表示的，不能直接使用回归分析，需要将类别变量转换为虚拟变量；且自变量是两个类别变量，可能存在自变量间的交互效应，分析中除考虑每个类别变量的影响外，还需考察两组虚拟变量乘积的交互作用影响。一个类别变量要转换成若干个虚拟变量，这些是一个整体，必须全部进入多元回归分析的模型。

（一）建立数据文件

（1）启动 SPSS。

（2）定义变量。在变量视图中，定义被试编号为 ID，婚姻状况为 *X*1，经济社会地位为 *X*2，生活满意程度指数为 *Y*。

（3）录入数据。按表 9-16 所示的数据录入每个个案的原始数据，将文件保存为“Data09-2.sav”。

（二）虚拟变量转换

（1）单击“转换→重新编码为不同变量”菜单，打开“重新编码为其他变量”对话框，如图 9-11 所示。

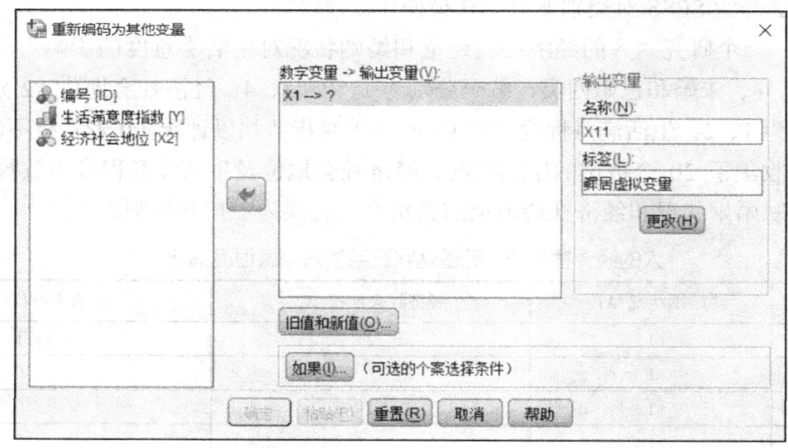

图 9-11　变量重新编码对话框

（2）选中变量婚姻状况 *X*1，单击向右的箭头进入中间的“数字变量→输出变量”框，在右边的“输出变量”框中定义虚拟变量名为 *X*11，在“标签”框中录入“鳏居虚拟变量”。

（3）单击“旧值和新值”按钮，打开图 9-12 所示的对话框。在“旧值”中选择“值”选项，输入原编码值 1（代表鳏居），在“新值”中选择“值”，输入属于鳏居类别的虚拟变量值 1，单击“添加”按钮，把转换值加入“旧→新”框；再次选择“旧值”中的“所有其他值”选项，在“新值”中选择“值”，输入婚姻状况属于非鳏居类别的虚拟变量值 0，同样单击“添加”按钮。单击“继续”按钮，返回重新编码对话框。

（4）单击图 9-11 中的“更改”按钮，确认对变量的重新编码，最后单击“确定”按钮，婚姻状况的“鳏居”虚拟变量设置即完成，并在当前打开的窗口中新增一个变量 *X*11。

（5）重复（1）～（4）的步骤，可类似地设置离异（*X*12）和未婚（*X*13）虚拟变量。

（6）重复（1）～（4）的步骤，可类似地设置经济社会地位的虚拟变量 *X*21。由于经济社会地位只有低和高两个类别，只需要 1 个虚拟变量，以高等级为准则类别（虚拟变量值为 0），旧值与新值的设定为：1→1 和 2→0。

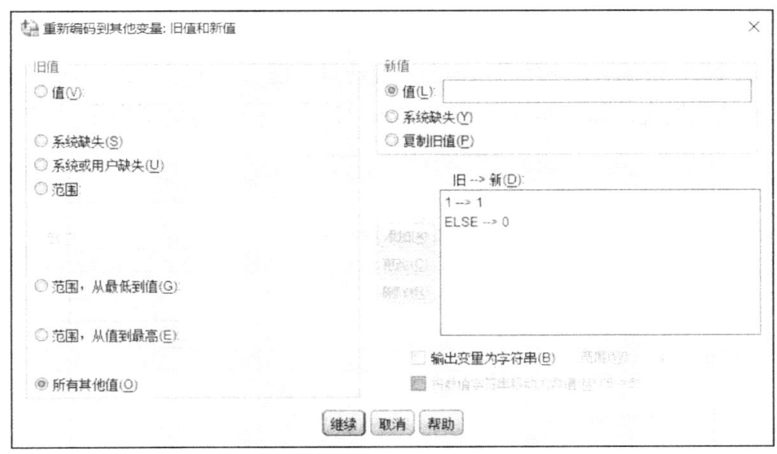

图 9-12　重新编码旧值和新值对话框

（7）除考虑婚姻状况与经济社会地位单独对生活满意度的影响外，还要考察婚姻状况与经济社会地位的交互（两变量乘积）作用，因而也要设定交互的虚拟变量 *X*11*X*21、*X*12*X*21、*X*13*X*21。单击“转换→计算变量”菜单，打开“计算变量”对话框，如图 9-13 所示。在左边的“目标变量”框中输入 *X*11*X*21，在“数字表达式”框中输入两个变量乘积的公式“*X*11***X*21”，单击“类型与标签”按钮可设定交互虚拟变量的标签，本例中采用“将表达式用作标签”，最后单击“确定”按钮就可生成第一个交互虚拟变量 *X*11*X*21 及其所对应的值。重复上述操作，可类似地确定 *X*12*X*21 和 *X*13*X*21。

至此，全部虚拟变量的转换完成，保存含有虚拟变量的数据文件“Data09-2.sav”。

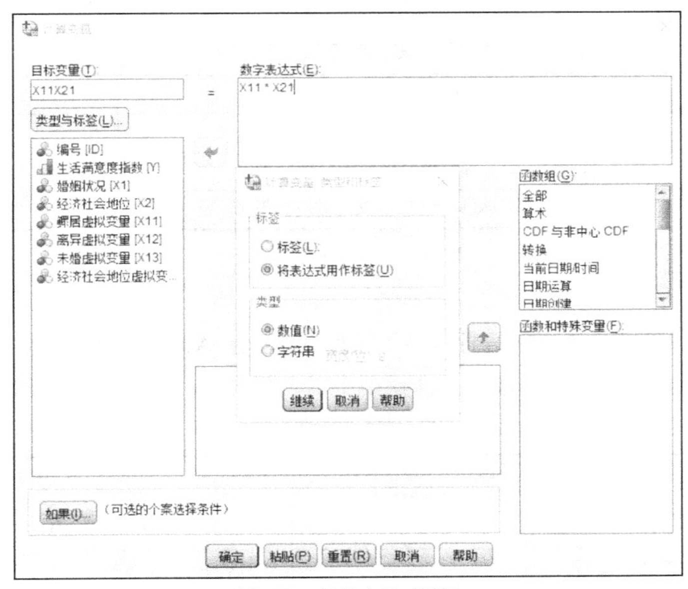

图 9-13　计算变量对话框

三、虚拟变量的建模与分析

打开数据文件“Data09-2.sav”，单击“分析→回归→线性”菜单，选择 *Y* 进入“因变量”框，*ID* 进入“个案标签”框。首先将 *X*21 选入“自变量”框，单击“下一张”按钮；同时选择 *X*11、*X*12 和

X13到“自变量”框，单击“下一张”按钮；再次同时选择X11X21、X12X21和X13X21到“自变量”框。采用全部变量强制进入的方法进行回归，在“统计量”框中勾选“估计”“模型拟合度”和“R方变化”，其余按系统默认设置，如图9-14所示，单击“确定”按钮得虚拟变量回归分析结果。

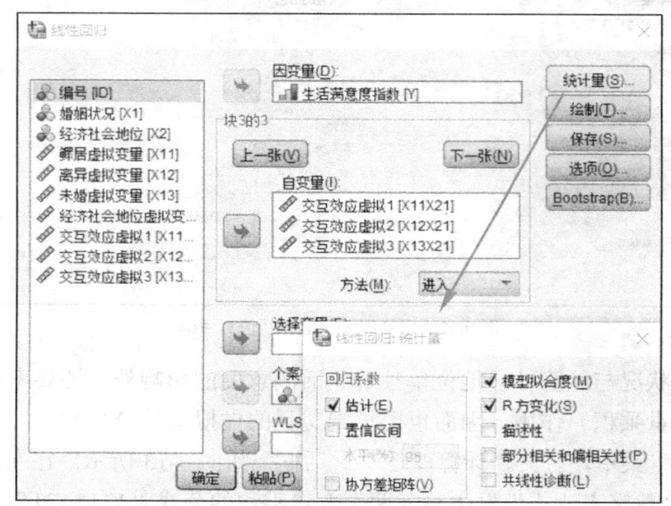

图9-14　虚拟变量回归设置

表9-17是虚拟变量回归自变量进出情况表。从表中可见，模型1进入了自变量X21（经济社会地位），模型2除X21外还进入了X13、X12和X11（婚姻状况），模型3除X21、X13、X12和X11外还进入了交互效应的三个变量，采用的是自变量强制全部进入法，自然没有一个变量被剔除。

表9-17　　进出回归模型的变量一览表[b]

模型	输入的变量[a]	移去的变量	方法
1	经济社会地位虚拟变量		输入
2	未婚虚拟变量，离异虚拟变量，鳏居虚拟变量		输入
3	交互效应虚拟3，交互效应虚拟2，交互效应虚拟1		输入

a. 已输入所有请求的变量。

b. 因变量：生活满意度指数。

表9-18输出是回归模型的汇总信息。对于模型3来说，Adj.R^2=0.878，全部变量能解释生活满意度的87.8%，F值增量的概率为0.005，在模型中引入交互效应变量是显著的。

表9-18　　模型汇总表[d]

模型	R	R^2	Adj.R^2	估计的标准误	更改统计量				
					ΔR^2	ΔF	df1	df2	ΔF的概率
1	0.462[a]	0.213	0.170	1.922	0.213	4.886	1	18	0.040
2	0.885[b]	0.782	0.724	1.107	0.569	13.079	3	15	0.000
3	0.961[c]	0.923	0.878	0.736	0.141	7.318	3	12	0.005

a. 预测变量：（常量）经济社会地位虚拟变量。

b. 预测变量：（常量）经济社会地位虚拟变量、未婚虚拟变量、离异虚拟变量、鳏居虚拟变量。

c. 预测变量：（常量）经济社会地位虚拟变量、未婚虚拟变量、离异虚拟变量、鳏居虚拟变量、交互效应虚拟3、交互效应虚拟2、交互效应虚拟1。

d. 因变量：生活满意度指数。

表 9-19 输出的是方差分析表。表中 Sig. 值都小于 0.05，表明三个模型的 F 统计量均达到了显著，模型的整体回归效果是比较好的，自变量及其交互效应能够解释因变量的变化。

表 9-19 ANOVA[d]

模型		平方和	df	均方	F	Sig.
1	回归	18.050	1	18.050	4.886	0.040[a]
	残差	66.500	18	3.694		
	总计	84.550	19			
2	回归	66.158	4	16.540	13.489	0.000[b]
	残差	18.392	15	1.226		
	总计	84.550	19			
3	回归	78.050	7	11.150	20.585	0.000[c]
	残差	6.500	12	0.542		
	总计	84.550	19			

a. 预测变量：（常量）经济社会地位虚拟变量。

b. 预测变量：（常量）经济社会地位虚拟变量、未婚虚拟变量、离异虚拟变量、鳏居虚拟变量。

c. 预测变量：（常量）经济社会地位虚拟变量、未婚虚拟变量、离异虚拟变量、鳏居虚拟变量、交互效应虚拟 3、交互效应虚拟 2、交互效应虚拟 1。

d. 因变量：生活满意度指数。

表 9-20 输出的是回归模型系数表。从表中可见，经济社会地位的回归系数为负，表明经济社会地位低的社会成员对生活满意程度也较低；同时，鳏居、离异、未婚者的回归系数也为负，相对于正处在婚姻存续期的人来说，生活满意度也较低，鳏居、离异者比未婚者影响更大。这说明，经济社会条件好、婚姻家庭美满的人，有更高的幸福感和生活满意度，也更认同社会价值和个人奋斗。

表 9-20 回归模型系数表[a]

模型		非标准化系数		标准系数	t	Sig.
		B	标准误	β		
1	（常量）	3.800	0.608		6.252	0.000
	经济社会地位虚拟变量	−1.900	0.860	−0.462	−2.210	0.040
2	（常量）	5.117	0.535		9.566	0.000
	经济社会地位虚拟变量	−1.292	0.505	−0.314	−2.556	0.022
	鳏居虚拟变量	−3.742	0.708	−0.788	−5.288	0.000
	离异虚拟变量	−2.542	0.708	−0.535	−3.592	0.003
	未婚虚拟变量	−0.200	0.700	−0.042	−0.286	0.779
3	（常量）	5.667	0.425		13.336	0.000
	经济社会地位虚拟变量	−2.667	0.672	−0.648	−3.969	0.002
	鳏居虚拟变量	−4.167	0.672	−0.878	−6.202	0.000
	离异虚拟变量	−4.667	0.672	−0.983	−6.946	0.000
	未婚虚拟变量	−0.333	0.601	−0.070	−0.555	0.589
	交互效应虚拟 1	1.167	0.950	0.203	1.228	0.243
	交互效应虚拟 2	4.000	0.950	0.695	4.210	0.001
	交互效应虚拟 3	0.333	0.950	0.049	0.351	0.732

a. 因变量：生活满意度指数。

导入问题回应

1. 从第一节相关分析（见表9-2）知道，产品质量与商品价格都与店铺偏好在0.01的显著性水平下相关，但相关系数的大小毕竟有所不同，分别为0.946、0.702，产品质量与店铺偏好之间有更高的相关度；从逐步回归分析可知，首先进入模型的是产品质量（见表9-8），其次商品价格变量进入模型后R^2只增加了0.056（见表9-9），标准化回归系数分别为0.798、0.278（见表9-11），这些都说明产品质量的解释能力更强。综合两方面的分析数据，产品质量对店铺偏好的解释能力更强，自然产品质量就是解释店铺偏好更好的变量。

2. 店铺偏好y依赖于产品质量x_1的回归方程为

$$\hat{y}_i = 1.105 + 1.157x_1$$

店铺偏好y依赖于产品质量x_1、商品价格x_2的回归方程为

$$\hat{y}_i = 0.535 + 0.976x_1 + 0.251x_2$$

3. 从F检验、t检验来分析，模型1、模型2均能通过统计检验，表明模型单个自变量及多个自变量组合的回归方程整体上都是显著的。但由表9-8可知，商品价格自变量加入模型后，模型2解释因变量变化的比例更大，对观测值的拟合优度会更好，预测能力也会更强。尽管两个模型都可对店铺偏好进行预测，但模型2的拟合效果会更突出。但不可回避的问题是加入x_2后，出现了一定程度的共线性（见表9-8）。

本章思考题

1．相关分析、回归分析都是像函数关系一样的确定型问题分析吗？

2．相关分析与回归分析有什么区别？

3．在用 SPSS 软件进行相关分析和回归分析时，能否用相关系数值的大小来判断变量间是否相关？

4．用 SPSS 进行多元回归分析时，判断自变量影响大小的是回归系数的值吗？

5．多元回归分析时如何选择自变量？

第十章 数据的因子分析

导入问题 购买牙膏为哪般？[4]422–423

通过在商场对30个人进行拦截式调查，以确定消费者购买牙膏时追求的主要利益，调查结果如表10-1所示。问卷采用七级Likert量表询问消费者对以下6个陈述问题的认同度，1表示极力反对，7表示非常赞同。

Q1：购买预防蛀牙的牙膏是重要的；

Q2：我喜欢使牙齿亮泽的牙膏；

Q3：牙膏保护牙龈；

Q4：我喜欢能使口腔清新的牙膏；

Q5：预防坏牙不是牙膏提供的一项重要利益；

Q6：购买牙膏时考虑的是富有魅力的牙齿。

表 10-1 被调查者对牙膏特性的评分

编号	Q1	Q2	Q3	Q4	Q5	Q6	编号	Q1	Q2	Q3	Q4	Q5	Q6
1	7	3	6	4	2	4	16	6	4	6	3	3	4
2	1	3	2	4	5	4	17	5	3	6	3	3	4
3	6	2	7	4	1	3	18	7	3	7	4	1	4
4	4	5	4	6	2	5	19	2	4	3	3	6	3
5	1	2	2	3	6	2	20	3	5	3	6	4	6
6	6	3	6	4	2	4	21	1	3	2	3	5	3
7	5	3	6	3	4	3	22	5	4	5	4	2	4
8	6	4	7	4	1	4	23	2	2	1	5	4	4
9	3	4	2	3	6	3	24	4	6	4	6	4	7
10	2	6	2	6	7	6	25	6	5	4	2	1	4
11	6	4	7	3	2	3	26	3	5	4	6	4	7
12	2	3	1	4	5	4	27	4	4	7	2	2	5
13	7	2	6	4	1	3	28	3	7	2	6	4	3
14	4	6	4	5	3	6	29	4	6	3	7	2	7
15	1	3	2	2	6	4	30	2	3	2	4	7	2

请问：

1. 态度调查中所设计的众多问题可否简化为两个或三个问题？简化的条件是什么？
2. 简化后的因素是什么？驱动消费者购买牙膏的动机到底是什么？
3. 牙膏厂商如何有针对性地实施营销？

第一节 因子分析过程

借用本章导入问题“购买牙膏为哪般？”的数据资料，详细介绍用 SPSS 进行因子分析的选项设置与操作过程。

一、因子分析数据文件的建立

1. 定义变量

启动SPSS，单击底部左边的“变量视图”按钮，进入SPSS变量设计窗口，按表10-1中的调查数据，定义顾客编号为变量*No*，将问题1～6分别定义为变量*Q1*～*Q6*，如图10-1所示。

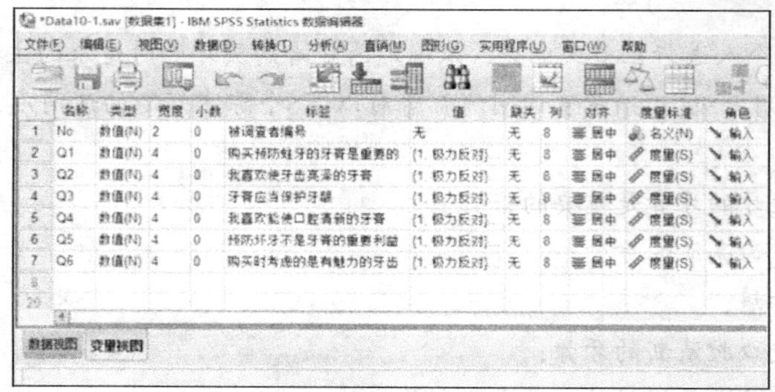

图10-1　因子分析的变量定义

2. 建立数据文件

按图10-1模式完成全部变量定义后，单击底部左边的“数据视图”按钮，进入SPSS数据录入窗口。输入表10-1中调查到的30个消费者的数据，建立数据文件“Data10-1.sav”，如图10-2所示。由于计算机显示屏所限，图10-2呈现的只是部分数据。

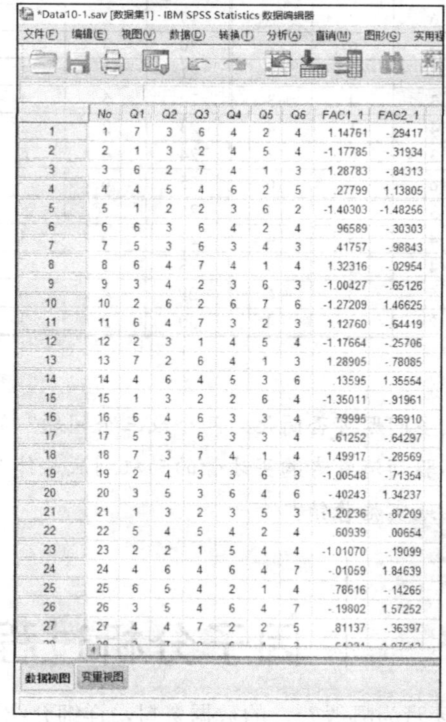

图10-2　因子分析的数据模式

二、因子分析的操作过程

（一）主对话框设置

单击“分析→降维→因子分析”菜单，出现因子分析对话框，如图 10-3 所示。将问题 1～6 选入变量框中。

（二）设置描述统计量

单击图 10-3 中的“描述”按钮，出现因子分析的描述性统计框。它由统计量与相关矩阵两个部分构成，如图 10-4 所示。

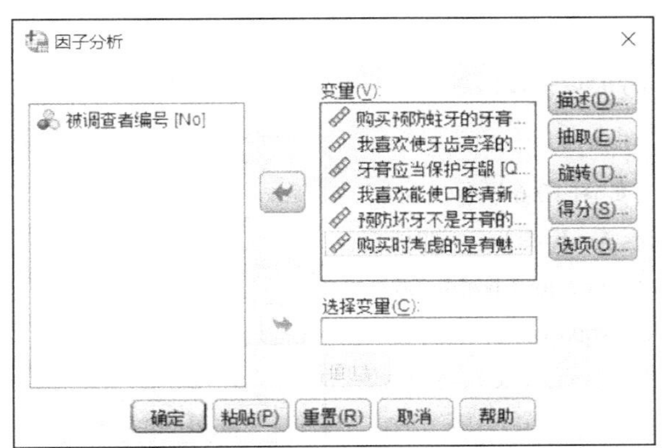

图 10-3　因子分析主对话框

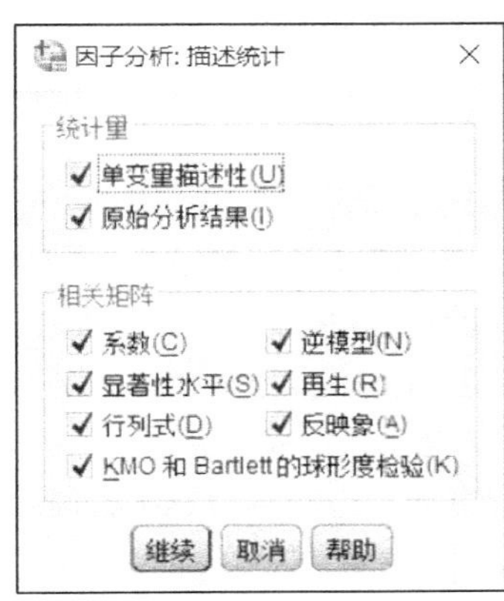

图 10-4　因子分析的描述性设置

1. 统计量选项

（1）“单变量描述性”用于输出每个变量的均值、标准差和样本量。

（2）“原始分析结果”用于输出初始分析方案，包括原变量的公因子方差、因子个数、因子特征值、各因子占总方差的百分比和累计百分比，此为系统默认设置。

2. 相关矩阵选项

（1）勾选“系数”选项后，输出初始变量之间的相关系数矩阵。

（2）选中“显著性水平”选项，则输出变量之间相关系数单侧检验的伴随概率。

（3）“行列式”用于输出相关系数矩阵的行列式。

（4）“KMO 和 Bartlett 的球形度检验”：KMO 用于判断数据能否进行因子分析，而 Bartlett 的球形度检验用来判断相关系数矩阵是否为单位矩阵。

（5）“逆模型”输出相关系数矩阵的逆矩阵。

（6）“再生”表示显示从因子解估计的相关矩阵及残差。

（7）“反映象”输出反映象相关矩阵和协方差矩阵。好的因子模型中，大部分非对角线的元素将会很小，变量的取样充分性度量显示在反映象相关矩阵的对角线上。

导入问题的设置如图 10-4 所示。

（三）抽取因子设置

单击图 10-3 中的“抽取”按钮，出现因子抽取对话框，如图 10-5 所示，包括五个部分的选项设置。

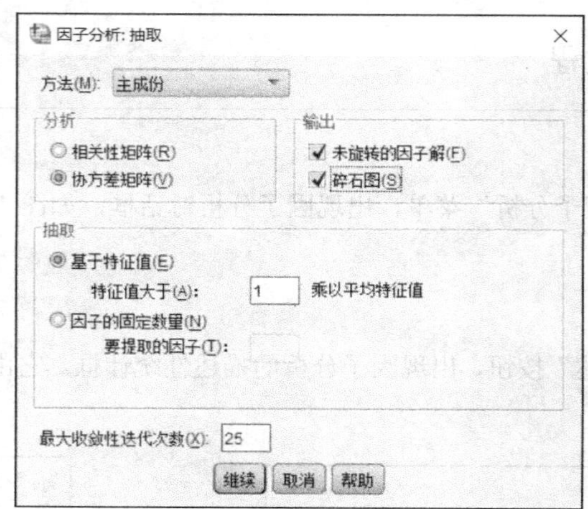

图 10-5 因子分析的因子抽取设置

1. 方法

"方法"下拉菜单提供了7种抽取因子的方法，如图10-6所示，常用的有系统默认的主成分分析法（Principal Components Analysis）、主轴因子分解法（Common Axis Factoring）和最大似然法（Maximum Likelihood）。此外，还有未加权的最小平方法（Unweighted Least-squares）、综合最小平方法（Generalized Least-squares）、α因子分解法（Alpha Factoring）和映象因子分解法（Image Factoring）。

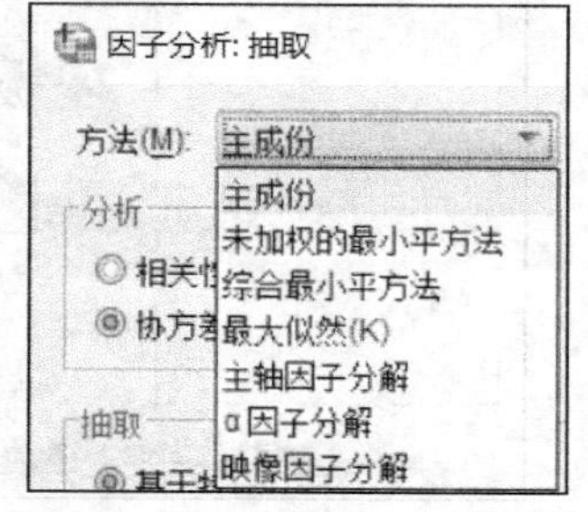

图 10-6 抽提取因子的方法设置菜单

如果变量较多，样本量很大，而且相关度也高，则7种方法的结果差异不大；如果样本量极大（1 500 以上），则极大似然法较精确；如果样本量小或变量少，α因子法或映象因子法可能更好；大多数情况下，都可采用主成分分析法。

2. 分析

"分析"选项用于计算公共因子矩阵。一般来说，当变量具有相同的测量尺度（如同为Likert五级、七级量表）时，以协方差矩阵计算较为合适，可以准确测定出变量间的相对重要性；当变量的测量尺度不同时，为避免因测量尺度不同导致少数几个变量解释了绝大多数的变量，采用相关系数矩阵进行计算较为合适。

导入问题选用协方差矩阵（Covariance Matrix）作为抽取公共因子的依据。

3. 输出

对于"输出"选项，导入问题选用未旋转的因子解（Unrotated Factor Solution）和碎石图（Scree Plot），如图10-5所示。

4. 抽取

"抽取"选项框中，"基于特征值"表示抽取特征值大于设定数值的因子，系统默认抽取特征值大于平均特征值的因子，当然也可根据研究需要设置抽取大于平均特征值任意倍数的因子。需要注意的是，如果"分析"中选择的是"相关性矩阵"，则抽取的是特征值大于1的因子；也可以使用"因子的固定数量"自定义抽取因子的数量。导入问题采用默认值。

5. 设定计算迭代次数

"最大收敛性迭代次数（Maximum Iterations for Convergence）"用于设定最大迭代的次数，系统默认为25。

（四）因子旋转设置

单击图 10-3 中的“旋转”按钮，打开因子旋转对话框，如图 10-7 所示。它由以下三个部分构成。

1. 方法

用于设置因子旋转的方法。

（1）无，不进行因子旋转，此为系统默认设置。

（2）最大方差法（Varimax），是一种常用的正交旋转。

（3）最大四次方值法（Quartimax），目的是每个变量需要解释的因子数最少，属于正交旋转。

（4）最大平衡值法（Equamax），是最大方差法和最大四次方值法的结合，自然也属于正交旋转。

（5）直接斜交旋转（Direct Oblimin），选用此法时可设置 δ 的值，范围为 0～0.8。δ 越小，斜交程度越小。

（6）Promax，最常用的斜交旋转，往往是在有具体分析目的时采用，选用该法可设置 Kappa 的值，默认值为 4。

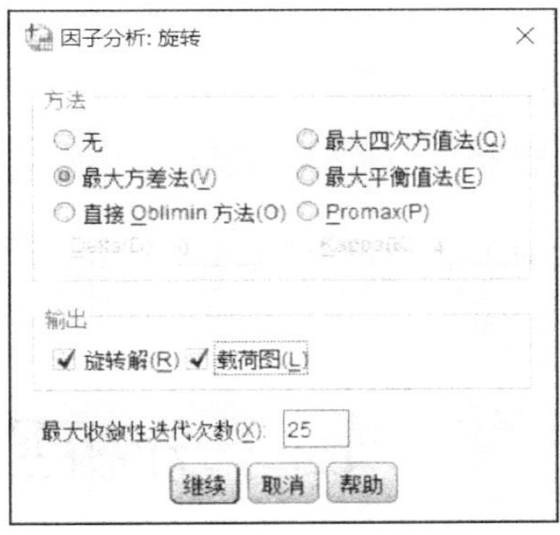

图 10-7　因子分析的因子旋转设置

如理论显示因子间彼此是独立的（不相关），宜用正交旋转；而因子之间有交叉（有一定的相关度），则用斜交旋转。正交旋转时，若希望每一因子所能解释的变异量最大，则应采用最大变异法；若是想找到一个最重要的因子，则用最大四次方值法；若目的是每个因子所能解释的变异尽量均等，则应采用最大平衡值法。

导入问题选用最大方差法对因子进行旋转。

2. 输出

旋转解（Rotated Solution）表示输出因子旋转方案，载荷图（Loading Plots）表示输出因子空间载荷图。

3. 最大迭代次数

最大收敛性迭代次数，系统默认为 25。

（五）因子得分设置

单击图 10-3 中的“得分”按钮，打开因子得分对话框，如图 10-8 所示。它由以下三个部分构成。

（1）“保存为变量”表示将因子得分存入数据文件。

（2）“方法”选项设置对因子得分的分析方法，通常选用系统默认的回归法。

（3）显示因子得分系数矩阵（Display Factor Score Coefficient Matrix），可根据此矩阵计算观测变量的因子得分。

（六）因子分析的选项设置

单击图10-3中的“选项”按钮，可分别设置缺失值及系数显示格式，如图10-9所示。

缺失值前面很多地方均有介绍，此处不重述。按大小排序（Sorted by Size）表示依据因子载荷系数值排序，取消小系数（Suppress Absolute Values Less Than）指将不显示因子载荷系数小于设定值的数据。

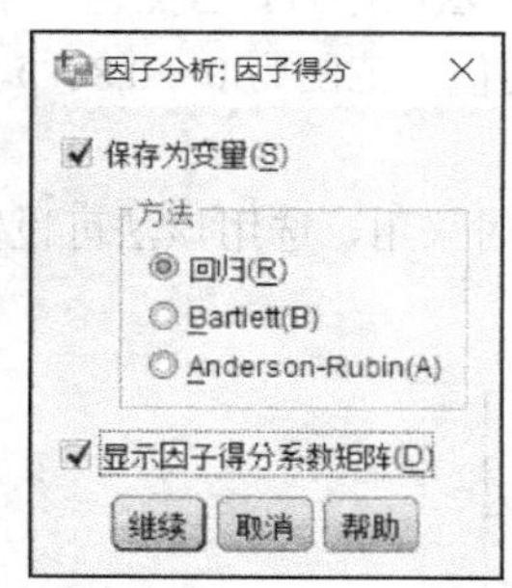

图 10-8　因子得分设置对话框

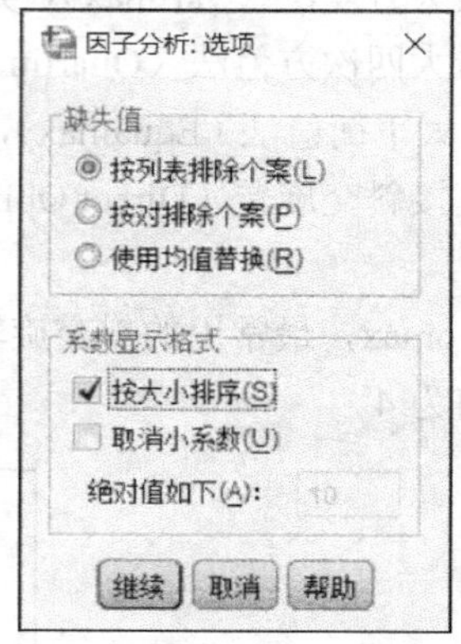

图 10-9　因子分析的选项设置

所有设置完成后，单击主对话框中的“确定”按钮，可得因子分析的输出结果。

第二节　因子分析原理

本节简单介绍 SPSS 中采用的因子分析思路、模型及步骤。

一、因子分析思路

因子分析（Factor Analysis）是一种数据压缩技术，即用相对少量的几个因子表示许多相互有关联的原变量之间的关系。被描述的变量是可以观测的显在变量，因子是不可观测的潜在变量。因子分析的目的，就是要找出那些具有本质意义的少量因子，并用一定的结构或模型来表达或解释大量可观测的变量。

因子分析的一般目的：

（1）利用少量因子去解释多个变量之间的相关性，起到简化数据、降低维度的作用；

（2）识别数据中潜在的不能直接观测的结构或维度；

（3）用少量几个互不相关的新因子去代替一组存在相关性的原始数据，以解决多元分析中的困难；

（4）识别一组变量集当中的重要变量，用于后续的多元分析。

因子分析中抽取多少因子合适呢？一是与数据本身呈现的结构有关，二是为了便于解读，最直观的当然是平面坐标系，即两个因子，容易理解和用图形展示。

因子分析与回归分析的区别表现在，因子是一个比较抽象的概念，需要研究者发挥主观能动性去命名和解读，而回归系数有非常明确的实际意义；因子分析通常为回归分析识别主要变量做准备，也是一种数据预处理方法。

二、因子分析模型

通过调查获得 n 个个案的数据，有 p 个标准化变量 x_i（均值为 0，方差为 1），i=1，2，…，p。因子分析就是把 p 个变量缩减为 m 个因子的线性表达式为

$$\begin{cases} x_1 = a_{11}F_1 + a_{12}F_2 + \cdots + a_{1m}F_m + \varepsilon_1 \\ x_2 = a_{21}F_1 + a_{22}F_2 + \cdots + a_{2m}F_m + \varepsilon_2 \\ \cdots \\ x_p = a_{p1}F_1 + a_{p2}F_2 + \cdots + a_{pm}F_m + \varepsilon_p \end{cases} \tag{10-1}$$

式中，x_i 代表第 i 个标准化变量，i=1，2，…，p；F_j 代表提取的第 j 个共同因子，j=1，2，…，m，通常 m 远远小于 p；a_{ij} 代表因子 F_j 的系数值，表示第 i 个变量在第 j 个因子上的载荷，也可理解为第 i 个变量与第 j 个因子的相关系数；ε_i 为第 i 个变量的特殊因子或误差，是第 i 个变量中不能用共同因子解释的部分。

三、因子分析步骤

因子分析的主要步骤如图 10-10 所示。

（一）定义研究的问题

根据以往的研究、相关理论和研究人员的判断，明确因子分析的目的，收集调查数据资料，选择用于因子分析的变量。通常变量应是区间或比例尺度变量，样本数至少是变量数的 4～5 倍。

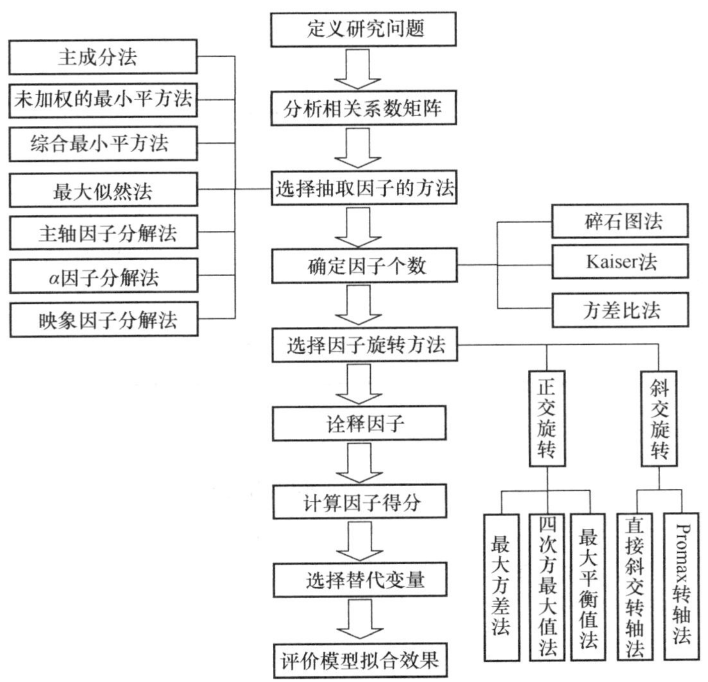

图 10-10　因子分析的主要步骤

（二）分析相关矩阵

在 SPSS 中，变量间相关性的分析设置对应于图 10-4。因子分析的前提是变量之间存在相关，能提取到公共因子。是否适合因子分析，需要对变量间的相关性进行分析，可从以下几方面考虑。

（1）相关系数矩阵：如果所有变量之间的相关系数很小，则不适合因子分析，通常要求变量间的相关系数在 0.3 以上。

（2）行列式值：变量间相关度高，适合因子分析，但同时可能出现多重共线性，致使变量间相关矩阵行列式的值接近 0，此时因子分析所得因子结构会不稳定。适合因子分析的条件是行列式值明显不等于 0。

（3）逆模型：指相关系数矩阵或协方差的逆矩阵。

（4）再生矩阵：指依据因子分析提取的因子重新估算变量后所计算的相关系数矩阵或协方差矩阵。

（5）反映象矩阵：包括反映象协方差矩阵和反映象相关矩阵。反映象相关矩阵是将变量间的偏相关系数取负值的结果。可从两个角度考察：各变量间两两配对的反映象相关系数越小，越适合进行因子分析；反映象相关矩阵对角线的元素（上标标注为 a）表示每个变量的抽样适合性度量（Measures of Sampling Adequacy，MSA），正好是每个变量的 KMO 值，取值越接近 1，表明该变量越适合进入因子分析模型；反之，越接近 0，表明越不适合进入因子分析模型，可考虑从模型中剔除这个变量。需要注意的是，MSA 测量的是单个变量的适合性，而 KMO 指数检验的是所有变量的整体合理性。

（6）KMO 和 Bartlett 的球形度检验。相较于前几种判断方法，更常用 KMO 和 Bartlett 的球形度检验来考察变量之间的相关性。KMO 的值在 0～1，KMO 越大，变量间的共同因素越多，越适合进行因子分析。一般 KMO＜0.5 时，不宜进行因子分析，如表 10-2 所示。而 Bartlett 的球形度检验用来判断相关系数矩阵是否是单位矩阵，它是转化为卡方值进行检验，变量间的相关系数值越大，得到的卡方值也越大，越适合提取主因子。

表 10-2　　Kaiser 的判断标准

KMO	适合性标准
1	完美（Perfect）
0.8～1	优良（Meritorious）
0.7～0.8	适中（Middling）
0.6～0.7	普通（Mediocre）
0.5～0.6	欠佳（Miserable）
0.5	不能接受（Unaccepted）

（三）选择因子抽取方法

不同因子抽取方法所对应的估算权重的方法也不同。SPSS 中使用的因子抽取方法有以下几种。

（1）主成分法，即以变量的线性形式表述因子。该方法从解释变量的变异出发，尽量使变量的方差能够被主成分所解释，适合于用最少的变量解释尽可能多的方差的情形。主成分法抽取因子时，初始方案与抽取方案的数据一致。

（2）未加权的最小平方法，目的是使观测值的相关矩阵和再生相关矩阵之间的残差平方和最小（不考虑矩阵对角线上元素）。

（3）广义最小平方法，目的与未加权的最小平方法相同，但相关系数要进行加权处理，权重为变量观测值的倒数。

（4）最大似然法，将变量值的倒数作为权重对相关系数进行加权，并使用迭代算法，适合于样本数据、公共因子 F 和特殊因子 ε 均服从正态分布的情形。

（5）主轴因子分解法，从相关矩阵主对角线上相关系数的平方作为公因子方差初始估计值的抽取因子方法，通过反复迭代直到满足抽取的收敛条件。该方法从解释变量的相关性出发，使得变量间的相关程度尽量能够被公因子所解释，当分析目的是发现隐含的结构而对变量方差变异不太关注时，可运用此法。

（6）α 因子分解法，将分析变量视为来自潜在变量的一个样本，目的是使因子的显著性最大。

（7）映象因子分解法，是由 Guttman 提出的基于映象理论的因子抽取方法。变量的公共部分（称为偏映象）定义为其对剩余变量的线性回归，而非假设因子的函数。

（四）确定因子个数

为了概括原始变量中所含的信息，应当抽取比变量数目少得多的因子，到底抽取多少因子合适呢？根据相关文献，参考以下方法来确定因子数。

（1）碎石图法。Cattell（1966 年）提出，用绘制碎石图的方法来确定保留因子的数量。碎石图是以因子（或成分）为横坐标、变量的协方差矩阵或相关系数矩阵所得到的 p 个特征值为纵坐标所描绘的曲线图，形状像一个由小碎石子构筑的斜坡一样。图形中的急剧转折处即是分界点，转折点前的成分作为因子加以保留，转折点后的成分则忽略。碎石图是一种直观判断的方法，但准确性不足。

（2）Kaiser 法。Kaiser（1959 年）提出保留特征值大于 1 的因子，表示这些因子在解释原有变量的相关性上有意义；后来，Hair（1998 年）等研究指出，当变量数为 20～50 时，采用 Kaiser 准则为判据，有相当好的效果。当特征值小于 1 时，意味着因子解释的信息少于单个变量（问题）所能解释的信息。

（3）方差比法。自然科学研究中，保留因子应能解释 95%以上的变异量；社会科学研究中，应达到 60%。

（五）旋转因子

因子分析的一项重要输出结果是因子矩阵。因子矩阵由因子载荷构成，是用少数因子的线性关系式表示标准化变量时的系数。这些系数表示因子与变量之间的相关度，系数绝对值大意味着相应的因子和变量之间关系密切，因而可用因子矩阵推断不同因子的含义。但初始因子矩阵难以判断载荷的归属，如图 10-11（a）所示，旋转前因子载荷 A 在第一因子 F_1 和第二因子 F_2 上都有一定的分量，无法判断主要受哪个因子影响。因子坐标轴旋转后，因子载荷 A 在 F'_1 上有一定取值，而在 F'_2 上几乎为 0（不受此因子影响），表明载荷 A 主要受 F'_1 的影响，如图 10-11（b）所示。如果旋转后，所有因子载荷都只需一个因素就能得到解释，因子矩阵就很容易获得理解。因子轴的旋转改变特征值，但不改变解释的比例。

因子坐标轴旋转有正交旋转（Orthogonal Rotation）与斜交旋转（Oblique Rotation）。正交旋转是原坐标轴旋转后两个因子轴之间仍然保持垂直，适合于因子之间彼此独立的情形，即完全不相关；而斜交旋转是指坐标系旋转后坐标轴之间的夹角小于 90 度，适合于因子之间存在一定程度关联性的情形。

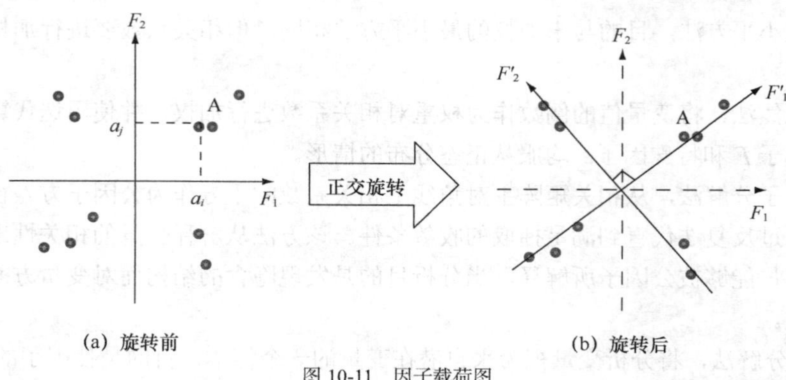

(a) 旋转前　　(b) 旋转后

图 10-11　因子载荷图

SPSS 提供的旋转方法有以下几种。

1. 正交旋转法

（1）最大方差法（Varimax）：使载荷量的变异数在因子内最大，也即使每个因子上具有最高载荷的变量数最少。

（2）四次方最大值法（Quartimax）：使载荷量的变异数在变项内最大，亦即使每个变量中需要解释的因子数最少。

（3）最大平衡值法（Equamax）：综合前两者，使载荷量的变异数在因子内与变项内同时最大。

2. 斜交旋转法

（1）直接斜交转轴法（Direct Oblimin）：目的是使因子载荷量的差积（Cross-products）最小化。

（2）Promax 转轴法：也称为最优斜交旋转，即把最大方差法旋转的结果再进行有关的斜交旋转，因子载荷量取 2、4、6 次方以产生接近 0 但不为 0 的值，借以找出因子间的相关但仍保有最简化因子的特性。

（六）诠释因子

找出在某一因子上有较大载荷的变量，以帮助理解因子的内在含义。因子分析往往都要对因子的意义做出符合逻辑的描述，以便用较少的因子代替众多的变量。这是一项富有挑战性的工作，没有客观的标准，因子的命名和含义诠释因人而异。

（七）计算因子得分

如果因子分析的目的是将大量的原始变量转换成较少的几个因子（新变量），以便用于进一步的多元分析，则有必要计算因子得分。因子其实就是原始变量的线性组合，第 j 个因子的得分可由式（10-2）计算。

$$FAC_j = b_{j1}x_1 + b_{j2}x_2 + \cdots + b_{jp}x_p \qquad (j=1，2，\cdots，m) \qquad (10\text{-}2)$$

式中，FAC_j 表示第 j 个因子的得分，b_{jp} 表示第 j 个因子在第 p 个标准化变量上的权重，也称为因子得分系数，x_p 为第 p 个标准化变量。

通常调查得到的数据不是标准化数据，需要将其原始数据转化后才能用式（10-2）计算因子得分，转化公式与第四章介绍的变量标准化处理完全相同。为适应多元分析的需要，这里稍做变换，公式为

$$x_{ik} = \frac{y_{ik} - \overline{y}_i}{s_i} \qquad (i=1，2，\cdots，p，k=1，2，\cdots，n) \qquad (10\text{-}3)$$

式中，x_{ik}为第 i 个变量的第 k 个标准化分数值；y_{ik}为第 i 个原始变量的第 k 个观测值；$\overline{y_i}$为第 i 个原始变量的均值；s_i为第 i 个原始变量的样本标准差。

（八）选择替代变量

选择替代变量（Surrogate Variable）就是将一些原始变量挑选出来，用于进一步的分析。此种情形下是用原始变量而不是因子得分拿来做进一步的研究。通过考察因子得分系数矩阵，可以将每个因子上载荷最大的变量找出来，作为相关因子的替代变量。

（九）评价模型的拟合效果

可以根据变量与因子之间的相关系数的估计值估算或重构变量之间的相关系数。计算相关系数的观测值与估算值之间的差（称为残差），作为模型拟合效果的依据。残差矩阵中存在很多大的残差值，则表示模型不能很好地拟合数据，应当重新考虑。

四、因子分析的应用

因子分析由 Karl Pearson（1904 年）在论文《客观决定和测量一般智力》中提出，后经 Charles Spearman 等学者 20 多年的研究，扩展延伸到心理学之外的学科，现广泛应用于企业管理、生物医疗、社会学、传播学等领域。在企业经营管理中，因子分析主要应用于以下几方面。

（1）市场细分，用因子分析确定市场细分的潜在变量。例如，根据顾客对价格、便捷、性能、舒适和品牌的重视程度，将购买新车者划分为若干细分市场。

（2）产品研究，用因子分析确定影响消费者选择的品牌属性。例如，可以从防蛀、洁齿、口味、价格等方面评估牙膏品牌。

（3）广告研究，用因子分析了解目标市场接触媒体的习惯。例如，经常外出旅行的人可能经常看哪些电视节目，听哪些广播节目，看哪些类型的杂志。

（4）价格研究，用因子分析来发现价格敏感型顾客的主要特征。例如，价格敏感型顾客可能很有条理，注重经济实惠，重视家庭。

（5）企业或品牌形象的设计，通过对消费者的调查资料，找到消费者对企业或品牌形象关注的因素或特性，从顾客的视角来考虑企业形象与品牌设计。

应用实例 10-1

因子分析使银行获利[4]420

消费者如何对银行进行评价？一项调查采用5级量表，让调查对象按相对重要性给银行的15项指标打分，然后对评分结果进行了主成分分析。

结果获得了4个因子，分别标为传统服务因子、便捷因子、可见因子和业务水平因子。传统服务因子包括贷款利率、社区声望、低支票服务费、友好和个人化的服务、易读的每月账单和获得贷款的容易程度，便捷因子包括便捷的营业网点分布、便捷的自动柜员机分布、服务速度和方便的营业时间，可见因子包括亲朋好友的推荐、建筑与外观的吸引力、社区参与和获得贷款的容易程度，业务水平因子包括员工的业务水平和辅助服务种类。结论是，消费者用4个方面的标准评价银行，即传统服务、便捷、可见度和业务水平。

第三节 因子分析结果解读

本节阐述对导入问题因子分析输出结果的解读和分析。

一、描述性统计

表 10-3 为原始变量的描述性统计结果，分别输出原始变量的均值、标准差和参与分析的个案数。

表 10-3 变量的描述性统计

变量	均值	标准差	个案数
购买预防蛀牙的牙膏是重要的	3.93	1.982	30
我喜欢使牙齿亮泽的牙膏	3.90	1.373	30
牙膏应当保护牙龈	4.10	2.057	30
我喜欢能使口腔清新的牙膏	4.10	1.373	30
预防坏牙不是牙膏的重要利益	3.50	1.907	30
购买时考虑的是有魅力的牙齿	4.17	1.392	30

表 10-4 上半部为变量（问题）之间的相关系数矩阵，下半部为相关系数单侧检验的 p 值。从表中看出，有 6 个相关系数的 p 值为 0，这些变量之间相关度高，但 $Q6$ 与 $Q1$、$Q6$ 与 $Q3$、$Q5$ 与 $Q2$、$Q5$ 与 $Q4$ 等之间的值均大于 0.05，不能否认零假设，即变量之间不相关。总体来说，有多个变量间的相关系数不满足大于 0.3 的条件，变量间或许不存在共同因子，即使抽取了公因子，也可能存在较大的误差。

表 10-4 变量间的相关矩阵

		$Q1$	$Q2$	$Q3$	$Q4$	$Q5$	$Q6$
相关系数	$Q1$	1.000	−0.053	0.873	−0.086	−0.858	0.004
	$Q2$	−0.053	1.000	−0.155	0.572	0.020	0.640
	$Q3$	0.873	−0.155	1.000	−0.248	−0.778	−0.018
	$Q4$	−0.086	0.572	−0.248	1.000	−0.007	0.640
	$Q5$	−0.858	0.020	−0.778	−0.007	1.000	−0.136
	$Q6$	0.004	0.640	−0.018	0.640	−0.136	1.000
Sig.（单侧）	$Q1$		0.390	0.000	0.325	0.000	0.491
	$Q2$	0.390		0.207	0.000	0.459	0.000
	$Q3$	0.000	0.207		0.093	0.000	0.462
	$Q4$	0.325	0.000	0.093		0.486	0.000
	$Q5$	0.000	0.459	0.000	0.486		0.236
	$Q6$	0.491	0.000	0.462	0.000	0.236	

表 10-5 输出的是变量协方差矩阵的逆矩阵。同时输出协方差矩阵的行列式值为 5.916（可直接在 SPSS 结果输出窗口看见，此处未列举出来），不等于 0，表明适合进行因子分析。如果在图 10-5 的“分析”选项中选择的是“相关性矩阵”，则输出的是“相关矩阵的逆矩阵”，此逆矩阵为对称矩阵，除对角线元素外其余位置的元素都为 0，则适合进行因子分析。

表 10-5 协方差矩阵的逆矩阵

	Q1	Q2	Q3	Q4	Q5	Q6
Q1	1.811	−0.243	−0.996	−0.294	0.826	0.456
Q2	−0.243	1.019	0.160	−0.208	−0.151	−0.535
Q3	−0.996	0.160	1.268	0.473	0.143	−0.333
Q4	−0.294	−0.208	0.473	1.159	0.086	−0.571
Q5	0.826	−0.151	0.143	0.086	1.159	0.256
Q6	0.456	−0.535	−0.333	−0.571	0.256	1.252

表 10-6 是再生矩阵。上半部为再生的协方差矩阵，它是根据主成分分析抽取因子后所确定的变量值重新计算得到的协方差；下半部为原变量协方差与再生变量协方差的残差。同样在图 10-5 的“分析”中选择的是“相关性矩阵”，输出的就是“再生相关系数矩阵”。

表 10-6 再生矩阵

		Q1	Q2	Q3	Q4	Q5	Q6
再生的协方差	Q1	3.649[a]	−0.202	3.699	−0.309	−3.371	0.143
	Q2	−0.202	1.343[a]	−0.517	1.371	−0.083	1.413
	Q3	3.699	−0.517	3.823[a]	−0.632	−3.354	−0.189
	Q4	−0.309	1.371	−0.632	1.403[a]	0.012	1.432
	Q5	−3.371	−0.083	−3.354	0.012	3.169[a]	−0.419
	Q6	0.143	1.413	−0.189	1.432	−0.419	1.521[a]
残差[b]	Q1		0.057	−0.141	0.075	0.130	−0.131
	Q2	0.057		0.079	−0.292	0.135	−0.188
	Q3	−0.141	0.079		−0.068	0.302	0.138
	Q4	0.075	−0.292	−0.068		−0.029	−0.208
	Q5	0.130	0.135	0.302	−0.029		0.057
	Q6	−0.131	−0.188	0.138	−0.208	0.057	

提取方法：主成分分析。

a. 重新生成的公因子方差。

b. 观察到的协方差和重新生成的协方差之间的残差。

表 10-7 是变量间的反映象矩阵。上半部为反映象协方差的值，下半部为反映象相关系数。反映象相关系数越小，变量间的共同因素越多，越适合进行因子分析；反映象相关矩阵主对角线上元素（上角标标识为 a）是适合性测量值（MSA），结果显示 MSA 都在 0.5 以上，表明这 6 个变量都适合进入因子分析模型。

表 10-7 反映象矩阵

		Q1	Q2	Q3	Q4	Q5	Q6
反映象协方差	Q1	0.141	−0.048	−0.106	−0.051	0.104	0.073
	Q2	−0.048	0.520	0.044	−0.093	−0.049	−0.219
	Q3	−0.106	0.044	0.186	0.114	0.025	−0.073
	Q4	−0.051	−0.093	0.114	0.457	0.025	−0.206
	Q5	0.104	−0.049	0.025	0.025	0.237	0.067
	Q6	0.073	−0.219	−0.073	−0.206	0.067	0.413
反映象相关	Q1	0.621[a]	−0.179	−0.657	−0.203	0.570	0.303
	Q2	−0.179	0.697[a]	0.140	−0.192	−0.139	−0.474
	Q3	−0.657	0.140	0.679[a]	0.390	0.118	−0.265
	Q4	−0.203	−0.192	0.390	0.637[a]	0.074	−0.474
	Q5	0.570	−0.139	0.118	0.074	0.769[a]	0.213
	Q6	0.303	−0.474	−0.265	−0.474	0.213	0.561[a]

表 10-8 显示 KMO＝0.66 > 0.5，可进行因子分析；Barlett 的球形度检验 χ^2=111.314，p 值为 0 < 0.05，在 0.05 的水平上变量间是相关的。这两方面的检验都说明可以进行因子分析。

表 10-8　KMO 和 Bartlett 的检验

取样足够度的 Kaiser-Meyer-Olkin 度量		0.660
Bartlett 的球形度检验	近似卡方	111.314
	df	15
	Sig.	0.000

二、因子提取

表 10-9 输出的是各变量方差和抽取出的公因子所能解释的方差。“原始”列表示各个变量的初始方差和抽取因子后的方差的绝对数，“重新标度”列是把各变量方差按相对数处理后抽取部分所代表的比例。公因子方差，也称为共同度，意思是各变量中信息按主成分法分别被抽取出的比例。如“购买预防蛀牙的牙膏是重要的”变量方差为 3.926，比值是 100%，信息完全保留，没有丝毫损失；但用抽取的因子表述该变量时，方差为 3.649，只是初始值的 92.9%，存在少量信息丢失的问题。总体来看，每个变量抽取的信息都在 70%以上，因子对原始变量的解释效果较好。

表 10-9　公因子方差

	原始		重新标度	
	初始	提取	初始	提取
购买预防蛀牙的牙膏是重要的	3.926	3.649	1.000	0.929
我喜欢使牙齿亮泽的牙膏	1.886	1.343	1.000	0.712
牙膏应当保护牙龈	4.231	3.823	1.000	0.904
我喜欢能使口腔清新的牙膏	1.886	1.403	1.000	0.744
预防坏牙不是牙膏的重要利益	3.638	3.169	1.000	0.871
购买时考虑的是有魅力的牙齿	1.937	1.521	1.000	0.785

表 10-10 是因子抽取和旋转前后特征值、方差的变化情况。和表 10-9 类似，“原始”行表示各个因子的原始解，“重新标度”行表示按图 10-5 设定的抽取“大于平均特征值”的因子的解。抽取因子不改变特征值和方差，旋转则会引起每个因子特征值和解释比的变化，但因子的累积比例不会变。表中提取的第一、二个因子特征值是 10.574 和 4.334，分别解释了方差的 60.408%［10.574/（10.574+4.334+0.953+0.731+0.608+0.305）］和 24.756%，两个因子累积解释了 85.165%（经济社会科学研究中只要解释比例达 60%，即可接受所抽取因子）。由于图 10-5 设置按“1×平均特征值”抽取因子，平均特征值=（10.574+4.334+0.953+0.731+0.608+0.305）/6=2.9175，6 个因子中只有前两个特征值大于此均值，因而只保留前两个因子。重新标度的解中，抽取载荷平方和与旋转后的平方和的特征值、方差比，与初始特征值这一栏的数据相比都有较大的变化，但累积方差比例没有明显的改变，此时每个因子的方差比=特征值/6（6 为重新标度的特征值的和）。

表 10-10 基于协方差矩阵分析的方差比例

成分		初始特征值[a]			抽取载荷平方和			载荷旋转平方和		
		合计	方差的 %	累积 %	合计	方差的 %	累积 %	合计	方差的 %	累积 %
原始	1	10.574	60.408	60.408	10.574	60.408	60.408	10.533	60.174	60.174
	2	4.334	24.756	85.165	4.334	24.756	85.165	4.375	24.991	85.165
	3	0.953	5.445	90.610						
	4	0.731	4.176	94.787						
	5	0.608	3.471	98.258						
	6	0.305	1.742	100.000						
重新标度	1	10.574	60.408	60.408	2.707	45.116	45.116	2.687	44.783	44.783
	2	4.334	24.756	85.165	2.238	37.299	82.415	2.258	37.632	82.415
	3	0.953	5.445	90.610						
	4	0.731	4.176	94.787						
	5	0.608	3.471	98.258						
	6	0.305	1.742	100.000						

如果在图 10-5 中设置的是相关性矩阵，输出的结果如表 10-11 所示。此表与表 10-10 的含义相同，只是抽取因子基于相关矩阵，而相关系数最大值是 1，无须区分“原始解”与“重新标度解”。特征值表示该因子所能解释的总方差的数量，6 个因子所解释的总方差为 6，等于因子个数。第 1 个因子解释的方差为 2.731，占总方差的 45.52%，第 2 个因子解释的方差为 2.218，解释了总方差的 36.97，这两个因素共说明了总方差的 82.49%。按照特征值大于 1 的标准可选取这两个因子。

表 10-11 基于相关性矩阵分析的方差比例

因子	初始特征值			提取平方和载入			旋转平方和载入		
	合计	方差的 %	累积 %	合计	方差的 %	累积 %	合计	方差的 %	累积 %
1	2.731	45.520	45.520	2.731	45.520	45.520	2.688	44.802	44.802
2	2.218	36.969	82.488	2.218	36.969	82.488	2.261	37.687	82.488
3	0.442	7.360	89.848						
4	0.341	5.688	95.536						
5	0.183	3.044	98.580						
6	0.085	1.420	100.000						

图 10-12 是因子分析的碎石图，图中第 3 个因子处有一明显的转折点，这表明前两个成分（因子）足以解释总方差的变异。

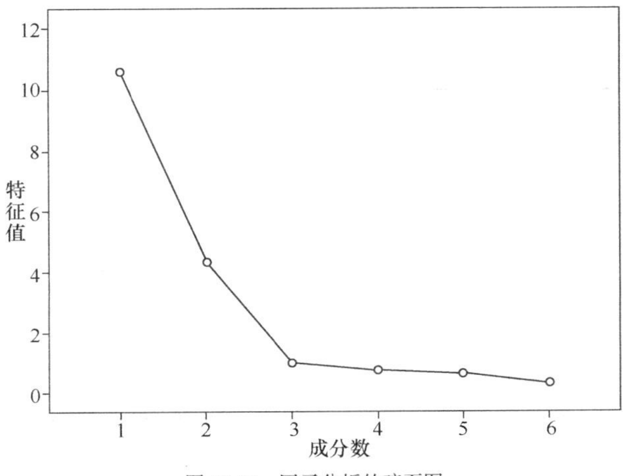

图 10-12 因子分析的碎石图

三、因子旋转与释义

表 10-12 是因子矩阵（采用主成分分析法抽取的因子，也称为成分矩阵），表示因子旋转前的载荷系数。表中数据都是按绝对值由大到小排列的（图 10-9 选项设置了“按大小排序”），表示变量用抽取因子的线性组合表示时的系数，如第一个原始变量与因子的关系式为 $Q_1=1.908F_1+0.102F_2$，余下变量与因子的关系可类似地写出。原始数据转化为标准化数据抽取的因子，则按重新标度栏数据写出表达式。

表 10-12　　因子矩阵

	原始		重新标度	
	因子		因子	
	1	2	1	2
购买预防蛀牙的牙膏是重要的	1.908	0.102	0.963	0.052
牙膏应当保护牙龈	1.948	−0.167	0.947	−0.081
预防坏牙不是牙膏的重要利益	−1.750	−0.327	−0.917	−0.172
购买时考虑的是有魅力的牙齿	0.009	1.233	0.006	0.886
我喜欢能使口腔清新的牙膏	−0.225	1.163	−0.163	0.847
我喜欢使牙齿亮泽的牙膏	−0.167	1.147	−0.122	0.835

表 10-12 中某变量因子载荷的平方和正好是表 10-9 中公因子方差，如对于变量 Q1 就有 $1.908^2+0.102^2=3.649$，$0.963^2+0.052^2=0.929$。同时，某因子在各个变量的平方和等于该因子的特征值，如第一个因子的原始特征值和提取后的特征值验证为

$1.908^2+1.948^2+(-1.750)^2+0.009^2+(-0.225)^2+(-0.167)^2=10.574$

$0.963^2+0.947^2+(0.917)^2+0.006^2+(-0.163)^2+(-0.122)^2=2.707$

表 10-13 是旋转后的因子矩阵。该矩阵主要用来分析抽取因子与原始变量之间的构成与影响关系。从表中可看出，无论是原始解还是重新标度解，都表明 Q1、Q3、Q5 在第一个因子上的载荷较大，因子 1 主要由这三个变量构成并受其影响，而 Q2、Q4、Q6 在第二个因子上的载荷大，因子 2 主要由这三个因素构成并受其影响，也不存在一个变量同时受抽取两个因子共同影响的情况。在本例中，旋转前（表 10-12）后（表 10-13）的因子载荷相差不大，从原始因子矩阵其实也能分辨因子 1 主要受 1、3、5 问题的影响，因子 2 受 2、4、6 问题的影响，但大多数时候，原始因子矩阵是难以达到如此效果的，都需要用旋转后的因子矩阵来辨析。

表 10-13　　旋转因子矩阵 a

	原始		重新标度	
	因子		因子	
	1	2	1	2
购买预防蛀牙的牙膏是重要的	1.910	−0.053	0.964	−0.027
牙膏应当保护牙龈	1.928	−0.325	0.937	−0.158
预防坏牙不是牙膏的重要利益	−1.771	−0.184	−0.928	−0.097
购买时考虑的是有魅力的牙齿	0.109	1.228	0.078	0.883
我喜欢能使口腔清新的牙膏	−0.129	1.177	−0.094	0.857
我喜欢使牙齿亮泽的牙膏	−0.074	1.156	−0.054	0.842

提取方法：主成分。

旋转法：Kaiser 式标准的最大方差法。

a. 旋转在 3 次迭代后收敛。

表 10-14 为因子转换矩阵，表示旋转前后因子间的系数对应关系。旋转后的因子矩阵(见表 10-13)=旋转前的因子矩阵（见表 10-12）×因子转换矩阵（见表 10-14）。

表 10-14　　因子转换矩阵

因子	1	2
1	0.997	−0.081
2	0.081	0.997

提取方法：主成分。

旋转法：Kaiser 式标准的最大方差法。

图 10-13 是标准化因子载荷图，成分 1 是横坐标，成分 2 是纵坐标。因子载荷图直观地展示了 6 个问题在两个因子空间的分布情况，与表 10-13 展示的结果一致，问题 1、3、5 在成分 1 上的绝对值接近 1，在成分 2 上的取值接近 0，*Q*1、*Q*3、*Q*5 可归为一类，联系到变量本身的含义，可命名为消费者购买牙膏的“保健类”因子；问题 2、4、6 在成分 1 上的取值接近 0，在成分 2 上的值接近 1，*Q*2、*Q*4、*Q*6 可算为一簇，考虑变量本身的含义，可把第二类因子命名为消费者购买牙膏的“交际类”因素。

提醒读者注意的是，如果采用斜交旋转，则 SPSS 的输出结果与正交旋转的输出结果略有不同。斜交旋转中，没有旋转后的因子矩阵，代之的是模式矩阵（相当于因子载荷矩阵）和结构矩阵（因子与原始变量的相关矩阵），它们满足关系式：结构矩阵=模式矩阵×成分相关矩阵。

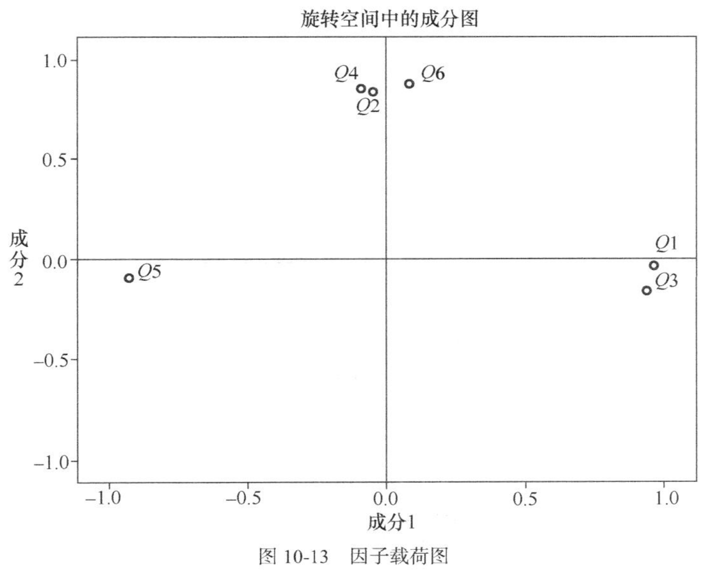

图 10-13　因子载荷图

四、因子得分

表 10-15 是因子得分的系数矩阵，依据表中系数可写出因子与标准化变量的表达式，见式（10-4）、式（10-5），并算出因子得分。

$$FAC_1 = 0.360x_1 + 0.008x_2 + 0.371x_3 + 0.001x_4 - 0.326x_5 + 0.033x_6 \quad (10\text{-}4)$$

$$FAC_2 = 0.018x_1 + 0.364x_2 - 0.110x_3 + 0.370x_4 - 0.118x_5 + 0.395x_6 \quad (10\text{-}5)$$

按式（10-3）计算出的第一个个案的标准化变量值分别为 1.547 63、−0.655 31、0.923 699、

−0.072 81、−0.786 44、−0.119 76，代入式（10-4）、式（10-5）得 $FAC_1=1.147$，$FAC_2=-0.294$，与图 10-2 中最后两栏由 SPSS 自动算出的因子得分是一致的。

如果用原始变量（标准化前的变量）表述非标因子，则需将表 10-15 中的系数乘主成分方差的平方根，即因子特征值的平方根。表 10-10 中第一主成分的方差（特征值）为 10.574，第一非标因子与原始变量的关系为

$$\begin{aligned}F_1 = {} & 0.360\sqrt{10.574}Q_1 + 0.008\sqrt{10.574}Q_2 + 0.371\sqrt{10.574}Q_3 + 0.001\sqrt{10.574}Q_2 \\ & - 0.326\sqrt{10.574}Q_5 + 0.033\sqrt{10.574}Q_6\end{aligned} \tag{10-6}$$

表 10-15　　因子得分系数矩阵

	因子	
	1	2
购买预防蛀牙的牙膏是重要的	0.360	0.018
我喜欢使牙齿亮泽的牙膏	0.008	0.364
牙膏应当保护牙龈	0.371	−0.110
我喜欢能使口腔清新的牙膏	0.001	0.370
预防坏牙不是牙膏的重要利益	−0.326	−0.118
购买时考虑的是有魅力的牙齿	0.033	0.395

提取方法：主成分。

旋转法：Kaiser 标准化的正交旋转法。

构成得分。

a. 系数已被标准化。

表 10-16 是因子得分之间的协方差矩阵，用来考察各因子间的联系程度。由于采用正交旋转，两个因子完全独立，二者间相关度为 0，而自身相关系数为 1。

表 10-16　　因子得分协方差矩阵

因子	1	2
1	1.000	0.000
2	0.000	1.000

提取方法：主成分。

旋转法：Kaiser 标准化的正交旋转法。

构成得分。

导入问题回应

1. 从一般意义上讲，在对被试的态度调查中所设计的众多问题，只要彼此之间存在着一定程度的共性或某种特质，就能够把若干问题简化为两个或三个问题。前提是向被试提出的问题本身具有共性或存在理论上的内在关联之处，要是每个问题都是相互独立，自然也就抽取不到公因子。从因子分析角度看，问卷中问题的相关系数应在0.3以上。

2. 根据前述输出结果的解读与分析，因子抽取并旋转后，可归结为两方面的问题：一方面是消费者购买并使用牙膏所带来的“保健”因素；另一方面是牙膏所溢出的“交际”功效，即牙膏厂

商不仅要重视牙膏的健康本元作用，还要看到给消费者形成的附加社交需要，在某些情形下甚至后者对消费者效果更为重要，可能是促成选择某一品牌的内在动力。

3. 厂商必须设法让牙膏内在特质外显化，即消费者追求的不可观测的心理特殊需求能够通过可感触的元素呈现出来，对消费者产生强烈的感官刺激和需求激发，如创设牙膏社交需求、生理需求、尊重需求的触发诱因、场景等。

本章思考题

1. SPSS 软件有独立的主成分分析程序吗？它如何实现主成分分析？
2. 主成分分析与因子分析的区别是什么？
3. SPSS 进行因子分析时需要把调查的原始数据先转换成标准化数据吗？
4. 正交旋转与斜交旋转分别适用于哪些情形？
5. 计算因子得分时，代入因子关系式的变量是原始变量吗？

第十一章 数据的聚类分析

导入问题 顾客购物态度细分

用例4-5顾客购物态度调查的背景资料，通过聚类分析实现顾客细分，这是进行市场细分的主要方法。

问题：

1. 在众多的顾客中把某些顾客汇聚成一类的思路是什么？
2. 20个顾客可以分成几类？分别属于哪一个类别？
3. 本案例材料中把购买某物的市场划分成若干类市场后分别应采取哪些营销策略？

常用的聚类分析方法有两种：K-均值聚类（K-means Clustering Analysis）和系统聚类（Hierarchical Cluster）。本章操作过程、原理解析、结果输出与解读均以导入问题为例，阐述SPSS所提供的这两种方法。

第一节 聚类分析过程

本节研究两种聚类方法的分析过程，内容包括聚类分析文件的建立、系统聚类分析和K-均值聚类分析的操作设置。

一、聚类分析的数据文件建立

（1）启动SPSS，单击“变量视图”按钮，在该视图中将顾客编号定义为变量 *No*，问题1～问题6定义为变量 *Q*1～*Q*6，同时设定变量的其他参数，特别是变量取值和度量标准，具体样式如图11-1所示。

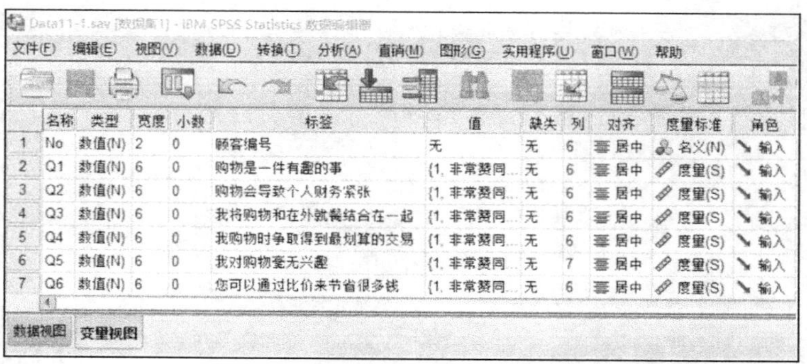

	名称	类型	宽度	小数	标签	值	缺失	列	对齐	度量标准	角色
1	No	数值(N)	2	0	顾客编号	无	无	6	居中	名义(N)	输入
2	Q1	数值(N)	6	0	购物是一件有趣的事	{1, 非常赞同...	无	6	居中	度量(S)	输入
3	Q2	数值(N)	6	0	购物会导致个人财务紧张	{1, 非常赞同...	无	6	居中	度量(S)	输入
4	Q3	数值(N)	6	0	我将购物和在外就餐结合在一起	{1, 非常赞同...	无	6	居中	度量(S)	输入
5	Q4	数值(N)	6	0	我购物时争取得到最划算的交易	{1, 非常赞同...	无	6	居中	度量(S)	输入
6	Q5	数值(N)	6	0	我对购物毫无兴趣	{1, 非常赞同...	无	7	居中	度量(S)	输入
7	Q6	数值(N)	6	0	您可以通过比价来节省很多钱	{1, 非常赞同...	无	6	居中	度量(S)	输入

图11-1 聚类分析变量定义视图

（2）单击图 11-1 中左下角的“数据视图”按钮，进入数据编辑窗口逐一录入表 4-4 中的调查数据，建立数据文件“Data11-1.sav”，如图 11-2 所示。

*Data11-1.sav [数据集1] - IBM SPSS Statistics 数据编辑器

文件(F) 编辑(E) 视图(V) 数据(D) 转换(T) 分析(A) 直销(M) 图形(G) 实用程序(U) 窗口(W) 帮助

27 : CLU2_1

	No	Q1	Q2	Q3	Q4	Q5	Q6	QCL_1	QCL_2	CLU3_1	CLU2_1
1	1	6	4	7	3	2	3	3	1.41421	1	1
2	2	2	3	1	4	5	4	2	1.32288	2	2
3	3	7	2	6	4	1	3	3	2.54951	1	1
4	4	4	6	4	5	3	6	1	1.40436	3	2
5	5	1	3	2	2	6	4	2	1.84842	2	2
6	6	6	4	6	3	3	4	3	1.22474	1	1
7	7	5	3	6	3	3	4	3	1.50000	1	1
8	8	7	3	7	4	1	4	3	2.12132	1	1
9	9	2	4	3	3	6	3	2	1.75594	2	2
10	10	3	5	3	6	4	6	1	1.14261	3	2
11	11	1	3	2	3	5	3	2	1.04083	2	2
12	12	5	4	5	4	2	4	3	1.58114	1	1
13	13	2	2	1	5	4	4	2	2.59808	2	2
14	14	4	6	4	6	4	7	1	1.40436	3	2
15	15	6	5	4	2	1	4	3	2.82843	1	1
16	16	3	5	4	6	4	7	1	1.62447	3	2
17	17	4	4	7	2	2	5	3	2.59808	1	1
18	18	3	7	2	6	4	3	1	3.55512	3	2
19	19	4	6	3	7	2	7	1	2.15381	3	2
20	20	2	3	2	4	7	2	2	2.10159	2	2

图 11-2　聚类分析数据文件格式

二、系统聚类过程

（一）打开数据文件

如果数据录入完成并保存后仍未退出 SPSS，活动窗口即为当前数据文件，可直接进行聚类分析；如果数据录入完成后已退出 SPSS，则需再次启动 SPSS，打开数据文件“Data11-1.sav”。

（二）设置系统聚类主对话框

（1）单击“分析→分类→系统聚类”菜单，打开系统（分层）聚类对话框，如图 11-3 所示。

（2）将问题 1～问题 6 选入“变量”框中。

（3）在“分群”设置中选择“个案”，表示对观测个案实施聚类（系统默认），当然也可对变量（列）进行聚类，但聚类分析主要是对个案（行）分类。

（4）“输出”按钮用于设定聚类结果，默认输出统计量与统计图。

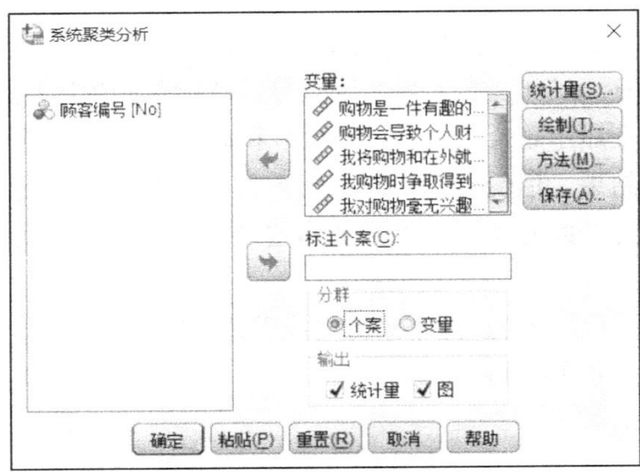

图 11-3　系统聚类主对话框

（三）设置统计量选项

单击图 11-3 中的“统计量”按钮，打开系统聚类分析的统计量对话框，如图 11-4 所示。

（1）合并进程表，表示给出每一次合并的具体情况及相应类型之间的距离。

（2）相似性矩阵，输出个案之间的距离矩阵或相似性矩阵。该矩阵是聚类分析计算的依据，对角线上的元素为 0，意指个案自己跟自己完全重合（自然是一类），数值越小，距离越近，聚类时首先就是把距离最近的两个个案合并在一起。

（3）聚类成员（Cluster Membership），用于选择是否输出聚类结果列表。“无”表示不输出聚类成员表；“单一方案”表示输出一个聚类成员表，可根据研究需要设定分类的数量；“方案范围”（Range of Solutions）设置输出多个聚类成员表，每个表格都会显示个案所在的类别，可在对应方框内设置“最小”和“最大”聚类数。当个案较多时，输出图形不易辨别，而表格形式呈现的结果则一目了然。

导入问题在统计量上的设置如图 11-4 所示。

（四）设置图形选项

单击图 11-3 中的“绘制”（Plots）按钮，可以对输出图形的选项进行设置，如图 11-5 所示。

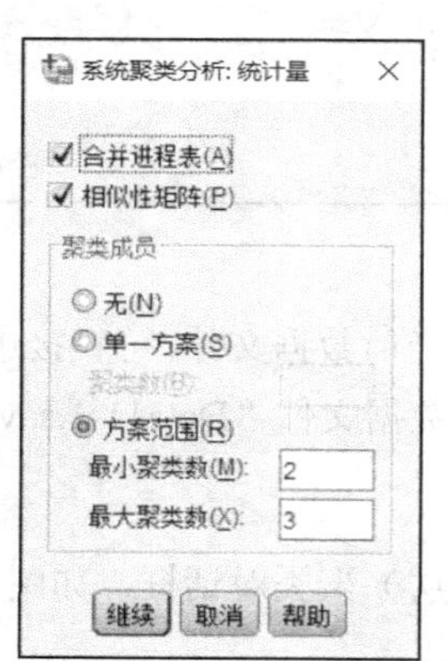

图 11-4　系统聚类统计量对话框

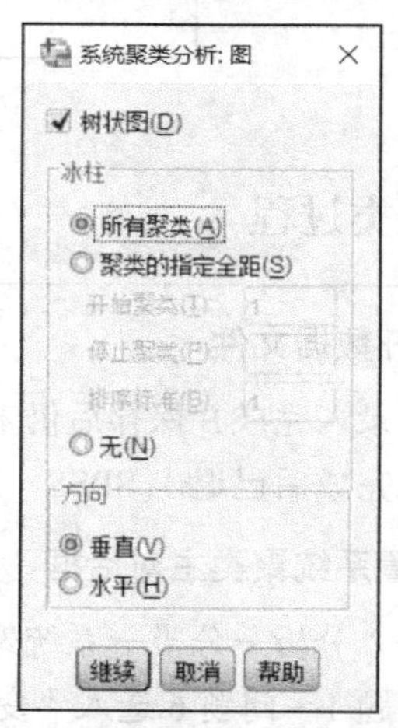

图 11-5　系统聚类绘制图形对话框

（1）树状图（Dendrogram），表示输出树状图形式的聚类结果，通过该图可直观地了解个案所属的类别，适合个案较少的情况。

（2）冰柱图（Icicle），对冰柱图输出的设置。可以选定“无”，不输出冰柱图；也可以选择“所有聚类”，输出全部个案聚类进程的冰柱图结果；还可选择“聚类的指定全距”，在设置“开始聚类”“停止聚类”和“排序标准”（步长）后，则只显示特指类别的冰柱图，如分别输入 2、6、2，则表示从第 2 步开始，分别显示聚合成 2、4（2+2）和 6（4+2）类的聚类情况。冰柱图是用直观的视觉形式呈现聚类分析结果，但受显示屏或纸张限制，在数据较多时难以展示聚类全景图，感官分辨聚类过程也较为吃力，此时使用“聚类的指定全距”选项特别实用，能得到一个相对简明的冰柱图。

（3）方向，设置输出图形的方位，即水平方向或垂直方向。

导入问题在图形输出上的设置如图 11-5 所示。

（五）设置系统聚类方法

单击图 11-3 中的“方法”（Method）按钮，打开方法选项设置对话框，如图 11-6 所示。

1. 聚类方法

聚类方法（Cluster Method）下拉列表框中提供了 7 种计算类或组间距离的方法，如图 11-7 所示。一般采用默认的组间联接法（Between Groups Linkage）即可。

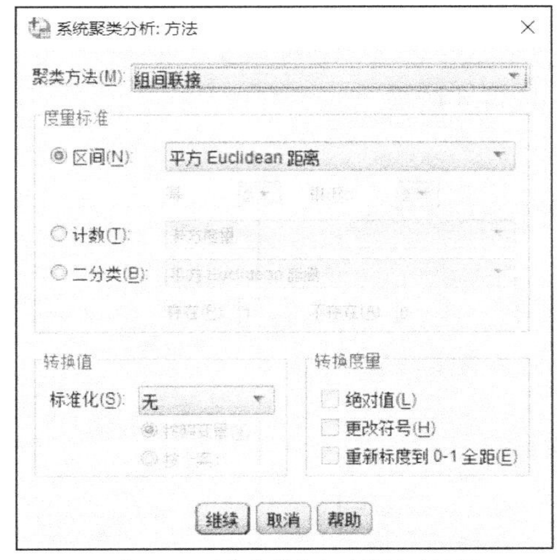

图 11-6　系统聚类的方法设置对话框

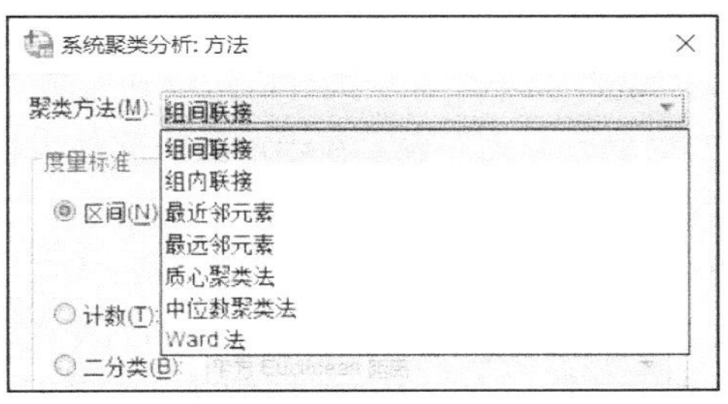

图 11-7　系统聚类测量类或组间距离的方法

2. 度量标准

度量标准设置变量类别及测定距离的方法。

（1）当变量为区间变量时，测定亲密度的方法有 8 种，如图 11-8 所示。其中余弦函数和皮尔逊相关系数是测量相似度的方法，另外 6 种方法是用距离来度量个案间的关联性，欧几里得距离的平方（Squares Euclidean Distance）是系统默认值。

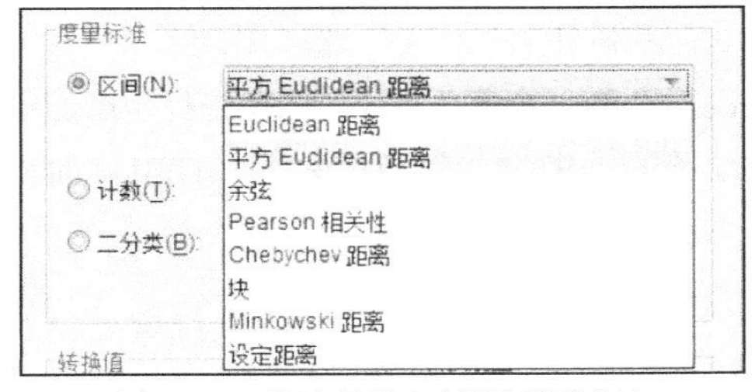

图 11-8　区间变量的个案距离计算方法

（2）当变量为计数（Counts）变量时，可用卡方和法方度量两个变量间的不相似性。

（3）当变量为二分变量时，测量距离的方法较多，主要方法有欧几里得距离、欧几里得距离的平方、规模差距离（Size Difference Distance）、模式差距离（Pattern Difference Distance）、方差距离（Variance Distance）、形状距离（Shape Distance）、兰斯和威廉斯距离（Lance and Williams Distance）。

实际经济社会中使用较多的数据收集工具是量表，其变量绝大多数都是区间变量。

3. 转换值

转换值选项用于设定是否将各个变量或个案的值进行标准化处理。当各个变量的方差相差较大时，变异程度的差异会影响聚类结果的正确性，此时需进行变量的标准化。SPSS 提供的方法有以下几种：

（1）无，不做数据转换；

（2）Z 得分，进行标准正态变换计算公式如式（4-1）所示；

（3）全距从-1 到 1，将数据转换为-1～1，用原数据除以全距，适合于有负数的变量；

（4）全距从 0 到 1，将数据转换为 0～1，用原数据减去最小值后除以全距；

（5）最大值为 1 的转换，即将原数据除以最大值；

（6）均值为 1 的转换，即将原数据除以均值；

（7）标准差为 1 的转换，即将原数据除以变量的标准差。

如果需要进行变量转换，一般采用标准正态变换。标准化转换时，还可选择是针对变量还是个案，通常是对变量。

4. 转换度量

转换度量用于对计算出的距离设置进一步的变换方法，一般不需要使用这些选项。

导入问题在“方法”上均采用系统默认设置，如图 11-6 所示。

（六）设置聚类结果的保存方式

单击图 11-3 中的“保存”按钮，设置聚类分析结果的保存方式，如图 11-9 所示。

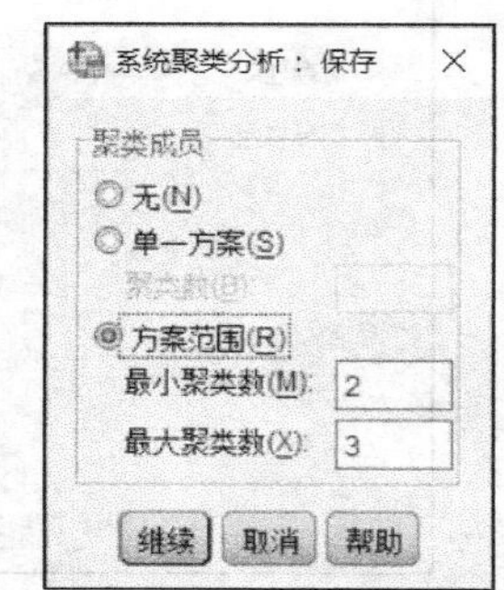

图 11-9 系统聚类的保存设置对话框

（1）“无”指不储存聚类分析结果到当前数据文件中。

（2）“单一方案”表示在当前数据文件中自动添加新变量并显示个案所在类别。

（3）“方案范围”则表示在当前数据文件中自动添加新变量，显示指定聚类范围内的个案所属类别，添加的变量名为 CLU2-1、CLU3-1 等，分别表示第一次聚类分析分成 2 和 3 类时的成员构成情况，变量名中第一个数字表示分类数量，第二个数字表示聚类分析序号。

导入问题在“保存”选项上，选择将分成两类至三类的结果添加到 Data11-1 数据文件中，如图 11-2 中的 CLU2-1、CLU3-1。

实际上，“保存”选项用处不大，可按默认设置“无”。因为图 11-4 中“聚类成员”选项中总要设置“单一个案”或“方案范围”，输出结果与“保存”设置后的结果完全一致，所不同的是“保存”设置的结果添加到当前数据文件中，而“选项”设置结果显示在输出窗口中。

（七）执行系统聚类

以上设置完成后，单击系统聚类主对话框（见图 11-3）中的“确定”按钮，可得到系统聚类的结果。

三、K-均值聚类过程

（一）调用数据文件

启动 SPSS，打开数据文件“Data11-1.sav”。

（二）均值聚类主对话框设置

（1）单击“分析→分类→K-均值聚类”菜单，打开“K-均值聚类分析”对话框，如图 11-10 所示。

（2）将问题 1～6 选入“变量”框中。

（3）在“聚类数”中填入 3，表示将观测值分成 3 类。

（4）在“方法”中选择聚类方法，默认为迭代与分类（Iterate and Classify），意思是在初始类中心的基础上不断迭代和更换中心位置，从而将观测值合并到最近的类别中；而“仅分类（Classify Only）”意为只使用初始类中心对观测值进行分类。

（5）在“聚类中心”设置部分，可以设定聚类中心的位置。读取初始聚类中心（Read Initial From），用于指定数据文件中的观测值为初始类中心；写入最终聚类中心（Write Final As）用于将分析结果的聚类中心坐标数据存入指定文件。

导入问题主对话框选项设置如图 11-10 所示。

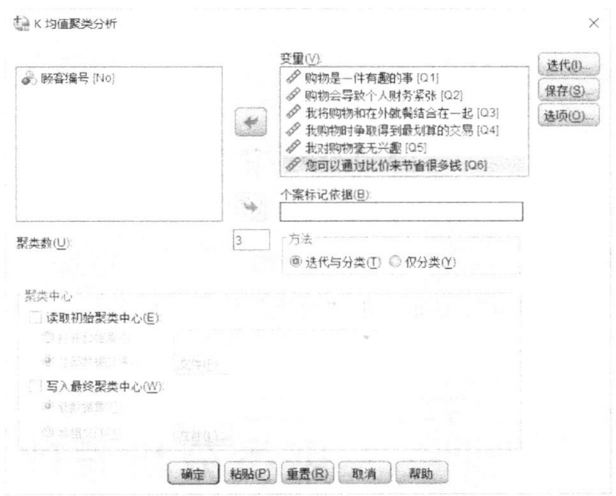

图 11-10　K-均值聚类主对话框

（三）迭代计算设置

单击图 11-10 中的“迭代”按钮，分别确定最大迭代次数（Maximum Iterations）及收敛标准（Convergence Criterion），一般可按默认设置或自行设置，如图 11-11 所示。如在收敛标准中输入 0.02，意思是当聚类中心距离变化的最大值小于最小的初始聚类中心坐标值的 2%时，系统迭代即停止。单击“继续”按钮返回。

（四）聚类结果的保存设置

单击图 11-10 中的“保存”按钮，可将“聚类成员”结果及每一“观测值与所在聚类中心的距离”保存起来，如图 11-12 所示。单击“继续”按钮返回主对话框。

与系统聚类一样，“保存”选项的结果同样会显示在输出结果窗口中，可按默认设置“无”。因为图 11-13 中“统计量”选项中总要设置“每个个案的聚类信息”，与“保存”输出的结果完全一致，所不同的是“保存”设置的结果显示在当前数据文件中，如图 11-2 中的 QCL_1、QCL_2（QCL_1 表示快速聚类的成员构成，QCL_2 表示个案与类中心的距离），而“选项”设置结果显示在输出窗口中。

为了让读者了解和熟悉 SPSS 的聚类分析，导入问题还是选择了保存聚类结果。

（五）选项设置

单击图 11-10 中的“选项”按钮，在“统计量”中勾选所有选项，而“缺失值”按默认设置，如图 11-13 所示。“统计量”选项的含义很清晰，这里只说明一下“缺失值”选项的含义。“按列表排除个案”指将存在缺失变量（列）的个案（行）剔除；“按对排除个案”指当个案的所有变量都缺失时才删除该个案，否则根据非缺失变量计算的距离将缺失变量分配到最接近的类别。单击“继续”按钮返回对话框。

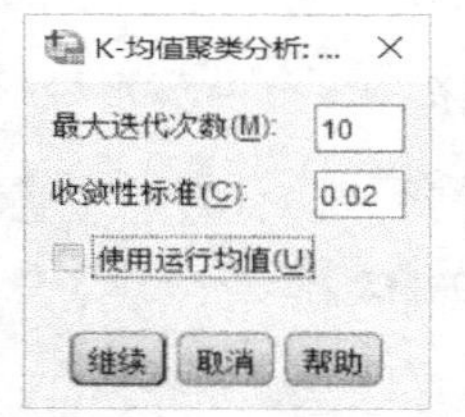

图 11-11　K-均值聚类迭代的设置

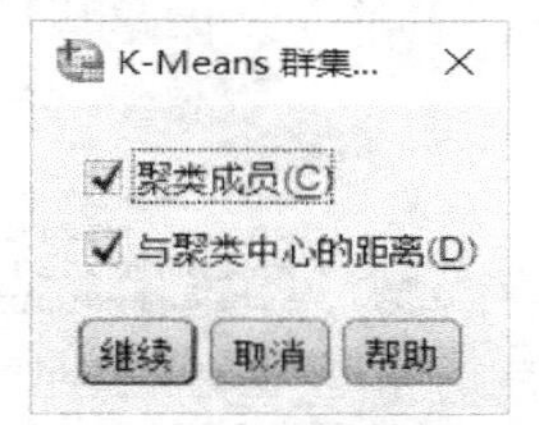

图 11-12　K-均值聚类保存的设置

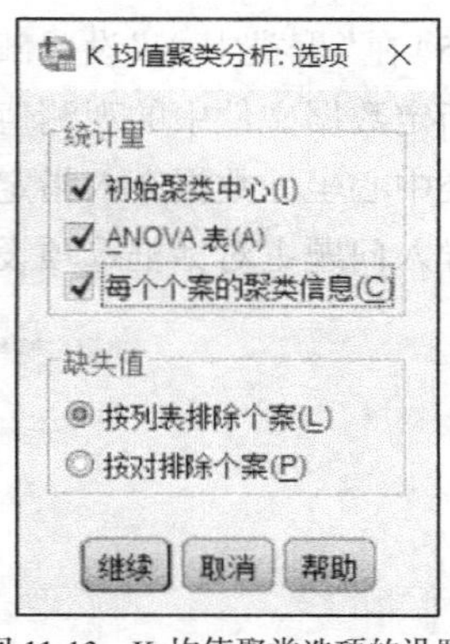

图 11-13　K-均值聚类选项的设置

（六）执行均值聚类

所有选项设置完成后，单击主对话框中的“确定”按钮，可得到 *K* 个均值聚类分析的结果。

第二节　聚类分析原理

本节首先阐述聚类分析的思路和亲密度测量，接着介绍系统聚类和K-均值聚类基本原理及应用。

一、聚类分析思路

聚类分析（Cluster Analysis）是根据样本或变量之间的亲密度，把它们划分为相对同质的群组或类别的统计分析方法。通过聚类分析，使同类中的事物相对于某些指标来说是同质的（Homogeneous），而类与类之间却是异质的（Heterogeneous）或有着显著差异的。

聚类分析主要有系统聚类和K-均值聚类（快速聚类之一）两种。系统聚类是先将所有观测值或变量视为不同的类别，根据某种指定的计算亲密度（距离或相似性）的方法，计算出所有类别间的密切程度，将联系最为紧密的两类合并成一类，然后从余下的类别中找出最接近的两类加以合并，以此类推，直到将所有观测值或变量聚为一大类为止。K-均值聚类是根据欧几里得距离把 n 个个案观测值自动聚集为 k（$k<n$）个类别的方法。

聚类分析的基本步骤如图 11-14 所示。

SPSS 系统提供的聚类方法有 3 种：两步聚类、K-均值聚类和系统聚类，实现路径是“分析→分类→两步聚类/K-均值聚类/系统聚类”。

二、亲密度的测量

设有 n 个个案观测值，每个观测值有 p 个测量维度（p 维空间中的一个点，p 个变量或测量指标），x_{ij} 表示第 i 个个案在第 j 个变量上的值，如表 11-1 所示。实际应用中，可通过设计一个有 p 个问题的问卷，让 n 个人参与调查来获取一手数据，当然也可通过统计年鉴、在线数据库等收集二手数据进行研究。

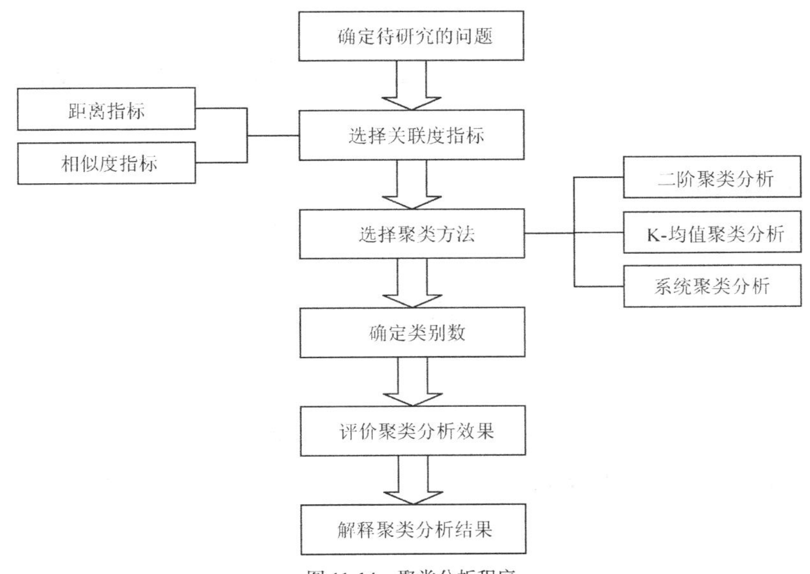

图 11-14　聚类分析程序

表 11-1　　聚类分析变量与观测值的数据模式

变量 / 个案序号	X_1	X_2	…	X_p
1	x_{11}	x_{12}	…	x_{1p}
2	x_{21}	x_{22}	…	x_{2p}
…	…	…	…	…
n	x_{n1}	x_{n2}	…	x_{np}

聚类分析的关键就在于计算观察样本或变量之间联系的密切度，度量这些联系密切程度的指标有距离和相似性，每一类又包括若干不同的计算方法。SPSS 程序是按变量尺度类型来设置亲密度的测量。下面介绍这些测量方法。

（一）区间变量的测量

当观测数据是区间或比例尺度时，可用以下方法测定个案或变量之间相似度。

1. 欧几里得距离

欧几里得距离以两个个案在 p 个变量上差值平方和的平方根来测量，用 d_{ij} 表示，i，j=1，2，…，n，$i \neq j$，在有 p 个变量的情况时的公式为

$$d_{ij}=\sqrt{\sum_{k=1}^{p}(x_{ik}-x_{jk})^2} \qquad (11\text{-}1)$$

2. 欧几里得距离的平方

欧几里得距离的平方以两个个案在 p 个变量上差值的平方和为距离，这是系统默认值，定义公式为

$$d_{ij}^2=\sum_{k=1}^{p}(x_{ik}-x_{jk})^2 \qquad (11\text{-}2)$$

3. 切比雪夫距离

切比雪夫距离（Chebychev Distance）以两个个案在 p 个变量上差值的最大绝对值为距离，计算公式为

$$d_{ij}=\max_{1\leqslant k\leqslant p}\left|x_{ik}-x_{jk}\right| \qquad (11\text{-}3)$$

4. 块距离

块距离（Block Distance）以两个个案在 p 个变量上差值的绝对值之和为距离，计算公式为

$$d_{ij}=\sum_{k=1}^{p}\left|x_{ik}-x_{jk}\right| \tag{11-4}$$

5. 闵可夫斯基距离

闵可夫斯基距离（Minkowski Distance）以两个个案在 p 个变量上差值的绝对值的 q 次幂之和的 q 次根为距离，实际运用中可以根据需要调整 q 的大小，计算公式为

$$d_{ij}=\sqrt[q]{\sum_{k=1}^{p}\left|x_{ik}-x_{jk}\right|^{q}} \tag{11-5}$$

6. 自定义距离

自定义距离（Customize Distance）以第 i 个个案与第 j 个个案绝对值之差的 q 次方之和的 r 次方根为距离，可在 SPSS 的 Power 及 Root 框中自行定义 q、r 的值。计算公式为

$$d_{ij}=(\sum_{k=1}^{p}\left|x_{ik}-x_{jk}\right|^{q})^{\frac{1}{r}} \tag{11-6}$$

在式（11-6）中，q=2，r=1，为欧氏距离的平方；q=2，r=2，为欧氏距离；q=1，r=1，为 Block 距离；q=r>2，为闵氏距离。因而，自定义距离几乎涵盖了上述各种距离测定方法。

7. 余弦函数

余弦函数（Cosine）以第 i 个变量与第 j 个变量夹角的余弦 $\cos\theta_{ij}$ 为相似度，计算公式为

$$\cos\theta_{ij}=\frac{\sum_{k=1}^{n}x_{ik}x_{jk}}{\sqrt{\sum_{k=1}^{n}x^{2}{}_{ik}\sum_{k=1}^{n}x^{2}{}_{jk}}} \tag{11-7}$$

这里，i，j=1，2，…，p，$i\neq j$。$\cos\theta_{ij}$=0，表示两个变量完全不相似；$\cos\theta_{ij}$=1，表示两个变量完全相同。

8. 皮尔逊相关系数

用 Pearson 相关系数值测量变量间的相似度，计算公式为

$$r_{ij}=\frac{\sum_{k=1}^{n}x_{ik}x_{jk}-\frac{1}{n}\sum_{k=1}^{n}x_{ik}\sum_{k=1}^{n}x_{jk}}{\sqrt{[\sum_{k=1}^{n}x^{2}{}_{ik}-\frac{1}{n}(\sum_{k=1}^{n}x_{ik})^{2}][\sum_{k=1}^{n}x^{2}{}_{jk}-\frac{1}{n}(\sum_{k=1}^{n}x_{jk})^{2}]}} \tag{11-8}$$

r_{ij}表示第 i 个变量与第 j 个变量间的相关系数，此时 i，j=1，2，…，p，$i\neq j$。计算时，一定要把原始变量进行标准化处理。

特别提醒读者注意的是，余弦函数和相关系数测定的是变量间的相似度，前面 6 个距离测定方法考察的都是个案相似性。

（二）计数变量的测量

当观测数据是计数变量（离散变量）时，SPSS 采用卡方距离（Chi-square Measure）和法方距离（Phi-square Measure）来测量个案间的非相似度。

（1）卡方距离的计算公式为

$$d_{ij}=\sqrt{\sum_{k=1}^{p}\frac{[(x_{ik}-E(x_{k})]^{2}}{E(x_{k})}+\sum_{k=1}^{p}\frac{[x_{jk}-E(x_{k})]^{2}}{E(x_{k})}} \tag{11-9}$$

（2）法方距离的计算公式为

$$d_{ij}=\sqrt{\frac{\sum_{k=1}^{p}\frac{[x_{ik}-E(x_k)]^2}{E(x_k)}+\sum_{k=1}^{p}\frac{[x_{jk}-E(x_k)]^2}{E(x_k)}}{n}} \tag{11-10}$$

从公式可看出，法方距离等于卡方距离的平方除以总频数的平方根。卡方、法方距离值越小，个案越相似；卡方、法方距离值越大，个案差异越大。

（三）二分变量的测量

当观测数据是二分变量，即数据取值为 0 或 1 时，如选择某品牌或不选择某品牌，SPSS 提供了多种测度距离的方法。除前面介绍的欧氏距离、欧氏距离的平方外，还有尺度差分、模式差别、方差、离散、形状及兰斯和威廉姆斯距离，这里限于篇幅就不一一介绍了。

三、系统聚类原理

如果 d_{ij} 表示个案 $\boldsymbol{X_i}$ 与 $\boldsymbol{X_j}$ 之间的距离，用 G_1，G_2，…表示类，D_{pq} 表示 G_p 与 G_q 两类间的距离，n_p、n_q 分别表示 G_p 与 G_q 两类中的个案数。系统聚类时，最初每个个案自成一类，类与类的距离等于个案之间的距离，即 $D_{pq}=d_{pq}$，初始距离矩阵记为 $\boldsymbol{D}(\mathbf{0})=(d_{ij})$。随着聚类过程的逐步进行，每类中包含的个案数就开始增多，如何确定类与类间的距离呢？这是系统聚类的关键所在。SPSS 提供了七种测定类间距离的方法，现分述如下。

1. 组间联接法

组间联接法（Between-groups Linkage）就是把类与类的距离定义为两类之间所有距离平方的平均值，定义公式为

$$D_{pq}^2=\frac{1}{n_p n_q}\sum_{X_i\in G_p}\sum_{X_j\in G_q}d_{ij}^2 \tag{11-11}$$

如图 11-15 所示，如果 G_p 有 A、B 两个点（2 个个案），G_q 有 C、D、E 三个点（3 个个案），p 类中 A 点与 q 类中各点的距离为 AC、AD、AE，p 类中 B 点与 q 类中各点的距离为 BC、BD、BE，则两类距离平方的平均值为

$$D_{pq}^2=\frac{1}{2\times 3}(d_{AC}^2+d_{AD}^2+d_{AE}^2+d_{BC}^2+d_{BD}^2+d_{BE}^2)$$

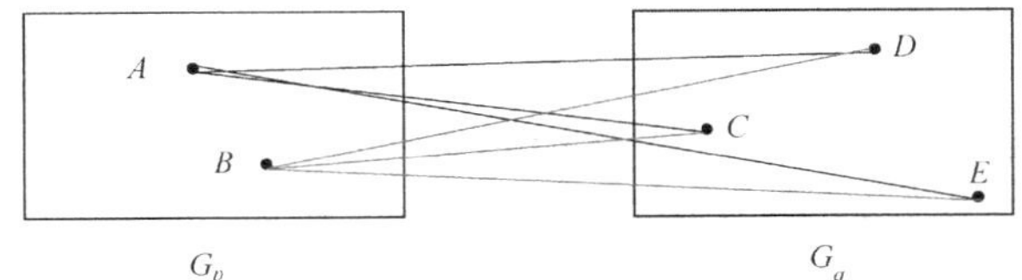

图 11-15 组间联结法示意图

2. 组内联接法

组内联接法（Within-groups Linkage）就是把类与类的距离定义为两类个案之间及两类内个案间所有距离平方的平均值。与组间联接法不同的是，除了类别间距离外，还增加了两个类别内个案间的距离。在图 11-15 中，按组内联接法计算 G_p 与 G_q 的距离为

$$D_{pq}^2=\frac{1}{2\times 3+1+3}(d_{AC}^2+d_{AD}^2+d_{AE}^2+d_{BC}^2+d_{BD}^2+d_{BE}^2+d_{AB}^2+d_{CD}^2+d_{CE}^2+d_{DE}^2)$$

3. 最近邻元素法

最近邻元素法（Nearest Neighbour）即把类与类之间的距离定义为两类中距离最近的个案之间的距离，公式为

$$D_{pq} = \min_{i \in G_p, j \in G_q} d_{ij} \tag{11-12}$$

在图 11-15 中，按最近邻元素法确定的两类间的距离为 d_{BC}。

4. 最远邻元素法

最远邻元素法（Furthest Neighbour）即把类与类之间的距离定义为两类中距离最远的个案之间的距离，公式为

$$D_{pq} = \max_{i \in G_p, j \in G_q} d_{ij} \tag{11-13}$$

在图 11-15 中，按最远邻元素法确定的两类间的距离为 d_{AE}。

5. 质心聚类法

质心聚类法即先算出两个类别的质心，即均值，用两个类别质心之间的距离作为两类之间的距离。

6. 中位数聚类法

中位数聚类法（Median Clusteing）即先找出每个类别中个案排序的中位数，然后用中位数之间欧氏距离的平方作为类别间距离。

7. Ward 法

Ward 法，也称离差平方和法。这种聚类的思想是先让每个个案各自成一类，然后逐一缩小类别，每减少一次类别，离差平方和就会增大，选择使类内离差平方和增加最小的两类合并，直到所有个案归并成一类为止。

系统聚类适合个案数据不是太大的情况，通常只能对数百个个案实施聚类，要求数据的变量类型相同，即同为区间或比例变量、计数变量、二分变量。

四、K-均值聚类原理

K-均值聚类由 Macqueen 在 1967 年提出，其思路是逐一比较每个个案与质心（均值）的距离，将距离最近的个案首先与质心所在个案合并成一类，反复计算和迭代，直到满足研究设定的要求（类别数、迭代次数、类中心的变化率）为止。聚类分析开始时，要确定聚类方案，包括以下三方面内容。

（1）设定类别数。类别数的确定，没有统一的模式或标准，应根据研究需要或理论分析粗略的指定。

（2）指定初始聚类中心。SPSS 提供了两种初始聚类中心的设定方式：一是系统自动根据观测数据指定 K 个有代表性的个案作为初始聚类中心；二是用户根据经验及需要指定。

（3）确定迭代次数。SPSS 默认迭代 10 次，类中心的变化小于上次的 2%时，即停止迭代。

最终的聚类结果依赖于初始设置。为了检验聚类的稳定性，可重新确定一个初始设置方案进行聚类分析，检查两次分析的一致性。如果两次分类结果一样，则不需要再行计算，否则需要重新考虑聚类算法。K-均值聚类过程中，个案所属类别会不断变更，直到最终稳定为止，这不同于系统聚类，一旦类别确定后不会变动。

K-均值聚类适合观测数据较多且为连续数据（区间或比例变量）的情况，不能用于对变量的聚类，只适合对个案的聚类。如果变量间的数量级别、量纲单位差异较大，要对数据做标准

化处理。

五、聚类分析的应用

聚类分析在企业经营管理中的应用主要表现在以下几方面。

（1）细分市场。可以根据顾客购买产品时追求的利益对顾客进行细分，使每个类别的顾客都是由追求利益相似的人组成，从而了解各个细分市场的特点，实施目标市场营销。

（2）研究顾客行为。通过聚类分析确定同质的顾客群体，分别研究不同顾客群体的购买行为差异，并有针对性地实施不同的营销策略。

（3）研究市场竞争。通过对产品和品牌的聚类，可以识别市场中相互竞争的产品和品牌。往往同类型品牌之间比不同类型品牌之间的竞争更加激烈，企业通过自身产品与竞争产品的分析比较，以便有效地捕捉市场机会。

（4）选择试销市场。通过将城市分为同质的组，选择可比的城市对不同营销策略进行市场测试的反应。

（5）压缩数据。聚类分析是一种通用的数据压缩技术，可用来生成比单个观测值更容易识别的数据类别。例如，为了描述顾客对产品使用方面的差异，可以先用聚类分析将顾客进行分组，然后用判别分析研究不同组别之间的差异。

调研实例 11-1

产品的类同感[4]449

不同国家的消费者对不同品类中的品牌是如何认知的？出人意料的是，产品认知的类同率相当高。产品类同指的是消费者觉得同一品类中的不同品牌彼此相似。BBDO的最新研究显示，在28个国家调查的消费者中有2/3的人认为13个产品类别中的品牌是美国的。调查的产品类别涵盖从航空公司到信用卡，再到咖啡。所有国家全部品类总感知类同率为63%；日本最高，达99%；哥伦比亚最低，仅28%。从品类来看，信用卡的感知类同率最高，为76%；香烟最低，为52%。

BBDO根据感知类同率对国家进行了聚类，得到了类同感水平和模式相似的群组。最高的类同感数字来自法国和亚洲（83%），后者包括澳大利亚、日本、马来西亚和韩国。法国属于这一组并不奇怪，因为法国的多数产品采用感觉导向的视觉性广告。另一群是受美国影响的市场（65%），包括奥地利、比利时、丹麦、意大利、荷兰、南非、西班牙、英国和德国。

上述结果意味着为了实现产品/品牌差异化，广告不能仅仅强调产品性能，还应当与个人生活的重要方面相联系。此外，为了使品牌与竞争者相互区别并建立独特的形象，在亚太地区需要付出更多的营销努力。导致类同感增加的一个重要因素当然是全球市场的出现。

第三节 聚类分析结果解读

本节对本章导入问题的系统聚类和K-均值聚类的结果做出分析和解读。

一、系统聚类结果解读

表 11-2 输出的是个案之间欧氏距离平方的近似矩阵。第一列及第二行的数字代表个案序号，表中其他数字代表个案之间的不相似性，对角线上元素为 0，表示自身与自身完全相同。数字越小，欧氏距离平方越小，相似度越高，聚类时首先聚合成一类。

表 11-2　　近似矩阵

案例	Euclidean 距离的平方																			
	1	2	3	4	5	6	7	8	9	10	11	12	13	14	15	16	17	18	19	20
1	0	64	8	31	69	3	5	5	48	48	60	7	65	46	13	48	9	56	56	69
2	64	0	68	31	7	47	39	77	8	18	4	35	3	36	49	28	55	24	44	9
3	8	68	0	43	83	11	11	3	64	56	70	11	61	58	19	58	23	70	60	79
4	31	31	43	0	44	20	22	36	31	5	39	12	34	3	22	5	24	17	7	50
5	69	7	83	44	0	52	42	90	5	33	3	46	16	51	58	41	52	41	69	10
6	3	47	11	20	52	0	2	8	35	33	47	4	50	31	10	33	8	45	43	54
7	5	39	11	22	42	2	0	10	29	31	37	4	40	33	14	31	6	47	45	46
8	5	77	3	36	90	8	10	0	69	53	79	10	72	49	18	51	16	71	53	90
9	48	8	64	31	5	35	29	69	0	24	4	31	17	38	45	32	41	24	56	5
10	48	18	56	5	33	33	31	53	24	0	28	21	19	4	39	2	39	14	8	35
11	60	4	70	39	3	47	37	79	4	28	0	37	9	48	51	38	49	30	60	7
12	7	35	11	12	46	4	4	10	31	21	37	0	34	23	8	23	10	31	27	48
13	65	3	61	34	16	50	40	72	17	19	9	34	0	39	52	29	58	29	41	16
14	46	36	58	3	51	31	33	49	38	4	48	23	39	0	39	2	37	22	6	55
15	13	49	19	22	58	10	14	18	45	39	51	8	52	39	0	43	16	43	41	68
16	48	28	58	5	41	33	31	51	32	2	38	23	29	2	43	0	35	24	8	47
17	9	55	23	24	52	8	6	16	41	39	49	10	58	37	16	35	0	59	49	68
18	56	24	70	17	41	45	47	71	24	14	30	31	29	22	43	24	59	0	24	31
19	56	44	60	7	69	43	45	53	56	8	60	27	41	6	41	8	49	24	0	73
20	69	9	79	50	10	54	46	90	5	35	7	48	16	55	68	47	68	31	73	0

表 11-3 输出的是每一步聚类的成员变动情况，表中的意义如下。

表 11-3　　聚类过程表

步骤	群集组合		系数	群集首次出现的步骤序号		下一步
	群集 1	群集 2		群集 1	群集 2	
1	14	16	2.000	0	0	3
2	6	7	2.000	0	0	7
3	10	14	3.000	0	1	8
4	2	13	3.000	0	0	14
5	5	11	3.000	0	0	9
6	3	8	3.000	0	0	15
7	6	12	4.000	2	0	10
8	4	10	4.333	0	3	11
9	5	9	4.500	5	0	12
10	1	6	5.000	0	7	13
11	4	19	7.250	8	0	17
12	5	20	7.333	9	0	14
13	1	17	8.250	10	0	15
14	2	5	10.750	4	12	18
15	1	3	11.300	13	6	16
16	1	15	14.000	15	0	19
17	4	18	20.200	11	0	18
18	2	4	38.611	14	17	19
19	1	2	48.292	16	18	0

（1）第一栏“步骤”表示聚类的步骤序号，本例共进行了 19 次合并。

（2）第二、三栏“群集组合”表示当前正在合并的类，“群集 1”“群集 2”分别表示聚类的编号，编号较小者置于“群集 1”中，编号较大者置于“群集 2”中，合并后以编号较小者为新类别的编号。

（3）第四栏“系数”指欧氏距离的平方值，反映合并后的类别内的差异程度。该系数越小，表示合并的两类相似性越高，差异性越小。一般来说，合并的观测值越多，聚类成员间的差异性会越来越大，差异性系数值也会越来越大。

（4）第五、六栏“群集首次出现的步骤序号”表示正在合并的类别在上一次出现时的步骤编号，“群集 1”是类别编号较小者前一次出现的步骤序号，而“群集 2”是类别编号较大者前一次出现的步骤序号，0 表示上次未出现过。

（5）第七栏“下一步”表示合并后的类在下一次聚类时的步骤序号，0 表示不再进行下步合并，聚类过程结束。

表 11-4 输出的是系统聚类的最终成员构成表。第一栏“个案”代表原始观测值的序号，第二、三栏表示把全部观测值分成三类和两类时的构成情况，如第 4 个个案，分成两类时被分到第二类，分成三类时则划入第三类。

表 11-4　　　　最终成员构成表

个案	分成三类的成员	分成两类的成员
1	1	1
2	2	2
3	1	1
4	3	2
5	2	2
6	1	1
7	1	1
8	1	1
9	2	2
10	3	2
11	2	2
12	1	1
13	2	2
14	3	2
15	1	1
16	3	2
17	1	1
18	3	2
19	3	2
20	2	2

图 11-16 输出的是垂直冰柱图。图中横坐标代表观测个案，纵坐标代表聚类数，冰柱有长有短。分析此图时，可从任意聚类数（整数）的纵坐标处作水平轴的平行线，平行线位置的所有“冰柱”均相连，则这些连成一体的冰柱所对应的个案就为同一类，断点处至另一断点处为另一类，以此类推。如纵坐标为 3 处（分成 3 类），编号 18、19、16、14、10、4 的个案为第一类，4 与 20 之间有一断点，编号 20、9、11、5、13、2 的个案为第二类，2 与 15 之间有一断点，编号 15、8、3、17、12、7、6、1 的个案为第三类。如果要了解聚类的整个过程，可从冰柱底部向上看，20 个个案分成 19 类时，首先聚集的是 16 与 14，其余 18 个个案自成一类，共 19 类；依次向上分析，就可看出整个聚类的详细推进过程。

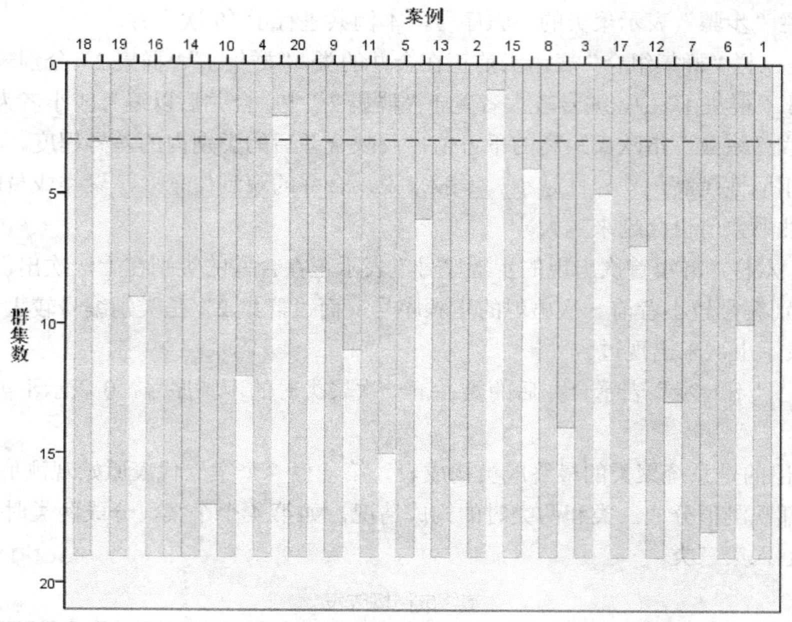

图 11-16　全聚类成员的垂直冰柱图

要是在图 11-5 中设定输出“指定聚类范围”的冰柱图，则此时冰柱图的纵坐标表示的是聚类次数。如果设置“开始聚类=2”“停止聚类=6”和“排序标准=2”，只显示分成 2 类、4 类、6 类的冰柱图，如图 11-17 所示。第一次聚类（纵坐标 1.0 处）分成 2 类，第二次聚类（纵坐标 2.0 处）分成 4 类，第三次聚类（纵坐标 3.0 处）分成 6 类。对比图 11-16 和图 11-17，很明显图 11-17 更加容易分辨。当研究者事先能大致确定类别数量时，指定范围的冰柱图更能简洁地判断分类情况，但它显示的只是部分聚类结果，而非完整的进程。

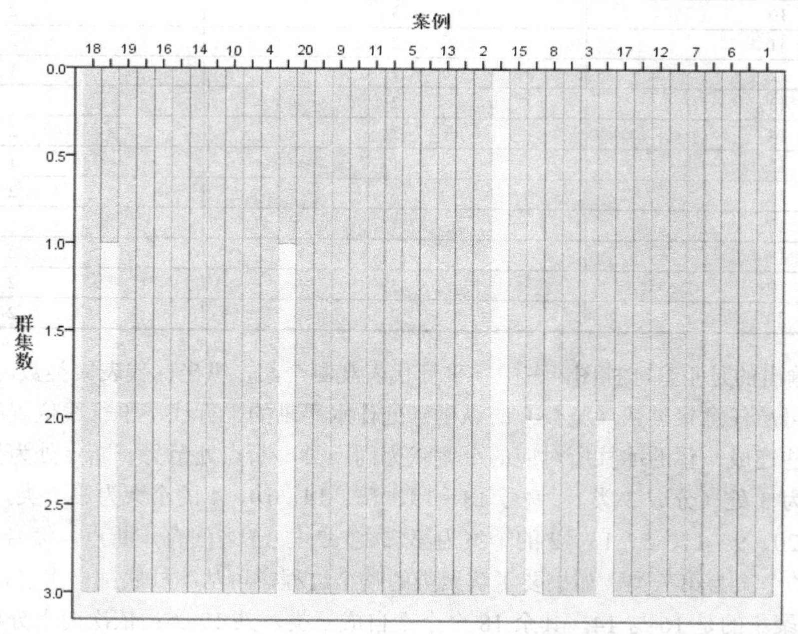

图 11-17　指定聚类范围的垂直冰柱图

图 11-18 输出的是聚类构成的进程图。横坐标是把各个类别间的距离按比例调整为 0～25 刻度范围，距离越大，差异就越大，纵坐标为合并的个案序号。树状图直观地呈现了聚类的进程和成员构成，聚类情况与图 11-16 所示的冰柱图和表 11-4 所示的聚类成员表传递的信息完全一致。当数据较多时，树状图比冰柱图更加清晰。

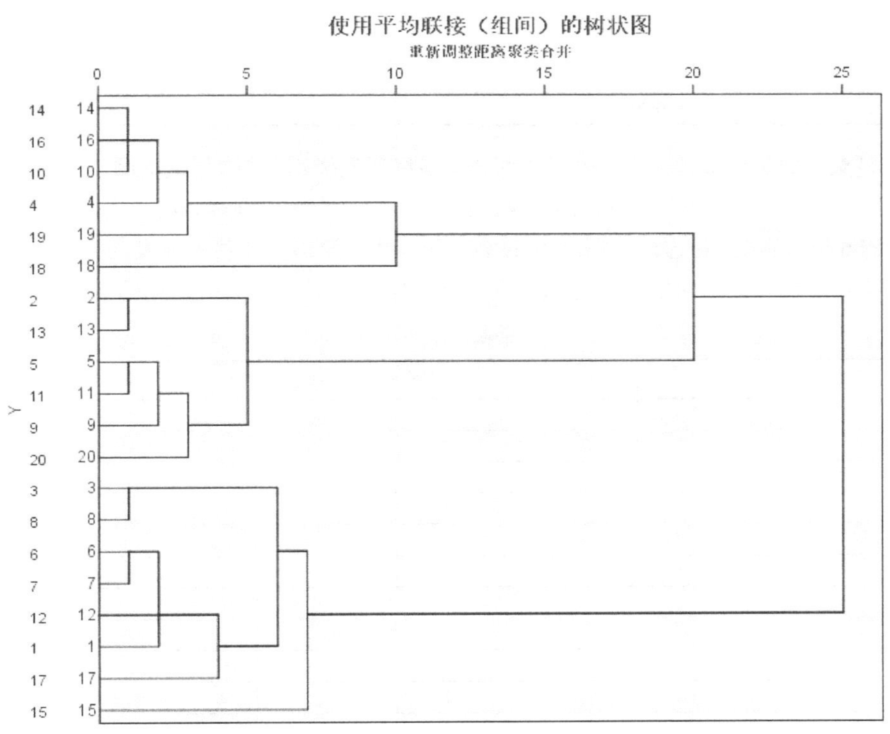

图 11-18　树状图

二、K-均值聚类结果解读

表 11-5 是初始聚类中心的变量值。这是由系统根据观测数据分成三类自动确定的初始值，表示 6 维空间中的 3 个点，第一类的中心坐标为（4，6，3，7，2，7），其余类似。随着反复迭代计算与类中心的距离，最初的聚类中心会随之变动。

表 11-5　初始聚类中心

	聚类		
	1	2	3
购物是一件有趣的事	4	2	7
购物会导致个人财务紧张	6	3	2
我将购物和在外就餐结合在一起	3	2	6
我购物时争取得到最划算的交易	7	4	4
我对购物毫无兴趣	2	7	1
您可以通过比价来节省很多钱	7	2	3

表 11-6 是迭代记录过程表，反映了迭代次数和类中心距离的变化情况。表中数字显示导入问题

第 1 次迭代后类中心距离分别为 2.154、2.102 和 2.550，而第 2 次迭代后都为 0，达到位移变化小于 0.02 的要求，迭代即停止。同时，SPSS 还给出了初始聚类中心间的最小距离是 7.746。随着迭代的推进，类中心距离就逐步减小，直到达到要求。

表 11-6 迭代历史记录

迭代	聚类中心的改变		
	1	2	3
1	2.154	2.102	2.550
2	0.000	0.000	0.000

表 11-7 是聚类成员构成情况，反映了全部个案最终所属类别及与类中心的距离。导入问题测定顾客态度要是分成三类，顾客编号为 4、10、14、16、18、19 的 6 位顾客为第一类，编号为 2、5、9、11、13、20 的 6 位顾客为第二类，剩余 8 位顾客为第三类，这与系统聚类分成三类时的个案归属情况完全一致。但要注意的是，应用不同方法对同一样本实施聚类，个案所归属的类别不一定相同。

表 11-7 个案归属表

个案序号	所属类别	与类中心的距离
1	3	1.414
2	2	1.323
3	3	2.550
4	1	1.404
5	2	1.848
6	3	1.225
7	3	1.500
8	3	2.121
9	2	1.756
10	1	1.143
11	2	1.041
12	3	1.581
13	2	2.598
14	1	1.404
15	3	2.828
16	1	1.624
17	3	2.598
18	1	3.555
19	1	2.154
20	2	2.102

表 11-8 是最终聚类中心，表示迭代结束后，各类最终的类中心坐标（均值）。与初始类中心相比，坐标位置有了一定程度的改变。对比原始数据，第一类顾客对量表中 6 个问题的评分属于中等，第二类顾客对量表问题的评分较低（对问题的认同度低），第三类顾客对量表问题的评分较高（对问题的认同度高）。与表 11-7 结合一块分析，可以判断第三类顾客是相对较为积极的购买者，尽管他们在 $Q2$、$Q4$、$Q5$ 上的评分均值为 4、3 和 2，但这三个问题是反向题，越低反而越好。

表 11-8 最终聚类中心

	聚类		
	1	2	3
购物是一件有趣的事	4	2	6

续表

	聚类		
	1	2	3
购物会导致个人财务紧张	6	3	4
我将购物和在外就餐结合在一起	3	2	6
我购物时争取得到最划算的交易	6	4	3
我对购物毫无兴趣	4	6	2
您可以通过比价来节省很多钱	6	3	4

表 11-9 是最终聚类中心间的距离。由表可见，第一类与第二类、第三类的距离分别是 5.568、5.698，相差不大，但第二类与第三类的距离是 6.928，差异性较大。

表 11-9　　最终聚类中心间的距离

聚类	1	2	3
1		5.568	5.698
2	5.568		6.928
3	5.698	6.928	

表 11-10 是单变量方差分析表，表示将 20 名顾客分成三类时对各个变量的方差分析。第二栏、第三栏是变量的类间均方差和自由度，第四栏、第五栏是变量的类内均方差和自由度，第六栏、第七栏是变量的 F 统计量值和 p 值，6 个变量的 p 值均小于 0.05 的显著性水平，无法证明变量的均值是相等的。需要注意的是，这里的 F 检验应仅用于描述性目的，因为选中的类将被用来最大化不同聚类中的个案间的差别，观测到的显著性水平并未据此进行更正，因此无法将其解释为对聚类均值相等这一假设的检验。

表 11-10　　方差分析表

	聚类		误差		F	Sig.
	均方	*df*	均方	*df*		
购物是一件有趣的事	29.108	2	0.608	17	47.888	0.000
购物会导致个人财务紧张	13.546	2	0.630	17	21.505	0.000
我将购物和在外就餐结合在一起	31.392	2	0.833	17	37.670	0.000
我购物时争取得到最划算的交易	15.713	2	0.728	17	21.585	0.000
我对购物毫无兴趣	22.538	2	0.816	17	27.614	0.000
您可以通过比价来节省很多钱	12.171	2	1.071	17	11.363	0.001

表 11-11 是最终聚类的个案统计表。本表实际上是表 11-7 的汇总，当观测个案较多时能快速地知道各类的个案数量，但难以明确各类的含义。

表 11-11　　最终分类的个案统计表

聚类	1	6.000
	2	6.000
	3	8.000
有效		20.000
缺失		0.000

导入问题回应

1. 顾客之间的相似程度是把他们汇聚成一类的唯一理由。相似度可以用顾客购物之间在心理、行为等方面的类似性或距离远近来度量，定性数据用相似度测定，定量数据用欧氏距离测定。相似度越高、距离越近，他们的购买态度越接近，自然就可归为一类。

2. 20个顾客可以分成两类、三类或四类，综合前面系统聚类和K-均值聚类的结果，导入问题分成三类较为合适，既能使类间有显著的差异，又能使类内差异较小。编号18、19、16、14、10、4的个案为第一类，编号20、9、11、5、13、2的个案为第二类，编号15、8、3、17、12、7、6、1的个案为第三类。如果分成两类，类间差异不明显，类内误差较大；如果分成七类、八类等较多类别，类内误差可能会较小，从制造和营销角度考虑，成本较高，因而实际应用价值不大。

3. 从实际应用考虑，对应前面聚类分析的结果，把顾客购买态度分成积极（第三类）、中性（第一类）和消极（第二类）三类，有着实际的营销意义。对积极类的顾客，提供商品信息，推出顾客需要的产品；对消极类顾客，要设法改变顾客对购买的偏见或认知，转变观念；对购买持中性的顾客，正确引导，使之向积极型靠拢。

本章思考题

1. 系统聚类与K-均值聚类的思路分别是什么？
2. 测量个案或变量间亲密度的指标有哪些？
3. 测量个案距离的方法与测定类间距离的方法是一样的吗？
4. 组间联接法与组内联接法的区别何在？
5. K-均值聚类要设定哪些参数？

数据的判别分析

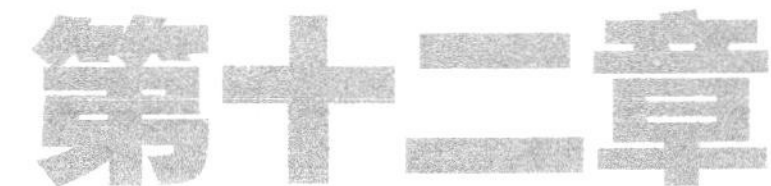

导入问题 居家旅游等级的判定[4]404-405

在居家度假旅行的问题上，旅行社非常想知道家庭度假费用的支出与家庭年收入（千美元）、对旅行的态度、家庭度假的重要性、家庭规模（人）和户主年龄（周岁）方面是否存在差异。某旅行社通过调查共收集到42个家庭的样本数据，各个变量的含义、符号及数据如表12-1所示。其中对旅行的态度以9级量表测定，1表示最不积极，9表示最积极；度假的重要性，同样以9级量表测定，1表示最不重要，9表示最重要；度假费用支出分为低、中、高三类，1代表低支出，2代表中等支出，3代表高支出。

表 12-1 家庭旅行的相关数据

家庭编号 no	度假支出 spending	家庭年收入 income	旅行态度 travel	度假重要性 holiday	家庭人口数 family	户主年龄 age
1	2	50.2	5	8	3	43
2	3	70.3	6	7	4	61
3	3	62.9	7	5	6	52
4	1	48.5	7	5	5	36
5	3	52.7	6	6	4	55
6	3	75.0	8	7	5	68
7	2	46.2	5	3	3	62
8	2	57.0	2	4	6	51
9	3	64.1	7	5	4	57
10	3	68.1	7	6	5	45
11	3	73.4	6	7	5	44
12	3	71.9	5	8	4	64
13	2	56.2	1	8	6	54
14	3	49.3	4	2	3	56
15	3	62.0	5	6	2	58
16	1	32.1	5	4	3	58
17	1	36.2	4	3	2	55
18	2	43.2	2	5	2	57
19	2	50.4	5	2	4	37
20	2	44.1	6	6	3	42
21	1	38.3	6	6	2	45
22	2	55.0	1	2	2	57
23	1	46.1	3	5	3	51
24	1	35.0	6	4	5	64
25	1	37.3	2	7	4	54
26	2	41.8	5	1	3	56
27	2	57.0	8	3	2	36
28	1	33.4	6	8	2	50
29	1	37.5	3	2	3	48
30	1	41.3	3	3	2	42
31	2	50.8	4	7	3	45
32	3	63.6	7	4	7	55
33	2	54.0	6	7	4	58
34	2	45.0	5	4	3	60
35	3	68.0	6	6	6	46

续表

家庭编号 no	度假支出 spending	家庭年收入 income	旅行态度 travel	度假重要性 holiday	家庭人口数 family	户主年龄 age
36	3	62.1	5	6	3	56
37	1	35.0	4	3	4	54
38	1	49.6	5	3	5	39
39	3	39.4	6	5	3	44
40	1	37.0	2	6	5	51
41	2	54.5	7	3	3	37
42	1	38.2	2	2	3	49

问题：

1. 根据调查数据资料可否建立区分度假支出的某种判别函数？判别度假支出的准则是什么？

2. 根据建立的旅游度假判别支出准则，回溯这些家庭的旅游度假支出分属于哪些类别？与实际支出类别有无差异？每个类别分别有哪些家庭？数量有多少？

3. 根据建立的判别函数和准则，能否对新的家庭在度假支出上做出预测？准确度如何？

4. 家庭年收入、对旅行的态度、家庭度假的重要性、家庭规模和户主年龄是否较好地描述了家庭度假费用的支出分类？为什么？

判别分析过程

本节以开章案例“居家度假旅行支出”为例，详细介绍用 SPSS 进行判别分析的选项设置与操作过程。

一、判别分析数据文件的建立

1. 定义变量

启动 SPSS，单击底部左边的“变量视图”按钮，进入 SPSS 变量设计窗口，按表 12-1 中表头英文名称为变量名定义变量，如图 12-1 所示。

2. 建立数据文件

按图 12-1 样式完成全部变量定义后，单击底部左边的“数据视图”按钮，进入 SPSS 数据输入窗口，录入表 12-1 收集到的 42 个家庭的数据，建立数据文件“Data12-1.sav”，如图 12-2 所示。由于显示屏所限，图 12-2 显示的只是部分数据。

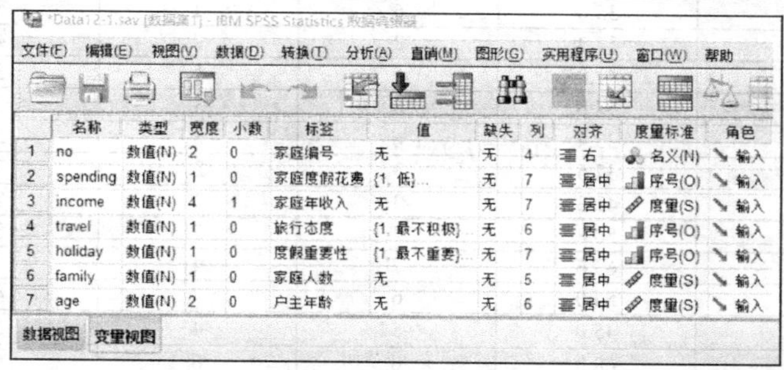

图 12-1　判别分析的变量定义

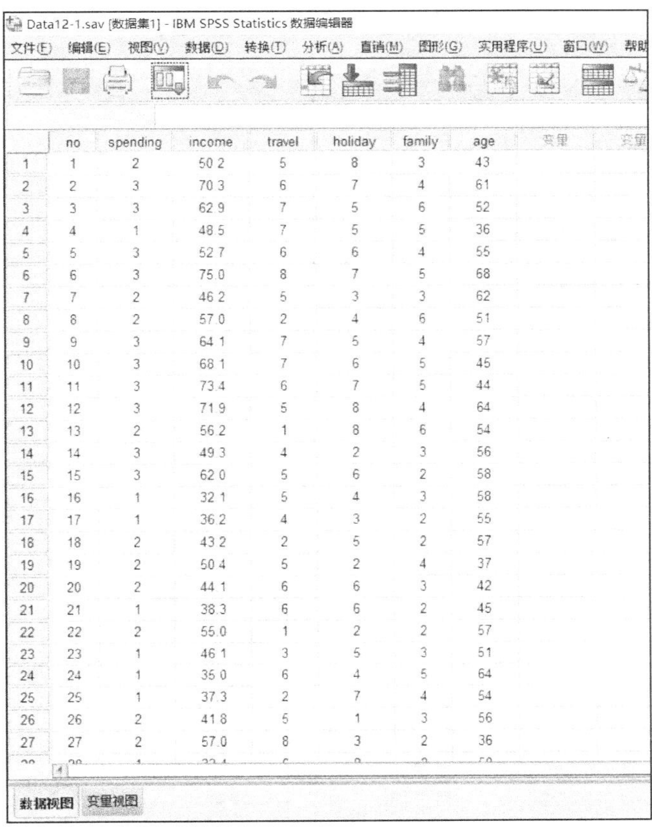

	no	spending	income	travel	holiday	family	age
1	1	2	50.2	5	8	3	43
2	2	3	70.3	6	7	4	61
3	3	3	62.9	7	5	6	52
4	4	1	48.5	7	5	5	36
5	5	3	52.7	6	6	4	55
6	6	3	75.0	8	7	5	68
7	7	2	46.2	5	3	3	62
8	8	2	57.0	2	4	6	51
9	9	3	64.1	7	5	4	57
10	10	3	68.1	7	6	5	45
11	11	3	73.4	6	7	5	44
12	12	3	71.9	5	8	4	64
13	13	2	56.2	1	8	6	54
14	14	3	49.3	4	2	3	56
15	15	3	62.0	5	6	2	58
16	16	1	32.1	5	4	3	58
17	17	1	36.2	4	3	2	55
18	18	2	43.2	2	5	2	57
19	19	2	50.4	5	2	4	37
20	20	2	44.1	6	6	3	42
21	21	1	38.3	6	6	2	45
22	22	2	55.0	1	2	2	57
23	23	1	46.1	3	5	3	51
24	24	1	35.0	6	4	5	64
25	25	1	37.3	2	7	4	54
26	26	2	41.8	5	1	3	56
27	27	2	57.0	8	3	2	36

图 12-2 判别分析的数据格式

二、判别分析的操作过程

（一）拆分数据

将调查数据分成两部分，前 30 个数据作为分析样本资料（Analysis Sample），用于建立判别函数。

（1）单击“数据→选择个案”菜单，在对话框中选择“如果条件满足”，然后单击“如果”按钮，在出现的对话框中设定家庭编号 *no*≤30，单击“继续”按钮后回到上层对话框，接着单击“确定”按钮，在数据视图中自动产生一个新变量 filter_$（图 12-2 中自动在最后增加 filter_$这一列，示例可参见图 12-12），取值为 1 的 30 个数据参加分析构建判别函数模型，取值为 0 的 12 个数据不参加模型构建（最左侧的序号划了一条斜线）。操作过程如图 12-3 所示。

（2）再次单击“数据→选择个案”菜单，在打开的对话框中选择“全部个案”选项，目的是为了让后 12 个数据作为验证样本（Validation Sample），即验证判别函数对样本数据判定的准确率。此时，验证样本最左侧序号的斜线消失。

（二）设置判别分析主对话框

（1）单击“分析→分类→判别”菜单，出现判别分析对话框，如图 12-4 所示。

（2）将“家庭度假花费”选入“分组变量”框中，单击“定义范围”按钮，在出现的对话框中的“最小值”框中输入 1，在“最大值”框中输入 3，意味着将度假支出分成三类，单击“继续”按钮返回。

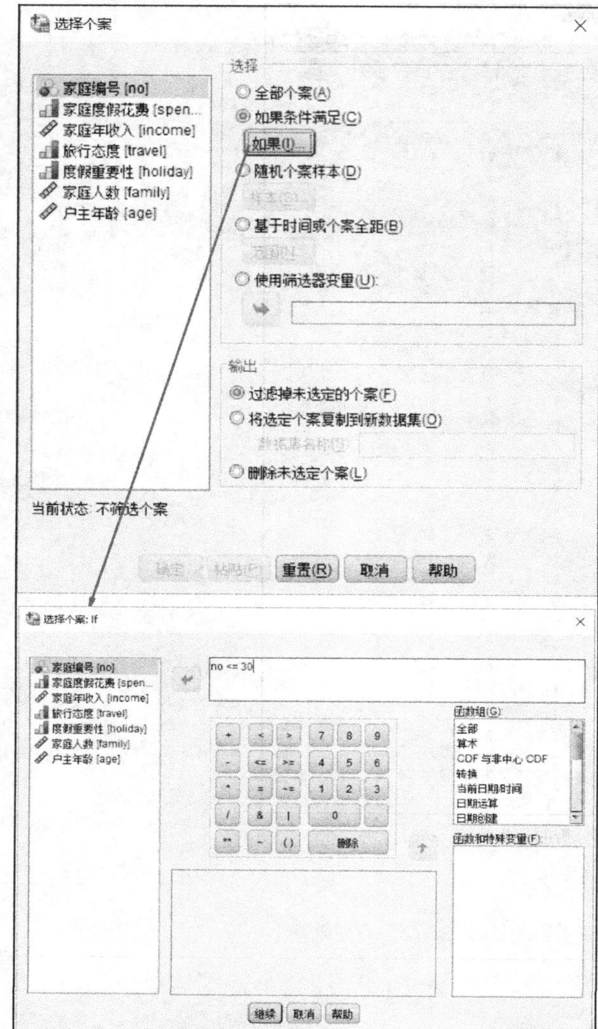

图 12-3 数据选择操作过程

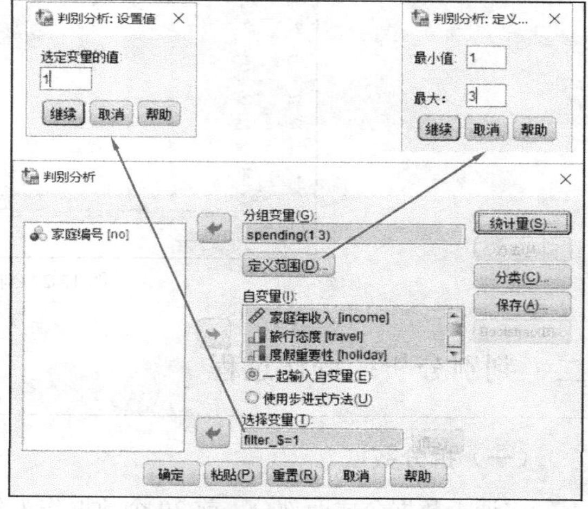

图 12-4 判别分析中的变量设置

（3）把“家庭年收入”“旅行态度”“度假重要性”“家庭人数”及“户主年龄”选入“自变量”框中。

（4）SPSS 提供两种判别分析建模方法：自变量一起进入法（Enter Independent Together）和逐步进入法（Use Stepwise Method），前者是系统默认建模的方法。

（5）把过滤变量 *no*≤30（filter_$）选入“选择变量”框中，然后单击“值”按钮，在出现的“选定变量的值”框中输入 1，即选择分析样本构建判别函数，单击“继续”按钮返回。

导入问题判别分析主对话框设置如图 12-4 所示。

（三）设置统计量选项

单击图 12-4 中的“统计量”按钮，打开统计量对话框，如图 12-5 所示，包括描述性、矩阵和函数系数三个部分。

1. 描述性

（1）均值：给出各组的平均数及总的平均数。

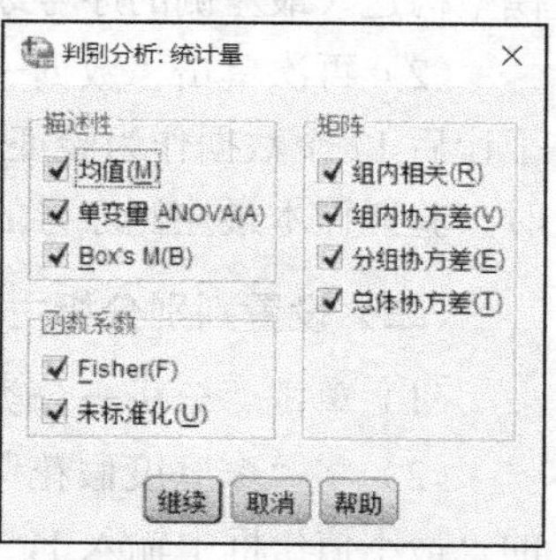

图 12-5 判别分析中的统计量设置

（2）单变量 ANOVA：对自变量每类别均值都相等的假设进行检验。

（3）Box's M：对各组协方差矩阵的齐性检验，零假设是各组别协方差矩阵相等，备择假设则是各组别协方差矩阵至少有一组不等，实质是考察各组别数据是否符合多元正态分布（这是判别分析的前提）。

2. 矩阵

表示输出“自变量系数矩阵”的选项，分别是组内相关矩阵、组内协方差矩阵、分组协方差矩阵、样本总体协方差矩阵（全部分析个案的协方差矩阵）。

3. 函数系数

（1）Fisher：输出 Fisher 典型判别函数系数。它首先由 Fisher 提出，按判别函数值最大的组别进行归类，但实质是输出 Bayes 判别函数系数。

（2）未标准化：输出未标准化的判别系数。

本问题所有选项全选，设置完成后单击“继续”按钮返回。

（四）设置分类

单击图 12-4 中的“分类”按钮，打开分类（Classification）对话框，包括四个部分，如图 12-6 所示。

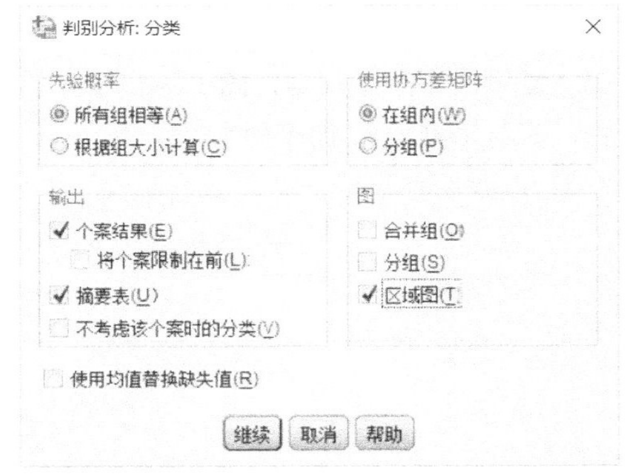

图 12-6　判别分析中的分类对话框设置

1. 先验概率

先验概率用于设定判别函数的先验概率，默认为各组（或类）在总体中出现的先验概率相等（All Groups Equal），适合各组别个案数接近的情况；当各组别个案数差异大时，宜选择“根据组大小计算”概率。

2. 使用协方差矩阵

协方差矩阵用于设定分类时所用协方差矩阵的种类，一般采用默认的合并组内协方差矩阵（Within-groups），当然也可使用各组（组间）协方差矩阵（Separate-groups）进行分类。

3. 输出

输出用于设定输出的有关项目。

（1）个案结果（Casewise Results）：输出每个观测值判别后所属的类别。也可以使用“将个案限制在前几个”选项，仅输出前若干个观测值的判别结果。

（2）摘要表（Summary Table）：输出判别符合率结果表。

（3）不考虑该个案时的分类（Leave-one-out Classification）：输出交互验证表，用来发现强影响点或奇异点。

4. 图形

图形用于选择输出的判别图。

（1）合并组：输出各组样本混合在一起的样本分类图，它是根据判别函数值做的散点图。

（2）分组：输出各组样本的分类图，根据 Fisher 判别函数值每一类产生成一张散点图，分成几类就有几张散点图。如果只有一个判别函数，就生成一张直方图。

（3）区域图：输出分类区域图，生成根据典型判别函数值将观测个案分到各组中去的边界图，实际上是把一张平面图划分成与类别数相同的区域，每一类占据一个区，各类的均值在各区域中用星号（*）标出。如果仅有一个判别函数，则不做此图。

导入问题在分类选项上的设置如图 12-6 所示，完成后单击“继续”按钮返回。

（五）设置保存选项

单击图 12-4 中的“保存”按钮，可在对话框中选择要保存的判别分析结果到所打开的文件中和到指定的文件位置（文件类型为 XML），如图 12-7 所示。各选项的含义如下。

（1）预测组成员：根据判别分数把观测值按后验概率最大指派所属的类别。

（2）判别得分：把观测值代入典型判别函数所计算的分数。

（3）组成员概率：观测值属于某一类的概率。

导入问题选择将判别结果保存到正在使用的文件中，即图 12-2 所示的文件中，增加的变量可参见图 12-12。

所有选项设置完成后，单击图 12-4 中的“确定”按钮，即可得到判别分析所输出的结果，详见本章第三节相关内容。

（六）设置方法

提示读者注意的是，图 12-4 中的“方法”按钮只有在选择了“使用步进式方法”后方能进行设置，其对话框如图 12-8 所示。

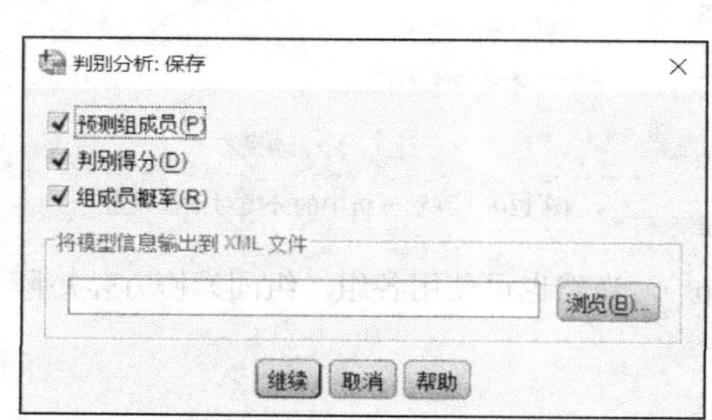

图 12-7　判别分析结果的保存对话框

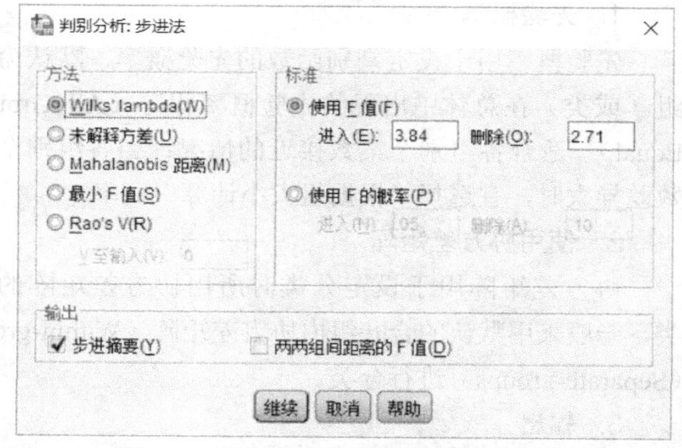

图 12-8　采用步进法时的选项设置对话框

1. 方法

设置变量的统计量方法，可选用以下五种之一。

（1）Wilks'lambda：每步都按统计量最小的 Wilks λ 值选择自变量进入判别函数，这是系统的默认选择。

（2）未解释方差（Unexplained Variance）：每步都按照各类不可解释的方差和最小的自变量进入判别函数。

（3）马氏距离（Mahalanobis'distance）：每步都按照最近的两类间 Mahalanobis 距离最大的变量进入判别函数。

（4）最小 F 值（Smallest F Ratio）：每步都按组间最小 F 比值的最大值选择自变量进入判别函数。

（5）Rao's V：每步都按照统计量 Rao V 的最大增量选择自变量进入判别函数。此时，需要对加入模型中的自变量的 V 值指定一个最小增量，可在“V-to-enter”（输入 V 值）框中输入这个增量的指定值，大于指定 V 值的自变量进入判别函数。

2. 标准

标准用于逐步判别自变量的判据，各选项意义如下。

（1）使用 *F* 值（Use F Value）判定是系统默认的判据，当加入一个自变量（或剔除一个自变量）后，对判别分析的变量进行方差分析。当计算的 *F* 值大于指定的“进入”值时，该自变量保存在函数中，默认值是 3.84；当该变量使计算的 *F* 值小于指定的“剔除”值时，该自变量从函数中删除，默认值是 2.71。也就是说，当被加入的变量 *F* 值不小于 3.84 时，才把该自变量加入模型中，否则该自变量不能进入模型；或者当要从模型中移出的自变量 *F* 值小于 2.71 时，该自变量才被移出模型，否则模型中的变量不会被移出。

（2）使用 *F* 的概率（Use Probability of F）判定，表示用 *F* 检验的概率决定自变量是否加入或剔除判别函数。*F* 值概率小于系统默认值 0.05 时，自变量进入判别模型；*F* 值概率大于系统默认的 0.10 时，自变量从模型中剔除。

3. 输出

输出用于显示逐步判别法的过程设置。

（1）步进摘要（Summary of Step）：逐一显示变量筛选过程中的统计量。

（2）两两组间距的 *F* 值（F for Pairwise Distances）：显示两两组之间的两两 *F* 值矩阵。

第二节 判别分析原理

本节简单介绍 SPSS 软件判别分析的思路、原理及数据要求。

一、判别分析思路

判别分析（Discriminant Analysis）是根据对个案进行测定或观察得到的数据来构建判别函数，依据判别函数所得到的判别准则确认个案属于哪种类型的方法。判别分析是 Fisher R A 于 1936 年在《多重测量在分类问题中的运用》一文中首先提出的，后广泛用于社会学、经济学和管理学。实际生活中，常常需要甄别个案所属的类别，判别分析正好是研判个案所属类型的一种多元统计技术。市场营销中常常用来进行市场细分和市场定位，譬如

（1）对通信运营商保持忠诚的顾客与非忠诚顾客有何人口统计特征上的差异？

（2）啤酒大量饮用者、中度饮用者与少量饮用者在消费上有差异吗？

（3）对价格较为敏感与不敏感的购物者分别具有哪些心理上的特征？

（4）高校教师、公务员与产业工人在媒体接触习惯上有差异吗？

（5）追求名牌的消费者与追求实惠的消费者在价值观念方面有差异吗？

判别分析的过程就是建立自变量的线性组合或非线性组合，使之能有效地区分因变量的各个类别或组别。判别分析的主要目的是建立能最大限度区分因变量类别的判别函数（Discriminant Function），即找出一个自变量的线性组合来表明各类别平均数的差异是否显著，判断哪些自变量对类或组间的影响较大，根据已经建立的判别函数为以后新的未知类别的数据进行归类，并评估分类的准确程度。

二、判别分析原理

（一）判别分析方法

根据使用的判别准则，主要的判别分析方法有以下几种。

（1）距离判别分析：根据自变量与因变量的观测值建立 Mahalanobis 距离函数，确定各个类别的重心（均值），待观测个案距离某一类别重心最近，就将该个案划入此类别中。距离判别法直观易懂，对自变量分布无严格要求，并不强调总的协方差相等。

（2）Fisher 判别分析：也称典型判别，多维空间的自变量投影到二维或三维空间进行分类，目标是类内离差小，类间离差大，用于两类或两类以上的判别，但常用于两类间判别。Fisher 判别法对分布和方差也没有任何限定，且可对原样本和待判定的个案直接代入 Fisher 分类函数计算和判定。

（3）Bayes 判别分析：根据概率构造出判别函数，代入自变量值以最大值决定所属类别，主要用于多个类别的判别，但要求各类变量服从多元正态分布、协方差矩阵相等，且各类均值有显著性差异。

SPSS 软件默认采用的是 Fisher 判别法和 Bayes 判别法，主要输出 Fisher 判别（典型判别）结果。在图 12-5 中勾选 Fisher 选项，其实输出的是 Bayes 判别分析的结果，如图 12-12 中 Dis1_2、Dis2_2、Dis3_2 三个变量的值。

（二）判别分析步骤

因变量只有两个类别时，判别分析的基本过程及原理如下。

判别分析的主要步骤总结如图 12-9 所示。

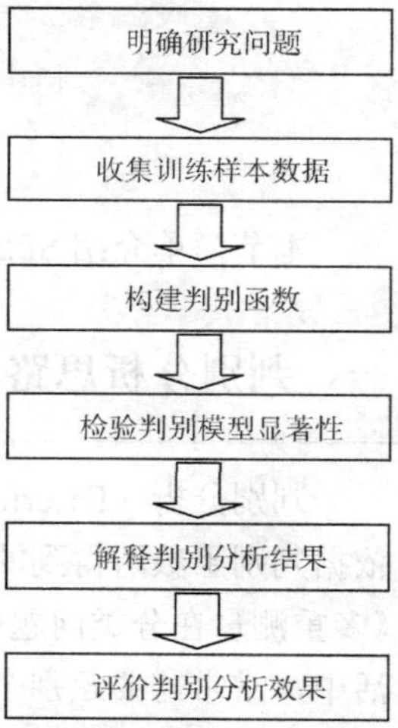

明确研究问题 → 收集训练样本数据 → 构建判别函数 → 检验判别模型显著性 → 解释判别分析结果 → 评价判别分析效果

图 12-9 判别分析步骤

1. 考察研究的问题

明确自变量与因变量，注意因变量必须是“二分变量”。在判别分析中，因变量是类别变量，而自变量基本是等距变量或比例尺度变量。

2. 收集样本数据

可通过设计问卷（量表）向研究对象收集数据，在获得调查数据较多时将样本数据拆分为两部分：分析样本（也称为训练样本）和验证样本，前者用于建立判别函数，后者仅用于评估判别分析的效果。拆分时要求分析样本、验证样本要与样本整体分布相同，即拆分后的两个样本在构成比例关系上与样本整体保持一致。假设通过对调查数据的整理，获得 n 个个案及其所属的类别，每个个案都有 m 个自变量，如表 12-2 所示。

表 12-2　判别分析变量与观测值

个案序号	自变量						类别变量
	X_1	X_2	…	X_j	…	X_m	
1	X_{11}	X_{12}	…	X_{1j}	…	X_{1m}	Y_1
2	X_{21}	X_{22}	…	X_{2j}	…	X_{2m}	Y_2
…	…	…	…	…	…	…	…
i	X_{i1}	X_{i2}	…	X_{ij}	…	X_{im}	Y_i
…	…	…	…	…	…	…	…
n	X_{n1}	X_{n2}	…	X_{nj}	…	X_{nm}	Y_k

注：k 是分类的类别数，两个类别时 k=2。判别分析即通过 n 个观测值构建判别函数，并由此判定新观测值或原观测值所属的类别。

3. 构建判别函数

判别分析模型用一个或几个判别函数来表示（类似于数学中的分段函数）。两个类别的情况，只需一个判别函数

$$Y_i = b_0 + b_1 X_{i1} + b_2 X_{i2} + \cdots + b_m X_{im} \tag{12-1}$$

式中，Y_i表示第 i 个个案的判别得分（Discriminate Scores），i=1，2，…，n，n 是观测值的个数；b 表示判别系数（Discriminate Coefficient）或权重，b_j表示判别函数第 j 个自变量的系数；X 表示自变量，X_{ij} 表示第 i 个个案在第 j 个自变量上的取值或评价值，j=1，2，…，m，m 是自变量的个数。

构建判别函数关键是根据观察数据确定判别函数的系数 b_j。如第一节所述，在 SPSS 中可用全部变量进入法或逐步进出法求解判别函数系数。

4. 检验判别模型的显著性

构建的判别函数能否对数据进行判别，需要进行显著性检验，只有在统计上显著，才能用于对数据的类别做出判断。模型显著性检验的零假设为：两个类别判别得分的均值是相同的。如果零假设被拒绝，说明判别分析模型是显著的。SPSS 中采用 Wilks'λ 值并转化为卡方值作为检验统计量。只要卡方检验拒绝零假设的概率小于 0.05 的显著性水平，即可认为判别函数显著。

5. 解读判别分析结果

解读判别分析结果就是说明所建立判别函数中，自变量对判别函数影响的显著性和相对重要性，可通过判别函数的标准化系数和结构相关系数进行分析解读。二者的值越大，说明对判别函数的解释能力越强。

6. 评价判别分析效果

一般来说，模型预测效果的好坏取决于两方面：一是对原始样本数据回溯预测的准确度，二是对待判定个案预测的准确率。前者表明了对历史的拟合情况，后者反映了模型的预见性。以预测为主的判别分析，将更加关注后者的准确性。当分类函数系数估计出来后，代入样本中自变量的值，就可算出每个个案的判别得分，依据判别规则和判别得分就可将个案划分在不同的类别中。在两个类别的判别中，是用观测值距离第二类的距离与观测值距离第一类的距离的差值作为判断准则。该差值大于 0，表明观测值距离第一类更近，应划定在第一类中；反之，差值小于 0，说明自变量距离第二类更近，应划属第二个类别。SPSS 的判别结果和准确率可由个案分类表及汇总结果表给出。

多个类别（k >2）的判别分析与两个类别的类似，只是判别函数是 k−1 个，而不是 1 个。零假设为 k 个类别的判别得分的均值是相同的。

SPSS 实现判别分析的路径是“分析（Analyze）→分类（Classify）→判别（Discriminant）”，如图 12-10 所示。

三、判别分析要求

判别分析假设自变量之间不存在线性相关且符合多元正态分布，各组别协方差矩阵基本相同。只有满足这些条件，所建立的判别模型对观测个案的预测性才较为准确。

建立判别函数判定个案所属类别时，对观测数据有以下要求：

（1）因变量通常是类别变量，如果是用区间变量转化为类别变量，则效果可能不会理想，可考虑用线性回归分析；

（2）自变量必须是区间变量或比例尺度变量；

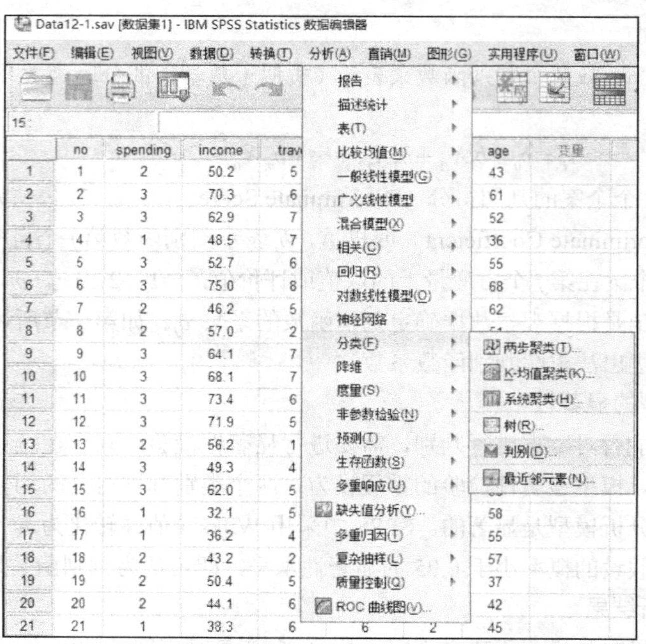

图 12-10　SPSS 的判别分析调用

（3）分类类别数 k 不应大于自变量的个数 m，即 $k \leq m$；

（4）样本个数 n 应是自变量个数 m 的 10～20 倍以上，即 $n \geq$（10～20）m，自变量个数 m=8～10 时，判别效果较为理想；

（5）数据验证时，一般把样本按 2：1 的比例拆分，2/3 用于构建判别函数，1/3 用于验证。

应用实例 12-1

欧洲满意项目的调研发现[4]415

如今，越来越多的计算机公司意识到顾客服务项目比计算机产品的特性和质量更重要。惠普公司就在其欧洲的业务中学到了这一点。对欧洲市场的调研显示不同年龄细分市场对服务要求的重点有所不同。专题座谈显示，40岁以上的顾客在计算机技术方面遇到的困难较大，对顾客服务项目的要求最为强烈。同时，年轻的顾客认为产品的技术特征能够增加他们的满意度。为此，公司进行了大型调查，进一步研究导致两细分市场差异的因素。采用两组判别分析对满意和不满意的顾客进行研究，发现技术信息、易操作性、顾客服务项目的种类和范围都是非常重要的区分因素。这可以说是个重大发现，因为惠普公司通过提升顾客服务而非技术因素就可以处理顾客的不满。最终，惠普公司成功地开展了顾客满意项目——顾客反馈、顾客满意调查和全面质量管理，并且确实提高了顾客满意度。

第三节　判别分析结果解读

依据第一节各选项设置完成后执行程序可得到判别分析结果，下面按 SPSS 输出的先后顺序解读分析。

一、描述性统计

表 12-3 是对判别分析全部数据的描述，30 个数据参与建立判别模型，12 个数据作为待判样本，各占 71.4%和 28.6%。

表 12-3　　判别分析处理摘要

未加权案例		N	百分比
有效		30	71.4
排除的	缺失或越界组代码	0	0.0
	至少一个缺失判别变量	0	0.0
	缺失或越界组代码还有至少一个缺失判别变量	0	0.0
	未选定的	12	28.6
	合计	12	28.6
合计		42	100.0

表 12-4 是分析样本的描述性统计指标，包括各个自变量在高、中、低三个支出组别及总体中的均值、标准差及有效数据个数等信息。

表 12-4　　各组别描述统计量

家庭度假花费		均值	标准差	有效的 N（列表状态）	
				未加权的	已加权的
低	家庭年收入	38.570	5.297 2	10	10.000
	旅行态度	4.500	1.715 9	10	10.000
	度假重要性	4.700	1.888 6	10	10.000
	家庭人数	3.100	1.197 2	10	10.000
	户主年龄	50.300	8.097 3	10	10.000
中	家庭年收入	50.110	6.002 3	10	10.000
	旅行态度	4.000	2.357 0	10	10.000
	度假重要性	4.200	2.485 5	10	10.000
	家庭人数	3.400	1.505 5	10	10.000
	户主年龄	49.500	9.252 6	10	10.000
高	家庭年收入	64.970	8.614 3	10	10.000
	旅行态度	6.100	1.197 2	10	10.000
	度假重要性	5.900	1.663 3	10	10.000
	家庭人数	4.200	1.135 3	10	10.000
	户主年龄	56.000	7.601 2	10	10.000
合计	家庭年收入	51.217	12.795 2	30	30.000
	旅行态度	4.867	1.978 0	30	30.000
	度假重要性	4.933	2.099 8	30	30.000
	家庭人数	3.567	1.330 9	30	30.000
	户主年龄	51.933	8.574 0	30	30.000

二、变量的组均值检验

表 12-5 是各个变量在三个组别的均值进行 Wilks'λ 检验（单因素方差分析）的结果。λ 是组内

变差与总变差的比，取值为 0～1。λ 越小，即组内变差越小，组间变差越大，各组均值差异也越大，与此对应的 F 值也越大，自变量对分类变量的解释能力越显著。由表 12-5 可见，收入及旅行态度的 $p<0.05$，表明这两个变量在三个组度假支出的均值上是有显著差异的，对度假支出的区分较显著，其余三个变量的 p 值均大于 0.05，对度假支出的区分能力不足。五个影响度假支出的变量中仅两个有显著性，可能整体上面临区分度不是很强的问题。

表 12-5　　变量在各组均值上的等同性检验

自变量 (x_j)	Wilks' Lambda (λ)	F (F值)	df1 (第一自由度)	df2 (第二自由度)	Sig. (p)
家庭年收入	0.262	37.997	2	27	0.000
旅行态度	0.788	3.634	2	27	0.040
度假重要性	0.881	1.830	2	27	0.180
家庭人数	0.874	1.944	2	27	0.163
户主年龄	0.882	1.804	2	27	0.184

三、变量的协方差矩阵及其检验

表 12-6 的上半部分是高、中、低三组度假支出混合在一起的变量的组内协方差矩阵，下半部分是自变量之间的相关系数矩阵。从表中可见，度假的重要性、家庭规模与收入有一定的关系，且户主年龄与旅行的态度有一定的负相关，但相关度都较小，说明自变量之间存在一定的多重共线性，但并不构成严重问题。现实问题中，要完全杜绝自变量之间自相关是很难做到的。

表 12-6　　汇聚的组内协方差矩阵和相关系数矩阵 [a]

		家庭年收入	旅行态度	度假重要性	家庭人数	户主年龄
协方差	家庭年收入	46.098	0.633	4.254	3.331	−11.865
	旅行态度	0.633	3.311	0.133	0.011	−5.167
	度假重要性	4.254	0.133	4.170	0.581	−0.226
	家庭人数	3.331	0.011	0.581	1.663	−0.270
	户主年龄	−11.865	−5.167	−0.226	−0.270	69.652
相关性	家庭年收入	1.000	0.051	0.307	0.380	−0.209
	旅行态度	0.051	1.000	0.036	0.005	−0.340
	度假重要性	0.307	0.036	1.000	0.221	−0.013
	家庭人数	0.380	0.005	0.221	1.000	−0.025
	户主年龄	−0.209	−0.340	−0.013	−0.025	1.000

a. 协方差矩阵的自由度为 27。

表 12-7 给出了低、中、高三组别和训练样本总的协方差矩阵。表中某一变量各组协方差的加权平均数即表 12-6 中对应变量的组内协方差，相互关系为

某变量的组内协方差=[Σ（组个案数−1）×组方差或协方差]÷（$n-k$）

如低、中、高三组家庭年收入变量协方差的均值=[（10−1）×28.060+（10−1）×36.028+（10−1）×74.207）]÷（30−3）=46.098，就是表 12-6 中家庭年收入的协方差。

表 12-7 中总协方差矩阵中的每个元素减去表 12-6 中组内协方差矩阵对应位置的元素所得到的矩阵，即是组间协方差矩阵。判别函数就是由组间协方差矩阵和组内协方差矩阵推导出来的，并用其考察自变量与因变量的关系。

表 12-7　　分组与总的协方差矩阵 [a]

家庭度假花费		家庭年收入	旅行态度	度假重要性	家庭人数	户主年龄
低	家庭年收入	28.060	−0.150	−0.643	1.837	−29.834
	旅行态度	−0.150	2.944	0.833	0.500	−1.833
	度假重要性	−0.643	0.833	3.567	0.033	−0.678
	家庭人数	1.837	0.500	0.033	1.433	1.300
	户主年龄	−29.834	−1.833	−0.678	1.300	65.567
中	家庭年收入	36.028	−3.244	1.931	3.818	−14.717
	旅行态度	−3.244	5.556	−1.111	−1.444	−13.667
	度假重要性	1.931	−1.111	6.178	1.244	−2.667
	家庭人数	3.818	−1.444	1.244	2.267	0.444
	户主年龄	−14.717	−13.667	−2.667	0.444	85.611
高	家庭年收入	74.207	5.292	11.474	4.340	8.956
	旅行态度	5.292	1.433	0.678	0.978	0.000
	度假重要性	11.474	0.678	2.767	0.467	2.667
	家庭人数	4.340	0.978	0.467	1.289	−2.556
	户主年龄	8.956	0.000	2.667	−2.556	57.778
合计	家庭年收入	163.718	8.368	9.843	8.204	16.291
	旅行态度	8.368	3.913	0.784	0.389	−2.147
	度假重要性	9.843	0.784	4.409	0.832	1.892
	家庭人数	8.204	0.389	0.832	1.771	1.039
	户主年龄	16.291	−2.147	1.892	1.039	73.513

a. 总的协方差矩阵的自由度为 29。

表 12-8 输出的是协方差矩阵所对应行列式的秩和对数值，用于对多重共线性的诊断。自变量间如有多重共线性发生，将会使行列式的值接近 0，且秩与自变量个数不一致。本表中各组的秩都为 5，等于各组自变量的个数，且行列式的值不等于 0，说明变量间并不存在多重共线性。

表 12-8　　分组协方差矩阵行列式的秩和自然对数值

家庭度假花费	秩	对数行列式
低	5	8.898
中	5	10.938
高	5	7.608
汇聚的组内	5	10.763

表 12-9 显示的是 Box's M 检验结果，考察各组协方差矩阵是否相等。Box's M 为 43.599，转化为 F=1.052，而 p=0.39>0.05，不能推翻零假设，表明各组别协方差是相等的，符合判别分析的假定。

表 12-9　　Box's M 检验结果

Box's M		43.599
F	近似值	1.052
	df1	30
	df2	2 309.985
	Sig.	0.390

对相等总体协方差矩阵的零假设进行检验。

四、典型判别函数

表 12-10 是判别函数的特征值（E），它是组间平方和（B）与组内平方和（W）之比，代表了判

别函数的变异性和区别度。特征值越大，区别度越高。表中判别函数 1、2 的特征值分别为 3.819 和 0.247，第一个判别函数可以解释方差的 93.9%=3.819/（3.819+0.247），而第二个判别函数只能解释方差的 6.1%=0.247/（3.819+0.247），表明第一判别函数的鉴别力远强于第二判别函数；典型相关系数（R）表示判别分数与组别间的相关程度，用组间平方和与总平方和（T）之比的平方根度量，表中分别为 0.89、0.445，表明第一判别函数反映了原始数据的大部分信息，第二判别函数则携带的信息相对较少。特征值、典型相关系数及其相互关系为

$$R=\sqrt{\frac{B}{T}} \tag{12-2}$$

$$E=\frac{B}{W}=\frac{B}{T-B}=\frac{B/T}{1-B/T}=\frac{R^2}{1-R^2} \tag{12-3}$$

表 12-10 中，$3.819=0.890\,22^2/(1-0.890\,22^2)$，$0.247=0.444\,99^2/(1-0.444\,99^2)$。

表 12-10　　特征值

判别函数	特征值	方差比例（%）	累积方差比例（%）	典型相关系数
1	3.819[a]	93.9	93.9	0.890 22
2	0.247[a]	6.1	100.0	0.444 99

a. 分析中使用了前 2 个典型判别式函数。

表 12-11 是对两个判别函数的显著性检验结果，采用的是 Wilks'λ 值逐一剔除判别函数来进行检验。表中“1 到 2”表示两个判别函数的均值在三个类别间的差异情况，不仅输出了 $\lambda_1=0.166$，而且给出了与之对应的 $\chi^2=44.831$ 和 $p=0.000$，p 值远小于显著性水平 0.05，其区分度是显著的；在剔除第一判别函数后，剩下的第二判别函数的 p 值为 0.238，大于 0.05，第二判别函数对区分三个组的度假支出并不显著，即第二判别函数对度假支出的解释能力有限，可以尝试只建立一个判别函数（只分成两类）来分类。

Wilks'λ 值可由表 12-10 中的特征值计算得到。判别函数 1 和判别函数 2 的 Wilks'λ 值为

$$\lambda_1=\frac{1}{(1+E_1)(1+E_2)}=\frac{1}{(1+3.819)(1+0.247)}=0.166 \tag{12-4}$$

$$\lambda_2=\frac{1}{1+E_2}=\frac{1}{1+0.247}=0.802 \tag{12-5}$$

表 12-11　　Wilks' λ 值

函数检验	Wilks 的 Lambda	卡方	df	Sig.
1 到 2	0.166	44.831	10	0.000
2	0.802	5.517	4	0.238

表 12-12 是标准化典型判别函数的系数，说明每个自变量对判别函数的贡献率。它们是区分自变量对分类变量（因变量）影响大小的重要指标，可用这些值来甄别自变量。根据表中的结果可写出如下两个典型判别函数

$$D_1=1.047\times\text{Income}+0.340\times\text{Travel}-0.142\times\text{Holiday}-0.163\times\text{Family}+0.495\times\text{Age} \tag{12-6}$$

$$D_2=-0.421\times\text{Income}+0.769\times\text{Travel}+0.534\times\text{Holiday}+0.129\times\text{Family}+0.522\,4\times\text{Age} \tag{12-7}$$

在判别函数 1 中，家庭年收入对旅行度假支出等级的影响最大；在判别函数 2 中，旅行态度、度假重要性、户主年龄影响相对较大。需要注意的是，由于自变量存在量纲、数值大小等的巨大差异，通常在建立判别函数时需要把自变量的原始数据进行标准化处理，即转化成均值为 0、方差为 1 的数据。按式（12-6）、式（12-7）计算判别得分时，自变量应是标准化处理后的数据。

表 12-12　　标准化典型判别函数的系数

	函数	
	1	2
家庭年收入	1.047	−0.421
旅行态度	0.340	0.769
度假重要性	−0.142	0.534
家庭人数	−0.163	0.129
户主年龄	0.495	0.524

表 12-13 是自变量在判别函数上的载荷，表明了自变量在判别函数上的相对重要性，也可理解为自变量与判别得分之间的相关度，表中以"*"表示相关系数较大者。这一结果与标准化系数的判断基本是一致的。结构矩阵中各变量在判别函数上的载荷值=相关系数（见表 12-6）与标准化典型判别函数系数（见表 12-12）的乘积之和，以家庭年收入变量在函数 1、2 上的结构载荷计算为例

$$0.856=1.000\times1.047+0.051\times0.340+0.307\times(-0.142)+0.380\times(-0.163)+(-0.209)\times0.495$$

$$-0.278=1.000\times(-0.421)+0.051\times0.769+0.307\times0.534+0.380\times0.129+(-0.209)\times0.524$$

表 12-13　　结构矩阵

	函数	
	1	2
家庭年收入	0.856*	−0.278
家庭人数	0.193*	0.077
旅行态度	0.219	0.588*
度假重要性	0.149	0.454*
户主年龄	0.166	0.341*

*每个变量和任意判别式函数间最大的绝对相关性。

表 12-14 是典型判别函数的系数值，也称为非标准化系数。非标准化系数矩阵=标准化系数矩阵÷汇聚组内标准差，即表 12-14 由表 12-12 除以表 12-6 而得。如两个判别函数在家庭年收入上的非标准化系数分别是

$0.154=1.047\div\sqrt{46.098}$，$-0.062=-0.421\div\sqrt{46.098}$。

由表 12-14 可写出典型判别函数

$$Y_1=-11.094\ 42+0.154\ 266\times Income+0.186\ 798\times Travel-0.069\ 523\times Holiday-0.126\ 533\times Family+0.059\ 281\times Age \quad (12\text{-}8)$$

$$Y_2=-3.791\ 6-0.061\ 971\times Income+0.422\ 343\times Travel+0.261\ 265\times Holiday+0.100\ 28\times Family+0.062\ 842\times Age \quad (12\text{-}9)$$

把第一个个案的值（自变量原始值，无须标准化）代入以上两式，可计算出判别得分

$$Y_1=-11.094\ 42+0.154\ 266\times50.2+0.186\ 798\times5-0.069\ 523\times8-0.126\ 533\times3+0.059\ 281\times43=0.803$$

$$Y_2=-3.791\ 6-0.061\ 971\times50.2+0.422\ 343\times5+0.261\ 265\times8+0.100\ 28\times3+0.062\ 842\times43=0.302$$

表 12-14　　典型判别函数系数

	函数	
	1	2
家庭年收入	0.154 266	−0.061 971
旅行态度	0.186 798	0.422 343
度假重要性	−0.069 523	0.261 265
家庭人数	−0.126 533	0.100 28
户主年龄	0.059 281	0.062 842
（常量）	−11.094 42	−3.791 6

表 12-15 是典型判别函数各个组别的重心，即各组别的均值估计，如高度假支出组在两个典型判别函数上的均值为（2.446，0.240）。

表 12-15　　各个组别在判别函数上的重心

家庭度假花费	函数	
	1	2
低	−2.041	0.418
中	−0.405	−0.659
高	2.446	0.240

在组均值处评估的非标准化典型判别式函数。

图 12-11 是以典型判别函数 1、2 分别为横、纵坐标描绘的训练样本区域分布图。数字混合处是分界轮廓线，表示混合处的个案可能同属于这两个或三个区域，由某个相同数字围成的分界线内的个案则属于该数字所代表类别的概率极大。当用式（12-8）、式（12-9）计算出典型判别函数值时，找出其对应坐标所在的区域，则可判定此个案的组别。更加精确的做法是：计算由两个判别函数值所确定的平面坐标上的点距离三个重心的远近，离哪个类别近，该个案就属于哪个类别。图 12-11 中，样本被分为三个类别，左上部分为低度假支出区域，中下部分为中度假支出区域，右上部分为高度假支出区域，*为各类别的重心，重心距离的远近反映了类别间的差异程度，距离越远，差别越大，低支出组与高支出组、中支出组与高支出组的差异大于低支出组与中等支出组的差异。

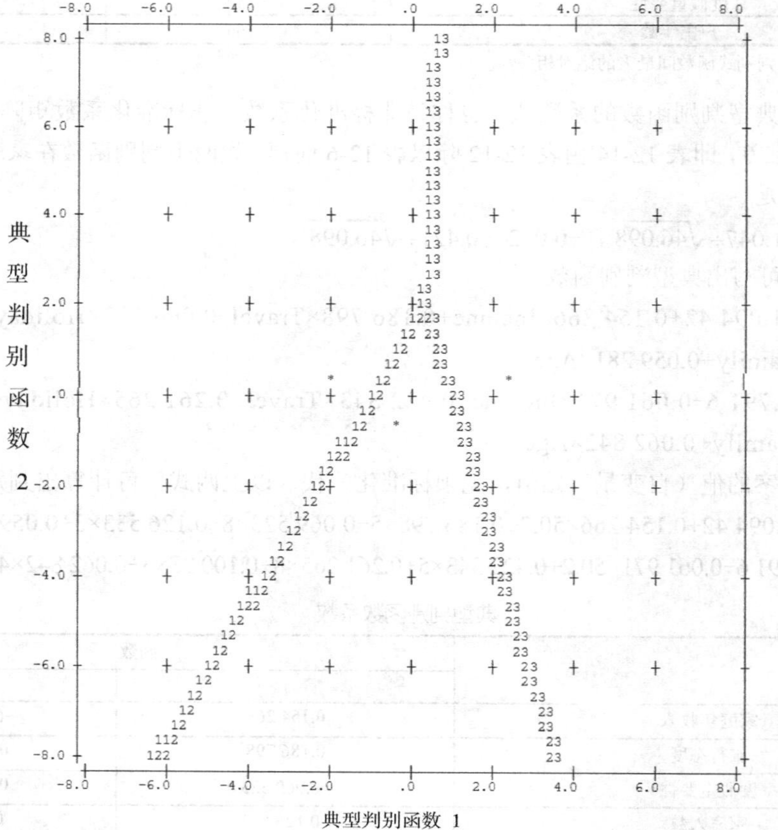

图中 1、2、3 分别表示度假支出低、中、高三个组别；*表示组的重心（均值）。

图 12-11　区域图

五、Bayes分类

表 12-16 是各组的先验概率，表中显示任何一个观测值被分在三个组的概率是相等的，均为 0.333。

表 12-16 各组别的先验概率

家庭度假花费	先验	用于分析的案例	
		未加权的	已加权的
低	0.333	10	10.000
中	0.333	10	10.000
高	0.333	10	10.000
合计	1.000	30	30.000

表 12-17 是 Fisher's 判别函数系数，根据此表可以写出度假支出低、中、高三组的线性判别函数

$$F_1=-56.821+1.099\times\text{Income}+2.904\times\text{Travel}-0.001\ 686\times\text{Holiday}-0.173\times\text{Family}+1.124\times\text{Age} \quad (12\text{-}10)$$

$$F_2=-69.018+1.418\times\text{Income}+2.754\times\text{Travel}-0.397\times\text{Holiday}-0.488\times\text{Family}+1.153\times\text{Age} \quad (12\text{-}11)$$

$$F_3=-106.773+1.802\times\text{Income}+3.667\times\text{Travel}-0.360\times\text{Holiday}-0.759\times\text{Family}+1.379\times\text{Age} \quad (12\text{-}12)$$

将分析样本或验证样本的自变量分别代入上述三式计算出判别得分，值较大者所在组即为该个案所属的组别，即该个案划分在此类中有最大的区分度。如第一个个案分别代入上述三式得

$$F_1=-56.821+1.099\times50.2+2.904\times5-0.002\times8-0.173\times3+1.124\times43=60.67$$

$$F_2=-69.018+1.418\times50.2+2.754\times5-0.397\times8-0.488\times3+1.153\times43=60.87$$

$$F_3=-106.773+1.802\times50.2+3.667\times5-0.360\times8-0.759\times3+1.379\times43=56.16$$

F_2 最大，所以应将第一个个案划入中等度假支出那一组，这与第一个个案实际所在类别一致。

从上面的计算可见，Bayes 分类比前述的典型判别函数分类（Fisher 分类）更简便易行，但只适合各组协方差大致相等的情况。特别提醒读者注意的是，在 SPSS 程序中，Bayes 分类法对应于图 12-5 中的 Fisher 选项。

表 12-17 分类函数系数

	家庭度假花费		
	低	中	高
家庭年收入	1.099	1.418	1.802
旅行态度	2.904	2.754	3.667
度假重要性	−0.002	−0.397	−0.360
家庭人数	−0.173	−0.488	−0.759
户主年龄	1.124	1.153	1.379
（常量）	−56.821	−69.018	−106.773

Fisher 的线性判别式函数。

表 12-18 是对样本（含分析样本与验证样本）的具体分组情况。表中个案序号上角标 u 表示未参加建立判别函数的个案，**表示与实际分组不符合的个案。表 12-18 中第一列是个案序号，第二列为个案实际所在组，第三列为按 Fisher 分类函数（判别得分最大所在的组别）确定的类别，第六列为预测所在类别的概率，第七列是观测个案到该类别重心处的 Mahalanobis 距离的平方。表中的第一个观测个案也可能分到第一组，分到该组的概率为第九栏的数据，与第二组的 Mahalanobis 距

离平方为第十栏的数值。该个案还可能分到第三组，其概率为（1−0.555−0.440）=0.005。最后两栏为个案代入典型判别函数所计算的判别得分，由式（12-8）、式（12-9）计算而来。如果按图 12-7 的设置保存分类结果，则在打开的文件中增加了 Dis_1、Dis1_1、Dis2_1、Dis1_2、Dis2_2、Dis3_2 六个变量及其数据，如图 12-12 所示，新增的变量含义如表 12-19 所示。

表 12-18　　　　逐个个案分类统计表

个案序号	实际组	最高组					第二最高组			判别得分	
		预测组	$P(D>d \mid G=g)$		$P(G=g \mid D=d)$	到重心的Mahalanobis距离平方	组	$P(G=g \mid D=d)$	到重心的Mahalanobis距离平方	函数 1	函数 2
			p	df							
1	2	2	0.582	2	0.555	1.082	1	0.440	1.546	−0.803	0.302
2	3	3	0.564	2	1.000	1.144	2	0.000	16.432	3.495	0.449
3	3	3	0.841	2	0.955	0.347	2	0.044	6.489	1.892	0.443
4	1	1	0.661	2	0.564	0.828	2	0.435	1.345	−1.151	0.229
5	3	2[**]	0.198	2	0.560	3.241	3	0.338	4.249	0.493	0.902
6	3	3	0.022	2	1.000	7.630	2	0.000	32.793	4.882	1.543
7	2	2	0.493	2	0.747	1.413	1	0.169	4.389	0.054	0.438
8	2	2	0.562	2	0.959	1.153	1	0.023	8.594	0.058	−1.628
9	3	3	0.955	2	0.994	0.091	2	0.005	10.492	2.627	0.482
10	3	3	0.918	2	0.978	0.171	2	0.022	7.765	2.336	−0.159
11	3	3	0.589	2	0.991	1.059	2	0.009	10.522	2.838	−0.711
12	3	3	0.472	2	1.000	1.500	2	0.000	17.620	3.663	0.377
13	2	2	0.993	2	0.883	0.014	1	0.106	4.257	−0.352	−0.767
14	3	2[**]	0.887	2	0.913	0.240	1	0.053	5.932	0.059	−0.815
15	3	3	0.906	2	0.967	0.197	2	0.033	6.942	2.172	−0.109
16	1	1	0.617	2	0.971	0.965	2	0.029	8.014	−2.428	1.322
17	1	1	0.946	2	0.809	0.111	2	0.191	2.999	−1.964	0.095
18	2	2	0.678	2	0.588	0.778	1	0.412	1.491	−1.278	−0.535
19	2	2	0.610	2	0.897	0.989	1	0.102	5.341	−0.837	−1.554
20	2	1[**]	0.849	2	0.751	0.327	2	0.249	2.534	−1.477	0.517
21	1	1	0.861	2	0.928	0.299	2	0.072	5.402	−2.068	0.965
22	2	2	0.121	2	0.962	4.229	3	0.034	10.901	0.564	−2.473
23	1	2[**]	0.768	2	0.655	0.529	1	0.344	1.812	−1.126	−0.569
24	1	1	0.213	2	0.961	3.092	2	0.039	9.497	−1.691	2.142
25	1	1	0.772	2	0.954	0.517	2	0.046	6.587	−2.758	0.365
26	2	2	0.814	2	0.666	0.411	1	0.331	1.808	−0.842	−0.189
27	2	2	0.446	2	0.698	1.615	3	0.289	3.378	0.866	−0.699
28	1	1	0.198	2	0.991	3.237	2	0.009	12.755	−2.666	2.105
29	1	1	0.336	2	0.732	2.182	2	0.268	4.193	−2.422	−1.009
30	1	1	0.170	2	0.512	3.538	2	0.488	3.635	−2.135	−1.460
31[u]	2	2	0.893	2	0.733	0.227	1	0.262	2.280	−0.709	−0.293
32[u]	3	3	0.932	2	0.976	0.140	2	0.024	7.558	2.121	0.427
33[u]	2	3[**]	0.152	2	0.636	3.764	2	0.313	5.180	0.802	1.271
34[u]	2	2	0.424	2	0.637	1.714	1	0.332	3.017	−0.319	0.648
35[u]	3	3	0.753	2	0.943	0.568	2	0.057	6.171	2.067	−0.412
36[u]	3	3	0.819	2	0.936	0.398	2	0.064	5.778	1.942	−0.141
37[u]	1	1	0.910	2	0.923	0.189	2	0.077	5.163	−2.461	0.307
38[u]	1	2[**]	0.767	2	0.780	0.530	1	0.219	3.068	−1.038	−1.018
39[u]	3	1[**]	0.968	2	0.896	0.065	2	0.104	4.364	−2.014	0.673
40[u]	1	1	0.564	2	0.958	1.145	2	0.042	7.422	−3.039	0.034
41[u]	2	2	0.811	2	0.904	0.419	3	0.055	6.016	0.226	−0.803
42[u]	1	1	0.173	2	0.646	3.510	2	0.354	4.716	−2.442	−1.412

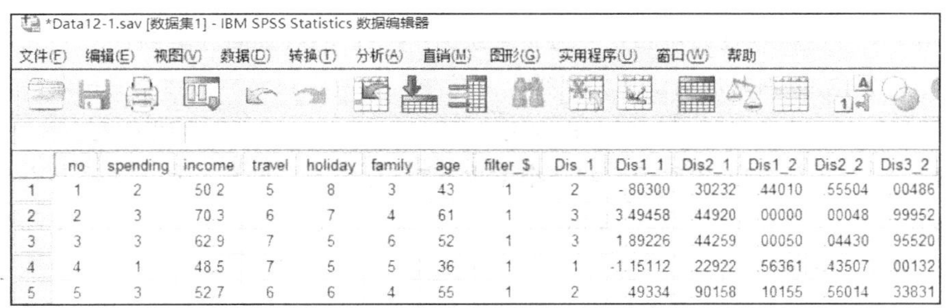

图 12-12　分类结果保存在打开文件中的情况

表 12-19　判别分析保存设置后新增变量及其含义

变量名	含义	备注
Dis_1	按后验概率最大预测的组别号	
Dis1_1	第一典型判别函数得分	
Dis2_1	第二典型判别函数得分	
Dis1_2	观测值分入第一组的概率	最大概率值所在组，就是观测值根据判别函数重新分类后的组别。如第一个观测值分在第二组的概率为 0.555，是三个组中最大的，所以将第一个个案分入第二组
Dis2_2	观测值分入第二组的概率	
Dis3_2	观测值分入第三组的概率	

表 12-20 是对样本的具体分类情况的汇总。参与分析有 30 个个案，低、中、高各有 10 个，预测的准确率为（9+9+8）/30=86.7%；作为验证样本的 12 个个案，低、中、高各有 4 个，预测的准确率为（3+3+3）/12=75%；全部 42 个个案的预测准确率为（26+9）/42=83.3%。

表 12-20　分类结果汇总表

			家庭度假花费	预测组成员			合计
				低	中	高	
选定个案	初始	计数	低	9.0	1.0	0.0	10.0
			中	1.0	9.0	0.0	10.0
			高	0.0	2.0	8.0	10.0
		%	低	90.0	10.0	0.0	100.0
			中	10.0	90.0	0.0	100.0
			高	0.0	20.0	80.0	100.0
未选定的个案	初始	计数	低	3.0	1.0	0.0	4.0
			中	0.0	3.0	1.0	4.0
			高	1.0	0.0	3.0	4.0
		%	低	75.0	25.0	0.0	100.0
			中	0.0	75.0	25.0	100.0
			高	25.0	0.0	75.0	100.0

导入问题回应

回应本章导入问题：

1. 根据调查数据资料可以建立度假支出的典型判别函数，见式（12-8）、式（12-9），判断准则是依据对观测个案后验概率最大所在组即为预测组别；也可构建Fisher分类函数，见式（12-10）、式（12-11）、式（12-12），判断准则就是判别得分分值较大者所在组，即为该个案所属的组别。

2. 根据建立的旅游度假典型判别支出准则，可用图12-11所示的区域图直观地加分析，精确结果如表12-18、表12-20和图12-12所示，42个个案中有7个与实际支出有差异，准确率为83.3%。

3. 根据建立的判别函数和准则，可以对新的家庭在度假支出上做出推断，准确率约为80%。这种预测的准确性基本可以接受。在对验证样本的预测中，准确率为75%。

4. 家庭年收入、对旅行的态度、家庭度假的重要性、家庭规模和户主年龄能较好地描述家庭度假费用的支出类别，因为它们能很好地识别组别的变量，能解释组间差异的作用。通过表12-12、表12-13可得出如下判断：家庭年收入对度假支出分类有较大的影响，而旅行态度、度假重要性及户主年龄也有一定影响，但变量间存在一定程度的自相关，削弱了对度假支出的区分度。

本章思考题

1. 主要的判别分析方法有哪几种？
2. SPSS 软件采用什么方法进行判别分析？
3. 判别分析对数据有哪些要求？
4. 说明图 12-5 中组内协方差、分组协方差和总体协方差的含义与联系。
5. 判别分析与聚类分析的区别是什么？

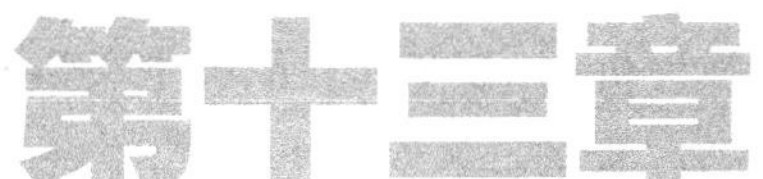

数据的多维尺度分析

导入问题　饮料市场相似度研究

为了评价10个品牌的饮料在市场上的相似程度，邀请10名消费者让他们对其差异性进行评分，分值为0～100，0表示完全同质，100表示完全异质，每个消费者的评价数据形成一个差异性矩阵。第一个消费者的评价如表13-1所示，第三行第三列的评分为16，表示rc与dietpeps两个品牌的差异度为16，差异较小；而第八行第七列、第八列的评分都为99，表示dietpepr与shasta、coke品牌间的差异度都为99，差异较大。10个被试就有10个方阵，完整观测数据构成10个纵向叠加的距离矩阵，见数据文件“Data13-1.sav”。

表 13-1　　　　第 1 个消费者对 10 种品牌饮料的差异性评价矩阵

ID	brand	dietpeps	rc	yukon	pepper	shasta	coke	dietpepr	tab	pepsi	deitcoke
1	dietpeps	0									
1	rc	16	0								
1	yukon	81	47	0							
1	pepper	56	32	71	0						
1	shasta	87	68	44	71	0					
1	coke	60	35	21	98	34	0				
1	dietpepr	84	94	98	57	99	99	0			
1	tab	50	87	79	73	19	92	45	0		
1	pepsi	99	25	53	98	52	17	99	84	0	
1	dietcoke	16	92	90	83	79	44	24	18	98	0

问题：

1. 哪些品牌的饮料在消费者的眼中是差不多的？哪些品牌的饮料差异又较大？

2. 10名消费者在饮料消费上有共同偏好吗？其依据是什么？

3. 消费者在饮料消费上存在哪些细分市场？针对消费者测定的相似度，如何有针对性地开展营销？

第一节　多维尺度分析过程

本节以导入问题的数据为例，介绍 SPSS 中的两种多维尺度分析：ALSCAL 和 PROXSCAL 操作过程，重点阐述数据文件的建立、界面及选项设置。

一、数据文件的建立

（1）启动 SPSS，单击窗口左下角的“变量视图”按钮，在该视图中将消费者编号定义为变量 ID，被评价的 10 个饮料品牌定义为变量 brand，品牌两两之间的相互差异性评分值用饮料的品牌名称命名，变量定义如图 13-1 所示。

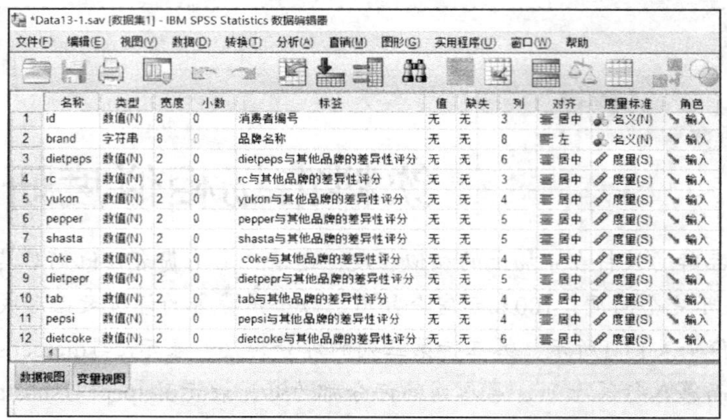

	名称	类型	宽度	小数	标签	值	缺失	列	对齐	度量标准	角色
1	id	数值(N)	8	0	消费者编号	无	无	3	居中	名义(N)	输入
2	brand	字符串	8	0	品牌名称	无	无	8	左	名义(N)	输入
3	dietpeps	数值(N)	2	0	dietpeps与其他品牌的差异性评分	无	无	6	居中	度量(S)	输入
4	rc	数值(N)	2	0	rc与其他品牌的差异性评分	无	无	3	居中	度量(S)	输入
5	yukon	数值(N)	2	0	yukon与其他品牌的差异性评分	无	无	4	居中	度量(S)	输入
6	pepper	数值(N)	2	0	pepper与其他品牌的差异性评分	无	无	5	居中	度量(S)	输入
7	shasta	数值(N)	2	0	shasta与其他品牌的差异性评分	无	无	5	居中	度量(S)	输入
8	coke	数值(N)	2	0	coke与其他品牌的差异性评分	无	无	4	居中	度量(S)	输入
9	dietpepr	数值(N)	2	0	dietpepr与其他品牌的差异性评分	无	无	5	居中	度量(S)	输入
10	tab	数值(N)	2	0	tab与其他品牌的差异性评分	无	无	4	居中	度量(S)	输入
11	pepsi	数值(N)	2	0	pepsi与其他品牌的差异性评分	无	无	4	居中	度量(S)	输入
12	dietcoke	数值(N)	2	0	dietcoke与其他品牌的差异性评分	无	无	6	居中	度量(S)	输入

图 13-1　多维尺度分析的变量定义

（2）一个消费者对 10 个品牌饮料进行评价，共有 $C_{10}^{2}=45$ 个差异性评分，评价结果为一个 10 阶差异性方阵。由于矩阵的对称性，方阵中仅列出了下三角的数字，具体录入的评价数据如图 13-2 所示。由于显示屏所限，图中仅显示了前两人的评分，10 个测评者的完整数据是 10 个这样的方阵，数据文件命名为“Data13-1.sav”。

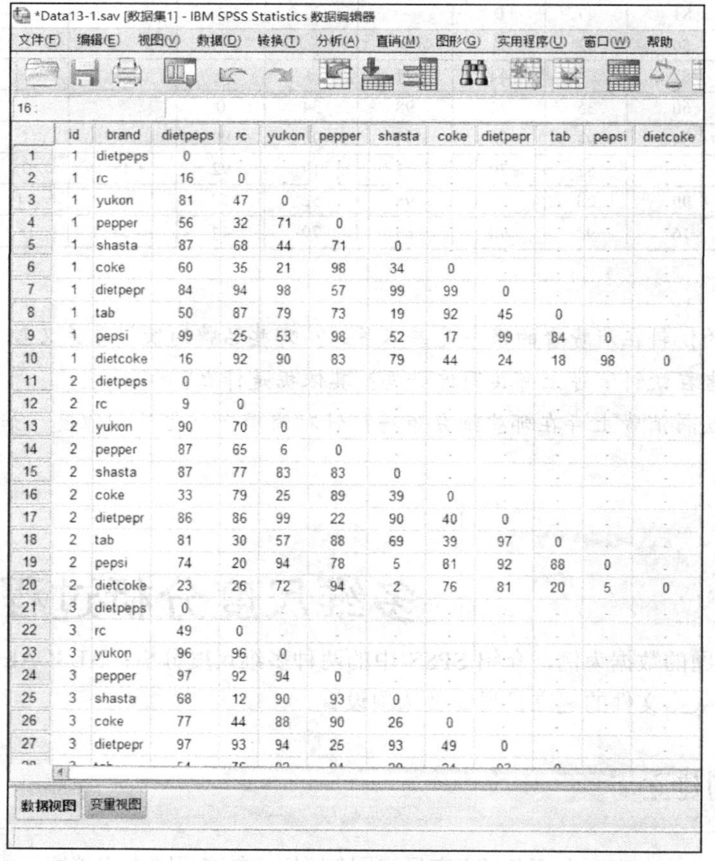

	id	brand	dietpeps	rc	yukon	pepper	shasta	coke	dietpepr	tab	pepsi	dietcoke
1	1	dietpeps	0	.	.	.	.	.	.	.	.	.
2	1	rc	16	0	.	.	.	.	.	.	.	.
3	1	yukon	81	47	0	.	.	.	.	.	.	.
4	1	pepper	56	32	71	0	.	.	.	.	.	.
5	1	shasta	87	68	44	71	0	.	.	.	.	.
6	1	coke	60	35	21	98	34	0	.	.	.	.
7	1	dietpepr	84	94	98	57	99	99	0	.	.	.
8	1	tab	50	87	79	73	19	92	45	0	.	.
9	1	pepsi	99	25	53	98	52	17	99	84	0	.
10	1	dietcoke	16	92	90	83	79	44	24	18	98	0
11	2	dietpeps	0	.	.	.	.	.	.	.	.	.
12	2	rc	9	0	.	.	.	.	.	.	.	.
13	2	yukon	90	70	0	.	.	.	.	.	.	.
14	2	pepper	87	65	6	0	.	.	.	.	.	.
15	2	shasta	87	77	83	83	0	.	.	.	.	.
16	2	coke	33	79	25	89	39	0	.	.	.	.
17	2	dietpepr	86	86	99	22	90	40	0	.	.	.
18	2	tab	81	30	57	88	69	39	97	0	.	.
19	2	pepsi	74	20	94	78	5	81	92	88	0	.
20	2	dietcoke	23	26	72	94	2	76	81	20	5	0
21	3	dietpeps	0	.	.	.	.	.	.	.	.	.
22	3	rc	49	0	.	.	.	.	.	.	.	.
23	3	yukon	96	96	0	.	.	.	.	.	.	.
24	3	pepper	97	92	94	0	.	.	.	.	.	.
25	3	shasta	68	12	90	93	0	.	.	.	.	.
26	3	coke	77	44	88	90	26	0	.	.	.	.
27	3	dietpepr	97	93	94	25	93	49	0	.	.	.

图 13-2　多维尺度分析数据录入模式

二、ALSCAL的操作过程

（一）ALSCAL 主对话框设置

启动 SPSS 程序，打开数据文件“Data13-1.sav”，单击“分析→度量→多维尺度（ALSCAL）”菜单，打开多维尺度分析对话窗口，如图 13-3 所示。

（1）将 10 个变量（饮料间的相互差异评分）选入 Variables 框中。

（2）“单个矩阵”框用于输入区分个体矩阵的变量名，分析时将会为每个个体分别计算距离矩阵，但只有在“距离”设置中选择“从数据创建距离”选项后方能使用。

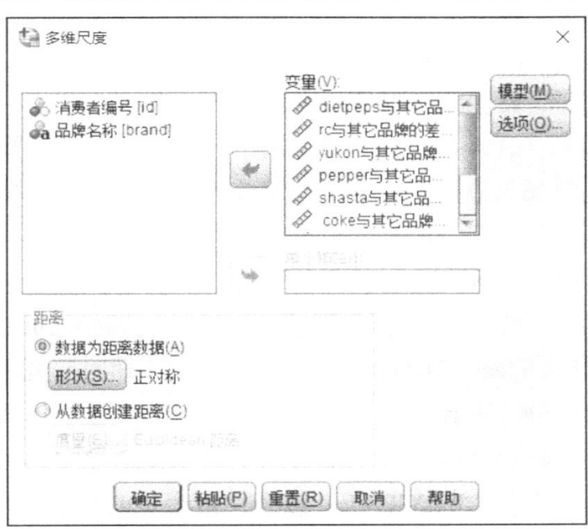

图 13-3　ALSCAL 分析主对话框

（二）距离设置

图 13-3 中的“距离”用于选择所使用不相似性数据的产生方式。

图 13-4　距离矩阵模式设置窗口

1. 距离数据

距离数据（Data are Distances）选项适合数据是一个或多个“相异距离矩阵”。单击“形状（Shape）”按钮，则会出现距离矩阵模式对话窗口，如图 13-4 所示，可选择具体的距离矩阵模式。

（1）正对称（Square Symmetric）距离矩阵为完全对称模式，行与列表示相同的项目，沿对角线上下三角对称。如果只录入下三角的数据，系统会自动填充另一半。

（2）非正对称（Square Asymmetric）距离矩阵为不完全对称形式，行与列仍表示相同的项目，但沿对角线上下三角中的数字并不相同。

（3）矩形（Rectangular）距离矩阵为长方形完全不对称形式，行与列表示不同的项目。如果数据文件表示的是多个长方形矩阵，则还要在下方的行数（Number of Rows）中输入每个矩阵使用的行数，该数值必须大于 4，且各个距离矩阵使用的行数要相同。

2. 自定义距离数据

“从数据创建距离（Create Distances from Data）”选项表示让用户自己设定相似性的计算方法，适合数据是按特性排列评价的模式（非数据矩阵模式）。单击“度量”按钮，可打开自建数据测定对话窗口，如图 13-5 所示。此对话框与聚类分析的 Method 子对话窗口类似，此处不再赘述。

导入问题距离选项设置如图 13-3 所示。

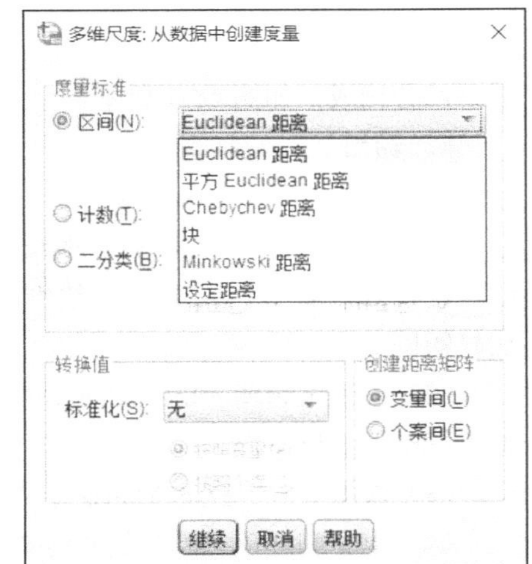

图 13-5　自建数据设置窗口

（三）模型设置

单击图 13-3 中的“模型”按钮，打开模型设置对话窗口，由四部分构成，如图 13-6 所示。

1. 度量水平

设置数据测量尺度。

2. 度量模型

设置距离测量模式，有以下两种。

（1）欧氏距离：适用于任何类型的数据矩阵。当录入数据是单个距离矩阵系统时，采用古典多维尺度分析；而录入数据是多个距离矩阵系统，则采用重复多维尺度分析。

（2）个体差异欧几里得距离（Individual Differences Euclidean Distance）：适用于不同个体对研究对象的评分有差异的距离矩阵。当有两个以上个体评价的距离矩阵时，系统采用加权的个体差异欧氏距离矩阵模型（INDSCAL）拟合；当个体的权重为负数时，可选中下方的“允许负的主题权重”（Allow Negative Subject Weights）。

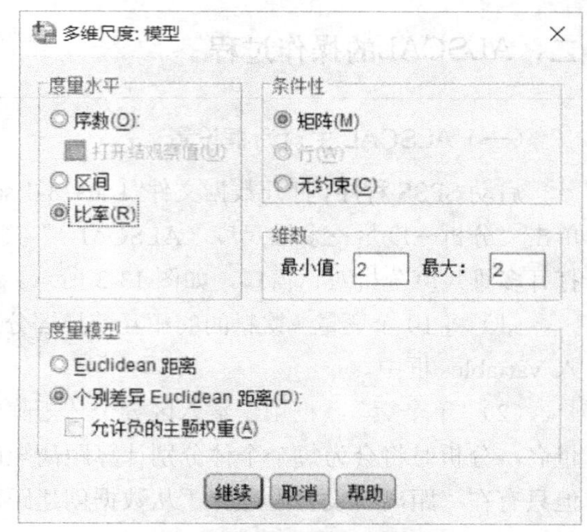

图 13-6　多维尺度分析的模型设置对话窗口

3. 条件性

设置距离矩阵的限定条件，有以下三种情形。

（1）矩阵：适合只有一个距离矩阵或每个距离矩阵代表一个不同的个体时采用。

（2）行（Row）：适合非对称或长方形矩阵，表示仅仅同一行间数据的比较才有意义，同一列间的数据无须进行比较。

（3）无约束（Unconditional）：表示比较不受任何限制，任意两个数据间的比较都有实际意义。

4. 维数

该选项用于设置分析的最小维度和最大维度，取值为 1～6，一般设置最小值为 2，最大值为 3，即在 2 维或 3 维空间进行分析。

导入问题的“模型”设置如图 13-6 所示。

（四）选项设置

单击图 13-3 中的“选项”按钮，打开选项设置对话窗口，由以下三部分构成，如图 13-7 所示。

1. 输出

该选项用于设置输出结果。

（1）组图（Group Plots）：多维尺度分析最重要的输出是空间图，此外还输出数据与模型间线性拟合值的散点图、加权模型的加权矩阵。

（2）个别主题图（Individual Subject Plots）：显示每个个体单独输出数据的分析图形。

（3）数据矩阵（Data Matrix）：输出每个个体的数据距离矩阵。

（4）模型和选项摘要：输出分析中所用的数据、模型及算法汇总表。

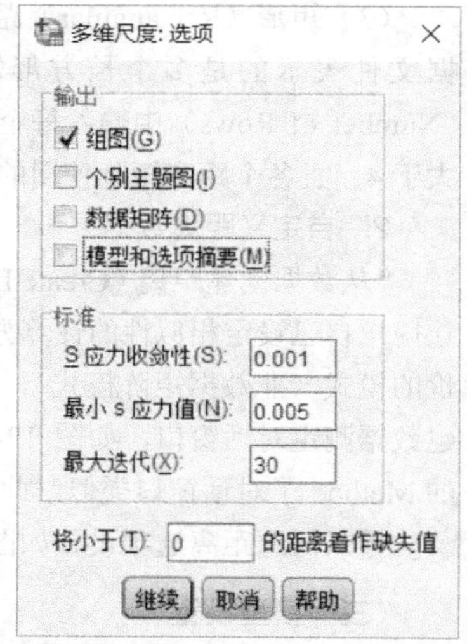

图 13-7　多维尺度分析的选项设置窗口

2. 标准

该选项用于设置迭代计算的收敛标准。

（1）S 应力收敛性（S-stress Convergence）：表示当两次迭代间的距离增量小于设定值时停止迭代。

（2）最小 S 应力值（Minimum S-stress Value）：表示迭代计算出的值小于或等于设定值时停止迭代。

（3）最大迭代（Maximum Iterations）：设定最大迭代次数。

3. 距离缺失值选项

该选项用于设定距离缺失值。要是在框中输入某个特定的距离值，SPSS 把距离小于设定值的视为缺失值。系统默认值是 0，即把距离为 0 或负数作为缺失值看待，分析时将被剔除。

导入问题选项的设置如图 13-7 所示。

三、PROXSCAL的操作过程

（一）PROXSCAL 主对话框设置

启动 SPSS 程序，打开数据文件“Data13-1.sav”，单击“分析→度量→多维尺度（PROXSCAL）”菜单，得到多维尺度分析对话窗口，如图 13-8 所示。

1. 数据格式

该选项用于设置数据来源格式。数据是按距离矩阵收集的，选择“数据是近似值”；数据是按属性排列模式获取的，选择“从数据中创建近似值”，以便让系统构建近似性矩阵。

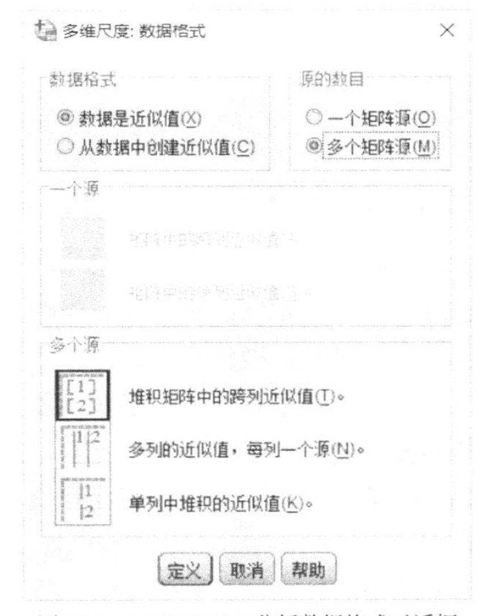

图 13-8 PROXSCAL 分析数据格式对话框

2. 源的数目

该选项用于设置数据来源是单个还是多个距离矩阵。

（1）一个矩阵源时，可根据距离矩阵的数据形式具体设置。如果数据是跨越 n 行 n 列的方阵，则选择“矩阵中的跨列近似值”；如果只有一列数据（一个变量），同时用另两个变量记录数据在矩阵中行和列的位置，则选择“矩阵中的单列近似值”。

（2）多个矩阵源时，有三种数据模式可供选择。如果是多个个体参加测评的近似性叠加矩阵，如图 13-2 的形式，每个个体的评价就是一个 10×10 的方阵，10 个被试的 10 个方阵依序排列在相同的列（变量）上，此时就选用“堆积矩阵中的跨列近似值”；如果一个近似性矩阵的数据在一列上，多个个体的数据并排放置在多列中（水平摆放），同时用两个变量记录每个数据所在矩阵位置，此时选用“多列的近似值，每列一个源”；如果所有近似性数据都在一列上（一个变量），除与一个矩阵源的一样，用两个变量记录数据在矩阵中行和列的位置，还要一个变量记录数据来自哪一个矩阵，此时选择“单列中堆积的近似值”。

（3）单击“定义”按钮，打开纵向叠加矩阵的多维尺度分析设置对话框，如图 13-9 所示。将 10 个变量（饮料间的相互差异评分）选入右边“近似值”框中，消费者编号选入“源”框中。这里的“源”指被试的评价矩阵，用消费者编号区号不同的差异性评价矩阵。另外，还有一个“权重”选项，指为相似性变量设置不同的权重。

导入问题的设置如图 13-8、图 13-9 所示。

（二）模型设置

单击图13-9中的“模型”按钮，设置分析模型的选项，由六部分构成，如图13-10所示。

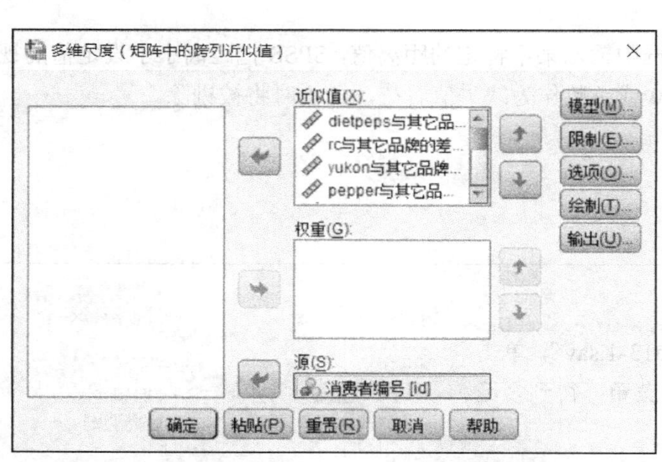

图 13-9　纵向叠加多源矩阵的多维尺度分析设置对话框

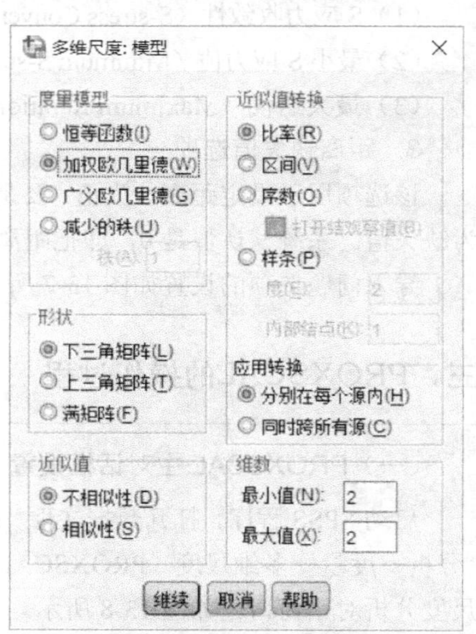

图 13-10　PROXSCAL 过程的模型设置对话框

1. 度量模型

该选项用来设定距离矩阵的测量模式。

（1）恒等函数：视每个个体测量尺度相同，分析时不考虑个体差异，是系统的默认设置。

（2）加权欧几里得：考虑了个体差异，自动分配不同的权重给不同的个体计算综合结果，属于个体差异模型，每个距离矩阵都有自己的个体空间。

（3）广义欧几里得：表示每个个体空间相当于公共空间的不同旋转，且在各个维度上的权重不同。

（4）减少的秩：与“广义欧几里得”类似，但个体空间的秩等于比较对象数 n，n 小于最大维度数但大于或等于 1。

2. 近似值转换

该选项用于设置数据转换参数。

（1）比率：表示转换后的近似值与原始近似值成比例，适合近似值为正数的情况。

（2）区间：表示转换后的近似值与原始近似值成比例，外加一个截距项。

（3）序数：表示转换后的近似值与初始近似值具有相同的顺序，此时下方的“打开结观察值”用于设定对相同观察顺序号的处理方式。不勾选表示相同顺序号赋予相同的秩（默认），意指共同打成一个“结”；勾选上则对相同的顺序号赋予不同的秩，解开“结”分别赋值。

（4）样条：表示转换后的近似值是初始近似值的平滑结果，而非递减的分段多项式转换结果，可指定多项式的次数（度）以及内部结点数。

3. 形状

该选项用来设置录入数据的矩阵形式。距离矩阵是下三角形式，选择“下三角矩阵”；距离矩阵是上三角形式，选择“上三角矩阵”；距离矩阵是完整矩阵形式，选择“满矩阵”。要注意的是，无论是哪种矩阵，实际分析时使用的都是全矩阵数据。

4. 应用转换

该选项用于设置个体矩阵的距离是否可比。默认值“分别在每个源内”认为不同个体间的距离是不可比的，而选择“同时跨所有源”则认为不同个体间的距离均具有可比性。实际上，由于个体上的种种差异，不同个体的评分（距离）往往不具备可比性。

5. 近似值

该选项用来设置矩阵中的近似数据的度量方式。如果取得的是不相似性数据，即 0 认为完全一样，最大值代表完全不同，值越大差异越大，选用“不相似性”；如果取得的是相似性数据，即 0 认为完全不同，最大值代表完全相同，值越大越相似，选用“相似性”。

6. 维数

该选项用来确定空间图的维度最小值与最大值，最小值可设定为 1，最大值不能超过 n-1。

（三）空间限制条件设置

单击图 13-9 中的“限制”按钮，设置公共空间的约束条件，如图 13-11 所示。默认为无约束。如果选择了另两种约束条件，则需要导入相应的约束条件文件。如果不是特别专业，就按默认的“无约束”即可。

（四）选项设置

单击图 13-9 中的“选项”按钮，设置分析模型的选项，如图 13-12 所示，包括初始配置、迭代标准两部分。

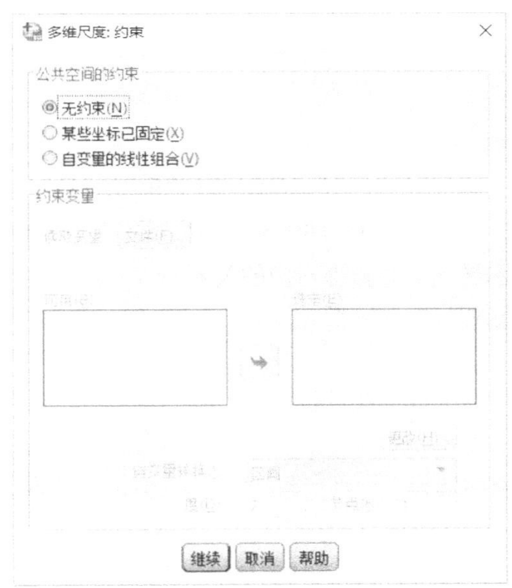

图 13-11 PROXSCAL 过程的公共空间约束设置对话框

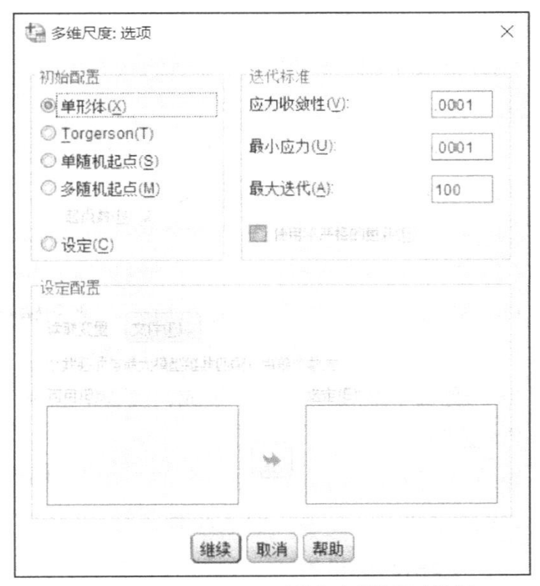

图 13-12 PROXSCAL 过程的选项设置对话框

1. 初始配置

该选项用于设置模型的初始状态。

（1）默认的“单形体”：表示各对象在高维度空间上等距离放置。随着迭代的执行，维数逐步减少，最终获取在“模型”对话框中指定的最大维数（见图 13-10）的初始配置。

（2）Torgerson：表示古典多维尺度解的配置。

（3）单随机起点：表示随机选择配置。

（4）多随机起点：表示随机选择多个配置，把标准化初始应力最低的配置用作初始配置。

（5）设定：用于自定义模型的初始状态。选择该项时，下方的“设定配置”方能使用。要调用定义好的外部数据文件，文件中的变量序号要与维度序号一一对应，即第一个变量与第一个维度上的坐标对应，第二个变量与第二个维度上的坐标对应，以此类推，变量数应等于指定的最大维数，每个变量中的个案数应等于对象数。

2. 迭代标准

该选项用于设置模型停止迭代的标准，一般均按系统的默认值即可。

（1）应力收敛性：表示一次迭代中应力值的最小变化量小于设定值（0～1）时，停止迭代。

（2）最小应力：表示应力的最小值小于设定值（0～1）时，停止迭代。

（3）最大迭代：表示执行设定的最大迭代次数，除非已满足上述某个条件。

（4）使用不严格的更新：可加速迭代运算，但只有在恒等模型且无约束的情况下方能使用。

（五）输出图形设置

单击图 13-9 中的“绘制”按钮，设置输出的图形选项，如图 13-13 所示。

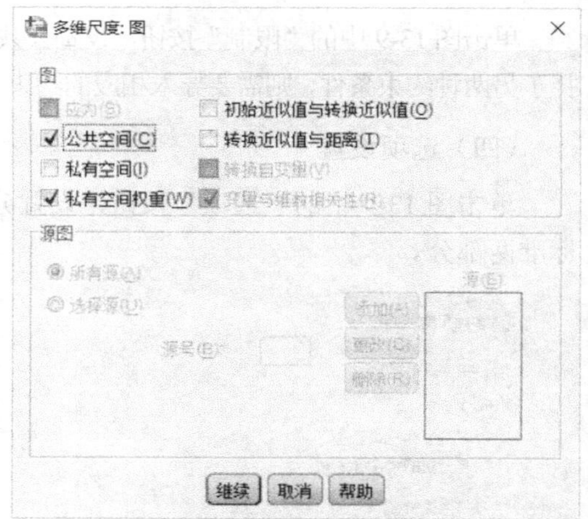

图 13-13　PROXSCAL 过程的绘制设置对话框

1. 图

该选项用来对输出的各种图形进行设置。

（1）应力：可输出随应力值增加而维度数下降的碎石图，但只有输入维度范围时才能使用。导入问题只输出二维空间，该选项不能使用。

（2）公共空间：输出公共空间的状态图，也称为匹配刺激图。

（3）私有空间：输出单个个体的空间状态图，但要在选择了个体差异模型时才能使用。

（4）私有空间权重：输出每个个体加权的空间状态图。

（5）初始近似值与转换近似值：输出原始相似性和转换后相似性对应的关系图。

（6）转换近似值与距离：输出原始距离和转换后相似性对应的散点图。

（7）转换自变量：为自变量生成转换图。

（8）变量与维数相关性：生成自变量和公共空间维数之间的相关性图。

2. 源图

该选项用来设置输出部分或全部个体空间图，但前面选择“私有空间”“初始近似值与转换近似值”“转换近似值与距离”或兼而有之时方能使用。

（六）输出结果设置

单击图 13-9 中的“输出”按钮，设置分析模型的输出选项，如图 13-14 所示，包括“输出”与“保存”两部分。

1. 输出

该选项用于设置输出的统计量。

（1）公共空间坐标：输出公共空间的坐标。

（2）私有空间坐标：输出私有空间的坐标，但只有不是恒等模型的情况下才会显示。

（3）私有空间权重：显示个体差异模型下的私有空间权重。根据模型的不同，空间权重被分解为旋转权重和维权重，这两种权重都会得到显示。

图 13-14 PROXSCAL 过程的输出设置对话框

（4）距离：显示配对对象之间的距离。

（5）转换近似值：显示配对对象之间转换后的近似值。

（6）输入数据：显示原始近似值。当数据权重、初始配置和自变量的固定坐标存在时，输出这些数据。

（7）随机起点的应力：显示每个随机起点的随机数种子以及标准化初始应力值。

（8）迭代历史记录：显示主要算法的迭代历史记录。

（9）多应力度量标准：显示标准化初始应力值、Stress-I 值、Stress-II 值、S-Stress 值、离散情况（DAF）值和同余 Tucker's 系数值。

（10）应力分解：显示对象和源的最终标准化初始应力的分解，包括每个对象的平均值和每个源的平均值。

（11）转换自变量：显示线性组合约束下，转换后的自变量和对应的回归权重。

（12）变量与维数相关性：显示线性组合约束下，自变量和公共空间维数之间的相关性。

2. 保存为新文件

该选项可将公共空间坐标、私有空间权重、距离、转换近似值以及转换自变量保存到单独的 SPSS 数据文件中。

第二节 多维尺度分析原理

SPSS 软件提供了三种多维尺度分析法：古典多维尺度（ALSCAL）、扩展多维尺度（PROXSCAL）和多维展开（PREFSCAL）。第一种方法是基础，后两种方法是随着研究的深入所做的补充和扩展。本节重点围绕 SPSS 提供的 ALSCAL、PROXSCAL 方法，介绍多维尺度分析的过程和原理。

一、多维尺度分析的思路

社会经济调查研究中，常常会遇到复杂或烦琐的数据。如何用最直观简洁的方法解释这些数据中所隐藏的内在联系、规律或趋势，是调研结果能否真正成为决策参考依据的重要环节。

多维尺度分析（Multidimensional Scaling，MDS）最先由 Torgerson（1958 年）提出，就是运用调查取得的高维空间样本相似性数据（如距离），通过降维处理，在低维空间上用点与点之间的距离图示出来，以帮助识别那些影响事物间相似性的未知变量或因素。这样的图形称为空间图（spatial map），是人们对某种产品、品牌、公司或其他任何事物在两个或更广范围内感知的形象描绘，用来分析解释研究对象的数据关系，揭示内在的本质结构。为了便于理解和感知，一般空间图都是二维或三维，数据点间的距离由计算出的不相似性决定，要求点之间的距离尽可能与给定的（不）相似性相匹配，这样就可以在低维度空间描述其相似性。从降低维度的层面来说，多维尺度分析与因子分析一样都能起到减维的作用。不同的是因子分析是寻求潜在因子与变量之间的表达式，是针对变量实施的分类；而多维尺度分析则是直观地呈现研究对象之间的相似性，是对观测值进行的分类；与聚类分析相比，二者都要针对观测值计算距离来判断个案的相似性，距离计算成为解决问题的关键，但多维尺度还能识别观测数据背后的潜在结构。因而，多维尺度分析既能对观测值分类，还能识别其背后隐藏的结构。

如果研究目标是降低维度，特别是当变量为定量计量尺度时，可以考虑使用因子分析；如果要划分个案的相似性群组，可考虑使用系统聚类或 K-means 聚类；当分析目标是查找单组对象或个案之间在一组距离测量中的类别及潜在结构时，最适合使用多维尺度。

二、多维尺度分析的步骤与原理

多维尺度分析的步骤如图 13-15 所示。对基本原理的介绍，融入以下每个步骤中。

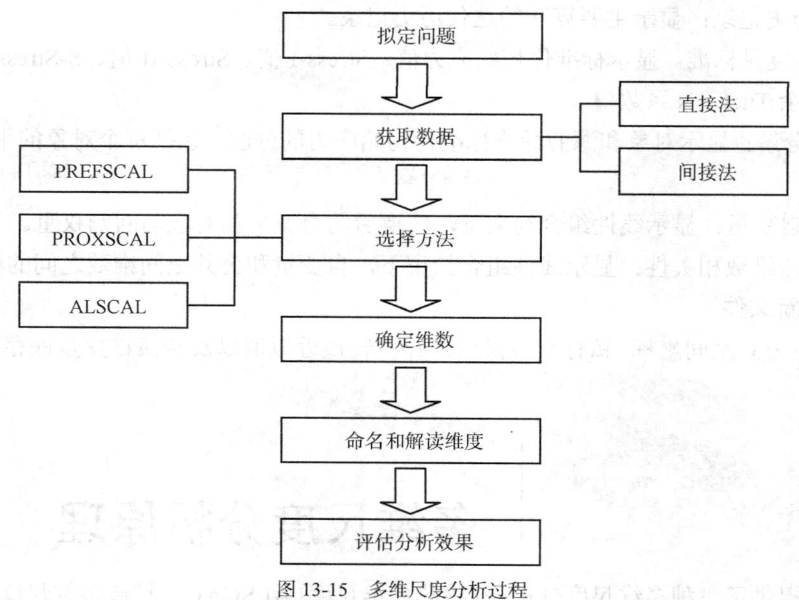

图 13-15　多维尺度分析过程

（一）拟定问题

要根据对象性质、相关理论和判断准则选定研究问题，明确 MDS 的结果用于研究中的何种用途。如社会经济研究中，需明确最终的维数及性质，并由此决定评价对象的数量及具体构成。一般评价对象数量至少为维数的 4 倍，如测定二维空间的点，则至少需要 8 个观测对象点（指标或变量），观察个案不多于 25 个。

（二）获取数据

数据的取得有直接法和间接法两种。

（1）直接法，即要求被调查者根据自己的标准，从整体上判断研究对象（属性集合）的相似或相异程度。通常用 Likert 量表对全部可能的配对比较对象之间的相似程度进行评分。如果有 n 个研究对象（如 n 个产品或品牌等），则可组成的配对数是 $n(n-1)/2$。

（2）间接法，即以属性为基础的，要求被试用 Likert 量表对研究对象的所有属性偏好打分，依据被试从最喜欢到最不喜欢的顺序评分，计算研究对象偏好之间欧氏距离作为相似度的评价。

相比较而言，直接法比间接法更常用，但最好以互补方式同时使用这两种方法。用直接法获得空间图，用属性评分帮助解释感知图各维的含义。

SPSS 的 PREFSCAL 法数据录入模式是矩形相似性矩阵，PROXSCAL 法在数据录入上提供了相似或不相似数据单列模式、多列模式和矩阵模式，而 ALSCAL 法输入的数据应是距离或不相似性矩阵。

（三）选择方法

MDS 方法的选择取决于以下三方面。

（1）分析类型。如果是分析个体对产品、品牌、社会服务的感受，则采用多维尺度分析；如果是分析个体的偏好（如消费偏好、政治意向），则采用多维偏好分析。

（2）数据类型。如果获取的是顺序或类别数据，则采用非定量的多维尺度分析。它是将研究对象的相似性资料转换为秩（Rank），并在低维空间定位，从而反映研究对象的结构特征。如果取得的是定量数据（区间或比例变量），则可采用定量多维尺度分析，也称为古典 MDS。它是将研究对象间的相似性数据转换成欧氏距离，以在低维几何空间上找到适当的位置，使得相似的对象尽可能接近，相异的对象尽可能远离，从而找出研究对象的结构特征。SPSS 中 ALSCAL 只接受不相似性数据，即 0 表示完全相同，最大值（如 10 或 100）表示完全不同；而 PROXSCAL 既能用不相似性数据，也可用相似性数据（0 表示完全不同，最大值 10 或 100 表示完全相同），PROXSCAL 过程中要设定数据类型。

（3）分析范围。如果只为每一对象生成空间图，则采用个体水平分析；如果为群体对象生成空间图，则必须采用群体水平分析。从企业经营管理的角度来看，一般都是在细分市场或群体的层面制定营销策略，因而往往对所有调查对象用同样的维度来评估品牌或产品，群体分析更具实用价值。

（四）确定维数

MDS 分析的目的是取得在较低维度上对数据进行最佳拟合的空间图，但较小维数的空间图拟合优度也较差，这就必须在维数与拟合优度之间进行权衡。所谓拟合优度，就是反映拟合效果的指标，通常用应力（Stress）来测定。应力值越小，拟合效果越优。在确定维数时应考虑以下因素。

（1）先前的知识经验。

（2）空间图的解读难度。3 维以上的空间图解读难度大，因而一般都限定在 2 维或 3 维。

（3）拐点标准（Elbow Criterion）。与因子分析的碎石图类似，考察应力对维数所做图形的拐点，往往拐点指示了合适的维数。可从一维开始观察，逐渐增加维数，直到应力值不随维数增加而大幅度降低为止，大幅降低前的若干维度数即是最终确定的维数。

（4）便于使用。

（五）命名和解读维度

对维度进行命名没有固定的程序与方法，需要研究者在专业知识、经验的基础上主观判断，以下原则可供参考。

（1）即使获得了直接研究对象相似度判断数据，仍然可以收集研究对象的某些属性评分，用回归等统计方法对这些属性向量在空间图中进行拟合，然后用最接近的属性命名坐标轴。

（2）在提供直接相似度判断或偏好数据后，可以询问测试对象所用的评价标准，然后主观地将这些标准与空间图相联系，为各维度命名。

（3）有可能的话将空间图展示给调查对象，由他们给各维度命名。

（4）如果有研究对象的客观特征，可用这些特征帮助解读空间图的主观维度。

空间图的各维度代表一个以上的属性，可以通过观察坐标轴和各个对象的位置解读空间图。如在品牌研究中，空间图中位置接近的品牌之间特征相近，相互竞争更激烈。一个孤立的品牌具有独特的形象，位于某一描述语末端的品牌在相应的特征上更强，而空隙可能表示引入新产品的潜在机会。

（六）评估分析效果

评价 MDS 分析结果常采用以下方法。

（1）R^2 值。R^2 反映 MDS 对数据的拟合情况，一般要求 $R^2 \geqslant 0.6$。

（2）应力值。如果说 R^2 是拟合优度的指标，则应力值 S 是拟合不佳的指标，表示最优尺度数据变差不能被 MDS 解释的部分，计算公式为

$$S = \sqrt{\frac{\sum_{i>j}(d_{ij} - \hat{d}_{ij})^2}{\sum_{i>j}(d_{ij} - \bar{d})^2}} \tag{13-1}$$

式中，d_{ij} 表示对象 i 和 j 间的原始距离，$\hat{d}_{ij}$ 表示对象 i 和 j 间在低维空间下的距离估计值，$\bar{d}$ 表示所有对象之间的原始距离的均值。

应力值的计算和判断首先由 Kruskal 和 Carmone（1967 年）提出，他们设定的判断标准如表 13-2 所示。

表 13-2 判断拟合优度的应力标准

应力	0.2	0.1	0.05	0.025	0
拟合优度	差	一般	好	很好	完美

（3）如果是群体水平分析，则应当将原始数据分为两组或多组，分别对每一组进行 MDS 分析，并比较结果。

（4）从原始数据中有选择地删除部分对象，然后用剩余数据分析并比较结果。

（5）可以在原始数据中加入随机误差项，然后进行 MDS 分析，并比较结果。

（6）在两个不同时点收集数据，然后确定其重复测试的信度。

SPSS 的分析路径是“分析→度量→多维尺度（ALSCAL/PROXSCAL）”。在 SPSS 软件中，分析变量的数量不少于 4 个，且为定量变量。

三、多维尺度分析的应用

多维尺度分析广泛运用在以下领域。

1. 形象测定

比较组织的支持者与非支持者对组织形象的感知，并与组织自身的初衷相对照比较，如企业、社会机构、政府部门形象测定等。

2. 细分对象

分析不同对象在相同维度空间上的位置，确定他（它）们在感知方面相对同质的群体。

3. 寻找业务

空间图上的空档通常意味着潜在机会。通过空间图的分析，可以对现有业务进行评估，了解人们对新业务概念的感觉和偏好，以便找到新业务并为其准确定位。

4. 确定态度量表的结构

可以用来确定态度空间的合适维度和结构。

在考虑产品研发和形象设计时，可通过调查获取描述自身产品与竞争对手产品的感知相似性数据，将这些近似性与自变量（如价格）相对接，可尝试确定哪些变量对于人们如何看待这些产品至关重要，从而对产品形象做出相应的调整。

第三节 多维尺度分析结果解读

本节阐述导入问题用 SPSS 的 ALSCAL、PROXSCAL 方法分析后所得结果的解读。

一、ALSCAL的结果解读与分析

第一节各选项设置完毕后，单击图 13-3 中的“确定”按钮，即得到 ALSCAL 的各项输出结果。包括表 13-3 的文本及图 13-16、图 13-17、图 13-18、图 13-19。

表 13-3 由以下三部分构成。

第一部分说明降为二维空间时的迭代进程，经过 4 次迭代后，S-stress 改变量为 0.000 62，小于 0.001 的迭代标准，模型迭代停止。

第二部分说明模型的拟合效果，RSQ 是不相似性在二维空间中能够解释部分占总变异的比例，而 Stress 是依据 Kruskal’s 应力公式 1 计算所得，显示了每个个体和样本整体的应力值，样本的应力平均值为 0.398 94>0.2，且 RSQ=0.376 64，表示用二维空间只能解释 10 个消费者评价饮料差异性的 37.7%，模型拟合效果较差。

第三部分输出模型结果。（1）10 种品牌的饮料投影到二维空间上的坐标值，绘制在二维坐标系下的散点如图 13-16 所示。它是评价对象（客体）在二维空间的直观呈现。由于模型的整体拟合效果不佳，投影到二维空间的对象区分度并不高，从图中可看出，dietpeps、dietcoke、tab 较为相近，可归为一类，而 shasta、pepsi、rc 接近，为一类，其余较分散，难以归类。除表示对象的相似性外，还可对维度的意义做出解释。这与因子命名类似，需要研究者的观察力与创造性。（2）个体对两个维度的权重大小，表中数据绘制成图 13-17，由图可见 5、6 号个体对第一维度的贡献大，对第二维度的贡献小，其余个体对两个维度均有一定的贡献，第一、二维度对原始数据的整体权重分别为 0.245、0.131 7，对其维度的区分不明显。图 13-18 显示的是平的主题权重，表明个体在变量 1 上的大小，它是依据表 13-3 第三部分数据绘制的。

表 13-3　　　　ALSCAL分析的文本输出结果

第一部分

Matrix 4 has 1 missing observations.

Iteration history for the 2 dimensional solution (in squared distances)

Young's S-stress formula 1 is used.

Iteration	S-stress	Improvement
0	0.523 43	
1	0.523 57	
2	0.494 33	0.029 25
3	0.492 56	0.001 76
4	0.491 94	0.000 62

Iterations stopped because S-stress improvement is less than .001000.

第二部分

Stress and squared correlation (RSQ) in distances

RSQ values are the proportion of variance of the scaled data (disparities) in the partition (row, matrix, or entire data) which is accounted for by their corresponding distances. Stress values are Kruskal's stress formula 1.

Matrix	Stress	RSQ
1	0.371	0.400
2	0.526	0.090
3	0.434	0.248
4	0.350	0.470
5	0.348	0.592
6	0.343	0.571
7	0.415	0.248
8	0.358	0.484
9	0.426	0.282
10	0.382	0.381
Averaged (rms) over matrices	0.398 94	0.376 64

第三部分

Configuration derived in 2 dimensions

Stimulus Coordinates

Stimulus Number	Stimulus Name	Dimension	
		1	2
1	dietpeps	1.286 8	−0.006 7
2	rc	−0.858 4	−0.379 2
3	yukon	−0.805 4	−0.912 5
4	pepper	−0.789 2	1.975 5
5	shasta	−0.947 1	−0.298 7
6	coke	−0.451 8	−0.950 3
7	dietpepr	0.690 5	1.864 4
8	tab	1.421 2	−0.618 6
9	pepsi	−0.921 3	−0.482 9
10	dietcoke	1.374 5	−0.191 0

Subject weights measure the importance of each dimension to each subject.

Squared weights sum to RSQ.

A subject with weights proportional to the average weights has a weirdness of zero, the minimum value.

A subject with one large weight and many low weights has a weirdness near one.

A subject with exactly one positive weight has a weirdness of one, the maximum value for nonnegative weights.

Subject Weights

续表

Subject Number	Weirdness	Dimension	
		1	2
.0162	0.514 8	0.367 7	
2	0.295 1	0.193 8	0.229 7
3	0.432 7	0.272 1	0.417 3
4	0.240 4	0.613 7	0.305 4
5	0.661 6	0.754 7	0.150 5
6	0.612 0	0.736 0	0.169 6
7	0.302 1	0.318 8	0.382 6
8	0.399 9	0.397 1	0.571 0
9	0.205 3	0.469 5	0.247 8
10	0.458 4	0.324 8	0.525 3
Overall importance of each dimension:		0.245 0	0.131 7

Flattened Subject Weights

Subject Number	Plot Symbol	Variable 1
1	1	0.112 4
2	2	−0.663 3
3	3	−1.051 9
4	4	0.633 1
5	5	1.657 4
6	6	1.527 6
7	7	−0.682 4
8	8	−0.955 7
9	9	0.552 1
10	A	−1.129 3

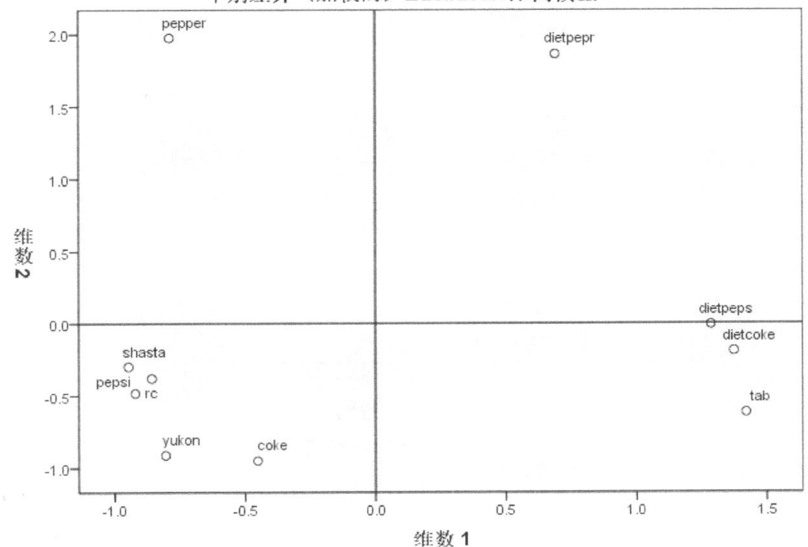

图 13-16　多维空间对象降到二维空间的散点图

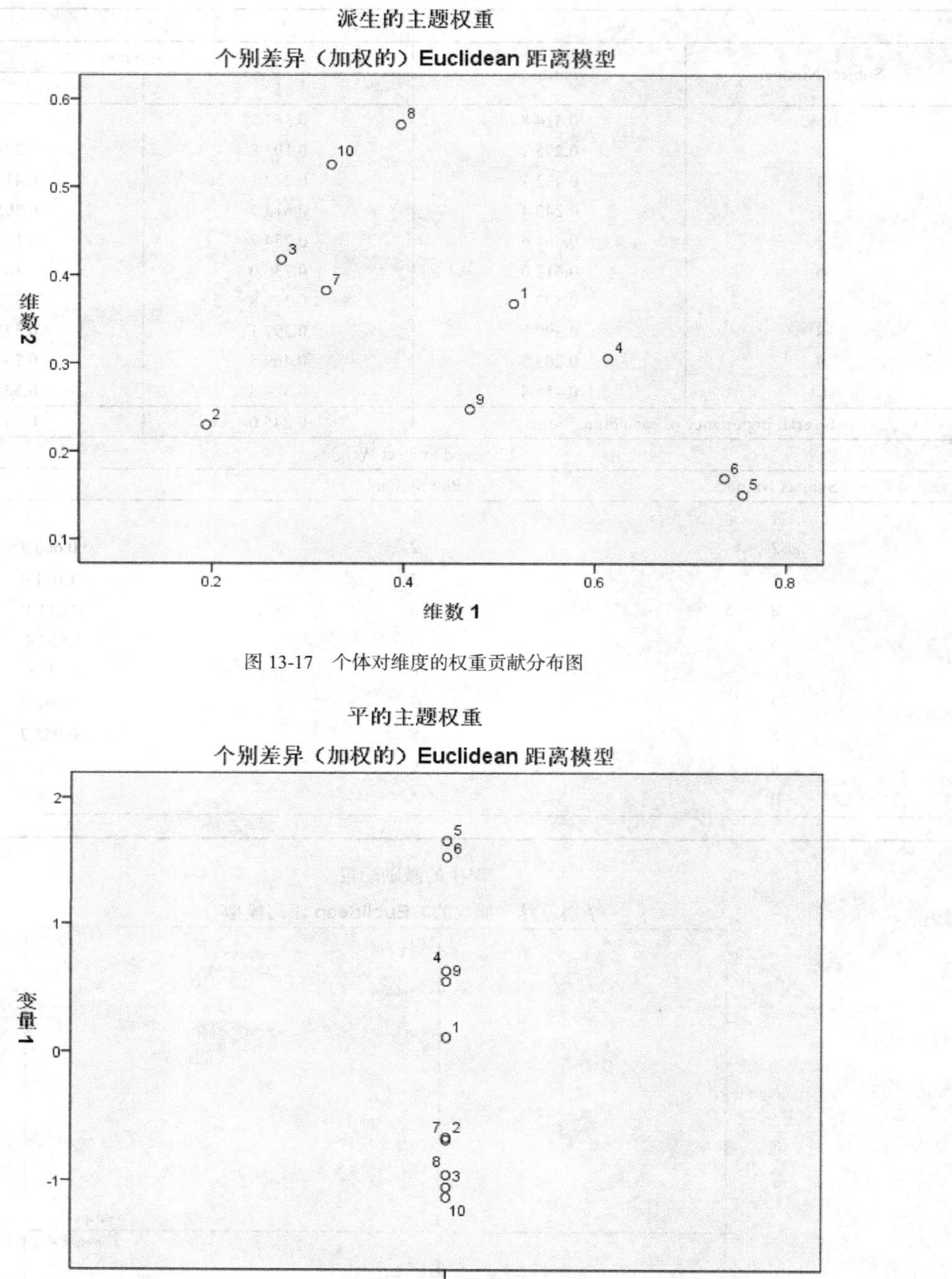

图 13-17　个体对维度的权重贡献分布图

图 13-18　平的主题权重

分析结果还包括图 13-19 输出的线性拟合散点图，也称 Shepard 图。横坐标是不相似性值，纵坐标是原始数据转换在二维空间上的欧氏距离。所有点接近在一条直线上，表明保留的维度能有效拟合原始不相似性数据，模型效果较好，反之则较差。

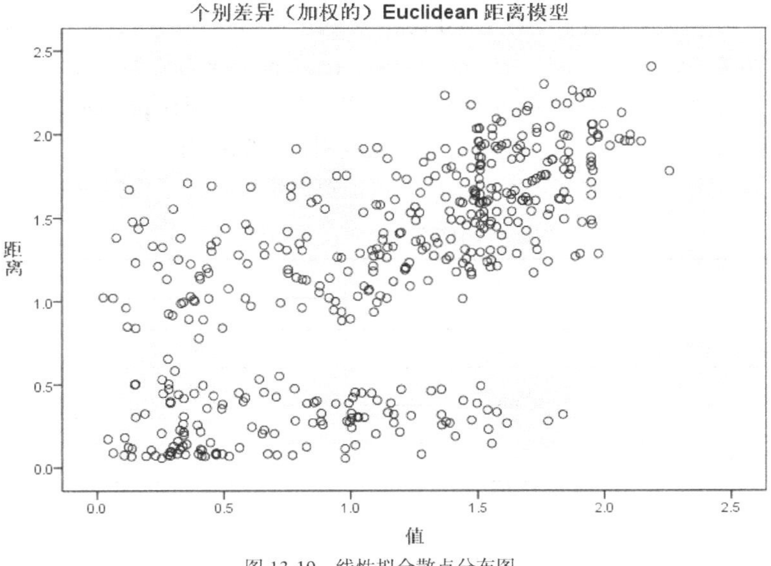

图 13-19　线性拟合散点分布图

二、PROXSCAL结果解读与分析

第一节 PROXSCAL 操作的所有设置完成后，单击图 13-9 中的“确定”按钮，即可得到运行结果。

表 13-4 是对数据处理的简单摘要。一个源的近似值=1/2×10×（10−1）=45，10 个受测者的总近似值就是 450。

表 13-4　　PROXSCAL 处理摘要

案例		100
源		10
对象		10
近似值	总近似值	450[a]
	缺失近似值	1
	有效近似值[b]	449

a. 所有严格下三角近似值的源的总和。

b. 有效近似值包括所有非缺失近似值。

表 13-5 是 PROXSCAL 处理过程的应力和模型拟合情况。表中显示标准化初始应力为 0.120 92，离散比（类似于 RSQ）为 0.879 08，拟合优度一般。

表 13-5　　应力和拟合优度

标准化初始应力	0.120 92
Stress-I	0.347 73[a]
Stress-II	0.846 43[a]
S-Stress	0.266 99[b]
离散所占比例 （D.A.F.）	0.879 08
Tucker 同余系数	0.937 59

PROXSCAL 使“标准化初始应力”最小化。

a. 最优定标因子 = 1.138。

b. 最优定标因子 = 0.972。

表 13-6 是差异性评价在共同空间上的坐标值，依据这些坐标值可绘制出如图 13-20 所示的共同空间分布图。由图可直观地观察个案的分类情况，并对维度做出命名与诠释。在导入问题中，10 种饮料可大致分成两类：yukon、coke、shasta、pepsi、rc 和 pepper 为一类，其余品牌饮料为另一类。第二维度的区分度较高，第一维度的区分度较低；在第一维度上，两种 pepper 的取值较大，两种 pepsi 和 coke 居中，yukon 最小，可能第一维度反映的是饮料的口味；而在第二维度上，取值较大的是三种不含糖分的饮料，取值较小的都是原味饮料，可能第二维度折射了饮料对人体的健康状况。

表 13-6　　　　差异性评价在二维空间上的坐标值

	维数	
	1	2
dietpeps 与其他品牌的差异性评分	0.284	1.184
rc 与其他品牌的差异性评分	0.190	−0.610
yukon 与其他品牌的差异性评分	−1.507	−0.594
pepper 与其他品牌的差异性评分	1.780	−0.789
shasta 与其他品牌的差异性评分	−0.271	−1.137
coke 与其他品牌的差异性评分	−0.858	−0.678
dietpepr 与其他品牌的差异性评分	1.564	0.965
tab 与其他品牌的差异性评分	−1.047	1.311
pepsi 与其他品牌的差异性评分	0.137	−1.007
dietcoke 与其他品牌的差异性评分	−0.272	1.355

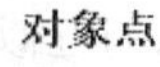

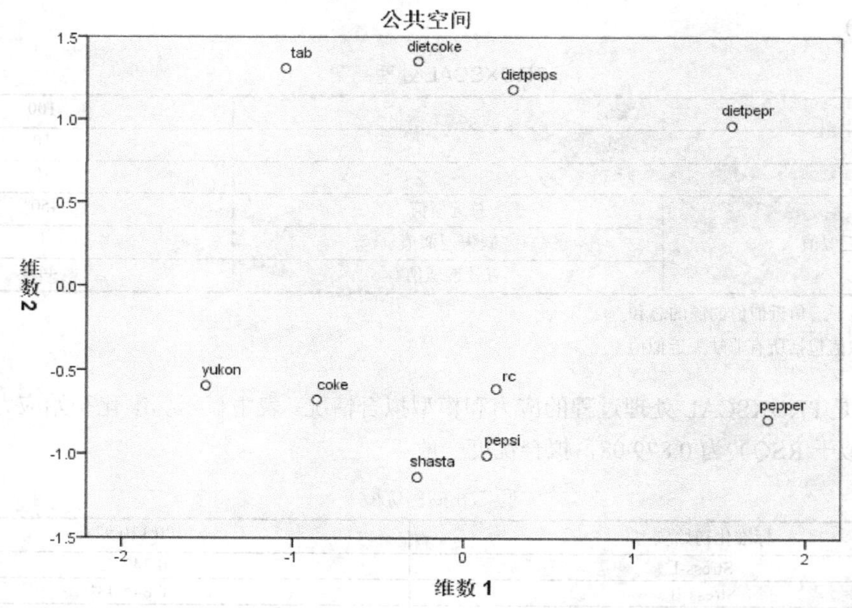

图 13-20　饮料在二维空间的分布图

表 13-7 是每个源（个体距离矩阵）在二维空间上的权重，把这些权重在二维坐标上标注出来，即得到图 13-21 所示的个体权重分布图。从图中可看出，ID 为 5、6 号的个体在第一维度上的权重较小，在第二维度上的权重较大，表明这个类型的人注重饮料的口感；ID 为 2、3、7、8、10 号的

个体在第一维度上的权重较大，在第二维度上的权重在 0.3 附近，表明该类人较为重视饮料对人体的健康状况；ID 为 1、4、9 号的个体在两个维度上的权重相差无几，权重贡献处于中间状态，表明此类人群对口感与健康都有所关注。

表 13-7　各个源在二维坐标中的权重

源	维数	
	1	2
SRC_1	0.408	0.481
SRC_2	0.515	0.303
SRC_3	0.549	0.297
SRC_4	0.411	0.498
SRC_5	0.259	0.579
SRC_6	0.279	0.571
SRC_7	0.527	0.343
SRC_8	0.521	0.360
SRC_9	0.401	0.488
SRC_10	0.540	0.320

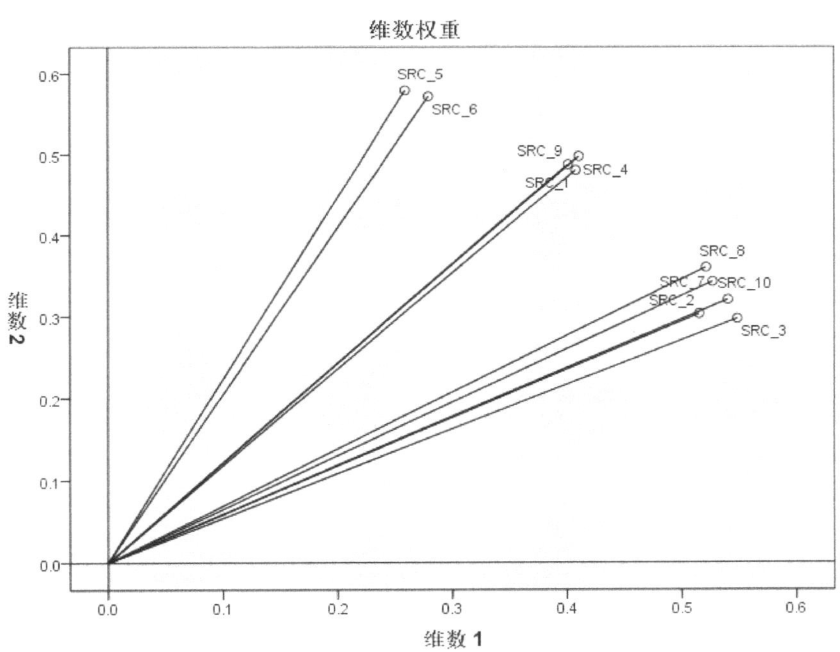

图 13-21　个体评价在二维空间的权重分布

导入问题回应

由于ALSCAL的拟合优度较差，主要以PROXSCAL的结果回应本章导入时所提问题。

1. 在消费者的眼中，yukon、coke、shasta、pepsi、rc和pepper相差无几，而dietcoke、dietpeps、dietpeps和tab则视为一类，客观上饮料市场应提供原味饮料和无糖型饮料。

2. 10名消费者在饮料消费上存在三种不同的偏好：ID为5、6号的个体注重饮料的口感；ID为2、

3、7、8、10号的个体重视饮料对人体的健康状况；ID为1、4、9号的个体在口感与健康方面都有所关注。划分依据是消费者对饮料的口感及饮料对人体健康的影响。

3. 依据饮料本身的成分，饮料市场可细分为原味饮料市场和无糖型饮料市场；依据消费者对饮料口感与对人体健康状况的关注程度，饮料市场可细分为口感好的饮料市场、健康型饮料市场及口感与健康俱佳的饮料市场。针对这样的细分市场，营销者应根据不同需求群体，突出某一个细分市场的特征，如强烈味觉刺激或对身心无害而有益的卖点进行定位。

本章思考题

1. 简述多维尺度分析的基本思想。
2. SPSS 多维尺度分析对数据有哪几种输入形式？
3. SPSS 的 ALSCAL 过程与 PROXSCAL 过程分别适合什么情形？
4. 获取不相似性数据的方法有哪些？
5. 能用一种标准方法来确定维度的数量和命名吗？

第十四章 数据的联合分析

导入问题 洗发水产品属性组合测度研究

某公司欲进入洗发水产品市场，通过二手资料分析、专家访谈等探索性调研，公司初步把洗发水的属性确定为容器形状、价格、香味和功能四个方面。在容器形状上设计了扁平、方柱和圆柱三种，在价格上分为56.8元、76.8元和96.8元三档，在香味上研发了玫瑰、清香和檀香三种，在功能上重点设计了去屑、柔顺和保湿滋养三种，如表14-1所示。

表 14-1　洗发水属性水平

水平 j / 属性 i		1		2		3	
		描述	编码	描述	编码	描述	编码
1	容器形状	扁平形	1	方柱形	2	圆柱形	3
2	价格（元）	56.8	1	76.8	2	96.8	3
3	香味	玫瑰	1	清香	2	檀香	3
4	功能	去屑	1	柔顺	2	保湿滋养	3

问题：

1. 根据公司初步确定的四个属性，可将洗发水市场完全细分为多少个？收集消费者对洗发水产品的需求意向，要让消费者去比较所有细分市场的不同吗？

2. 公司洗发水产品的四种属性按重要程度排序是怎样的？

3. 应采取哪些营销策略推动新开发的洗发水产品进入市场？

联合分析过程

一、数据收集与文件建立

（一）挑选测试对象

在洗发水确定四种属性，每种属性都有三个水平（取值）的情况下，可组成 $3^4=81$ 种可能的洗发水（轮廓）。在 81 种洗发水产品对象中，选出少量既能代表原属性组合特征又能减少测试对象数量的轮廓是通过 SPSS 的正交实验设计命令来实现的，具体包括以下步骤。

（1）启动 SPSS，单击“数据→正交设计→生成”菜单，如图 14-1 所示。

图 14-1　执行“生成正交设计”的操作命令

（2）在图 14-2 所示的“生成正交设计”对话框中，“因子名称”和“因子标签”分别录入各个属性的因子概要名和因子详细名，通常前者用英文或汉语拼音，后者用中文。当因子名称较长或时间久远重新打开此文件时，中文名称的注解可起到提示作用。

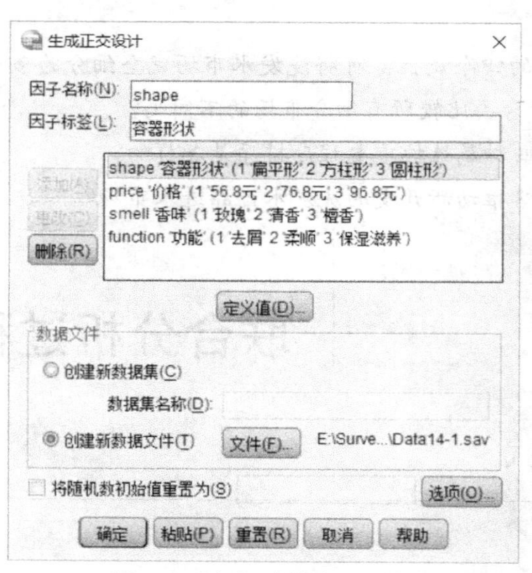

图 14-2　“生成正交设计”对话框

（3）选择图 14-2 中录入的某个属性，单击“定义值”按钮，打开生成正交设计的定义值对话框，如图 14-3 所示。在“值”和“标签”框中分别录入每个属性的水平（Level）状况，全部属性的取值都输入后，单击“继续”按钮，返回主对话框。

图 14-3　生成正交设计的定义值对话框

（4）图 14-2 中，“数据文件”指定正交设计结果的数据文件保存方式。“创建新数据集”指定程序将正交设计结果在当前数据视图中显示，“创建新数据文件”指定程序把正交设计结果存放在指定路径位置，导入问题采用第二种方式。

（5）图 14-2 中，“将随机数初始值重置为”可设置范围为 0～2 000 000 000 的整数。每次设定值相同，则产生的随机数初始值相同；不输入值，则每次产生的是一个随机数。

（6）单击图 14-2 中的“选项”按钮，得到图 14-4 所示的选项设置对话框。在此对话框中可指定正交设计的最少个案数，不指定则生成正交设计所需的最小个案数；“延续个案数”指定联合分析估计效用时不参与的个案数，缺省情况下，所有个案全都参加联合分析；选择“与其他个案随机混合”，则参与实验与未参与实验的个案混合列举，不选择时则未参与实验个案在实验个案之后单独列出。

（7）设置完成后，单击图 14-2 中的“确定”按钮，得到正交设计结果，如图 14-5 所示。原本 81 种可能的洗发水概念被压缩为 9 种，用这 9 种洗发水让消费者做出偏好排序，就可确定消费者所重视的属性。将此数据文件保存为“Data14-1（正交设计卡）.sav”。

图 14-4　生成正交设计的选项设置对话框

（二）收集数据

1. 设计问卷

把正交设计结果，即洗发水产品属性的 9 种组合，编制成调查问卷。可在已经建好的正交设计卡文件中单击“数据→正交设计→显示”菜单，选中四个属性并单击向右的箭头，进入“因子”框。单击“标题”按钮，可对调查问卷设置一个标题和页脚；“格式”选项选择“试验者列表”。导入问题的设置如图 14-6 所示，单击“确定”按钮后可在输出窗口中得到洗发水调查表，将此表复制到 Word，在表的最后增加一栏“喜欢度排序”，以备被试评价这 9 种洗发水喜爱顺序，如表 14-2 所示。

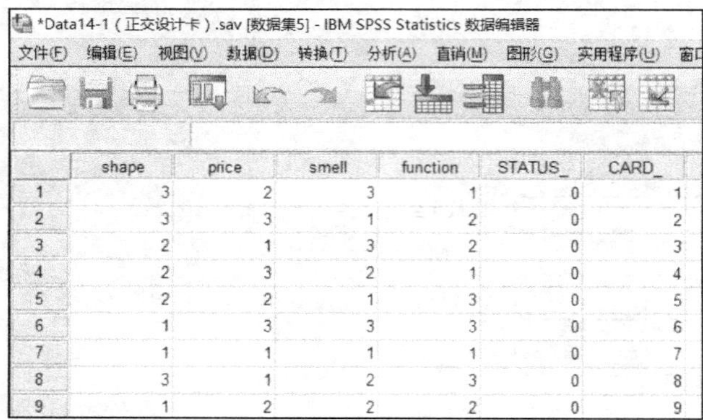

	shape	price	smell	function	STATUS_	CARD_
1	3	2	3	1	0	1
2	3	3	1	2	0	2
3	2	1	3	2	0	3
4	2	3	2	1	0	4
5	2	2	1	3	0	5
6	1	3	3	3	0	6
7	1	1	1	1	0	7
8	3	1	2	3	0	8
9	1	2	2	2	0	9

图 14-5　正交设计所挑选出的 9 种属性组合

图 14-6　显示调查卡设置

表 14-2　　洗发水喜欢顺序调查表

编号 \ 属性	容器外形	价格	香味	功能	喜欢度排序
洗发水 1	圆柱形	76.8 元	檀香	去屑	
洗发水 2	圆柱形	96.8 元	玫瑰	柔顺	
洗发水 3	方柱形	56.8 元	檀香	柔顺	
洗发水 4	方柱形	96.8 元	清香	去屑	
洗发水 5	方柱形	76.8 元	玫瑰	保湿滋养	
洗发水 6	扁平形	96.8 元	檀香	保湿滋养	
洗发水 7	扁平形	56.8 元	玫瑰	去屑	
洗发水 8	圆柱形	56.8 元	清香	保湿滋养	
洗发水 9	扁平形	76.8 元	清香	柔顺	

2. 调查实施

请 7 位潜在顾客按他们的偏好顺序按 1～9 进行排序，排第一表示最喜欢这种洗发水产品，排第九表示最不喜欢这种洗发水产品。当然，也可用李克特量表收集数据。

（三）建立联合分析的数据文件

对 7 位顾客偏好情况调查后所建立的文件命名为“Data14-1（偏好排序数据）.sav”，用 SPSS 打开此数据文件，格式如图 14-7 所示。

	受访者	洗发水1	洗发水2	洗发水3	洗发水4	洗发水5	洗发水6	洗发水7	洗发水8	洗发水9
1	1	9	7	8	4	3	5	1	2	6
2	2	8	4	9	3	2	7	1	6	5
3	3	5	8	9	4	2	3	1	7	6
4	4	3	8	7	1	5	9	4	2	6
5	5	4	8	9	5	2	6	3	1	7
6	6	7	4	5	8	9	6	1	3	2
7	7	1	6	4	7	5	2	9	3	8

图 14-7　顾客偏好排序的数据文件

二、联合分析的操作过程

由于 SPSS 没有直接用于联合分析的程序，需要在语法窗口中简单编程实现。联合分析过程需要正交设计文件和调查数据文件，还需要数据的记录方式。正交设计文件由主体评估的产品轮廓集合构成，使用正交设计来生成。数据文件则是从主体收集到的这些轮廓文件的偏好得分或等级，分别使用 PLAN 和 DATA 子命令指定正交设计文件和调查数据文件。

（一）打开命令语句编写窗口

依次单击“文件→新建→语法”菜单，打开程序命令语句编写窗口，在右边的程序框内编写命令语句，如图 14-8 所示。

图 14-8　命令语句窗口及联合分析命令语句

（二）联合分析命令语句释义

在窗口中按分析要求输入符合 SPSS 语法格式的联合分析命令语句，图 14-8 是针对导入问题所编写的联合分析语句。联合分析命令的格式和含义如下。

1. Plan 命令

Plan 命令用于指定正交设计卡片的文件路径。

2. Data 命令

Data 命令用于调取调查结果数据文件。可以省略该语句或在语句中用星号（*）指定当前数据文件为偏好排序数据，如/data=*。

提醒读者注意的是，Plan、Data 语句不能同时省略或使用*，二者必须指定其中一个命令调用文件的路径。

3. SUBJECT 命令

SUBJECT 命令用来指定数据文件中的哪个变量是被调查者。如果不指定，CONJOINT 命令假定数据文件中的所有个案来自一个主体。无论是否使用 SUBJECT 子命令，总体效用和正交设计的回归系数都相同，但重要性通常有所不同。没有使用 SUBJECT 子命令的摘要结果可直接从总体效用计算重要性，但使用 SUBJECT 子命令时，需要对单个受测者的重要性取平均值。

4. Factors 命令

Factors 命令指定属性与轮廓偏好度之间的关系。

（1）DISCRETE，指示属性是分类变量，对属性与偏好等级或得分之间的关系不做任何假定（离散关系），此为系统默认设置。

（2）LINEAR，假定属性与偏好等级或得分之间是线性关系。如果随后加上 MORE，表示该属性水平取值越高，偏好程度越高；反之，如果加上 LESS，表示该属性水平取值越低，偏好程度越高。

（3）IDEAL，假定属性与偏好等级或得分之间是二次函数关系，属性至少有三个水平，存在一个使偏好最大的水平值（开口向下）。

（4）IDEAL 与 ANTIIDEAL，同样假定属性与偏好等级或得分之间是二次函数关系，属性至少有三个水平，但存在一个使偏好最小的水平值（开口向上）。

5. 选择偏好数据记录方式

偏好数据记录方式有 sequence（顺序）、rank（等级）和 score（偏好得分）三种，根据调查数据的实际情况选用其中一种。

（1）SEQUENCE，数据按顺序记录，每个数据点是一个轮廓编号，要求受访者以最喜欢的轮廓开始，以最不喜欢的轮廓结束。

（2）RANK，每个数据点是一个等级，以轮廓 1 的等级开始，然后是轮廓 2 的等级，以此类推。要求受访者将等级分配到每个轮廓文件，从 1 到 n，其中 n 是轮廓数，等级越低，表明偏爱的程度越高。

（3）SCORE，指示每个数据点是一个分配到轮廓的偏好得分，以轮廓 1 的得分开始，然后是轮廓 2 的得分，以此类推。要求受访者分配从 1 到 100 的数字以显示其偏爱轮廓的程度，得分越高，表明偏爱的程度越高。

6. PRINT 命令

PRINT 命令用来设定输出表格的内容，也可对输出内容进行组合。

（1）/PRINT=SUMMARYONLY，仅输出摘要结果，适合有很多受访者。

（2）/PRINT=ANALYSIS，只输出分析或检查卡片的结果，模拟部分不进入联合过程。

（3）/PRINT=SIMULATIONS，只输出市场占有率模拟结果。

7. PLOT 命令

PLOT 命令用来设定输出图形的内容。

（1）/PLOT=SUMMARY，输出各个属性对总体重要性的条图和各个属性水平效用的条图。PLOT 句末未指定，则 SUMMARY 为默认值。

（2）/PLOT=ALL，输出所有图。

（3）/PLOT=NONE，不输出图形。省略 PLOT，则为默认值。

8. UTILITY 命令

UTILITY 命令用来指定是否把分析结果存为某个数据文件，包含每个受访者的详细信息。具体有 DISCRETE 因子的效用、LINEAR、IDEAL 和 ANTIIDEAL 因子的斜率和二次函数、回归常数和估计的偏好得分，这些值可以用于进一步分析或用于其他过程制作图形。

（三）编写调试程序

人工检查编写语句命令及调用数据路径的正确性，也可单击“运行→逐步前进→从起点（或从当前）”菜单，由机器来检查所编写语句的正确性，当然也可先机检再人检。调试过程完成后及时将分析语句保存，文件命名为“Data14-1（分析语句）.sps”。如果语句较多，最好一边编写调试，一边保存，以防止意外情况导致的语句丢失。

（四）运行程序

单击图 14-8 中的“运行→至结束”菜单或“运行”按钮（绿色三角），可在输出窗口中得到联合分析结果。

第二节 联合分析原理

一、联合分析思路

联合分析是由 Luce R D 和 Tukey J W 在 1964 年提出的一种数理心理学测量技术，Green P E 和 Rao V R 于 1971 年引入市场营销领域，成为消费者在多个属性的产品或服务中做出决策的重要方法。Carmone F 在 1978 年把这种方法改称为联合分析，20 世纪 80 年代联合分析广泛应用到各个领域。联合分析（Conjoint Analysis）也称为权衡分析（Trade-off Analysis），用于确定哪些产品或服务的属性（Attributes）和水平（Level）对于消费者来说是最重要的。营销管理中联合分析的主要目的有三个：（1）测量消费者对产品属性的偏好，即各个属性的效用或相对重要性；（2）确定产品或服务的最佳组合；（3）估计市场份额。

由于研究对象（产品、服务或其他事物）由若干属性构成，而每一种属性又有多种水平，因而一个概念或产品本质就是属性水平的组合体，每一个概念或产品属性水平的组合体称为一个轮廓，所有的概念或产品属性水平组合称为全轮廓（Full Profiles）。当属性和水平都较多时，要让消费者对概念、产品全轮廓做出整体评价，事实上不可能（分辨不了）也没有必要（时间长、费用多）。当属性和水平构成的组合少于 20 时，把所有组合视为轮廓，让消费者评价全部轮廓，称为全因子设计；当属性和水平大于 20 时，采用部分因子设计（只考虑因子主效应，忽略交互效应），常用正交设计来找出那部分轮廓。正交设计起到在全轮廓中筛选部分轮廓但又能代表全轮廓结构的作用，因而能帮助研究者减少费用开支，缩短收集数据的时间。联合分析就是对正交设计的部分轮廓用高级统计分析方法进行分解，从而间接地估计得到各个属性的相对重要性，以及每一种属性每一水平在影响购买决策中所起的作用，再由此设计产品或某种概念，最终商业化上市的产品是从很多种属性水平的组合中筛选出来且又符合消费者需要的，真正实现了顾客定制的思维理念。在研究消费者偏好及购买决策的主要影响因素时，联合分析是一种间接研究法，它比直接询问消费者购买意向的传统研究法更加科学、合理和客观。

二、联合分析模型与步骤

（一）联合分析主要术语与模型

（1）属性指研究中所选用的构成产品（或服务）的主要特征或指标，也称为因子（Factor）；水平指某种属性或因子的取值或状态。

（2）效用函数（Utility Functions）表示消费者对每个属性 i 的每个水平 j 所赋予的效用值，常用加法模式计算轮廓效用，并据此判断消费者偏好。轮廓效用的计算公式为

$$U(x)=\sum_{i=1}^{m}\sum_{j=1}^{n_i}a_{ij}x_{ij} \qquad (14\text{-}1)$$

式中，$U(x)$ 为全轮廓的总效用；x_{ij} 是虚拟变量，i 属性 j 水平存在时，$x_{ij}=1$，不存在时，$x_{ij}=0$；a_{ij} 表示第 i（i=1，2，…，m）个属性第 j（j=1，2，…，n_i）个水平的效用值或分值贡献，由 b_{ij} 求出。

（3）相对重要性权重（Relative Importance Weights）指属性或因子对产品或服务的权重大小，表明属性对产品或服务影响的重要程度，由模型估算得到，计算公式为

$$I_i = \max_{1 \leqslant j \leqslant n_i}(a_{ij}) - \min_{1 \leqslant j \leqslant n_i}(a_{ij}) \tag{14-2}$$

$$W_i = \frac{I_i}{\sum_{i=1}^{m} I_i} \tag{14-3}$$

（4）最大效用模型（Maximum Utility Model）用来模拟某种产品的市场占有率，其原理是假定消费者总会选择或购买总效用值最大的产品。

SPSS 提供的联合分析方法是常规联合分析法（Regular/Traditional Conjoint Analysis，RCA），也叫传统联合分析法，其基本模型如下。

$$y = b_0 + \sum_{i=1}^{m} \sum_{j=1}^{n_i - 1} b_{ij} x_{ij} \tag{14-4}$$

式中，y 表示全轮廓的偏好得分；b_0 为截距，相当于均值；b_{ij} 为模型中间变量；m 为属性数量；n_i 是第 i 个属性的水平数；x_{ij} 同前。

模型求解是通过调查获取偏好得分或排序数据 y，然后采用虚拟变量最小二乘法回归（OLS）求解参数 b_{ij}，最后建方程组求出 a_{ij}，并根据式（14-2）、式（14-3）估算出属性的权重，以此确定产品设计或开发中的重要因素。

需要注意的是，模型中自变量可以是定量或非定量数据，但大多应是名义（类别）变量，用虚拟变量表示；因变量是被试对评价对象的偏好排序（Sequence or Rank）或评分（Score）。在自变量是名义变量时，必须转换成虚拟变量。如导入问题的洗发水容器有 3 种形状，要用 2 个虚拟变量 x_{11}、x_{12} 表示，则扁平形的值为 x_{11}=1、x_{12}=0；方柱形的值为 x_{11}=0、x_{12}=1；圆柱形的值为 x_{11}=0、x_{12}=0。洗发水的价格、香味及功能都有 3 个水平（取值），同样只需 2 个虚拟变量来表示，价格的虚拟变量是 x_{21}=1（56.8 元）、x_{22}=1（76.8 元），香味的虚拟变量是 x_{31}=1（玫瑰香）、x_{32}=1（清香），功能的虚拟变量是 x_{41}=1（去屑）、x_{42}=1（柔顺）。在使用虚拟变量的情况下，被试 1 对 9 个轮廓（由正交设计得到）的偏好顺序（由调查得到）如表 14-3 所示。

表 14-3　被试 1 的虚拟变量及偏好顺序

轮廓	属性								偏好顺序
	容器形状		价格		香味		功能		
	x_{11}	x_{12}	x_{21}	x_{22}	x_{31}	x_{32}	x_{41}	x_{42}	
1	0	1	1	0	0	1	0	0	9
2	0	1	0	1	0	0	1	0	7
3	0	0	0	1	1	0	0	0	8
4	0	0	1	0	0	0	0	1	4
5	1	0	1	0	1	0	1	0	3
6	1	0	0	1	0	1	0	1	5
7	0	0	0	0	0	1	1	0	1
8	0	1	0	0	1	0	0	1	2
9	1	0	0	0	0	0	0	0	6

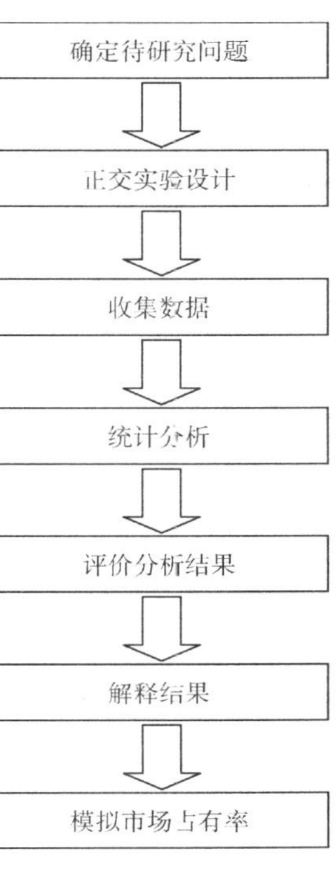

图 14-9 联合分析的步骤

联合分析只是得到了消费者的偏好，但不一定购买。就像喜欢一个人，并不一定会跟她结婚。

（二）联合分析步骤

联合分析的基本步骤如图 14-9 所示。SPSS 没有直接提供 Conjoint 视窗操作程序，必须通过编程方式来运行。最后一个步骤模拟市场占有率只有在图 14-4 中设置了“延续个案数”时，程序才能对市场做出模拟。导入问题由于没有设置，输出结果将没有这一部分。

三、联合分析的应用

（1）概念发展（Concept Development）：新概念的识别和发展，新产品的设计和开发。

（2）市场细分（Market Segmentation）：各种类型产品的消费者特征的识别，现有产品的重新定位。

（3）价格弹性（Price Elasticity）：价格在购买决策过程中的作用评估，价格横截面的研究。

（4）竞争分析（Competitive Analysis）：假设情景分析和市场占有率的模拟研究。

应用实例 14-1

Fab 的难以置信的泡沫战[4]469

泰国的洗衣粉市场正酝酿着竞争。1998年年底，浓缩洗衣粉正成为主导洗衣粉市场的产品，占洗衣粉市场份额的50%以上。泰国的市场容量研究表明，浓缩洗衣粉将以每年40%左右的速度增长。此外，这一产品类别已经在新加坡和中国台湾、中国香港等其他亚洲国家和地区市场占据了统治地位。因此，高露洁用Fab Power Plus进入这一产品线的竞争，目标是获得4%的市场份额。这一市场的主要竞争对手是Kao公司的Attack（14.6%）、Lever兄弟的Breeze Ultra（2.8%）、狮子公司的Pao M.Wash（1.1%）和Lever的Omo（0.4%）。根据定性研究和第二手数据，高露洁对成功地渗入市场的关键因素进行了评估。市场研究还显示，没有同时具有手洗和机洗能力的品牌。手洗型Pao牌洗衣粉用的是为手洗设计的配方，而机洗型Pao牌洗衣粉用的是为机洗设计的配方。Lever公司的Breezematic是为洗衣机设计的。因此，同时能够满足手洗和机洗要求的洗衣粉应该受到欢迎。为此，设计了一项联合分析，每一个因素取2至3个水平。从调查对象收集了偏好评分，并在个体和群体水平估算了这些因素的部分值。结果表明，手-机洗因素贡献很大，支持早期的估计。根据这些结果，Fab Power Plus作为一个具有手洗和机洗能力的品牌被成功地引入市场。

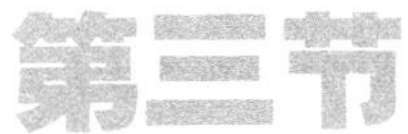

联合分析结果解读

当主体（被试）较多时，SPSS 联合分析的输出结果也较多，个体输出结果不会构成对整体的判断，因而这里重点解释输出的整体统计量。

表 14-4 是对模型的描述性统计，其中价格是线性变量模式，价格越小，效用越大，其余是离散变量。

表 14-4　　模型描述性统计

	水平数	与排列或得分相关
shape	3	离散
price	3	线性（小于）
smell	3	离散
function	3	离散

所有因子都是正交因子。

表14-5输出的是所有个体的整体效用，分别显示了各个属性、水平的效用值。从表中可见，容器形状中方柱形效用（0.476）最大，香味中清香效用（1.476）最受喜爱，去屑功能（效用0.381）更受青睐，价格效用均为负，与事先判断一致，但价格越低，效用相对越大，常数项（轮廓平均效用）是6.095。

表 14-5　　整体效用值

		实用程序估计	标准误
shape	扁平形	-0.238	0.143
	方柱形	0.476	0.143
	圆柱形	-0.238	0.143
smell	玫瑰	-0.333	0.143
	清香	1.476	0.143
	檀香	-1.143	0.143
function	去屑	0.381	0.143
	柔顺	-0.381	0.143
	保湿滋养	-4.441E-16	0.143
price	56.8 元	-0.548	0.124
	76.8 元	-1.095	0.247
	96.8 元	-1.643	0.371
（常数）		6.095	0.267

依据表 14-5 的数据，可写出的拟合模型为

$$y = 6.095 - 0.238x_{11} + 0.476x_{12} - 0.238x_{13} - 0.333x_{31} + 1.476x_{32} - 1.143x_{33} + 0.381x_{41} - 0.381x_{42} - 0 \times x_{43} - 0.548x_{21} - 1.095x_{22} - 1.643x_{23}$$

如果容器形状为扁平形，具有玫瑰香味和去屑功能，定价为 56.8 元，此时 $x_{12} = x_{13} = x_{32} = x_{33} = x_{42} = x_{43} = x_{22} = x_{23} = 0$，$x_{11} = x_{21} = x_{31} = x_{41} = 1$，代入上式，则估计偏好排序为

$$y = 6.095 - 0.238 \times 1 - 0.333 \times 1 + 0.381 \times 1 - 0.548 \times 1 = 5.357$$

表明这种产品组合的偏好顺序为中等偏好（最喜欢为 1，最不喜欢为 9）。任何一种组合的偏好顺序都可类似地估算。

表 14-6 是各个属性的重要性值。在洗发水的四种属性中，消费者最看重的是香味，其次是价格高低和洗发水功能，最不重视的是容器形状。依据这些数据可做成条形图，SPSS 也输出了该图，如图 14-10 所示。

表 14-6　　洗发水属性权重

属性	权重
shape	18.502
smell	33.554
function	22.488
price	25.456

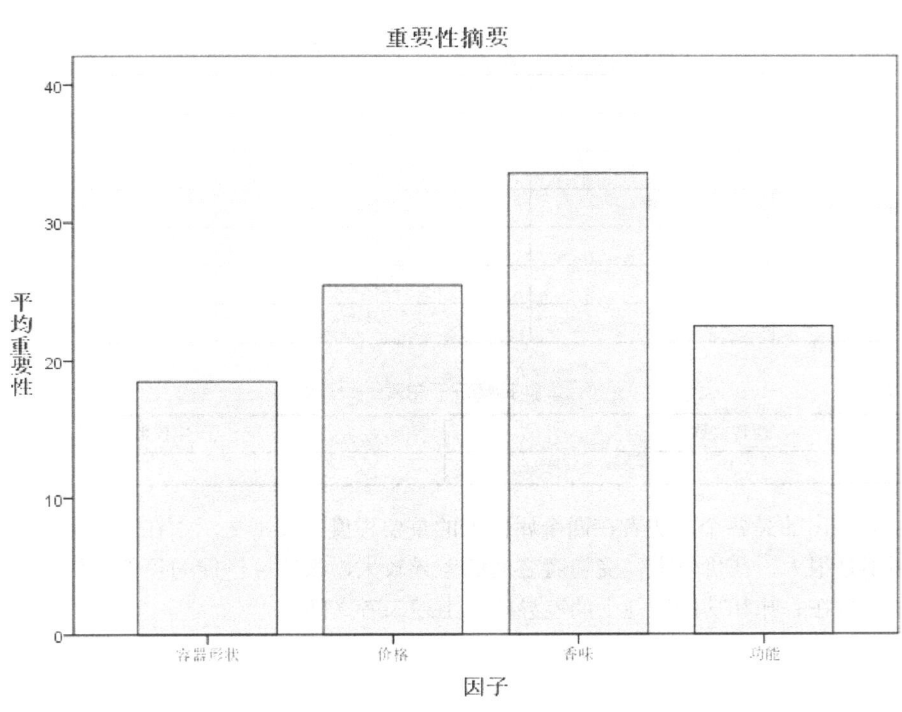

图 14-10　属性重要性条形图

表 14-7 输出的是线性变量的回归系数值。四个因子中只有价格是线性关系，其余为离散变量，因而表 14-7 只输出了价格因子的回归系数估计值-0.548，表示当价格取值为 1 时的效用。当价格为 2（76.8 元）、3（96.8 元）时，其效用值分别是-0.548×2=-1.096 和-0.548×3=-1.644。

表 14-7　　价格的回归系数

线性属性	B 系数估计值
price	-0.548

表 14-8 输出的是相关系数值。表中的 Pearson 和 Kendall 相关系数值都接近 1，说明轮廓观测值与估计值的相关度较高，模型拟合度较好。

表 14-8　　相关系数表

	值	Sig.
Pearson 的 R	0.997	0.000
Kendall 的 tau	0.986	0.000

表 14-9 是因子中逆转次数统计表。只有线性关系才存在逆转现象，离散关系的因子不存在逆转

的问题。表中显示价格出现了 2 次逆转，一次是主体 5，另一次是主体 7。同时，SPSS 还输出了逆转情况汇总表，如表 14-10 所示，逆转 1 次有两个被试。这里的逆转指出现了价格越高，效用越大的现象。

表 14-9　逆转次数统计表

因子	price		2
	function		0
	smell		0
	shape		0
主体	1	主体 1	0
	2	主体 2	0
	3	主体 3	0
	4	主体 4	0
	5	主体 5	1
	6	主体 6	0
	7	主体 7	1

表 14-10　逆转情况汇总表

逆转次数	主体数
1	2

图 14-11 输出的是各个受访者在四个属性上的重要程度。图形显示，在容器形状上虽然有所差异，但差距不是很大；在价格上，受访者之间的差异较大，表明经济能力可能是影响洗发水购买的关键因素；被试在香味和功能属性上的差异位于上述二者之间。

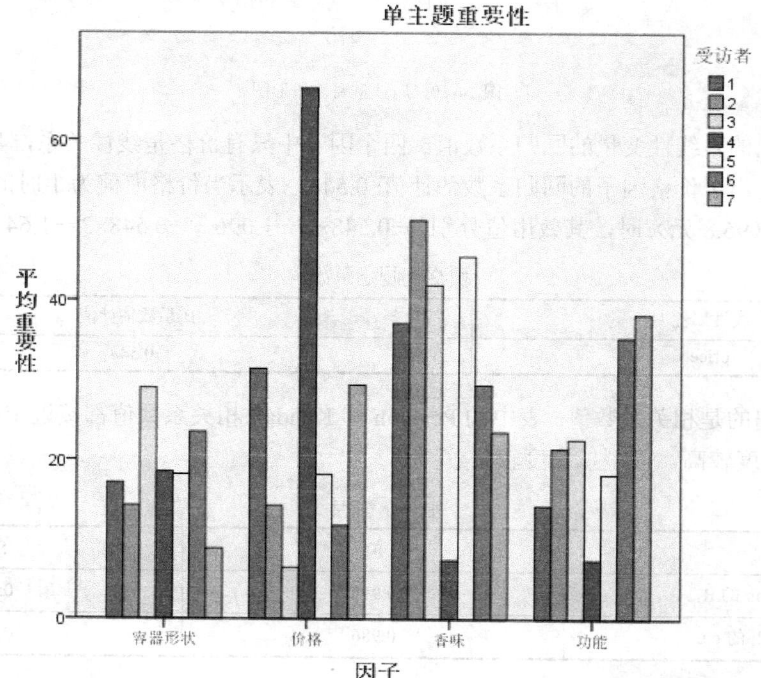

图 14-11　受访者在各属性上的重要性

导入问题回应

1. 公司初步确定的洗发水有四种属性，每种属性都有三个水平（取值）的情况下，可组成3^4=81种可能的洗发水细分市场，即全轮廓为81。事实上，让每一个消费者区分所有81个细分市场的不同是很难做到的。即便做出了这样的区分，也不会有很好的区分度，因而没有必要去比较所有细分市场的不同，只需要用正交试验设计的方法挑选出有代表性的细分市场让消费者去评价，这样就可大大节省时间和费用。

2. 根据联合分析运行结果，在洗发水的四种属性中，香味的重要性权重为0.336，价格权重为0.255，功能权重为0.225，形状权重为0.185，消费者最看重的是香味，其次是价格高低和洗发水功能，最不重视的是容器形状。

3. 根据消费者对四种属性的重要性排序，在开发洗发水产品和市场定位时，应重视消费者感受和体验得到的香味，要刺激消费者的嗅觉器官，让香味强烈地呈现，同时尽量降低成本，至于用哪种形状的容器包装并不太重要。

本章思考题

1. 简述联合分析的基本思路。
2. 社会经济生活中，能采用全轮廓评价收集研究对象的偏好顺序数据吗？
3. 常规联合分析法（RCA）对数据有何要求？
4. 最大效用模型的用途是什么？
5. 联合分析所得到的产品偏好顺序结果能作为消费者一定购买的依据吗？

第十五章 问卷的信度效度分析

导入问题 学校知识管理问卷信效度分析[7]209

在“中学学校知识管理与学校效能关系的研究”中，项目研究者设计了一份“学校知识管理量表”。该量表共有20题，其中第11题为反向题，如表15-1所示。为研究量表的信度和效度，研究者随机抽取了200名中学教师作为预试对象，经项目分析程序后删除了第20题，剩余19题。调查样本数据的文件为“Data15-1.sav”，该文件中的反向题已经是转换后的数据。

表 15-1 学校知识管理量表

题序	题目	完全不符合	多数不符合	半数不符合	多数符合	完全符合
1	本校常鼓励教师创新教学或工作					
2	本校教师会积极寻求班级经营上的创新					
3	教师会积极在其负责的行政工作上创新展现					
4	本校教师会应用研习心得于教育质量的提升					
5	本校会激励教师以创新理念提升学生学习成效					
6	本校鼓励教师以创新有效方法激励学生学习动机					
7	校长会积极鼓励同仁分享研习吸取的新知能					
8	本校教师会将班级经营的有效策略与其他老师去分享					
9	本校教师会在相关会议中提供意见供其他教师分享					
10	本校行政事务处理流程有完整记录，以供同仁分享参考					
11	本校教师很少于教学研讨会上分享其教学经验					
12	本校同仁会于例会上分享其学习研究的心得与知能					
13	本校教师会于同仁会议中分享其处理学生问题的策略					
14	学校鼓励同仁参访标杆学校以获取教学及行政知能					
15	学校会鼓励教师通过教学观摩以获取专业知能					
16	学校积极鼓励教师参与研习活动以获取专业知能					
17	学校鼓励教师通过教师社群活动以获取专业知能					
18	学校鼓励教师通过数位化①数据来获取新知识					
19	学校会影印相关教育新知给教师以增进教师知能					

问题：

1. 能否从学校知识管理量表中提取出反映量表内在结构的因素？
2. 提取出了哪些因素？与原量表题目之间是什么关系？
3. 分别确定提取因子及整个问卷的信度。

① 原文是“数化位”，可能有误。

问卷就是一种测量工具，它被用来收集研究者所需要的信息。一份问卷是否达到了信息收集目标，需要对其进行评价，分析指标包括效度和信度。本章简要介绍对问卷进行效度、信度评价的理论与操作。

问卷的效度分析

一、效度分析思路

效度（Validity）也称有效性，指测量工具实际所测得结果与期望测量目标之间吻合的程度，不是指问卷本身的效度。测量的效度越高，观测结果越能呈现测量内容的真实特质。评价测量效度，务必要清楚测量目的、范围与对象，从整体上把握测量目的与测量内容的一致性。问卷的问题设计明显偏离了测量目标，不可能有好的效度。从方法论来说，评估效度有主观判断与实证研究两种。主观判断是依据研究者知识、经验对问卷的解读，带有明显的主观色彩，因人而异；实证研究则通过收集数据计算量化指标做出评估，具有客观特征，可靠度高，但数据收集较为困难。通常先做出定性分析判断，然后做出量化评估。完全真实地测量问卷的效度实际是无法做到的，只能依据现有信息进行逻辑推论或从实证数据做统计检验。

问卷的效度评估可从不同的视角来进行，以测量效度的不同方面。主要有以下三种效度。

1. 结构效度

结构效度（Construct Validity）指问卷（量表）测量抽象概念或特质的程度，即实际测量分数能在多大程度上解释某种心理特质。问卷中的问题是可测量的显在变量，通过这些显在问题的分析发掘背后隐藏的潜在因子、特质等，潜在因子往往无法直接观测。结构效度通过因子分析方法来测算。如研究者通过查阅文献，发现工作动机包括两种因素，为此设计了量表收集资料，测量结果印证了事前的假设，且每个问题都有所归属的因子，则称该问卷的结构效度高。导入问题的操作与结果的解读，均以结构效度测算为例。

2. 标准效度

标准效度（Criterion-related Validity）指问卷测量结果与某个特定量表（标准）间的相关程度。这个特定的标杆性量表具有良好的信度和效度，能真正起到同类问题测量标准的作用。实际观测结果与标杆间的相关性强，则问卷参照某一标准的效度也高。选择“标准”成为标准效度测量的关键，“标准”必须能够反映某类问题测量分数的内涵与特质，文献研究成为选用标准的基础。

3. 内容效度

内容效度（Content Validity）指问卷测量题目的代表性和适合性，即测量题目能否有效反映所要测量的心理特质，实现测量的目标。在态度测量中，内容效度以题目分布的代表性、合理性和全面性来判断，可比照测验目标及其分解的具体要求清单来评估，要按照清单规定的层面、比例及题数来设计问卷。如对餐馆满意度的调查，包括服务质量、环境卫生、食材与价格等方面，可以制定具体的测量项目清单来指导问卷的设计。

二、SPSS结构效度操作分析

结构效度分析是一个反复试验的过程，通常不是一次分析就能完成的，需要反复多次进行因子分析才能找出量表的有效结构。在对量表分析过程中，对变量（题目）的删除通常要逐个进行，不能一次性删除多个题目，每删除一个题目都需要重新进行一次因子分析，因为变量间是相互联系的，删除一个变量就会改变整个量表的结构。

前已述及，结构效度分析是通过因子分析方法来实施的。鉴于第十章已经详细介绍了因子分析的操作过程和结果解读，这里不再重复因子分析操作的环节，重点说明怎样从效度分析视角看待输出结果。

（一）第一次操作与结果分析

1. 操作过程

（1）启动 SPSS，打开学校知识管理量表的数据文件“Data15-1.sav”。

（2）单击“分析→降维→因子分析”菜单，打开因子分析对话框，如图 15-1 所示，把变量 c1～c19 选入右边的分析变量框中。

（3）“描述”设置如图 15-2 所示。

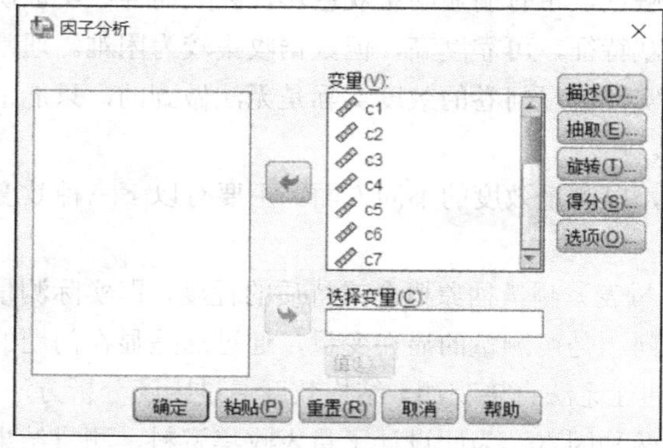

图 15-1　因子分析主对话框

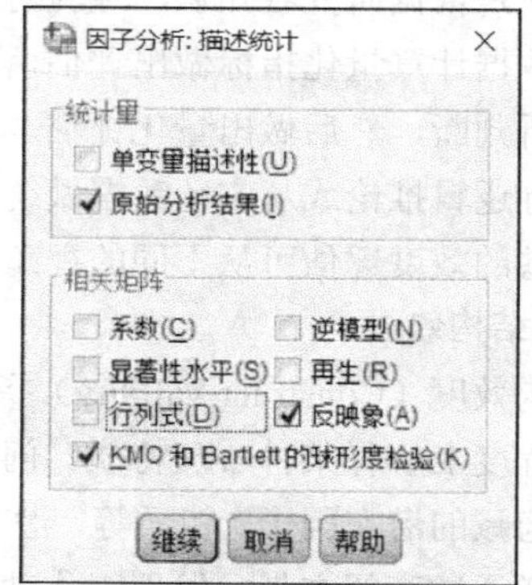

图 15-2　因子分析中的“描述”设置

（4）“抽取”设置如图 15-3 所示。

（5）“旋转”设置如图 15-4 所示。

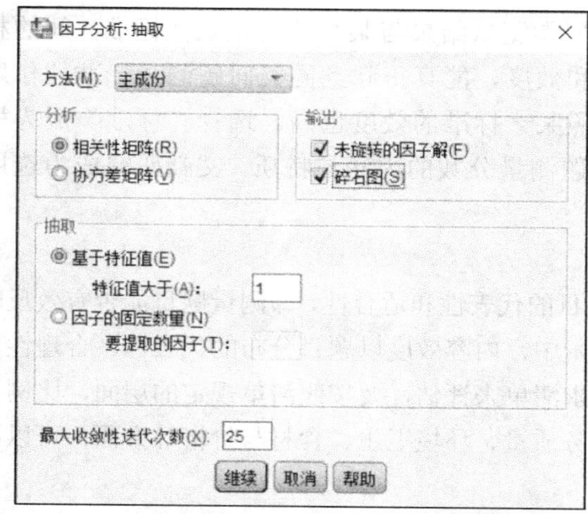

图 15-3　因子分析中的“抽取”设置

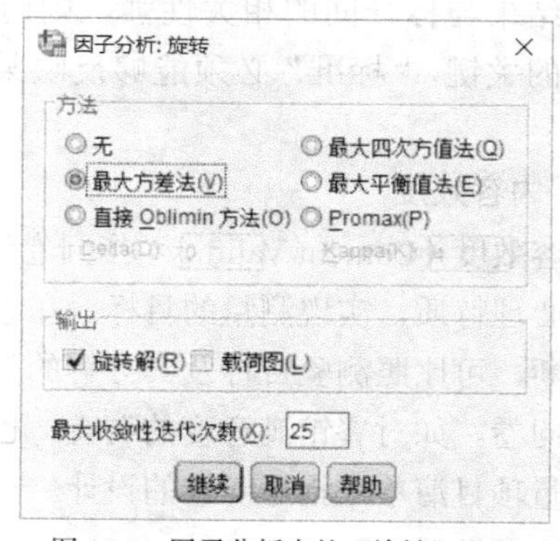

图 15-4　因子分析中的“旋转”设置

（6）“得分”设置如图 15-5 所示。

（7）“选项”设置如图 15-6 所示。

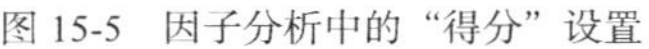
图 15-5　因子分析中的“得分”设置

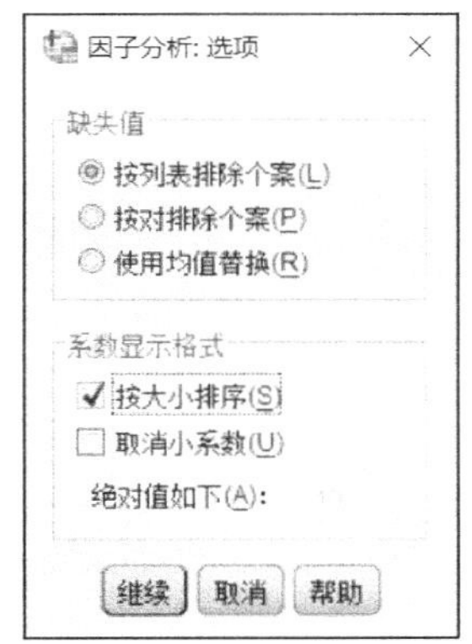

图 15-6　因子分析中的“选项”设置

（8）单击图 15-1 所示的主对话框中的“确定”按钮，得到第一次因子分析结果。

2. 结果分析

主要输出结果如表 15-2、表 15-3、表 15-4、表 15-5、图 15-7、表 15-6 和表 15-7 所示。

由表 15-2 可见，KMO=0.855>0.8，Bartlett 的球形度检验 p=0<0.05，表明变量间相关度高，存在共同因子（隐形因子）的可能，适合进行因子分析。

表 15-2　　KMO 和 Bartlett 检验结果

取样足够度的 Kaiser-Meyer-Olkin 度量		0.855
Bartlett 的球形度检验	近似卡方	3 079.151
	df	171
	Sig.	0.000

表 15-3 输出的是反映象矩阵，从表中可见反映象相关系数都比较小，MSA 值除 c12 外，均在 0.77 以上，说明除 c12（MSA=0.455）外，其余变量均适合做因子分析。一般 MSA 在 0.5 以下就可考虑删除该变量。

表 15-4 输出的是初始与抽取公因子后的共同度，可作为筛选问卷中题目的指标之一，共同度小于 0.2 的变量题项可考虑剔除。当采用主成分法抽取共同因素时，初始共同度为 1，主轴法抽取共同因素，初始共同度不等于 1。表 15-4 显示抽取公因子后的共同度均大于 0.2，所有题目均可进行因子分析。

表 15-5 输出的是抽取的因子及解释总方差的比例。某一成分的特征值越大，该成分解释 19 个变量的方差占比就越大。表中“初始特征值”“抽取平方和载入”“旋转平方和载入”分别表示初始状态（因子抽取前）、抽取因子（抽取特征值大于 1 的因子）后和坐标轴旋转后的特征值、方差占比及累积方差比例。旋转坐标轴会改变单个因子的特征值及方差比例，但不会改变累积特征值、方差比例及共同度。在保留四个因子的情况下，可解释总体方差的 69.25%，但第四个因素只能解释总体方差的 5.96%，说明第四个因素对方差的解释能力不强，可初步考虑删除这个因素，只保留三个因素。

图 15-7 所示的碎石图表明从第四个成分（因子）开始，因子的特征值变得平坦，模型保留前三个因子就足以解释方差的变化。从表 15-5 看，特征值大于 1 的因子有四个，但第四个因子的特征值为 1.075，接近于 1，两者基本一致。

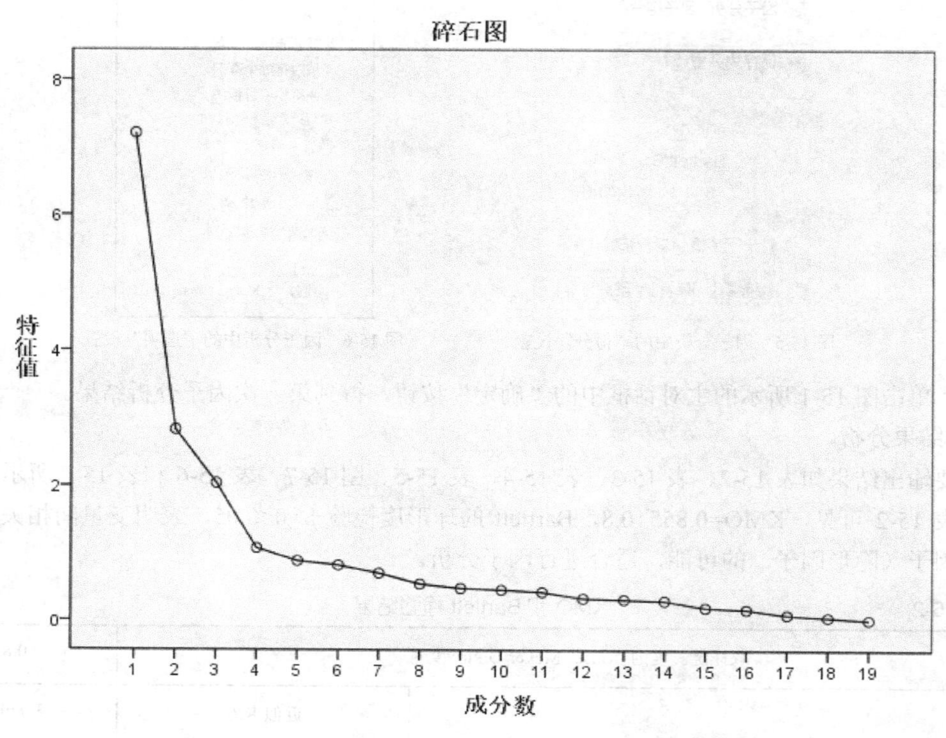

图 15-7　碎石图

表 15-6 输出各个变量的因子载荷系数，首先按第一因子的载荷值大小排序，然后按第二因子载荷大小排列，以此类推。因为在图 15-6 的“选项”中设置了系数“按大小排序”，否则按变量顺序排列因子载荷。

表 15-7 输出的是旋转后的成分矩阵，旋转不改变共同度。从表中可见，第一成分包括 c7、c8、c9、c10、c11、c13，第二成分包括 c14、c15、c16、c17、c18、c19，第三成分包括 c1、c2、c3、c4、c5、c6，第四成分只有 c12 一个变量。因子数量的确定要考虑两点：一是公因子包含的变量（题目数）至少三个，二是各题目测度的潜在特质类似且能准确地命名。基于此，可删除第四因子。根据“知识经济管理量表”中题目的含义和旋转成分矩阵，第一共同因子可命名为“知识分享”，第二共同因子命名为“知识获取”，第三共同因子命名为“知识创新”。这里要注意，c14、c18 虽归属第二因子，但它们在第一因子上的载荷值分别为 0.469、0.425，大于载荷值=0.4 的标准，表明这两个变量与因子 1 还是有很大的关联，用最大方差法旋转因子未达到简单结构的要求。

综上所述，通过主成分的正交因子分析，从 19 个题目组成的问卷中抽取了 4 个因素，但第四个因素仅包含一个题目，且 MSA=0.455，方差解释比例仅为 5.96%，碎石图急剧改变的因素从第四个开始，这些证据都支持删除第四个因素，只保留三个因素。而第四个因素只包含 c12 这个问题，即可考虑删除这个题目再进行一次因子分析，并重新分析问卷的潜在结构。

表 15-3　反映象矩阵之反映象相关系数

变量	c1	c2	c3	c4	c5	c6	c7	c8	c9	c10	c11	c12	c13	c14	c15	c16	c17	c18	c19
c1	0.857[a]	−0.109	−0.356	0.032	0.033	−0.061	−0.041	0.019	0.040	−0.061	−0.081	−0.167	−0.030	0.074	−0.037	−0.067	0.052	0.097	−0.027
c2	−0.109	0.809[a]	−0.592	−0.011	−0.091	0.047	−0.035	0.049	0.056	−0.044	−0.005	−0.023	−0.048	−0.137	0.002	0.036	−0.080	0.030	0.120
c3	−0.356	−0.592	0.776[a]	−0.259	−0.107	−0.148	0.047	−0.065	−0.091	0.121	0.042	0.094	0.064	0.051	−0.017	0.025	−0.017	−0.057	0.005
c4	0.032	−0.011	−0.259	0.802[a]	−0.395	−0.023	0.204	−0.029	−0.016	0.005	−0.025	−0.066	−0.010	0.134	−0.006	−0.093	0.078	−0.139	−0.078
c5	0.033	−0.091	−0.107	−0.395	0.866[a]	−0.071	−0.172	−0.057	0.009	0.048	−0.003	0.030	0.022	−0.049	0.020	−0.030	0.055	−0.026	−0.057
c6	−0.061	0.047	−0.148	−0.023	−0.071	0.886[a]	0.014	−0.004	−0.058	0.017	−0.156	0.039	0.071	0.012	−0.148	0.046	−0.021	−0.085	0.184
c7	−0.041	−0.035	0.047	0.204	−0.172	0.014	0.888[a]	−0.231	−0.051	−0.185	0.102	−0.073	0.007	0.004	−0.103	−0.185	0.159	−0.385	−0.006
c8	0.019	0.049	−0.065	−0.029	−0.057	−0.004	−0.231	0.884[a]	−0.188	−0.148	−0.514	−0.002	0.117	−0.093	−0.091	0.100	0.026	0.156	0.054
c9	0.040	0.056	−0.091	−0.016	0.009	−0.058	−0.051	−0.188	0.771[a]	−0.018	0.209	−0.054	−0.958	−0.079	0.185	−0.072	−0.136	0.116	−0.088
c10	−0.061	−0.044	0.121	0.005	0.048	0.017	−0.185	−0.148	−0.018	0.963[a]	−0.122	0.049	−0.093	−0.005	0.047	0.043	−0.086	−0.015	−0.013
c11	−0.081	−0.005	0.042	−0.025	−0.003	−0.156	0.102	−0.514	0.209	−0.122	0.836[a]	−0.146	−0.218	−0.063	0.204	−0.200	−0.136	−0.131	−0.015
c12	−0.167	−0.023	0.094	−0.066	0.030	0.039	−0.073	−0.002	−0.054	0.049	−0.146	0.455[a]	0.060	0.014	0.104	0.006	−0.071	0.090	−0.034
c13	−0.030	−0.048	0.064	−0.010	0.022	0.071	0.007	0.117	−0.958	−0.093	−0.218	0.060	0.778[a]	0.031	−0.147	0.067	0.131	−0.120	0.053
c14	0.074	−0.137	0.051	0.134	−0.049	0.012	0.004	−0.093	−0.079	−0.005	−0.063	0.014	0.031	0.932[a]	−0.333	−0.180	0.195	−0.082	−0.030
c15	−0.037	0.002	−0.017	−0.006	0.020	−0.148	−0.103	−0.091	0.185	0.047	0.204	0.104	−0.147	−0.333	0.827[a]	−0.196	−0.616	−0.082	−0.354
c16	−0.067	0.036	0.025	−0.093	−0.030	0.046	−0.185	0.100	−0.072	0.043	−0.200	0.006	0.067	−0.180	−0.196	0.942[a]	−0.017	−0.117	0.080
c17	0.052	−0.080	−0.017	0.078	0.055	−0.021	0.159	0.026	−0.136	−0.086	−0.136	−0.071	0.131	0.195	−0.616	−0.017	0.835[a]	−0.065	−0.399
c18	0.097	0.030	−0.057	−0.139	−0.026	−0.085	−0.385	0.156	0.116	−0.015	−0.131	0.090	−0.120	−0.082	−0.082	−0.117	−0.065	0.907[a]	0.069
c19	−0.027	0.120	0.005	−0.078	−0.057	0.184	−0.006	0.054	−0.088	−0.013	−0.015	−0.034	0.053	−0.030	−0.354	0.080	−0.399	0.069	.0899[a]

a. 取样足够度度量（MSA）。

表 15-4 公因子方差

变量	初始共同度	抽取共同度
c1	1.000	0.606
c2	1.000	0.678
c3	1.000	0.805
c4	1.000	0.560
c5	1.000	0.565
c6	1.000	0.311
c7	1.000	0.618
c8	1.000	0.735
c9	1.000	0.808
c10	1.000	0.692
c11	1.000	0.629
c12	1.000	0.755
c13	1.000	0.820
c14	1.000	0.655
c15	1.000	0.945
c16	1.000	0.616
c17	1.000	0.903
c18	1.000	0.591
c19	1.000	0.866

表 15-5 解释的总方差

成分	初始特征值			抽取平方和载入			旋转平方和载入		
	合计	方差的%	累积%	合计	方差的%	累积%	合计	方差的%	累积%
1	7.208	37.936	37.936	7.208	37.936	37.936	4.590	24.159	24.159
2	2.834	14.914	52.850	2.834	14.914	52.850	3.992	21.012	45.171
3	2.041	10.744	63.594	2.041	10.744	63.594	3.443	18.123	63.294
4	1.075	5.659	69.253	1.075	5.659	69.253	1.132	5.960	69.253
5	0.887	4.670	73.923						
6	0.824	4.335	78.258						
7	0.707	3.721	81.978						
8	0.548	2.887	84.865						
9	0.486	2.556	87.421						
10	0.464	2.441	89.862						
11	0.431	2.266	92.128						
12	0.339	1.785	93.913						
13	0.321	1.692	95.605						
14	0.302	1.587	97.192						
15	0.200	1.054	98.246						
16	0.172	0.908	99.154						
17	0.092	0.483	99.637						
18	0.053	0.281	99.918						
19	0.016	0.082	100.000						

表 15-6　原始成分矩阵

变量	成分			
	1	2	3	4
c14	0.761	−0.209	−0.176	−0.034
c15	0.753	−0.209	−0.567	0.112
c9	0.751	−0.198	0.450	−0.046
c13	0.750	−0.201	0.461	−0.061
c8	0.743	−0.082	0.419	0.030
c16	0.743	−0.101	−0.232	−0.017
c7	0.725	−0.159	0.203	−0.163
c17	0.714	−0.228	−0.549	0.198
c18	0.708	−0.036	−0.153	−0.255
c19	0.688	−0.273	−0.529	0.195
c10	0.685	−0.275	0.385	−0.015
c11	0.678	−0.013	0.397	0.110
c6	0.385	0.381	−0.070	−0.111
c3	0.434	0.782	−0.073	0.021
c2	0.405	0.714	−0.053	0.043
c4	0.336	0.659	−0.014	−0.112
c1	0.343	0.610	0.053	0.338
c5	0.403	0.585	−0.029	−0.245
c12	0.010	0.076	0.277	0.820

表 15-7　旋转成分矩阵

变量	成分			
	1	2	3	4
c13	0.886	0.173	0.075	0.001
c9	0.877	0.182	0.077	0.013
c8	0.814	0.181	0.178	0.092
c10	0.803	0.216	−0.016	0.024
c11	0.728	0.153	0.212	0.174
c7	0.696	0.311	0.127	−0.147
c15	0.189	0.945	0.116	−0.037
c17	0.170	0.930	0.077	0.049
c19	0.177	0.912	0.024	0.046
c16	0.391	0.645	0.202	−0.086
c14	0.469	0.643	0.107	−0.101
c18	0.425	0.505	0.261	−0.295
c3	0.056	0.101	0.887	0.076
c2	0.063	0.093	0.810	0.094
c4	0.071	0.009	0.743	−0.053
c5	0.139	0.058	0.711	−0.194
c1	0.088	0.063	0.663	0.394
c6	0.137	0.157	0.509	−0.092
c12	0.091	−0.062	−0.003	0.862

抽取方法：主成分；旋转法：具有 Kaiser 标准化的正交旋转法，旋转在 5 次迭代后收敛。

（二）第二次操作与结果分析

1. 操作过程

启动 SPSS，打开学校知识管理量表的数据文件“Data15-1.sav”，单击“分析→降维→因子分析”菜单，打开因子分析对话框，把除 c12 外的变量选入右边的分析框中，其余选项设置完全同第一次分析。

2. 结果分析

主要输出结果如表 15-8、表 15-9、表 15-10、表 15-11、图 15-8、表 15-12 和表 15-13 所示。综合输出结果，KMO=0.857，Bartlett 的球形度检验 p=0.00，MSA 均在 0.77 以上，共同度基本在 0.3 以上，抽取三个因子旋转后的特征值分别为 4.488、4.104、3.447，能累积解释总方差的 66.9%，碎石图显示第四个成分开始的特征值变得平滑，只需抽取前三个因素，旋转成分矩阵数据也验证了抽取三个因子的结论，第一因子包括 c7、c8、c9、c10、c11、c13，第二因子包括 c14、c15、c16、c17、c18、c19，第三因子包括 c1、c2、c3、c4、c5、c6。因子命名需要根据旋转后的成分矩阵确定因子所包含的题目来进行，结合量表中各题目的原意，三个因子分别最终确定为“知识分享”“知识获取”和“知识创新”，“学校知识管理量表”就由这三大板块因素构成。

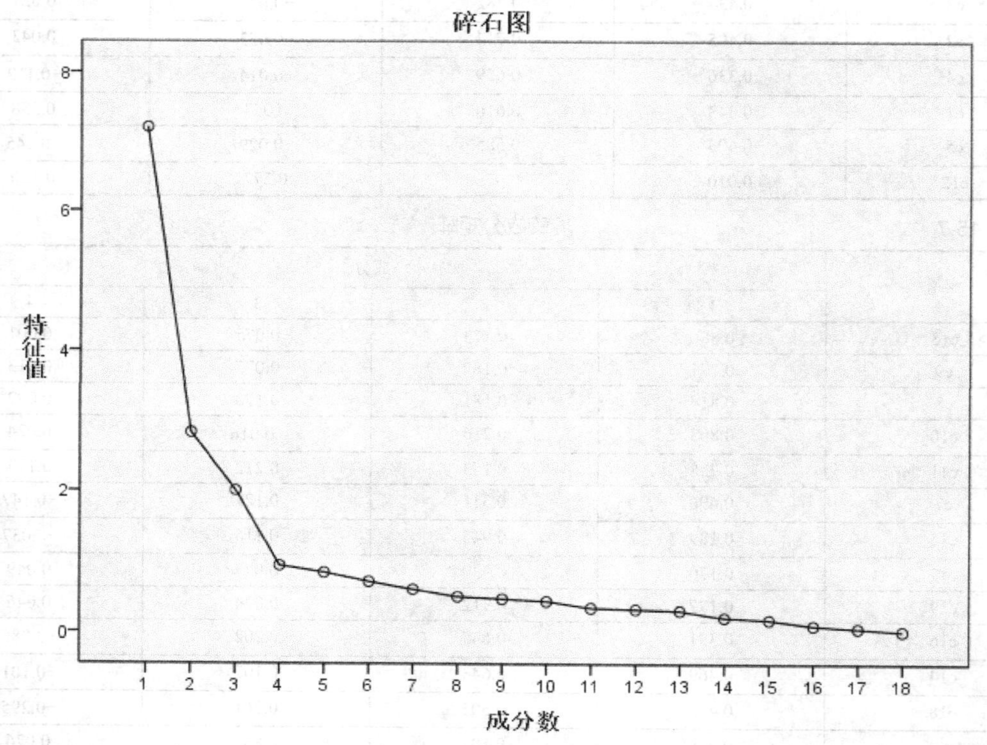

图 15-8　第二次因子分析的碎石图

表 15-8　第二次因子分析的 KMO 和 Bartlett 检验值

取样足够度的 Kaiser-Meyer-Olkin 度量		0.857
Bartlett 的球形度检验	近似卡方	3 062.231
	df	153
	Sig.	0.000

表 15-9 第二次因子分析的反映象矩阵之反映象相关系数

变量	c1	c2	c3	c4	c5	c6	c7	c8	c9	c10	c11	c13	c14	c15	c16	c17	c18	c19
c1	0.870[a]	−0.114	−0.347	0.021	0.038	−0.056	−0.054	0.019	0.031	−0.054	−0.108	−0.020	0.078	−0.020	−0.066	0.040	0.114	−0.033
c2	−0.114	0.808[a]	−0.593	−0.013	−0.090	0.048	−0.036	0.049	0.055	−0.043	−0.009	−0.047	−0.137	0.005	0.036	−0.082	0.032	0.120
c3	−0.347	−0.593	0.780[a]	−0.255	−0.110	−0.153	0.054	−0.065	−0.086	0.117	0.057	0.059	0.050	−0.027	0.025	−0.010	−0.066	0.009
c4	0.021	−0.013	−0.255	0.806[a]	−0.394	−0.021	0.200	−0.029	−0.019	0.008	−0.035	−0.006	0.135	0.001	−0.093	0.074	−0.134	−0.081
c5	0.038	−0.090	−0.110	−0.394	0.866[a]	−0.073	−0.170	−0.057	0.011	0.047	0.002	0.020	−0.050	0.017	−0.030	0.057	−0.028	−0.056
c6	−0.056	0.048	−0.153	−0.021	−0.073	0.886[a]	0.017	−0.004	−0.056	0.015	−0.152	0.068	0.011	−0.153	0.046	−0.018	−0.089	0.186
c7	−0.054	−0.036	0.054	0.200	−0.170	0.017	0.891[a]	−0.232	−0.055	−0.182	0.092	0.011	0.005	−0.096	−0.185	0.155	−0.381	−0.008
c8	0.019	0.049	−0.065	−0.029	−0.057	−0.004	−0.232	0.882[a]	−0.189	−0.148	−0.520	0.117	−0.093	−0.092	0.100	0.026	0.157	0.054
c9	0.031	0.055	−0.086	−0.019	0.011	−0.056	−0.055	−0.189	0.771[a]	−0.015	0.204	−0.958	−0.079	0.192	−0.072	−0.141	0.122	−0.090
c10	−0.054	−0.043	0.117	0.008	0.047	0.015	−0.182	−0.148	−0.015	0.965[a]	−0.117	−0.096	−0.006	0.042	0.043	−0.083	−0.019	−0.012
c11	−0.108	−0.009	0.057	−0.035	0.002	−0.152	0.092	−0.520	0.204	−0.117	0.837[a]	−0.212	−0.062	0.223	−0.201	−0.148	−0.120	−0.020
c13	−0.020	−0.047	0.059	−0.006	0.020	0.068	0.011	0.117	−0.958	−0.096	−0.212	0.778[a]	0.030	−0.154	0.067	0.135	−0.126	0.056
c14	0.078	−0.137	0.050	0.135	−0.050	0.011	0.005	−0.093	−0.079	−0.006	−0.062	0.030	0.931[a]	−0.337	−0.180	0.196	−0.084	−0.029
c15	−0.020	0.005	−0.027	0.001	0.017	−0.153	−0.096	−0.092	0.192	0.042	0.223	−0.154	−0.337	0.826[a]	−0.198	−0.614	−0.093	−0.353
c16	−0.066	0.036	0.025	−0.093	−0.030	0.046	−0.185	0.100	−0.072	0.043	−0.201	0.067	−0.180	−0.198	0.941[a]	−0.017	−0.118	0.081
c17	0.040	−0.082	−0.010	0.074	0.057	−0.018	0.155	0.026	−0.141	−0.083	−0.148	0.135	0.196	−0.614	−0.017	0.836[a]	−0.059	−0.402
c18	0.114	0.032	−0.066	−0.134	−0.028	−0.089	−0.381	0.157	0.122	−0.019	−0.120	−0.126	−0.084	−0.093	−0.118	−0.059	0.908[a]	0.073
c19	−0.033	0.120	0.009	−0.081	−0.056	0.186	−0.008	0.054	−0.090	−0.012	−0.020	0.056	−0.029	−0.353	0.081	−0.402	0.073	0.898[a]

a. 取样足够度度量（MSA）。

表 15-10　　第二次因子分析的公因子方差

题目	初始共同度	提取共同度
c1	1.000	0.485
c2	1.000	0.676
c3	1.000	0.806
c4	1.000	0.548
c5	1.000	0.507
c6	1.000	0.299
c7	1.000	0.594
c8	1.000	0.732
c9	1.000	0.813
c10	1.000	0.696
c11	1.000	0.605
c13	1.000	0.824
c14	1.000	0.653
c15	1.000	0.939
c16	1.000	0.618
c17	1.000	0.880
c18	1.000	0.521
c19	1.000	0.844

表 15-11　　第二次因子分析的方差解释比例

成分	初始特征值			抽取平方和载入			旋转平方和载入		
	合计	方差的%	累积%	合计	方差的%	累积%	合计	方差的%	累积%
1	7.208	40.043	40.043	7.208	40.043	40.043	4.488	24.932	24.932
2	2.830	15.722	55.766	2.830	15.722	55.766	4.104	22.802	47.734
3	2.001	11.119	66.885	2.001	11.119	66.885	3.447	19.151	66.885
4	0.931	5.173	72.058						
5	0.833	4.627	76.684						
6	0.708	3.931	80.616						
7	0.597	3.318	83.934						
8	0.493	2.740	86.674						
9	0.464	2.580	89.254						
10	0.432	2.399	91.653						
11	0.340	1.888	93.541						
12	0.322	1.787	95.328						
13	0.302	1.676	97.005						
14	0.205	1.138	98.143						
15	0.173	0.960	99.103						
16	0.092	0.510	99.613						
17	0.054	0.300	99.913						
18	0.016	0.087	100.000						

表 15-12　　第二次因子分析的成分矩阵

变量	成分		
	1	2	3
c14	0.761	−0.206	0.175
c15	0.753	−0.201	0.575
c9	0.751	−0.204	-0.456

续表

变量	成分		
	1	2	3
c13	0.750	−0.206	−0.468
c16	0.743	−0.098	0.236
c8	0.743	−0.089	−0.415
c7	0.725	−0.161	−0.207
c17	0.714	−0.222	0.566
c18	0.708	−0.032	0.139
c19	0.688	−0.268	0.547
c10	0.685	−0.279	−0.386
c11	0.677	−0.021	−0.382
c6	0.385	0.384	0.056
c3	0.434	0.784	0.055
c2	0.405	0.715	0.040
c4	0.336	0.660	0.002
c1	0.342	0.606	−0.040
c5	0.403	0.587	0.010

表 15-13　　第二次因子分析的旋转成分矩阵

变量	成分		
	1	2	3
c13	0.885	0.186	0.077
c9	0.877	0.194	0.081
c8	0.814	0.187	0.185
c10	0.803	0.224	−0.012
c11	0.729	0.151	0.224
c7	0.678	0.347	0.117
c15	0.173	0.947	0.113
c17	0.158	0.921	0.079
c19	0.165	0.904	0.026
c16	0.371	0.665	0.195
c14	0.453	0.661	0.100
c18	0.397	0.553	0.240
c3	0.058	0.095	0.891
c2	0.066	0.085	0.815
c4	0.059	0.030	0.737
c5	0.118	0.098	0.695
c1	0.106	0.018	0.688
c6	0.127	0.176	0.502

第二节　问卷的信度分析

一、SPSS中的信度分析原理

所谓信度（Reliability），也称可靠性，是指测量工具所测得结果的一致性（Consistency）。测量工具每次测得结果都相同，则测量的一致性好，测量结果越值得信赖，给人可靠的印象。问卷信度测量的不是问卷的可靠性，而是问卷所承载的测量问题的一致性。因而，问卷信度受测量时间、测量对象、测量人员及测量环境等的不同而有差异。说某问卷或量表的信度好，这是对信度的误解。

信度常用以下指标来测量。

（一）Cronbach α 系数

从信度本身反映的内涵来说，信度可界定为真实分数（Ture Score）与观测分数（Observed Score）的方差的比值。但事实上真实值很难得到，而误差容易估计，往往用误差来间接测量信度。从这种意义上讲，信度反映的是测量结果受测量误差影响的程度。

为了考察问卷测量的可靠性，通常都要做信度检验，常用的方法是 Cronbach L J 所创建的 α 系数，测定的是问卷内部的一致性，公式为

$$\alpha = \frac{n}{n-1}\left(1 - \frac{\sum_{i=1}^{n} S_i^2}{S^2}\right) \tag{15-1}$$

式中，n 为问卷的题目总数，S_i^2 为第 i 题的方差，ΣS_i^2 为问卷各个题目评分的方差和，S^2 为问卷各个题目评分加总后的方差，α 值在 0～1 之间，通常在 0.7 以上，为问卷测量信度可接受的底限。α 系数测量信度特别适合李克特式量表的问卷。

直接用问卷原始数据计算的信度叫原始信度（Raw Reliability），而把调查的原始数据做标准化处理（均值为 0，方差为 1）后计算的信度，称为标准化信度。SPSS 软件会同时输出 α 系数和标准化 α 系数（Standardized Item Alpha）。当问卷中的问题采用不同计量尺度，如一些问题用五级，一些问题用七级，则需将原始问题转换为标准 Z 分数，然后选用标准化 α 系数计算和判断；当问卷中所有问题均采用相同尺度测量（同为五级或七级）时，可直接使用试卷原始分数计算 α 系数，并据此推断问卷测量的信度。

信度值大小为多少算合适？没有固定的答案，仁者见仁，智者见智，视研究对象、研究者、被试及测量时间综合考虑。根据先前学者的研究，表 15-14 所示的标准可供参考。

表 15-14　　α 系数参考表[7]244

α 值	问卷判断	调整方向
$\alpha<0.5$	非常不理想，舍弃不用	不理想，舍弃不用
$0.5\leqslant\alpha<0.6$	不理想，重新编制或修订问卷	可以接受，增加题目或修改语句
$0.6\leqslant\alpha<0.7$	勉强接受，最好增列题目或修改语句	尚可
$0.7\leqslant\alpha<0.8$	可以接受	信度好
$0.8\leqslant\alpha<0.9$	好	信度很高
$\alpha\geqslant0.9$	非常理想	信度非常好

计算 α 信度系数时，如果问卷中存在反向问题，应先把反向答案评分加以转换。α 系数适合态度测量类型的量表，而事实性数据（如性别、教育、民族等）问卷不适合用该法计算其信度，通常也无分析信度的必要。

（二）折半信度系数

折半信度（Split-half Reliability）是将问卷中的问题分成两部分，首先计算两部分各题的评分和，

然后计算两部分各题评分和之间的相关系数，最后根据相关系数得出问卷测量的信度。这种信度测量方法由 Spearman-Brown 公式计算

$$r = \frac{2r_{12}}{1+r_{12}} \tag{15-2}$$

式中，r 为折半信度系数，r_{12} 为问卷拆分成两部分后各题得分和之间的相关系数。

折半信度系数也是由 α 系数演变而来的，适用于 α 系数的条件同样适用于折半信度系数。除此之外，拆分问卷时，可依据问题的奇偶或一半处分开，拆分后的两部分的题数尽量相等。当问卷的题目总量是偶数时，问题被等分地拆分，两部分的 α 系数相同；当问卷的题目总量是奇数时，第 1 部分的题数比第 2 部分多 1 个，此时两部分的 α 系数可能不同。

（三）再测信度系数

Cronbach α 系数和折半信度系数测量的是问卷题项之间的内部一致性，只适合 Likert 模式问题的问卷。但许多经济社会调查收集的都是事实性数据，如客观事实或人的兴趣、爱好、习惯等，它们保持相对稳定的特征，短时间内不会明显改变，这样的问卷不适合用上述两种系数测量其信度。问卷再测信度（Test-retest Reliability）指重复测试被调查者所得数据的一致性，即重复测量问卷中问题答案是否相同。如两次测量答案完全相同，则问卷有高的信度；反之，如两次测量答案差异较大，则问卷信度较低，调查结果的真实性值得怀疑。

问卷的再测信度是用同一问卷前后两次测量结果的相关系数来度量，称为再测信度系数。如经过统计检验，前后两次结果的相关性显著，则问卷信度高；反之，相关性不显著，则问卷信度低。两次测试的时间间隔一般以 2～4 周为宜[10]401。再测信度是一种外在信度，反映时间变化后测量结果的变动情况。需要注意的是，实际调查中通常不可能对调查对象实施第二次复测，因而再测信度存在现实难以完成的困境。

二、SPSS信度操作过程

（一）内部一致性信度操作过程

根据第一节对“学校知识管理量表”的效度分析，得出该量表由“知识分享”“知识获取”和“知识创新”三部分构成。一致性信度分析包括对三个构成模块及整个量表的分析。操作过程以介绍第三模块“知识创新”信度分析为主，其他模块及整个量表的操作过程与第三模块的分析类似，在此就不再重述。

1. 打开数据文件

启动SPSS，打开学校知识管理量表的数据文件“Data15-1.sav”。

2. 信度分析主对话框设置

单击“分析→度量→可靠性分析”菜单，打开信度分析对话框，如图 15-9 所示。

“模型”下拉列表用于选择信度分析方法，共包括五种：（1）Cronbach α 系数法，可用于测量整个问卷或其模块的内部一致性信度；（2）折半信度法，软件显示为“半分”，用两部分的相关系数来测量信度；（3）Guttman 法，即最低下限真实信度法，信度系数从 lambda1 到 lambda 6；（4）平行模式法，计算量表信度时，假设所有变量的方差、变量误差的方差相等；（5）严格平行法，计算各题目的平均数与方差均相同时的最大概率信度。

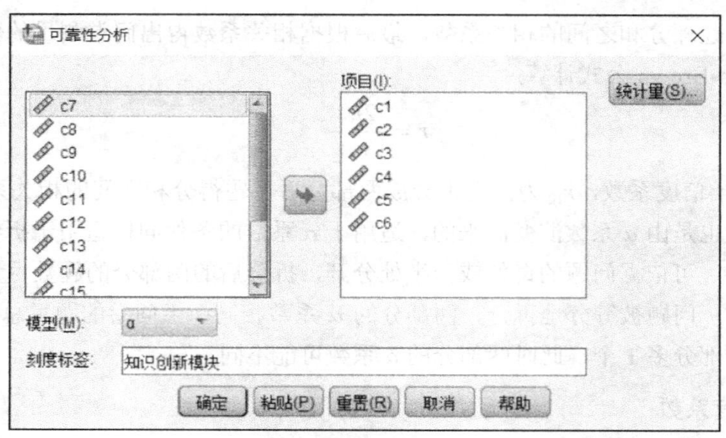

图 15-9　信度分析主对话框

在“刻度标签”[①]后面的方框内可输入量表或组件的标题。若没有输入，则在输出窗口显示“标度：所有变量”。

在对“知识创新”部分的信度分析中，把“知识创新”因子所包含的变量 c1～c6 选入右边的“项目”分析框中，选用 α 系数法分析，并录入“知识创新模块”。

3. 统计量设置

单击图 15-9 中的“统计量”按钮，打开统计量设置对话框，如图 15-10 所示。

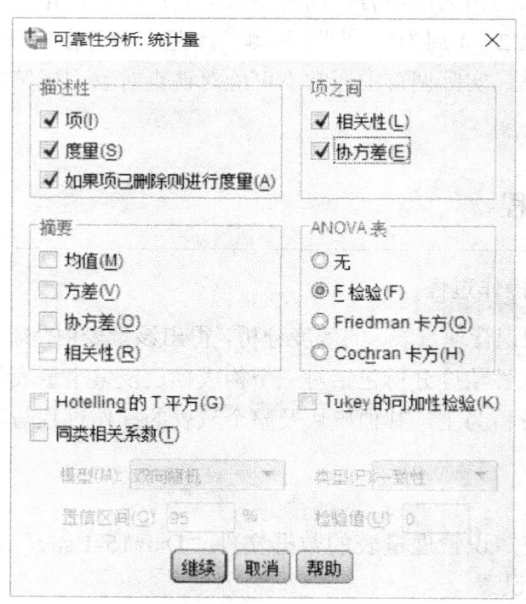

图 15-10　信度分析的统计量设置对话框

（1）“描述性”选项：“项”指输出量表中每个问题得分的平均数、标准差、个案数；“度量”指输出整个量表的平均数、标准差、方差及个案数；“如果项已删除则进行度量”指删除某题目后量表统计量的变化情况，包括平均数、方差、相关性、Cronbach α 系数。

（2）“项之间”选项：输出各题目之间的相关系数矩阵和协方差矩阵。

① SPSS 软件的可靠性分析程序把 scale 译为“刻度”“标度”“度量”等。笔者认为不是很准确，可能在该程序部分叫“量表”更合适。

（3）“摘要”选项：可选择输出各题目均值、方差、协方差和相关性的平均数、极小值、极大值、极差、极大值与极小值之比、方差和题目数，一般没必要显示这些内容。

（4）“ANOVA 表”选项：“无”不输出平均数检验的任何信息；“*F* 检验”输出单因素方差分析表，适合区间变量；“Friedman 卡方”输出 Friedman 的卡方 Kendall 协同系数，ANOVA 表中用 Friedman 卡方统计量替代 *F* 统计量，适合顺序变量；“Cochran 卡方”输出 Cochran's 检验，ANOVA 表中用 Cochran's Q 统计量替代 *F* 统计量，适合二分变量。

（5）“Hotelling 的 T 平方”选项：输出量表的多变量检验结果，原假设为所有题目的均值相同。

（6）“Tukey 的可加性检验”选项：输出“题目间不存在交互作用”的假设检验结果。

（7）“同类相关系数”选项：输出个案值一致性检测的结果。“模型”用于选择计算类内相关系数的模型，有双向混合、双向随机和单向随机三种模型，当人为影响是随机的而题目的作用固定时选择双向混合，当人为影响和题目的作用均为随机时选择双向随机，当人为影响随机时选择单向随机；“类型”用于选择指标类型，有“一致”和“绝对一致”两种类型指标可选择；“置信区间”设定置信度，缺省值为 95%；“检验值”设定假设检验系数的假设值，用来与观测值进行比较，缺省值为 0。

4．执行信度分析

单击图 15-9 中的“确定”按钮，得到信度分析的结果。

（二）折半信度操作过程

折半信度以整个量表数据为对象进行操作过程介绍，主要步骤如下。

（1）启动 SPSS，打开学校知识管理量表的数据文件“Data15-1.sav”。

（2）单击“分析→度量→可靠性分析”菜单，打开信度分析对话框（见图 15-9）。在“模型”中选择“半分”，在“刻度标签”中输入“学校知识管理”，把除 c12 外的变量都选入“项目”框（第一节的效度分析中已经剔除了量表中的第 12 题）。

（3）在统计量选项（见图 15-10）中勾选“度量”“如果项已删除则进行度量”和“*F* 检验”。

（4）单击主对话框中的“确定”按钮，得到折半信度分析的结果。

三、SPSS输出结果解读分析

（一）内部一致性信度输出分析

表 15-15 输出的是个案汇总表，200 个评价者对全部问题都进行了评分，无缺失值，有效个案和比例与总计个案和比例相同。

表 15-15　　个案处理汇总表

		N	%
个案	有效	200	100.0
	已排除	0	0.0
	总计	200	100.0

表 15-16 是信度系数表，是可靠性分析最重要的输出结果。表中显示对第三模块“知识创新”6 个问题的分析，Cronbach α=0.832，标准化的 Cronbach α=0.830，均大于 0.8，信度好。

表 15-16　　可靠性统计量

Cronbach's Alpha	基于标准化项的 Cronbachs Alpha	项数
0.832	0.830	6

表 15-17 是参加信度分析的各个项（问题或变量）的统计指标。

表 15-17　　各个题目的统计指标

	均值	标准偏差	*N*
c1	4.07	0.654	200
c2	3.86	0.719	200
c3	3.91	0.717	200
c4	3.75	0.648	200
c5	3.55	0.721	200
c6	4.17	0.658	200

表 15-18 为题目间的相关系数表。相关系数的值越大，量表内部的一致性越高。

表 15-18　　题目间的相关性矩阵

变量	c1	c2	c3	c4	c5	c6
c1	1.000	0.535	0.614	0.338	0.302	0.288
c2	0.535	1.000	0.784	0.461	0.455	0.307
c3	0.614	0.784	1.000	0.579	0.514	0.394
c4	0.338	0.461	0.579	1.000	0.575	0.277
c5	0.302	0.455	0.514	0.575	1.000	0.300
c6	0.288	0.307	0.394	0.277	0.300	1.000

表 15-19 为题目间的协方差矩阵表，其中对角线上元素为变量的方差，其余位置上的值为题目间的协方差。

表 15-19　　题目间的协方差矩阵

变量	c1	c2	c3	c4	c5	c6
c1	0.427	0.251	0.288	0.143	0.142	0.124
c2	0.251	0.517	0.404	0.215	0.236	0.145
c3	0.288	0.404	0.514	0.269	0.266	0.186
c4	0.143	0.215	0.269	0.420	0.269	0.118
c5	0.142	0.236	0.266	0.269	0.520	0.142
c6	0.124	0.145	0.186	0.118	0.142	0.433

表 15-20 输出的是整体统计量表。表中第二列、第三列、第六列是删除所在行位置上的变量后，其余变量（题目）的平均数、方差和 Cronbach α；第四列是所在行位置上的变量与其余变量加总后的相关系数；第五列的值是以所在行的变量为目标变量、其余变量为自变量进行多元回归分析所得到的判定系数的平方。以第六行为例，删除 c6 后，余下 5 个变量的平均数为 19.13，方差为 7.364，Cronbach α 为 0.843，未删除前 6 个题目的 Cronbach α=0.832（见表 15-16），小于删除 c6 后的信度。一般来说，题目越多，α 会越高；内部一致性好，删除量表中某个题目后的 α 系数会比原来低。但如果相反，则表示此题与其余题目间的内部一致性较差，据此判断说明 c6 与 c1～c5 总和的一致性不是很好。如要删除题目，可考虑剔除 c6。同样，c6 行的相关系数 0.401 表示的是变量 c6 与其余五个变量总和的相关性；复相关系数平方 0.173 是以 c6 为因变量，c1、c2、c3、c4、c5 为自变量构建多元回归模型所确定的判定系数计算而来。

表 15-20　　题目的总计统计量

变量	项删除的量表均值	项删除的量表方差	校正的相关性	复相关系数的平方	项删除的 Cronbach's α 值
c1	19.24	6.904	0.552	0.388	0.815
c2	19.45	6.209	0.699	0.623	0.784
c3	19.40	5.888	0.812	0.727	0.758
c4	19.56	6.781	0.601	0.441	0.805
c5	19.76	6.598	0.570	0.394	0.812
c6	19.13	7.364	0.401	0.173	0.843

表 15-21 输出的是量表的统计量。对于本次分析，实际上是第三模块的统计量，表示每个个案变量总和的均值、方差、标准差，共有 6 个变量（题目）。

表 15-21　　量表统计量

均值	方差	标准偏差	项数
23.31	9.228	3.038	6

表 15-22 是方差分析表。表中 p 值等于 0，小于 0.05，表明调查样本（个案）对 6 个问题的看法差异大，量表的信度高。

表 15-22　　方差分析表

		平方和	df	均方	F	Sig.
人员之间		306.066	199	1.538		
人员内部	项之间	49.484	5	9.897	38.265	0.000
	残差	257.349	995	0.259		
	总计	306.833	1 000	0.307		
总计		612.899	1 199	0.511		

总均值 =3.88。

对“知识分享”“知识获取”模块及整个量表的分析参照“知识创新”模块进行，信度分析的主要结果汇总如表 15-23 所示。从表中可见，“知识分享”“知识获取”模块及整个量表的信度也都在 0.9 以上，表明量表的各个组成部分及总体量表的信度都是很好的。

表 15-23　　各模块及量表的信度汇总表①

知识分享模块			知识获取模块			知识创新模块			学校知识管理量表		
α	标准 α	题数	α	标准 α	题数	α	标准 α	题数	α	标准 α	题数
0.912	0.914	6	0.915	0916	6	0.832	0.830	6	0.910	0.905	18

（二）折半信度输出结果分析

表 15-24 为折半信度分析的统计表。从表中可见，第 1 部分有 9 题，α 系数为 0.805；第二部分也有 9 题，α 系数为 0.901；两部分间的相关系数为 0.654，按 Spearman-Brown 修正后的系数为 0.791，

① 本表是由作者根据 SPSS 的各次分析输出汇总而得，并非 SPSS 直接输出的结果。

由于两部分数据相等，等长与不等长系数相同；另外，表中还显示了 Guttman Split-Half 系数为 0.762。表 15-25 所示的方差分析表中，F=41.164，p 值等于 0，小于 0.05，也说明被调查者对 18 个问题的看法存在明显差异，具有很好的内部一致性。综上所述，总体该问卷的折半信度还是比较高的，有较好的可信度。

表 15-24　　折半信度统计量

Cronbach's Alpha	部分 1	值	0.805
		项数	9[a]
	部分 2	值	0.901
		项数	9[b]
	总项数		18
表格之间的相关性			0.654
Spearman-Brown 系数	等长		0.791
	不等长		0.791
Guttman Split-Half 系数			0.762

a. 这些项为 c1、c2、c3、c4、c5、c6、c7、c8、c9。

b. 这些项为 c10、c11、c13、c14、c15、c16、c17、c18、c19。

表 15-25　　ANOVA

		平方和	df	均方	F	Sig.
人员之间		1 077.360	199	5.414		
人员内部	项之间	344.520	17	20.266	41.464	0.000
	残差	1 653.480	3 383	0.489		
	总计	1 998.000	3 400	0.588		
总计		3 075.360	3 599	0.855		

总均值 = 3.51

导入问题回应

1. 从学校知识管理量表的结构效度分析过程可知，KMO=0.857，Bartlett的球形度检验p=0.00，MSA均在0.77以上，共同度基本在0.3以上。这些输出结果都表明量表存在共同因素，能够从量表中找出内在结构因子。

2. 抽取三个因子并经旋转后的特征值分别为4.488、4.104、3.447，能累积解释总方差的66.9%。碎石图显示第四个成分开始的特征值变得平滑，只需提取前三个因素，旋转成分矩阵数据也验证了抽取三个因子的结论。第一因子反映"知识分享"，包括原问卷中的c7、c8、c9、c10、c11、c13六个问题，第二因子反映"知识获取"，包括原问卷中的c14、c15、c16、c17、c18、c19六个问题，第三因子反映"知识创新"，包括原问卷中的c1、c2、c3、c4、c5、c6六个问题，删除原问卷中的c12这个问题。

3. 抽取三个因子的内部一致性信度分别是0.912、0.915和0.832，整个问卷的信度为0.910，均大于0.8，折半信度为0.791，且其他输出指标都能佐证量表有高的信度。总体而言，无论是问卷的各个模块还是整个问卷，其信度都是比较高的，真实地反映了测量结果。

本章思考题

1. 什么叫效度？可从哪些方面测量问卷效度？
2. 什么叫信度？有哪些方法测量信度？
3. 结构效度用什么方法测度？它是一种固定程序的模式还是一种科学与艺术的结合？
4. 信度与效度比较而言，哪一个更难测定？为什么？
5. 问卷的信度与效度是针对问卷本身还是针对测量？

参考文献

[1] 王旭．市场调研［M］．北京：高等教育出版社，2012.

[2]〔美〕阿尔文·C·伯恩斯，罗纳德·F·布什．营销调研（第2版）［M］．梅清豪，周安柱，徐炜熊，译．北京：中国人民大学出版社，2001.

[3]〔美〕小卡尔·迈克丹尼尔，罗杰·盖兹．当代市场调研（中译本）［M］．范秀成，译．北京：机械工业出版社，2000.

[4]〔美〕纳雷希·K·马尔霍特拉．市场营销研究：应用导向（第3版）［M］．涂平，译．北京：电子工业出版社，2002.

[5] 骆克任．社会经济定量研究与SPSS和SAS的应用［M］．北京：电子工业出版社，2002.

[6] 邱皓政．量化研究与统计分析——SPSS（PASW）数据分析范例解析［M］．重庆：重庆大学出版社，2013.

[7] 吴明隆．问卷统计分析实务——SPSS操作与应用［M］．重庆：重庆大学出版社，2010.

[8] 唐纳德·R·库珀，帕梅拉·S·辛德勒．商业研究方法（第7版）［M］．郭毅，詹志俊，译．北京：中国人民大学出版社，2006.

[9] 朱星宇，陈勇强．SPSS多元统计分析方法及应用［M］．北京：清华大学出版社，2011.

[10] 杜智敏，樊文强．SPSS在社会调查中的应用［M］．北京：电子工业出版社，2015.

[11] 王旭．市场营销数据化研究［M］．昆明：云南科技出版社，2003.

[12] 王旭．市场调研实验与实训教程［M］．北京：高等教育出版社，2014.

[13] 徐哲，石晓军，杨继平，等．应用统计学：经济与管理中的数据分析［M］．北京：清华大学出版社，2011.

[14] 何晓群．多元统计分析（第4版）［M］．北京：中国人民大学出版社，2015.

[15] 王保进．英文视窗版SPSS与行为科学研究（第3版）［M］．北京：北京大学出版社，2007.

[16] 王保进．多变量分析——统计软件与数据分析［M］．北京：北京大学出版社，2007.

[17] Richard A. Johnson, Dean W. Wichern．实用多元统计分析（第4版）［M］．陆璇，译．北京：清华大学出版社，2001.

[18] 克劳斯·巴克豪斯，本德·埃里克森，伍尔夫·普林克，等．多元统计分析方法——用SPSS工具［M］．上海：格致出版社，上海人民出版社，2009.

[19]（美）艾尔·巴比．社会研究方法［M］．邱泽奇，译．北京：华夏出版社，2009.

[20]（美）劳伦斯·纽曼．社会研究方法［M］．郝大海，译．北京：中国人民大学出版社，2007.

[21]（美）William Mendenhall, Terry Sincich．统计学［M］．梁秀珍，译．北京：机械工业出版社，2009.

[22] 陈文沛，张挺．市场营销研究与应用［M］．北京：电子工业出版社，2013.

[23] 邱林，等．营销科学研究［M］．北京：高等教育出版社，2008.

[24] 柯惠新，丁立宏．市场调查［M］．北京：高等教育出版社，2008.

[25] 谢龙汉，尚涛，蔡明京．SPSS统计分析与数据挖掘（第2版）［M］．北京：电子工业出版社，2014.

[26]（美）Douglas C. Montgomery．实验设计与分析［M］．汪仁官，陈荣昭，译．北京：中国统计出版社，1998.

[27]（美）W·W·丹尼尔，J·C·特勒．经营管理统计学［M］．陈鹤琴，译．北京：中国商业出版社，1984.